협동학습,
교사를 바꾸다

협동학습,

새로운 시대에 맞는 인재는 전문성·창의성·인성(협동성 포함)을 갖춘 사람을 말합니다. 그리고 이를 위해 많은 사람들은 협동학습을 이야기합니다. 하지만 협동학습만으로는 부족함이 많습니다. 급변하는 이 시대를 살아가고 있는 교사는 세 가지 요소, 즉 철학, 전문지식, 수업기술을 고루 갖추어야 하는데, 협동학습은 이 세 가지 요소를 뒷받침해 줄 수 있는 수많은 학문·이론이자 교육운동 가운데 한 가지라고 생각합니다.

교사를 바꾸다

이상우 **지음**

Σ시그마프레스

협동학습, 교사를 바꾸다

발행일 2012년 8월 1일 1쇄 발행
2013년 8월 1일 2쇄 발행
2014년 8월 1일 3쇄 발행

지은이 이상우
발행인 강학경
발행처 (주)시그마프레스
편집 김보라
교정·교열 최빛나

등록번호 제10−2642호
주소 서울시 영등포구 양평로 22길 21 선유도코오롱디지털타워 A401∼403호
전자우편 sigma@spress.co.kr
홈페이지 http://www.sigmapress.co.kr
전화 (02)323−4845, (02)2062−5184∼8
팩스 (02)323−4197

ISBN 978−89−97927-06-7

바야흐로 2012년입니다. 2000년대에 들어서면서 시대는 많이 변했고, 지금도 매우 빠르게 변하는 중입니다. 새로운 시대는 새로운 교육을 요구하고, 그에 따른 교사의 변화 또한 매우 강하게 요구되고 있습니다. 새로운 시대에 맞는 교사의 변화와 새로운 교육을 요구하는 이유는 새로운 시대에 맞는 인재를 바라기 때문입니다.

　새로운 시대에 맞는 인재는 전문성·창의성·인성(협동성 포함)을 갖춘 사람을 말합니다. 그리고 이를 위해 많은 사람들은 협동학습을 이야기합니다. 하지만 협동학습만으로는 부족함이 많습니다. 급변하는 이 시대를 살아가고 있는 교사는 아래와 같은 세 가지 요소(철학, 전문지식, 수업기술)를 고루 갖추어야 하는데, 협동학습은 그 세 가지 요소를 뒷받침해 줄 수 있는 수많은 학문·이론이자 교육운동 가운데 한 가지라고 저는 생각합니다.

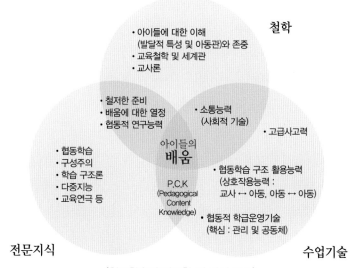

〈협동학습에 필요한 세 가지 요소〉

※ 고급사고력 : 토의·토론, 정보수집, 분류, 분석, 종합, 평가, 비판적 사고, 문제해결력 등
※ P.C.K : 교육과정 및 교과내용 지식(재구성), 교수방법 및 전략(발문 기술, 교수법, 매체 활용 능력 등), 평가지식 및 능력, 앞의 모든 것들의 관계에 대한 맥락적 지식
※ 배움의 구성을 위한 3요소 : 아동, 교사, 배움의 대상(주제, 지식, 사물 등)
※ 배움은 3요소가 조화로운 만남을 가질 때 비로소 일어난다(수평적 관계).
※ 3요소의 만남은 말과 글을 매개로 이루어진다(사회적·문화적·역사적 맥락).
※ 배움이란 3요소 사이의 상호작용을 바탕으로 개인적인 차원에서 이루어지는, 대상에 대한 의미와 이해의 재개념화(재구성) 과정을 말한다. 그리고 그 과정은 사람마다 각기 다르며, 개별적으로 근접발달영역 내에서 이루어진다.
※ 가장 효과적인 배움은 실용성, 현실성, 유용성을 바탕으로 할 때 일어난다.
※ 배움은 '앎의 과정'이고, 자기 삶을 가꾸어 가는 일이며, 긍정적인 상호작용 속에서 촉진된다.

협동학습을 실천하는 모습에는 여러 가지가 있습니다. '(1) 잘 모르거나 어설피 알고서 열심히 할 때 (2) 제대로 알면서 대충할 때 (3) 잘 몰라서 하지 않을 때 (4) 제대로 알고서 열심히 할 때'가 있는데 이 중에서 가장 문제가 되는 것은 바로 (1)번입니다. 무엇이든 제대로 알고 할 때는 대충 하더라도 그 본질에 정확하게 다가갈 수 있지만 어설프게 알고 접근하다가 잘못 갔을 때는 정말 돌이킬 수 없는 상황을 만들 수도 있기 때문입니다.

최근 들어 많은 사람들이 협동학습을 이야기합니다. 그리고 협동학습을 배우려고 여기저기 문을 두드립니다. 저는 몇 년 사이에 정말로 많은 자리에서 수천 명의 선생님들을 만나왔습니다. 학기 중은 물론이고 방학 중에도 쉼 없이 자리를 함께 했습니다. 그럴 때마다 드는 생각이지만 수많은 교사들이 협동학습을 찾는 그 맥락에는 협동학습의 본질은 사라져 있고 기법만 부각되어 있어서 아쉬움이 많이 남습니다. 그 생각의 틀을 깨기 위해 노력은 하고 있지만 저 혼자의 힘으로는 역부족임을 늘 느낍니다. 협동학습은 수업기법이나 교수이론, 수업방법론이 아닙니다. 협동학습은 자신에게 가까이 다가설수록 교사의 변화를 요구합니다. 그리고 그 변화를 바탕으로 주변의 변화를 이끌어 내라고 말합니다. 그 순간이 되면 교사는 협동학습을 교육운동으로 바라보며 좀 더 깊게 몰입하게 됩니다. 이것이 제가 십수 년 동안 협동학습을 실천해 오면서 내린 결론입니다. 이 책은 그런 생각을 바탕으로, 어떻게 하면 협동학습의 본질에 좀 더 가까이 다가설 수 있을까에 대한 저의 고민과 그동안의 생각들을 나름대로 담아내고자 했던 과정의 산물이라 할 수 있습니다. 아직도 부족함이 여기저기에서 많이 보입니다. 그 부족함을 채우는 것이 제 책임일 수도 있겠지만 책을 읽는 여러분들의 몫이라는 생각도 듭니다. 그것이 바로 배움(앎)의 과정이고 학문의 과정이며 교사의 길이라고 믿습니다.

저는 2009년에 『살아 있는 협동학습』, 2011년에 『협동학습으로 토의 · 토론 달인 되기』라는 책을 세상에 내놓으면서 언젠가는 '협동학습에 대한 좀 더 본질적이면서도 학문적 · 철학적 · 실천적 이야기를 담은 책'을 내놓겠다는 다짐을 했고, 드디어 지금에 이르러서야 나름의 결실을 맺게 되었습니다. 그리고 앞으로도 내용에 대한 수정 · 보완을 위해 끊임없이 노력해 나갈 것입니다. 이 책을 바탕으로 『살아 있는 협동학습』과 『협동학습으로 토의 · 토론 달인 되기』 혹은 기타 협동학습 관련 서적들을 읽어 나간다면 협동학습을 좀 더 깊이 있게 이해하는 데 도움이 될 것이라 봅니다.

 이 책의 목적은 협동학습을 하시는 분들 혹은 한국적 협동학습의 수준을 한 차원 높이자는 데 있습니다. 또한 우리나라 교육 현장과 교사의 변화를 이끌어 내는 데 도움이 되고자 하는 것이기도 합니다. 그리고 이는 최근 들어 혁신학교 운동이 펼쳐지고 있는 것과 그 맥을 같이 합니다. 교육과 학교와 교사의 변화 모두는 우리 대한민국에 절실히 필요한 일입니다. 시대가 변화를 요구합니다. 시대가 원하는 일을 하는 것만큼 중요하고 신나는 일은 없습니다. 그러나 그 일은 뼈를 깎는 고통을 수반합니다. 혁신이라는 말이 바로 그것을 증명하고 있습니다. 앞에는 수많은 도전과 해결해야 할 당면 과제들이 쌓여서 지금 당장은 힘들고 지쳐서 대충 넘어가거나 포기하고 싶을 때도 많을 것입니다. 하지만 지나고 나면 보람 또한 클 것입니다. "빨리 가려면 혼자서 가라. 멀리 가려면 다 함께 가라."는 말도 있듯이, 그 순간이 올 때까지 우리 모두 멀리 보면서 서로 부둥켜 안고 앞으로 나아갔으면 합니다.

 끝으로 또 한 권의 산물이 나오기까지 많은 애를 써주신 (주)시그마프레스 강학경 대표님과 고영수 부장님, 편집부 백주옥 과장님을 비롯한 최빛나, 김보라님께도 진심어린 감사의 마음을 전합니다.

 이 책을 다섯 사람에게 바칩니다.

 늘 자식을 걱정하면서 묵묵히 지켜봐 주고 계신 아버지, 이정식님

 불편하신 몸이지만 당신보다 자식 생각을 먼저 하시는 어머니, 이선덕님

 곁에서 늘 웃는 얼굴로 애를 써 준 사랑스러운 나의 아내, 정해영님

 건강하고 밝게 커가고 있는 나의 보물, 동현

 밝고 예쁘게 커가고 있는 나의 보물, 성경

2012년 5월 하늘이 눈부시게 아름다운 어느 날

이상우

차례

철학적으로 협동학습 들여다 보기

IV 교육운동으로서의 협동적 학교 공동체 만들기

I 협동학습이 뭐야?

① 협동학습의 개념 정의

(1) 협동학습이란 무엇인가

> **협동학습** : 학습자들이 공동의 학습 목표를 달성하기 위해서 서로 도와가며 학습하는 구조

'협동'이라는 용어와 '협력'이라는 용어가 지닌 의미의 차이

(1) 협력 : 수직적 개념을 가진다. 서로 간의 이익 구조를 기반으로 한다.

　　예 : 대기업은 하청업체에게 "협력해 주세요."라고 말하지 "협동합시다."라고 말하지 않는다
　　(상하관계·주종관계가 존재한다고 본다.).

(2) 협동 : 수평적 개념을 가진다(평등한 구조). 서로 간의 이익 구조와 무관하다.

　　예 : 어떤 상황에서든 지위나 계급의 고하를 막론하고 서로 도울 때 협동이라는 용어를 사용한다.

(3) 협동학습의 중요한 철학 : 기회의 평등, 관계의 평등(아이들끼리, 교사와 아이 사이에도 평
　　등한 관계를 유지하려고 노력한다.), 결과의 평등 모두를 포함한다.

(4) 일반적으로 협동학습에서의 '협동'을 한자로는 '協同'이라고 쓴다. 하지만 저자의 생각은 다
　　르다. 저자는 '協動'이라고 쓰고 싶다.

• '協力' : '協'이라는 글자 속에 '力'이 3개씩이나 있는데 뒤에 '力'자를 또 쓸 필요는 없다. 이는
　'驛前앞'이라는 말이 맞춤법에 어긋나는 것과 똑같은 표현이라 본다.

• '協同' : 함께 힘을 합친다는 뜻이 있지만 이미 '協(합할 협)=十(많은 사람)+力+力+力'이라는
　글자에 '많은 사람이 함께 힘을 합침'이라는 의미를 담고 있기 때문에 굳이 '同'이라는 글자를
　붙일 필요는 없다고 본다.

• '協動' : '協(합할 협)' + '動(움직일 동)' = '많은 사람이 힘을 합하여 행함'이라는 의미가 더 적
　합하다고 생각한다.

많은 사람을 의미한다. → 協 ← 제1의 힘 : 심력 (마음의 힘을 모은다.)

제2의 힘 : 지력 (지식의 힘을 모은다.)　　제3의 힘 : 체력 (신체의 힘을 모은다.)

저자가 생각하는 진정한 협동의 의미 : 위와 같이 협(協)했으면 동(動)해야 한다.
공동의 목표·문제를 해결하기 위해서! 그게 바로 진정한 협동학습이 추구하는 것이다.

최근에 들어 협동학습이 현장 교사들에게 호응을 얻기 시작하면서 교육 현장에서의 움직임이 아래로부터 활발하게 이루어지고 있고, 그 결과 학습의 효율성이 크게 향상되었다는 연구 결과가 많이 보고되고 있다. 아울러 수업 시간에 아이들의 흥미 유발 및 학습 활동 참여도가 크게 향상되었으며, 학습 과정에서 사회적 기술 습득 등 많은 효과를 거두고 있다.

오늘날 협동학습이라는 것이 독특한 하나의 새로운 학습 방법 혹은 학문(이론)으로 인식되면서 자리를 잡아가고 있고, 많은 사람이 배우고자 하고 있으며, 현장에서 실천적으로 적용되고 있는 상황이지만 따지고 보면 협동학습도 새로운 것은 아니라고 해도 과언이 아니다. 왜냐하면 '협동(학습)'이라는 것은 과거의 교육 상황 속에서도 늘 존재했고, 그 상황적 사실을 토대로 하여 기원을 살펴본다면 '협동'이라는 것은 원시시대까지 거슬러 올라갈 수 있을 만큼 그 역사적 뿌리가 깊고 오랜 전통과 철학적 바탕을 가지고 지금까지 우리 생활 속에서 늘 함께 해왔던 것이기 때문이다.

다만 지금 우리가 '협동학습'이라고 부르면서 이를 새롭고 독특한 하나의 수업방법론 혹은 학문(이론)으로 인식하여 받아들이고 큰 관심을 보이는 이유를 살펴보면 아래와 같다.

❶ 전통적인 교실에서의 협동적 활동에 비하여 그 이론적·학문적·철학적 바탕이 매우 체계적으로 정리되어 있다.

❷ 협동학습을 효율적으로 실천해 나가기 위한 과정과 절차가 뚜렷하게 구분·정리되어 있다(구조화되어 있음).

❸ 전통적인 교실에서의 단순한 조별 활동에 의한 협동적 수업에 비해 구조화되어 있다(의도적인 상황과 분위기를 조성하고, 과제를 세분화하여 구성원들이 서로 협동하지 않으면 목표를 달성할 수 없도록 함).

❹ 지금까지의 협동학습에 대한 단점을 보완하기 위해 개선책이 꾸준히 마련되고 있다.

❺ 과제를 해결해 나갈 구성원 간의 역할을 의도적으로 하나하나 세분화하여 나누어 주고 그 책임을 완수하게 함으로써 수업 목표를 달성할 수 있게 해 놓았다.

❻ 협동학습에 참여하는 학습자들은 같은 시간에 주어진 학습 목표를 달성하기 위해서 적극적·동시다발적으로 상호작용을 하면서 즐거운 마음으로 수업활동의 주인이 되고 있다.

❼ 교사의 전문성 향상(특히 수업에 대한 전문성)에 큰 힘이 되고 있다.

❽ 무엇보다도 쉽게 교사의 것으로 만들 수 있고, 학문적 전이가 활발하게 이루어지고 있으며 현장 교사를 중심으로 꾸준히 실천적으로 연구, 전파되고 있다.

❾ 조금만 노력하여 교사 자신의 것으로 만들면 어느 영역에서도 쉽게 활용할 수 있다.

❿ 선생님도 신나고 아이들도 신나는 수업을 할 수 있다.

이외에도 많은 이유가 있을 것이라 생각한다. 이러한 협동학습에 대한 여러 사람의 정의를 살펴보면 아래와 같다.

목원대학교 교수학습 센터	협동학습이란 학습활동을 수행할 때 학습자 개인의 학습 목표와 동료들의 학습 목표가 동시에 최대로 성취될 수 있도록 학습자 간의 상호작용과 역할 보완성을 활성화시키려는 학습 전략 중 하나이다. 그러나 협동학습의 개념적 정의는 학습자 간의 상호작용을 유도하는 방법이나 협동을 구조화하는 방식에 따라서 연구자마다 약간씩 달리 설명하고 있다.
Kagan	교과에 관한 아이들 간의 협동적인 상호작용을 학습 과정의 부분으로 받아들이는 일련의 교수 전략
Slavin	학습 능력이 각기 다른 아이들이 동일한 학습 목표를 향해 소집단 내에서 함께 활동하는 수업방법
Cohen	모든 학습자가 명확하게 할당된 공동 과제에 참여할 수 있는 소집단 내에서 함께 학습하는 것
변영계	소집단의 구성원들이 공동으로 노력하여 주어진 학습 과제나 학습 목표에 도달하는 수업방법이다. 협동학습은 전통적인 소집단 학습의 문제점(부익부 현상, 무임승객 효과, 봉 효과 등)을 집단 보상 방법과 협동 기술의 훈련으로 해소해 나간다. • 부익부 현상 : 학습 능력이 높은 학습자가 더 많은 반응을 보임으로써 학업 성취가 향상될 뿐만 아니라 소집단을 장악하는 현상 • 무임승객 효과 : 학습 능력이 낮은 학습자가 적극적으로 학습에 참여하지 않고도 높은 학습 성과를 공유할 수 있는 것 • 봉 효과 : 학습 능력이 높은 학습자가 자신의 노력이 다른 학습자에게 돌아가기 때문에 학습 참여에 소극적이 되는 것

출처 : 변영계 외, 1999, p. 20; pp. 34~35

위에서 보는 바와 같이 여러 학자들 및 학문기관의 정의를 살펴보면 '수업방법'이라고 결론을 내리고 있다. 협동학습을 어떤 시각에서 바라보느냐에 따라 달라지겠지만 협동학습을 수업방법으로 바라보는 한 많은 것을 놓칠 수 있다. 특히 학급 운영에 대한 이해, 왜 협동학습인가, 협동학습에 대한 철학적 접근, 아이들에 대한 이해, 소통이라는 맥락, 가르침과 배움에 대한 이해 등에 대해 심층적으로 접근하기에는 무리가 따른다.

(2) 협동학습의 등장

어떤 일이 일어나거나 하나의 패러다임 혹은 사회적 현상, 교육이론 등이 사회적으로 뿌리를 내리는 데에는 분명한 이유가 있다. 협동학습도 지금 이 시점에 이르기까지에는 분명한 이유가 있고, 협동학습이라는 이론이 탄생하기까지 영향을 준 그 무엇인가가 있으며 이를 시작하고 발전시켜 온 학자들과 실천가(교사)들, 그리고 지금까지 걸어온 길이 존재한다. 이들을 다 알아 둘 필요까지는 없겠으나 어느 정도나마 협동학습이 오늘날에 이르기까지의 과정을 간단히 이해하고 넘어갈 필요는 있겠다는 생각이 들어 소개하면 다음과 같다(출처 : 정문성, 2002, pp. 17~19).

❶ 협동학습의 시작은 '또래 가르치기'이다.

협동학습은 '또래 가르치기'라는 것의 효과로부터 시작되었고, 1700년대에 영국에서 실천적으로 적용되기 시작했다.

❷ 수업 방식으로 교실에 도입되기 시작한 것은 19세기 후반이다.

미국에서 – 특히 매사추세츠 주 퀸시의 공립학교 교장이었던 파커(Parker)에 의해서였다.

❸ 협동학습의 이론적 근거를 마련하는 데 큰 영향을 준 사람은 Deutsch이다.

그는 경쟁학습 구조와 개별학습 구조의 문제점을 극복하고자 하는 차원에서 학습자의 발달심리와 집단 구성원의 사회적 상호작용에 관한 사회심리학 업적을 바탕으로 하여 협동학습 구조라는 것을 새롭게 형성시켰다.

Deutsch는 '장이론'을 발표한 Lewin의 제자로서, 그는 '장이론'을 기초로 하여 협동학습에서는 교육주체 간의 관계가 협동적 관계로 전환된다고 주장하였다. 그의 주장을 더 살펴보면 아래와 같다.

(1) 그는 목표 달성의 상호의존적 상황을 경쟁적 · 개인적 · 협동적 상황으로 보았다.

(2) 경쟁적 상황 : 타인이 실패하였을 때 자신이 목표를 달성할 수 있기 때문에 타인의 실패를 유도하도록 동기화되고, 자신의 성공만을 추구하게 된다.

(3) 개인적 상황 : 각 개인의 목표 달성은 서로 독립적이라서 자신의 성공만을 추구하도록 동기화되며, 타인과의 상호작용을 불필요하게 만든다.

(4) 협동적 상황 : 타인이 목표를 달성했을 때 자신도 목표를 달성할 수 있기에, 한 개인의 활동은 타인과 자신의 성공을 동시에 유도할 수 있도록 동기화된다.

이렇듯, Lewin의 집단연구를 바탕으로 하여 만들어진 협동학습 구조는 Deutsch에 의하여 더 발전하게 된다.

출처 : 場理論, 朴秉基, 교육과학사, 1998

❹ 본격적인 협동학습에 대한 연구의 붐은 1970년대 이후에 활발해졌다.

특히 Johnson & Johnson, Slavin 등에 의하여 연구가 크게 이루어졌고 Aronson이 우리에게 너무나 잘 알려진 협동학습 모형인 '직소모형'을 개발하였으며, Kagan 등에 의하여 구조중심 협동학습이 연구·개발되면서 협동학습은 세계적인 관심을 끌게 되었다. 우리나라에는 80~90년대에 소개·도입되었다.

❺ 특히, 미국사회에서 협동학습이 각광을 받았다.

사유재산을 인정하고 자유로운 경쟁원리를 기반으로 한 미국은 자본주의 사회를 유지하기 위해 학교 현장에 도입된 경쟁학습에서 나타나기 시작한 폐단을 극복하고, 사회성이 결여된 상태로 다른 사람과 전혀 지적 자극이나 교류 없이 편견으로 가득한 편협한 지식인을 만들어 내었다고 비판을 받고 있는 개별학습을 극복하고자 하는 차원에서 협동학습 연구를 본격적으로 시작하면서부터 협동학습은 큰 호응을 얻게 되었다.

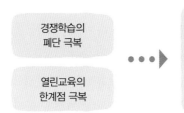

경쟁학습의 폐단 극복

열린교육의 한계점 극복

협동학습의 등장
- 우리의 사회는 협동사회이다(삶의 대부분은 협동).
- 직장, 가정 등 모든 곳에서 분업을 통한 협동적 활동이 지배적이다.
- 따라서 학교에서도 협동하는 능력을 배워야 한다.

❻ 우리나라의 경우 현장에서의 '열린교육'의 실패가 원인이 되었다.

열린교육이 현장에서 실패한 이후로 학교 현장을 이끌어갈 만한 하나의 흐름이 없었다는 점, 사회의 변화에 따른 사고방식의 변화와 아이들의 변화가 교사들이 수업을 이끌어 나가기 매우 힘들게 만들었다는 점, 입시교육 위주의 파행적(괄호 채우기식 암기 중심 교육－Blanking Education) 교육현실이 불러온 공교육 위기 상황 등을 극복하기 위한 방안으로 이루어진 교사들의 순수한 열정과 노력 및 다양한 제도적 장치(수업방법 개선 연구 교사 및 각종 연구 활동 지원 등) 속에서 실천적 경험을 토대로 협동학습이 아래로부터 큰 호응을 얻기 시작했다.

 협동학습의 기초 이론

협동학습에 대한 바른 이해 및 실천적 접근을 위해서는 그 밑바탕에 깔린 기초 이론을 살펴볼 필요가 있다. 더군다나 현실적으로 협동학습이 우리나라에서 수업방법론 정도로 인식되고 있다는 점에서 그 필요성은 더 절실하다는 생각이 든다. 협동학습이라는 것이 단순히 수업방법론으로서 어떻게 수업을 하면 되고, 어떤 과정과 절차를 따르면 된다는 식의 것이라면 이렇게까지 거창하게 논할 필요조차 없는 것이기도 하고 누구나 쉽게 따라할 수 있다는 단순 논리가 생겨날 수도 있게 된다. 그런 것에 대하여 우리는 학문이나 이론이라 말하지 않고, 그저 절차적 지식이라 부른다. 그렇다면 '협동학습이 그 정도밖에 되지 않는가?' 하는 점에 대하여 이 책을 읽어 나가는 여러분 자신의 판단에 맡겨 보고자 한다.

앞으로 이곳에서 짧은 지면을 통해 협동학습의 기초 이론을 간단히 살펴보고자 하며, 더 자세한 내용을 알아보고자 한다면 참고문헌을 통해 접근해 보기 바란다. 분명히 협동학습을 이해하고 실천해나가는 데 큰 힘이 될 것이라 확신한다.

(1) 장이론[1]

상호의존성 이론을 이해하는 데 있어서 Lewin의 '장이론(field theory)'을 조금이나마 언급할 필요가 있다고 판단되어 소개하고자 한다.

(가) 장이론의 기본 개념

- 인간은 어느 시점에서 특정의 목표를 추구하려는 내적 긴장(욕구, 의지 등)에 의해서 행동하게 되는데, 인간이 특정한 목표를 가질 때에는 그 목표를 달성할 수 있는 방법에 대해 나름대로의 신념을 갖게 된다.
- 장이론은 학습을 개인과 환경과의 역동적 관계로 형성되는 장(field)에서 인지구조가 재조직·재구성되는 것(혹은 그 과정)이라고 설명한다(인지구조의 변화 = 인지의 분화, 인지의 일반화, 인지의 재구조화에 의해서 이루어진다.).

(나) Lewin의 행동방정식

- Lewin은 행동을 그 행동이 일어나는 당시의 장(場)의 기능으로 보고, 개인과 환경과의 심리상태를 수학적으로(벡터 개념을 도입) 설명하였다.

1) 출처 : 박병기 저(1998), 場理論(장이론)

$B = f(P \cdot E)$	
B = Behavior(행동 = 생활공간의 변화)	생활공간의 변화는 개인과 환경의 상호작용의 산물이다.
P = Person(주체로서의 개인)	
E = Environment(심리적 · 물리적 환경)	

(다) 장이론에서의 학습

❶ 학습 : 통찰 및 인지구조의 변화라고 보았다(의미를 느끼지 못한 사실이나 사물에서 의미를 느끼게 된다는 것은 개인의 인지구조가 변했다는 것을 의미한다. – 인지구조의 재조직 · 재구성).

❷ 분화 : 영역이 보다 작은 영역으로 분할되는 과정을 말한다. 모호하고도 구조화되지 않은 생활공간 내의 영역들이 보다 지적으로 구조화되고 특수화되는 것을 말한다. 따라서 분화란 자기 자신과 환경의 세부적인 국면을 변별하는 학습이라 할 수 있다.

❸ 일반화 : 개념화를 의미하며 인지적 일반화는 각 사례의 공통적인 특징을 밝혀내고 그것들을 하나의 목록으로 묶음으로써 일반적인 개념을 형성해 나가는 과정이다.

❹ 재구조화 : 각 영역의 의미를 자기 자신과 상호관계에 비추어 변경하는 것을 의미한다. 즉, 생활공간의 방향을 재정의하는 것이며 어떤 행동이 어떤 결과를 가져올 것이라는 것을 학습하는 것이다.

(라) 장이론의 교육학적 이해

❶ 인간 : 교육하는 인간(배우고 가르치는 주체로서의 인간)

❷ 교육 : 즐겁고, 자율적이고, 역동적이고, 쌍방적이고, 총체적이고, 가치로운 가르침과 배움을 가리킨다.

❸ 교육의 과정 : 자유와 자율을 누릴 수 있어야 한다.

❹ 교육 공간 : 교육이 일어나는 장소는 모두 교육 공간이다.

❺ 교육 주체 : 자율적 참여자(교육 주체의 쌍방적이며 수평적인 자율성이 부각된다. 따라서 교사이건 부모건 아이들이건 모두 교육을 '하는' 것이지 어느 주체는 교육을 '시키고' 다른 주체는 교육을 '받는' 것이 아니다.)로서 목표 구조에 따라 경쟁 · 협동 · 개별 활동을 하게 된다.

❻ 인간은 특정한 목표를 추구하려는 내적 긴장(욕구, 의지, 불안감 등)에 의해 행동한다. 따라서 자신이 설정한 목표를 달성하는 데 유익한 쪽으로 지적인 사고를 한다.

❼ 지적인 사고 과정 중에서 협동적 목표 구조를 가진 과제는 자연스럽게 교육 주체 상호 간에 적극적이고도 생산적인 상호작용을 유발한다. 그래서 협동적 상호의존체제 아래서 각 교육 주체들은 서로 신뢰하며 돕는 가운데 즐거움을 느끼게 된다.

(2) 상호의존성 이론

❶ Lewin의 장이론으로부터 나온 것
❷ 집단의 본질 : 구성원들 사이의 상호의존성에 있다는 것
❸ 집단 속에서 개인은 그들의 공동 목표를 통하여 상호의존적이 되며 이러한 목표 달성을 위한 동기는 협동적 · 경쟁적 · 개별적 행동의 원인이 된다.
❹ Lewin의 제자 Deutsch : 협동과 경쟁이라는 사회적 상호의존성 유형을 개념화

〈사람들의 상호의존성 유형과 행동의 유형 : 위와 같이 양극단을 가진 연속체로 설정〉

장려	적대
목표를 달성할 확률이 다른 사람과 긍정적으로 연결되어 있음 : 협동	목표를 달성할 확률이 다른 사람과 부정적으로 연결되어 있음 : 경쟁

Deutsch는 협동학습에서 교육주체 간의 고정된 역할은 허물어진다고 보았다. 다시 말해서 기존의 교사–아이 사이의 수직적 관계, 아이들 사이의 병렬적 관계는 협동적인 관계로 전환된다고 보았던 것이다. 왜냐하면 목표 달성을 위한 상호의존적 상황을 보면 목표 구조가 다음의 세 가지—경쟁적 · 개인적 · 협동적인 상황—일 수 있는데, 경쟁적인 목표 구조 속에서 집단 속 개개인은 한정된 보상 구조로 인하여 부정적인 상호작용을 하게 되고, 개인적인 목표 구조 속에서는 집단 속 개개인의 목표 달성에 따른 보상 구조가 독립적이기 때문에 자신의 성공만을 추구하게 되며, 협동적인 목표 구조 속에서 집단 속 개개인은 목표 달성과 함께 그에 따르는 보상도 서로 공유하기 때문에 상호의존적으로 생산적인 상호작용을 하게 된다고 보았기 때문이다.

❺ Johnson & Johnson : 사회적 상호의존성 이론을 확장하여 '결과적 상호의존성'과 '수단적 상호의존성'의 두 가지 개념으로 범주화하고, 협동과 경쟁 사이의 사회적 상호의존성에 있어서의 본질적인 차이를 분명히 밝히고자 노력하였다.

결과적 상호의존성	**목표의 상호의존**	개인은 다른 사람들과 협동적으로 연결되어 함께 그들의 목표를 달성할 수 있을 때 긍정적인 목표 상호의존성이 존재한다.
	보상의 상호의존	각 구성원이 공동 과제를 성공적으로 완수했을 때 똑같이 보상을 받을 수 있다면 긍정적인 보상 상호의존성이 존재한다.
수단적 상호의존성	**자원의 상호의존**	각 구성원이 과제 완수에 필요한 정보, 자원, 자료의 유일한 보유자이고 목표 달성을 위해 각 구성원의 자원이 서로 결합되어야 할 때 자원 상호의존성이 존재한다.
	역할의 상호의존	각 구성원이 과제를 완성하기 위해 책임적인 역할을 부여받았을 때 역할 상호의존성이 존재한다.
	과제의 상호의존	각 구성원이 전체 과제의 한 부분을 책임지고 있어서 다른 구성원이 각각의 책임을 다 해야 과제를 완성할 수 있을 때 과제 상호의존성이 존재한다.

- 긍정적 상호의존성이 구조화되었을 때 협동이 존재하며 이것은 개인들로 하여금 서로의 성공을 위해 상호작용을 하게 하며, 높은 생산성과 성취를 가져다 주며, 좀 더 긍정적인 인간관계를 맺게 해 주고, 정신 건강과 복지를 가져다 준다.
- 부정적인 상호의존성의 예(모두가 주로 집단 내 경쟁적 상황에서 발생한다.)

부정적인 결과적 상호의존성	집단에서 소수의 개인만이 목표나 보상을 받았을 때 나타난다.
부정적인 수단적 상호의존성	집단에서 한 개인의 행동이 다른 구성원의 성과나 업적에 따른 효과를 방해할 때 나타난다.

출처 : D. W. Johnson & R. T. Johnson, 1989, *Cooperation and Competition : Theory and Ressarch*, Minnesota : Interaction Book Company; 정문성, 2002, pp. 24~35

- 협동학습의 네 가지 기본원리 중 하나인 '긍정적인 상호의존'은 바로 이와 직접적인 관계가 있다. 왜냐하면 협동학습을 위해 모둠을 조직한 후, 그들이 긍정적으로 상호의존을 할 수 있도록 하기 위해서 모든 상황을 목표, 보상, 자원, 역할, 과제에 대하여 상호의존적이 되도록 만들면 되기 때문이다(긍정적인 상호의존성이 구조화되었을 때 비로소 모둠 내에서 협동이 존

재하게 되고, 각 개인은 서로의 성공을 위해 상호작용하게 된다.).

• 구성원 사이에서 집단의 목표와 사회적 상호의존성과 관련해서는 『협동학습을 위한 참여적 학
  습자』(David W. Johnson & Frank P. Johnson 공저, 2004)도 참고하기 바란다.

(3) 동기론

이는 협동학습에 대한 학업성취 효과를 뒷받침하는 근거로서 목표 구조와 보상의 효과에 그 초점
을 두고 있다. 학습이라는 것은 분명한 목적을 둔 의도적인 활동으로서 자발성이 그 어떤 영역보다
도 많이 요구되는 활동이다. 그리고 여기에는 '동기'라는 것이 깊은 관련이 있다. 제 아무리 뛰어난
아이라도 학습의 상황에서 '동기(욕구의 저하, 흥미와 관심의 부족으로 인한 집중력 저하 등)'가 사
라지면 학습을 효과적으로 할 수 없게 된다. 따라서 교사는 아이들이 수업 시간에 최대한의 성과를
얻을 수 있도록 하기 위하여 수업 시작 초기에 아이들의 동기를 유발시켜서 적극적으로 학습활동에
참여하도록 이끌어야 한다. 이때 가장 많이 사용하는 것이 바로 목표 구조(Deutsch : 협동, 경쟁,
개별 ⋯➛ 앞의 상호의존성 이론 참고)에 따른 보상이다.

협동학습은 아이 개인의 목표 달성이 모둠 목표의 달성에 의존하도록 과제를 구조화·세분화하
려는 노력을 많이 한다. 아울러 과제 완성에 따른 모둠 보상이라는 공동 목표를 제시하여 아이들이
긍정적인 상호작용을 극대화할 수 있도록 하는 것에 많은 노력을 아끼지 않는다. 즉, 학습동기를 주
어야 긍정적 상호작용이 극대화된다는 협동적 목표 구조에 기반을 두는데, 이는 단순히 긍정적 상
호작용을 기대만하는 인지론만으로는 부족하다는 것에 기인한다.

개인 보상, 모둠 보상,
학급 보상,
과정에 대한 보상,
결과에 따른 보상 등

➛

학습동기를 이끌어 냄
• 긍정적 상호작용이 극대화(서로 협동하려고 노력)
• 모든 과정에 있어서 긍정적인 태도 형성
• 학업 성취까지 높아지게 됨

출처 : 정문성, 2002, p. 61; 변영계 외, 1999, pp. 47~48

하지만 앞의 상호의존성 이론에서의 보상 문제와 동기론에서의 보상 문제에 대해서 저자 개인적
으로는 절대 찬성하지 않는 입장이다. 왜냐하면 보상은 또 다른 경쟁을 야기하기 때문이다. 따라서
교사는 자칫 동기론을 잘못 이해하고 있으면 '보상'만능주의에 빠질 수 있다는 위험성도 있다는 것
을 항상 잊지 않아야 한다. 칭찬이라는 것도 무조건 좋은 것만은 아니라는 것, 보상은 부정적인 효
과도 분명히 있다는 것, 보상과 벌의 종류 및 그런 것들이 적용되는 행동, 어떤 아이들에게, 어떤

상황에서 이용해야 할 것인가 등에 대하여 심사숙고하지 않으면 안 된다. 보상이 가져다주는 대표적인 폐해인 경쟁에 대해서는 제3장 〈철학적으로 협동학습 들여다 보기〉를 참고하기 바란다.

한편 현장에서의 학습동기 실천전략으로 Deborah Stipek는 그의 저서에서 이렇게 밝히고 있다.

현장에서의 학습동기 실천 원리

1. 외재적 보상의 최소화
2. 도전감 있는 과제의 제시
3. 개방형 과제의 제공
4. 아이의 자율성 최대한 보장
5. 협동할 수 있는 기회의 제공

출처 : Deborah Stipek 저, 전성연 · 최병연 공역, 1997, pp. 305~307

앞에서 살펴본 바와 같이 협동학습은 동기론과 깊은 관련이 있지만, 협동학습을 직접 실천하다 보면 '아이들이 서로 존중하지 않고 다른 사람의 학습에 도움을 주지 않는다면 협동학습은 오히려 서로 간의 협동보다는 갈등을, 긍정적인 정서보다는 부정적인 정서를 경험하게 할 가능성이 더 크다는 점'을 깨닫게 될 것이다.

(4) 사회적 응집 이론

이는 동기론과 출발점은 같지만 서로 도와서 목표를 달성해 나가는 이유에 대하여 다른 각도에서 바라보고 있다. 다시 말해서, 동기론은 집단 내에서 서로 도움을 주고받는 이유가 결국 자신의 이익에 도움이 되기 때문으로 여기지만, 사회적 응집 이론에서는 타인을 돕는 이유가 아이들이 진정으로 타인의 성공을 바라고 타인을 고려하는 도덕적 태도를 갖고 있기 때문이라고 보고 있다. 기본적으로 아이들이 혼자서 공부하기보다는 다른 친구들과 함께 어울려서 학습하는 것을 좋아한다고 본다면, 그리고 그 속에서 서로 협동하면서 타인의 성공을 진정으로 원하여 마음에서 우러나오는 도움을 주고받을 줄 안다면 학습 동기는 자연스럽게 형성되는 것이고, 그렇게 시작한 학습활동의 효과는 더욱 커질 것이라고 생각한다. 따라서 협동학습이 매우 효과적이라고 말할 수 있다.

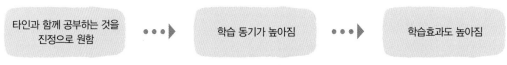

타인과 함께 공부하는 것을 진정으로 원함 ▶ 학습 동기가 높아짐 ▶ 학습효과도 높아짐

출처 : 정문성, 2002, p.62; 변영계 외, 1999, pp. 48~50

이렇듯 동기론과 사회적 응집 이론의 관점의 차이는 칭찬과 보상의 문제로 연결되었고, 특히 협동학습을 연구하는 학자들이나 실천적으로 현장에 적용하고 있는 교사들 사이에서도 '외적 보상의 필요－불필요'에 대한 논쟁은 끊임없이 벌어지게 되었다.

(5) 인지론[2]

이는 아이들이 집단에서의 다양한 상호작용을 통해서 인지적 발달의 효과를 얻게 된다고 보는 입장이다.

❶ **인지발달론** : 아이들의 긍정적 상호작용이 그들의 지적 능력을 향상시킨다고 주장한다. 특히 Vygotsky는 또래 아동의 협동적 활동은 '서로의 근접발달영역(혼자 문제를 해결할 수 있는 실제 발달 수준과 성인의 도움이나 좀 더 지적 수준이 높은 동료와의 협동에 의해 문제를 해결할 수 있는 잠재적 발달 수준과의 거리)' 안에서 모델링을 통해 지적 능력은 향상시킨다고 하였다.

❷ **인지정교화론** : 어떤 정보를 암기하거나 이미 가지고 있는 정보와 관련시켜 그 정보자료를 인지적으로 재조직하거나 정교화할 때 학습효과가 가장 크다고 주장한다. 즉, 정보나 개념을 그냥 인지하기보다는 다른 사람에게 설명해 주는 경험을 할 때 그 내용을 더 잘 이해하고 오래 기억하게 된다는 것이다(교사라면 너무나도 잘 알고 있을 것이다. 가르치면서 배운다는 사실을. 잘 모르고 있던 것들에 대하여 아이들을 지도하기 위해 다양한 자료를 찾고, 정리하고, 구조화한 후, 아이들을 가르치다 보면 어느새 그 지식과 정보가 자신의 것으로 된 경험이 너무나도 많을 것이다.).

협동학습에서와 같이 서로 도와가면서 정보를 주고 받는 활동, 다른 아이들을 가르치는 경험(또래 가르치기), 다양한 주제와 관련된 생각 내놓기, 토의ㆍ토론 활동을 통한 상호작용의 기회는 아이들의 인지정교화에 매우 효과가 있다고 저자는 생각한다.

여기에는 기본 바탕을 이루고 있는 구성주의에 대한 이해가 좀 더 필요하며 지식에 대한 입장 정리도 필요하다. 이에 대해서는 제2장 〈학문적으로 협동학습 들여다 보기〉를 참고하기 바란다.

---

2) 출처 : 정문성 저(2002), 협동학습의 이해와 실천, p. 63

 인지발달이론

인지발달이론(認知發達理論, theory of cognitive development)은 인간의 인지발달을 유기체와 환경의 상호작용으로 파악한 피아제의 이론이며, 심리학의 인지이론에 있어 가장 영향력 있는 이론이다. 피아제의 이론뿐 아니라 Vygotsky의 이론 등 다양한 인지적 발달이론을 일반적으로 통칭하기도 한다.

❖ 인지발달이론의 주요 개념

유기체가 환경에 적응한다는 말은 파란 신호일 때 길을 건너는 것, 구구단을 외우는 것 등을 말한다. 즉 인간의 지적 능력은 타고난 것이되, 그것이 주어진 환경에 적응하는 것이 인지의 발달이라는 것이다. 이것을 설명하기 위해 피아제는 도식과 적응이라는 개념을 설정했다. 인지발달이론의 주요 개념 다섯 가지는 도식, 적응, 동화, 조절, 조직화이다.

1 도식

도식은 사물이나 사건에 대한 전체적인 윤곽을 말한다. 쉽게 말해 사고의 틀이라고 생각할 수 있다. 이는 유사한 환경 안에서, 반복에 의해 변화되고 일반화된 행동의 구조 또는 조직화를 의미한다.

※ 예를 들어 5세 유아가 날아다니는 물체는 새라고 배웠다고 생각해 보자. 이를 통해 이 아이는 '날아다니는 물체는 새와 같다.'라는 도식을 보유하게 된다. 몇 가지 도식은 인간이 태어나기 이전부터 이미 가지고 있다. 예를 들면 빨기 도식이나 잡기 도식과 같은 것인데, 빨기 도식의 경우 숟가락을 사용하게 되면 형태가 변화하게 된다. 그러나 그 기능면에서 변화된 것은 아니라서 적응의 과정을 통해 새로운 도식을 개발하고, 기존의 것을 변형시키면서 발전하게 된다.

2 적응

적응은 환경과의 직접적인 상호작용을 통해 도식이 변화하는 과정을 말한다. 두 가지 상호보완적인 과정을 통해 이루어지는데, 그것은 바로 동화와 조절이라는 수단이다.

※ 적응은 사람에게서도, 동식물에게서도 흔히 찾을 수 있다. 홍관조의 수컷은 선명한 붉은색인 반면에 암컷은 눈에 띄지 않게 엷은 갈색을 띠면서 종의 생존에 대한 위협을 줄인다. 이런 식으로 환경에 적응하는 것을 말하는데 인지적으로는 도식이 변화하는 것을 의미한다. 사람의 경우에는 새로운 도식을 만들거나 기존의 도식을 변화시키는 것을 의미한다.

3 동화

동화는 기존의 도식에 맞추어서 새로운 경험을 일반화하는 과정을 말한다. 쉽게 말해 새로운 경험을 기존에 가지고 있는 도식에 맞추어 보는 것을 의미하는데, 새로운 경험이 기존의 도식에 맞는다면 유기체는 인지적으로 평형 상태가 된다.

※ 앞에서 날아다니는 모든 물체를 새라고 배운 아이는 날아다니는 비행기를 보면서도 새라고 부른다. 하지만 이 아이는 비행기가 털도 없고, 날개도 펄럭이지 않는 등 기존에 알고 있던 새와는 다르다고 느끼게 되면서 불평형의 상태가 된다.

4 조절

만약 새로운 경험이 기존에 가지고 있던 도식에 맞지 않을 때 유기체는 불평형의 상태를 겪게 되는데, 이 상태에서 평형의 상태로 돌아가기 위해 기존에 가지고 있던 도식을 변경하거나 새롭게 만들게 된다.

※ 앞의 '동화'라는 부분의 예에서 불평형의 상태가 되었던 아이는 이제 새가 아니라고 결론짓고, 그것에 대해 새로운 이름을 만들어 내게 된다. 혹은 누군가가 그것은 새가 아니라 비행기라고 일러 줄 수도 있다. 이런 과정을 조절이라고 하는데, 조절의 과정에서는 도식의 형태에 질적인 변화가 나타난다.

5 조직화

조직화는 유기체가 현재 가지고 있는 도식을 새롭고 더욱 복잡한 도식으로 변화시키는 과정을 말한다. 즉, 지금 가지고 있는 도식을 어떤 새롭고 복잡한 구조로 재구성하는 것이다.

※ 앞의 '동화'의 예에서 새와 비행기를 구분하게 되었던 아이는 이제 날아다니는 대상의 하위 범주로 새와 비행기를 조직한다. 이런 식으로 조직화를 거듭함으로써 인지적인 발달이 이루어지는 것이다. 조직화는 인지적 발달의 핵심적인 요소이다.

출처 : 위키백과사전

협동학습의 효과

(1) 협동학습의 특징

협동학습에는 다른 것과 비교해 볼 때 매우 주목받을 만한, 그 나름대로의 독특한 특징이 있다. 특히 협동학습은 모둠 구성원 사이에 긍정적인 상호작용을 극대화하여 학습 목표를 달성하도록 하는 것이 대표적인 특징이다. 그 과정 및 결과를 통해 아이들은 교육에 있어서의 두 마리 토끼인 지적 자극과 정의적 자극을 동시에 얻게 된다. 이외에도 여러 가지 특징이 있는데, 이 특징들이 잘 나타날 수 있도록 교실 내에서 일어나는 모든 활동을 신중하게 계획하고 준비하며 실천하고 피드백 해 나간다면 절대로 후회하지 않을 것이다.

다음은 협동학습의 대표적인 특징을 정리한 것이다. 이에 대한 자세한 설명은 『살아 있는 협동학습』(이상우, 2009, pp. 44~48), 『협동학습의 이해와 실천』(정문성, 2002, pp. 48~50), 『협동학습』(Kagan, 1998, pp. 18~46)을 참고하기 바란다.

• 수업 목표가 구체적이고, 각 학습자는 목표 인식도가 높다.
• 학습자 간에는 긍정적 상호의존성이 있다.

- 대면적 상호작용이 있다.
- 개별적 책무성이 있다.
- 모둠 목표가 분명하게 존재한다.
- 이질적인 모둠 구성을 특징으로 한다.
- 모둠 과정을 매우 중시한다.
- 학습 시간의 융통성을 갖는다.
- 성공의 기회가 균등하다.
- 모둠의 단합을 강조한다.
- 과제를 세분화한다.
- 동시다발적인 상호작용이 있다.
- 사회적 기술을 직접 지도한다.

(2) 협동학습의 장점

- 교수자에게 다양한 수업전략을 제공해 준다.
- 수업 중 학습자의 활발한 신체활동을 돕는다(수업시간에 주인이 된다.).
- 학습자 동료 간 서로를 배려하는 태도를 길러 준다.
- 문제를 해결하거나 의사를 결정하는 능력(고급사고력)을 길러 준다.
- 학습자에게 사회적 상호작용을 많이 경험하게 한다.
- 학습자에게 지적 모험을 할 수 있는 기회를 제공한다.
- 학습자가 구체적 사고에서 추상적 사고로 이행할 수 있는 기회를 제공한다.
- 학습자에게 긍정적 자아개념을 가지도록 해 준다.
- 학습자에게 소속감을 심어 준다.
- 학습자의 숨은 재능을 재발견하게 해 준다.
- 자연스러운 학습동기를 유발시켜 수업이 즐겁다고 느끼게 해 준다.
- 원만한 대인관계를 유지해 나가도록 돕는다.
- 학습자가 교수자의 통제나 보호에서 벗어나 독립적으로 학습을 함으로써 다양한 정보원을 접하고, 독립심을 기를 수 있게 해 준다(자기주도적 학습을 가능하게 한다.).
- 학습에 대한 만족도 및 성취감을 높여 준다.
- 교육과정 혹은 교과서의 재구성을 돕는다(수업 전문성 신장).
- 교수 활동에 대한 교사의 부담을 덜어 준다.

- 멀티미디어 기기가 없이도 가능하다.
- 학부모를 든든한 후원자로 만들어 준다.
- '협동'이라는 철학은 우리의 전통적인 정서와 일치한다.
- 학습자에 대한 이해를 돕는다.
- 불필요한 경쟁을 억제함으로써 아이들의 자존감(심)을 강화시킨다.

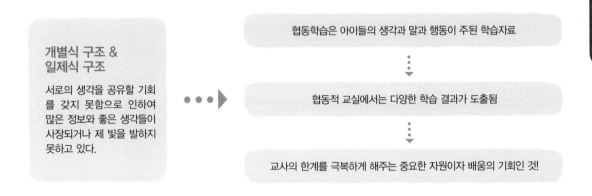

개별식 구조 & 일제식 구조

서로의 생각을 공유할 기회를 갖지 못함으로 인하여 많은 정보와 좋은 생각들이 사장되거나 제 빛을 발하지 못하고 있다.

협동학습은 아이들의 생각과 말과 행동이 주된 학습자료

협동적 교실에서는 다양한 학습 결과가 도출됨

교사의 한계를 극복하게 해주는 중요한 자원이자 배움의 기회인 것

지금까지 살펴본 협동학습의 장점이 더해지고 더해지면서 1 + 1 = 2가 아니라 3도 되고 5도 되고 10도 되면서 시너지를 발휘하게 되면, 협동학습은 어느새 교실에 없어서는 안 될 중요한 것이 되어 있을 것이라 확신한다.

협동학습의 장점에 대한 자세한 설명은 『살아 있는 협동학습』(pp. 53~58), 『협동학습의 이해와 실천』(pp. 52~57), 『협동학습』(pp. 18~57)을 참고하기 바란다.

 왜 협동학습인가(소의)?

최근 들어 우리나라에 혁신학교 붐이 일어나면서 여기저기에서 협동학습의 필요성을 강조하고 있다. 혁신학교 운동의 가장 핵심인 수업혁신 차원에서 협동학습이 강조되고 있지만 이 또한 자꾸만 수업혁신을 수업방법의 혁신 정도로 생각하고 있는 사람이 매우 많다는 점에서 안타까움을 금할 길이 없다. 저자는 수업방법의 차원이 아니라 진정으로 우리가 왜 협동학습을 해야만 하는가에 대하여 10년 가까이 수많은 자리를 통해 강조해 왔던 이야기를 여기에서 하나하나 풀어 나가고자 한다. 그 이유에 대하여 소의(小義)와 대의(大義)로 나누어 살펴보고자 한다. 여기서 말하는 '소의(小義)'라는 용어는 어떤 장점이나 효과 등을 발생시키는 것이 아니라 그 어떤 것(특히 부정적인 측면이나 요소 등)을 억제시킨다는 뜻에서, '대의(大義)'는 소의(小義)와 상대적인 뜻에서 선택하였다.

❶ 불안 심리 : 경쟁적 활동은 대체적으로 그 활동의 수행능력을 저하시키며 불안 심리를 조장하고 그 정도를 심화시키지만 협동적 활동은 그렇지 않다. 예를 들어 전통적인 교실에서 아이들은 발표할 때 큰 불안감을 느끼기 때문에 자신 있게 말하지 못하는 경우가 많다. 게다가 발표한 것이 틀리면(만약 여기에 상점이나 티켓 등의 보상이라도 걸려 있다면, 나머지 아이 중 답을 알고 있는 아이들에게서는 부정적인 반응이 나타나게 된다. "틀려라! 틀려라!" 하고 말이다.) 발표한 아이가 더 깊이 생각하거나 정정할 틈도 주지 않고 다른 아이들에게서 "저요, 저요!" 하고 외치는 목소리를 듣게 된다. 이 얼마나 부정적인가! 하지만 협동학습 수업에서는 아이들의 말하기와 발표 등 모든 활동이 자신이 속한 모둠 속에서 이루어진다. 따라서 같은 모둠원들은 서로를 적극적으로 지지하며 모두가 과제 수행을 성공적으로 잘해 주기를 기대하게 된다. 그 과정을 겪으면서 아이들은 동료들 사이에서의 인정과 지지 그리고 자아에 대한 정체성과 자존감을 쌓아나가거나 회복하게 된다.

❷ 외적 보상 : 경쟁이라는 요소는 외적 동기와 마찬가지로 아이들로 하여금 어떤 과제를 빨리 끝내도록 강요하는 측면이 매우 강하다. 예를 들어 어떤 과제나 활동을 빨리 마치는 대로 그에 따른 특권이나 보상(점심식사 먼저 하기 등)을 준다고 하면 아이들은 과제의 질과 양을 충분히 고려하지 않은 채 빨리 끝내려고만 하는 경향을 보인다. 하지만 더 심각한 문제는 거기에서 끝나지 않고 창조적이고 독창적인 문제해결력, 어렵고 힘든 과제에 대한 모험심과 탐구정신 등을 자꾸만 끌어내리는 데 결정적인 역할을 한다는 점을 우리가 잊고 있다는 점이다. 외적 동기를 바탕으로 한 경쟁은 결국 과정보다는 결과만을 중요하게 여기는 풍조를 만들고, 결국에 가서는 학습 능력-특히 고등정신기능을 떨어뜨리는 결과를 초래하게 된다. 하지만 협동적 활동은 오히려 그 반대이다.

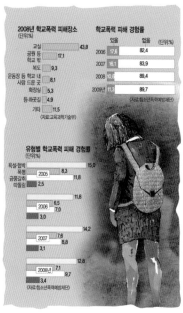

출처 : 아띠2.0 News(2012. 02. 29), 양다슬 기자, 학교폭력, 줄이기 위해 학생기록부에 기재한다.

❸ 학교 폭력 : 학교폭력은 심리, 가정, 입시중심 교육,

사회적 문제 등에서 원인을 찾을 수 있는데, 그 밑바탕에는 상대방에 대한 이해 및 존중감, 공감능력, 배려심 등의 부족이 자리하고 있다고 해도 과언이 아니다. 하지만 협동적 교실은 사회적 기술을 바탕으로 평화와 인권, 생태적 감수성이 살아 숨 쉬게 함으로써 학교폭력을 최소화시켜 준다.

❹ **사회적 문제** : 경쟁을 부추기는 사회 현상과 가정 및 사회적 문제는 우리 아이들을 개인주의적인 존재로 만들고, 경쟁으로 내몰고 있으며 물질만능주의에 물들어 가도록 방치하고 있는 데 비하여 협동학습은 '하나는 모두를 위하여, 모두는 하나를 위하여'라는 구호에서 알 수 있듯이 오히려 그런 현상을 최소화시켜 준다.

사회적 기술이 부족한 아이들 (도움 주고받기, 나눔, 원만하게 지내기 등)	애정, 도덕성, 사회성 발달이 결핍된 아이들	심각할 만큼의 경쟁적이고 개인주의적인 아이들의 교실	능동성이 부족한 아이들의 모습 (수동적 참여자) ⋯▸ 민주성과 괴리감

▶ 사회, 학교 어느 곳에서도 타인과 효과적으로 함께 일하는 것을 배우지 못한다.

▶ 좋든 싫든 아이들의 사회화 훈련 및 인성지도는 학교가 책임을 떠맡게 된다.

▶ 앞으로의 직업사회 : 협동적 팀 프로젝트, 상호작용, 원활한 의사소통이 특징이다.

▶ 협동적 상호작용을 학교 교육에 포함시켜야 하는 일은 매우 시급한 과제가 된다.

▶ 협동학습이 대안 : 아이들의 긍정적 상호작용 촉진, 격려 ⋯▸ 사회적 기술 발달

❺ **열등감** : 경쟁에서 뒤처진 아이들은 자존감이 점점 사라지고 그 자리에 열등감이 상대적으로 자리하게 된다. 그 결과 성인이 되어 사회생활을 하면서도 작은 실패에도 자존감에 상처를 받아 행복한 생활을 해 나가는 데 어려움을 겪게 되고, 심한 경우에는 자살에 이르기도 한다. 그렇다면 학교에서 아이들의 자존감에 가장 큰 상처를 주는 강력한 도구는 무엇일까? 그것은 바로 경쟁이고, 시험 성적이며 서열화이다. 이에 따라 아이들은 그 결과를 이미 정해진 운명처럼, 이미 정해진 능력 탓으로("본래 그래, 원래 그 정도밖에 안 돼.") 돌리게 되며, 그 결과 학습에 대한 자신감, 노력하는 자세, 책임감 등이 줄어들게 되고, 경쟁에서 낙오자로 전락하게 된다.

❻ **의욕 상실** : 학습이라는 것을 선의의 경쟁, 순위 매기기, 비교하기, 경쟁에서 누가 앞서고 뒤처지는가 하는 입장에서 바라보는 순간 수많은 학부모와 아이들은 학년이 올라가면

서 누가 1등인지 누가 바닥인지를 둘러보게 되고, 경쟁에서 뒤처진 아이들은 앞선 아이들을 부러움의 눈초리로 바라보는가 하면, 경쟁에서 앞선 아이들은 다른 아이들을 바라보면서 경쟁에서 지속적인 승리를 이끌어내기 위한 고민 외에는 아무 것도 하려 들지 않게 된다. 이런 교실에서 아이들은 결국 배움에 대한 흥미와 열정을 포기할 수밖에 없다. 해마다 1학년에 입학하면서 교사의 질문에 의욕과 열정이 넘쳐 손을 번쩍번쩍 들던 아이들이 학년이 높아지면서 교사의 질문에 눈을 마주치지 않으려 하고, 손을 드는 아이들을 찾아보기 힘들 정도인 우리 교실, 꿈과 희망을 간직하고 초등학교 문을 들어섰던 아이들이 졸업할 때가 되면 이미 어느 정도 승자와 패자로 구분되어 상급 학교로 진학하게 되는 우리 교육의 현실을 들여다보면 충분히 공감하고도 남을 것이다. 아이들은 자신이 경쟁에서 승리할 수 없다고 생각하는 순간 더 이상 흥미를 느끼지 못하고 배움으로부터 도주하게 된다.

❼ **교사와 아이 관계** : 요즈음 우리 학교 현장에서는 아이들끼리 혹은 교사와 아이들 사이에 느낄 수 있었던 정이 점점 사라져가고 있는 것 같아서 아쉬운 마음을 금할 길이 없다. 이는 어느 한 쪽(아이 혹은 교사, 또는 사회나 가정, 국가 등)의 탓으로만 돌릴 수는 없을 것이다. 이런 문제들의 가장 밑바탕에는 '믿음과 신뢰'가 사라졌다는 안타까운 현실이 존재한다. 하지만 협동학습은 교사와 아이 사이를 평등한 관계로 바라볼 수 있도록 도와줌으로써 관계 개선 및 교사의 성장에 많은 도움을 준다. 특히 저자의 경험을 돌이켜 보면 협동학습을 하면서 아이들만 배우는 것이 아니라는 것, 교사도 그 과정 속에서 아이들을 통해서 많은 것을 배우고 경험한다는 것을 느낀 적이 많았다. 왜냐하면 협동학습은 아이들의 생각과 경험들을 교수-학습활동에 꼭 필요한 자료로 생각하기 때문이다. 상당히 많은 경우 아이들의 생각 속에서 깜짝 놀라게 되고, 때로는 그들이 교사인 나를 가르치는 경우도 많았다.

이런 이유들을 증명이라도 하듯 최근 보도된 뉴스 기사 한 편이 눈길을 끈다. 나이 어린 학생의 짧은 생각에서 나오는 치기 어린 이야기라고 몰아갈 수만은 없는, 그러면서도 무엇인가 씁쓸한 부분이 많다. 읽어 보면서 깊이 있게 고민해 보기 바란다.

【서울 = 뉴시스】정의진 기자(2012. 03. 25) 스스로 학교를 그만두는 학생들이 늘어나고 있다. 지난해에만 무려 초중고교 학생 7만 6489명이 학업을 중단했다. 특히 고등학생의 경우 3만 8787명이 학교를 떠났다. 하루 평균 100명 이상이 학교를 그만두고 있다는 얘기다. 지난달 자퇴서를 낸 뒤 서울 광화문에서 1인 시위를 벌였던 최훈민(17 · 한국디지털미디어고 2년 중퇴) 군은 이 같은 현상의 원인을 '과열 입시 경쟁' 때문이라고 말했다. 최 군이 학업을 중단한 이유 역시 '죽음의 입시경쟁교육' 때문이었다.

그는 "학교가 친구를 경쟁자로 만들고 성적에 따라 계급을 나눴다."고 지적하며 "더 이상 학교에서는 배울 것이 없다."고 힘줘 말했다. 날이 갈수록 횡포해져 가는 학교폭력과 청소년 자살 또한 '과도한 입시경쟁 때문'이라고 풀이했다.

이처럼 모든 문제의 근원이 입시교육에 있다는 결론을 내린 최 군은 '학생이 주인인 학교, 선생이 없는 학교'를 뜻을 같이하는 사람들과 함께 설립하기로 했다.

봄 햇살이 완연했던 지난 15일 최 군을 만나 자퇴를 결심하게 된 계기와 향후 계획 등에 대해 들어봤다. (중략)

- 정부가 무시한 문제의 본질은 무엇인가.

"교과부는 최근 학교폭력 근절을 위한 대책을 발표하면서 문제의 본질인 입시교육을 조금도 건드리지 않았다. 실효성 없는 복수담임제나 일진경보제 등만 내세웠다. 더구나 복수담임제는 이미 시행되고 있는 제도다. 하지만 누가 학급을 담당하고 있는지도 모를 만큼 제도적 의미가 없다. 일진경보제도 문제다. 일진이 탈퇴하면 폭력이 근절된다고 생각하는 건지, 일진이 있으면 미리 경보해주는 건지 실제로 적용이 불가능하다. 말도 안 되는 대책으로 여론을 호도하고 있는 것이라 볼 수밖에 없다. 사실상 이는 학교폭력 문제를 진단한 것이 아니다. 이밖에도 여성가족부는 폭력적인 게임 때문에 이 같은 문제가 불거졌다고 지적했다. 실제로 청소년들의 게임 접근성 또한 제한했다. 물론 게임이 학교폭력 중 하나의 원인으로 작용할 수는 있다. 하지만 본질적인 원인이 될 수는 없다. 일부 언론에서는 폭력적인 웹툰이 문제라고 했다. 그렇지만 실제로 지적을 받고 있는 웹툰은 이미 청소년은 볼 수 없도록 제한돼 있던 것이다. 결국 입시교육으로 인해 발생한 문제를 외딴 곳에서 찾고 있다고 할 수 있다."

- 입시교육이 학교폭력의 근본적인 원인이라고 생각하는 이유는.

"입시교육이 학교 친구들을 더 이상 동료가 아닌 경쟁자로 만들어 버렸다. 친구가 어떤 문제에 대해 질문을 했을 때 선뜻 거리낌 없이 가르쳐 줄 수 있는 학생이 얼마나 될까. 결국 학생들은 반복된 경쟁과 평가에 따라 상중하로 등급이 정해진다. 하위권 학생들은 학교에서 패배자로 낙인 찍히고, 상위권 학생들과 비교를 당한다. 이 과정에서 피해의식과 마찰이 생길 수밖에 없다. 결국 학교 내 성적차별로 인해 학생들 사이에서 계층이 형성되는 것이다. 이때 상위권 학생들보다 신체적 조건이 우월한 하위권 학생은 자신의 존재감을 드러내기 위해서 폭력적인 행동을 취하기도 한다. 이로써 학교폭력이 시작되는 것이다. 폭력은 서로의 인권을 존중하지 않기 때문에 생긴다. 학교는 학생 개개인의 인권과 길을 존중해 주는 사회가 아니다. 성공과 패배의 길로 나눈다. 결국 학생들은 이 같은 환경에서 극단적으로 자랄 수밖에 없다. 학교폭력은 전면적으로 입시교육 때문에 발생한다."

- 경쟁과 평가 자체를 거부한다는 의미인가.

"물론 공산주의, 사회주의로 가자는 뜻은 아니다. 학업에 대한 평가와 동료 간 경쟁은 필요하다. 다만 각자의 길을 존중해 주는 선에서 경쟁을 해야 한다는 것이다. 단순히 시험 하나만으로 모든 것을 좌지우지해선 안 된다. 시험 자체의 문제는 없다. 등급을 매기기 위한 시험이 돼 버리는 것이 문제다. 학교는 학생들의 정신건강을 돌보기는커녕 오히려 비교를 통해 패배의식만 심어 주고 있다." (중략)

- 학교가 현시점에서 갖는 의미는.

"학교는 삼류 학원이나 같다. 단순한 지식 전달자 차원에서 볼 때 학교 교사들은 인터넷강의 강사나 학원 선생님들보다 능력이 안 된다. 심지어 학생들을 올바른 방향으로 인도해 주는 '인생의 스승' 역할조차 하지 못하고 있다. 학교에 있으면 있을수록 학생의 정신건강에 도움이 되지 않을 것이라고 생각한다. 학교에 있으면 상처만 받을 뿐이다. 현재로선 진정한 의미를 가지는 학교는 없다."

⑤ 왜 협동학습인가(대의)?

❶ 가치 지향(평등-평화, 인권, 협동, 생태적 가치 지향 ⋯ 사회화 교육) : 오늘날 우리의 가정은 고유의 기능(1차적인 사회화 교육의 기능-소위 가정교육)을 잃어 가고 있다. 핵가족화, 가정의 파괴, 설 자리를 잃어버리는 부모의 역할(맞벌이 부모-가족이 함께하는 시간의

부족, 자녀와 부모 사이의 대화 부족, 자녀에 대한 삐뚤어진 교육관 등), 1명만 낳아 귀하게만 키우려고 하는 부모들의 그릇된 생각, 극단적인 개인주의, 대중매체의 악영향 등으로 인하여 가정이 가지고 있던 고유의 기능은 사라져만 갔고, 그 결과 우리 아이들의 인성은 점점 파괴되어갔다. 결국 가정의 파괴는 인성 교육의 파괴를 불러올 수밖에 없었던 것이다. 이에 대한 대안으로서 협동학습은 지속가능한 미래사회를 만들어 가는데 꼭 필요한 공동체 정신, '나' 혼자만 생각하기보다는 '나, 너, 우리'를 함께 생각하게 하는 힘, 공동체를 위해 자

출처 : 국가장기생태연구 홈페이지

기를 내놓도록 하는 마음, 개인의 자유로운 삶과 공동체의 평등한 구조를 잘 조정할 줄 아는 능력, 참된 자기 삶을 찾아 그것을 바탕으로 '다 함께 잘 살기' 위한 따뜻한 마음을 가지고 서로 어울려 살아갈 수 있는 마음 등을 키워나가는 데 많은 도움을 줄 수 있다.

출처 : http://blog.naver.com/dongnyokpub/
40129244969

출처 : SK텔레콤 대학생 자원봉사단 써니, http://
besunnyblog.tistory.com/233

❷ **심리적 안정** : 협동학습은 '협동' 그 자체가 가져다 주는 이익 때문에 그 효과가 매우 큰데, 특히 심리적 · 정서적 안정에 매우 큰 영향을 준다. 협동적인 교실에서 교사는 아이들끼리 서로 좋아하게 하고, 인권과 평화, 생태적 감수성이 살아 숨 쉬게 하며 서로 도움을 주고받으며 살게 하는 데 최선을 다 함으로써 누구나 교실에서 행복할 권리가 있다는 것, 서로를 존중할 의무가 있다는 것, 차이점을 인정하고 받아들기에 대해서 아이들은 큰 무리 없이 젖어들게 된다. 그 결과로 아이들은 심리적으로 안정감을 느끼게 되고, 자존감과 사회적 기술에 바탕을 둔 인간관계를 잘 형성하여 학업 성취를 경험하게 된다.

❸ **배움에 대한 열정** : 전통적인 교실에서는 일부 아이만이 적극성을 보이지만 협동적 교실

에서는 대부분의 아이들이 공동의 목표를 달성하기 위해 함께 참여–노력해 나가며 서로의 참여와 노력을 존중하는 마음으로 바라보게 된다. 그 결과 성공과 승리가 아닌 '배움' 그 자체를 중요하게 여기며 학습에 임하게 된다.

❹ **과제에 대한 호기심** : 아이들은 혼자 할 때 재미가 없어 보이던 것도 여럿이 하면 흥미와 호기심을 가지고 참여하는 모습을 보인다. 이처럼 다른 사람들과 함께 공부하는 것도 경쟁 또는 혼자 공부하는 것보다 재미있고, 과제에 더 집중할 수 있도록 해 준다. 따라서 전통적 교실에서는 무기력한 아이들의 모습, 언제 끝나려나 하는 생각으로 시계를 쳐다보거나 초점이 흐려진 눈으로 허공을 주시하는 아이들의 모습, 교사의 말이 끝나기도 전에 종이 치면 책을 서랍에 넣어두고 자리에서 일어서려는 아이들의 모습이 많이 목격되지만, 협동적 교실에서는 과제에 적극적이면서 흥미와 호기심에 찬 모습, 함께 모여 과제에 대하여 생각하고 행동하면서 즐기듯이 공부하는 모습, 종이 울리고 난 뒤–심지어는 점심식사를 해야 할 시간에도 주어진 과제에 계속 집중하면서 함께 고민하는 모습을 많이 목격하게 된다.

❺ **욕구 충족** : 오늘날 우리 사회가 학교에서 아이들의 다양한 욕구를 충족시켜 줄 수 있는 교수–학습방안으로서의 대안을 요구하고 있지만 이를 만족시켜 줄 만큼의 마땅한 대안을 정책적 · 제도적 · 학문적으로 내놓거나 뒷받침해 주지 못하고 있는 실정이다. 아이들의 특징을 간단히 살펴보면 다음과 같다.

내 수업시간에 우리 아이들의 특징 이해하기	무엇이 문제인가?
• 학습 의욕 상실(무기력, 수업준비 부족, 무관심) • 교사에 대한 저항과 또래 사이의 폭력 • 집중력 부족(듣기 능력의 저하) • 졸거나 잡담하기, 산만함으로 수업에 방해가 됨 • 학습 능력의 저하로 인한 이해의 부족 • 수업 태도가 바르지 못함(가만히 있지 못함) • 욕구가 충족되지 못하여 문제를 일으킴 • 놀이, 게임, 사고활동이 없는 수업시간에만 살아 있는 듯한 모습을 보임	• 아이 : 목표가 없다. 기본적인 욕구나 성향을 감추지 못한다(말하고 움직이고). • 교사 : 수업 준비의 소홀, 잘못된 준비, 아이들에 대한 이해 부족(성향, 욕구), 교사 중심의 사고, 획일화 · 주입식 교육 • 교실의 상황 : 옆 사람을 방해하지 않고 얌전히 앉아 있게 하는 데 많은 시간과 에너지를 소모하게 된다(서로 간의 신경전, 기 싸움, 꾸중하기, 야단하기, 체벌 등).

위에서 살펴본 바와 같이 교실에서 아이들이 보여 주는 모습과 성향은 매우 다양하다. 하

지만 이를 좀 더 눈여겨 살펴보면 한 가지 문제로 종합해 볼 수 있다. 그 한 가지가 바로 '욕구' 이다. 이는 아이들에게서 나타나는 대표적인 속성과 깊은 연관이 있다. 협동학습은 바로 그런 점들을 이용한 것이라고 해도 무리가 없을 만큼 서로가 필요충분적이라고 말할 수 있다.

▲ 2008년 저자의 반 아이들

아이들의 속성을 이용, 해결의 실마리 찾기

- 활동적이고 상호작용 성격이 강하다.
- 서로 이야기하고 움직이려는 성향이 강하다.
- 기본적인 욕구를 감추지 못한다.

아이들은 사고하고, 행동하고,
상호작용하는 과정 속에서 배운다!

아동중심의 수업(아이들이 수업의 주인이 되게)

어떻게? ···▶ 협동학습은 매우 유용한
대안이 될 수 있다!

아이들의 기본적인 욕구와 속성은 움직이고 말하는 것이다. 그런데 그러한 욕구가 전통적인 수업 방식에서는 절대로 해결되지 않는다. 그러니 아이들은 문제를 일으킬 수밖에 없는 것이다. 이런 욕구를 한 번 이용해 보자. 만약 그들의 욕구(말하고, 움직이고, 자기가 하고 싶은 것—자르기, 오리기, 노래로 표현하기, 그림으로 표현하기, 몸짓으로 표현하기, 주장하기, 학습 과제에 대한 선택, 글로 생각을 표현하기 등)가 충족된다면, 그들은 문제를 일으키 겠는가? 절대로 그렇지 않다. 욕구가 충족되면 그들은 절대로 문제를 일으키지 않는다. 협동 학습은 그런 그들의 기본적인 욕구를 충분히 충족시켜 줄 수 있다는 점에서 충분한 대안이 될 수 있다.

❻ 배움에 대한 즐거움 : 전통적인 교실에서의 교사는 협동적인 교실보다 거의 3~4배에 가까 운 말을 한다. 그만큼 아이들은 지루함을 느끼게 된다. 하지만 협동학습은 '배움' 그 자체 를 즐겁게 만들어 주기 때문에 아이들이 학교에 오는 것을 즐거워하게 된다.

❼ 학습 능력 향상 : '배움' 그 자체에 대한 즐거움은 곧바로 학습에 대한 호기심과 집중력으 로 이어져 학습 능력의 향상을 가져오고, 그 결과로 성취도 또한 높아지게 된다.

❽ 학부모의 신뢰 : 우리 교육을 들여다보면 어떤 면에서는 학부모의 신뢰가 많이 떨어져 있다 는 것을 느끼게 된다. 매년 협동학습을 시작하면서 처음에는 어려움이 많았지만 시간이 지

나면서 학부모에게 '협동'이 지닌 철학과 의미를 적극적으로 알리고, 이것이 필요한 이유에 대하여 수없이 많은 모임을 하면서 설득해 온 결과 학부모들과 교사인 저자 사이에 조금씩 회복되어가는 믿음과 신뢰를 느낄 수 있었다. 이것이 저자가 협동학습을 놓지 못하는 이유이고, 앞으로도 충분히 이를 위해 노력을 아끼지 않으려고 굳게 다짐하는 이유이기도 하다.

▲ 2007년 부모역할훈련 학부모교육

▲ 2008년 대화의 기술 학부모교육

❾ **지적 상호작용-또래 가르치기** : 협동학습을 해야만 하는 가장 중요한 이유는 '똑똑한 한 사람보다 평범한 열 사람이 낫다.'는 진리를 깨달을 수 있기 때문이다. 모든 활동에 있어서 제한을 두지 않거나 도전적인 과제일 경우에는 개별적·경쟁적 활동이나 그룹보다는 협동적 활동이나 그룹에서 훨씬 더 긍정적인 모습을 볼 수 있다(예 : 먼저 이해한 아이가 다른 아이들에게 자신이 이해한 것을 알려주고, 그 과정에서 서로 긍정적인 상호의존이 일어나며 그 아이들 모두 과제에 대한 이해도가 높아지게 된다. 어떤 것에 대한 1명의 아이디어는 또 다른 사람의 아이디어를 유발하는 경우도 많다. 자신의 성적을 높이기 위해 공부하는 것보다 다른 사람을 가르쳐야 한다고 생각하고 공부하는 아이가 '배움'에 더 관심을 두며 그 개념을 더 잘 이해할 수 있게 된다.). 또래 가르치기는 인지정교화론을 근거로 하며 가르치면서 배운다는 원리를 담고 있는데, 협동학습에서는 가르치면서 배운다는 원리를 풀어내기 위해서 같은 모둠의 동료를 가르치거나 자신이 생각하거나 알고 있는 내용을 발표, 토의, 토론할 수 있도록 구조화시킴으로써 인지정교화가 가능하도록 하였다. 즉, 지식을 그냥 머리로만 이해하면서 "아, 그렇구나 !" 하고 넘어가게 되면 그때는 이해한 것 같아도 시간이 점점 지나면서 조금씩 기억이 희미해지거나 아예 잊어버리게 되는 경우가 많지만, 자신이 알고 있는 지식을 다른 친구에게 설명하는 과정을 경험하게 되면 그 지식이 자신의 것이 된다는 의미를 말하는 것으로, 또래 가르치기는 배우는 아이나 가르치는 아이 모두에게 큰 효과가 있는 것으로 나타나고 있다.

열정적으로 가르치는 교사와 열심히 잘 들으려고 노력하는 아이들이 가득한 교실. 이런 형태의 수업은 일제식 수업일 가능성이 크다. 일제식 수업은 똑같은 목표를 향해 아이들을 똑같은 방식으로 몰아가면서 아이들 사이의 상호작용은 거의 고려하지 않고 있다는 것이 많은 문제점으로 인식되어 왔고, 그런 수업 현장 속에서 아이들은 서로가 서로에게 지적으로 이방인일 수밖에 없다. 이런 이유 때문에 일제식 수업은 최근 학교 현장에서의 움직임대로라면 절대로 환영받지 못한다.

'지식'과 '지식을 얻는 방법' 자체가 사회적 산물이자 사회적 과정이라는 점을 염두에 두고 생각해 본다면, 교수-학습활동 자체가 사회적이어야 하는 데에도 불구하고 우리의 교실(교수-학습활동)은 아직도 교사와 아이들 사이의 직접적 상호작용에 국한된 최소한의 사회적인 방식을 고수하고 있는 셈(출처 : 정문성, 1996, p. 94)은 아닌지 이제부터는 본격적으로 고민하지 않으면 안 된다.

⑩ **다양성과 개성 존중** : 협동학습을 잘못 이해하면 집단-전체성을 너무 강조한 나머지 그 속에서 개개인의 개성을 죽이게 되는 우를 범하게 된다(협동학습의 목적은 하나의 생각을 그 그룹에 속한 모든 아이들에게 획일적으로 받아들이도록 하는 것이 아니다.). 하지만 협동학습을 깊이 있게 조망하고 바라보면 협동은 참여하는 아이들이 각자의 개성과 다양성을 존중하며 그를 바탕으로 서로 다른 역할을 수행하면서도 그것들이 퍼즐처럼 맞추어질 수 있도록 도움을 주어 훌륭한 성취를 이루게 해 준다.

⑪ **협동적 가치관** : 지금까지 우리 사회에서 강조되었던 가치관은 개인주의와 경쟁주의였다. 어떤 면에서는 선택의 기회조차 주지 않았다. 그리고 그 내면을 파고 들어가 보면 경쟁이나 개인주의 그 자체보다도 개인주의나 경쟁주의를 조장하는 사회적 구조 자체가 더 큰 문제라는 것을 알 수 있다. 그것이 지금 우리 사회를 위협하면서 많은 문제를 만들어 내고 있는 것이다. 이런 문제점들을 극복하기 위한 대안으로서 협동학습은 학교에서뿐만이 아니라 사회의 구조적 경쟁 자체에 대한 유망한 대안이라 생각한다.

⑫ **교육 본연의 목적** : 교육이 지닌 고유의 목적(지적 능력의 향상 및 타인과의 관계를 개선해나갈 수 있는 사람 만들기)을 달성할 수 있다는 대안으로서 협동학습의 효과는 지금까지의 수많은 연구 결과를 통해 충분히 입증되어 왔다. 이런 관점에서 볼 때, 협동학습은 오늘날 교육이 지닌 본연의 목적과 미래 사회에 대비하고자 하는 목적(기존의 교육 본연의 역할과 함께 고차원적인 사고력, 의사소통능력, 사회적 기술을 지닌 사람을 배출하는 것)을 달성하기 위한 역할을 충실히 수행해낼 수 있을 것이라 본다.

⑬ **민주시민교육** : 교사가 중심이 되어 모든 것을 주도해 나가는 교실에서는 민주주의가 살

아있는 것처럼 느껴지지 않는다(교사가 주도해 나가는 교실은 아이들이 민주사회에 올바르게 참여할 수 있도록 준비시켜 주지 못한다.). 민주시민사회에서 올바른 민주시민 교육을 해야 할 교사와 교실이 전혀 민주적이지 못하다고 본다면 분명 모순이 있는 것이다. 민주주의는 사람 사이의 분열을 거부하고, 엘리트만을 위한 교육을 하지 않으며, 독재적으로 의사결정을 내리지 않는 곳에서, 아이들에게 수동적인 복종을 강요하거나 받아들이도록 하지 않는 곳에서만이 꽃을 피울 수 있다. 민주시민사회는 서로 다른 구성원들이 개인의 자유로운 삶과 공동체의 평등한 구조 속에서 조화를 이루며 살아가야 하는 곳인데, 현재의 사회가 개인주의와 경쟁주의 속에 내몰리고 있다면, 이를 극복하고 공동체적 삶을 추구하기 위한 가장 바람직한 대안은 바로 협동학습일 것이다.

1 지금 현장에서 이야기되고 있는 협동학습을 바라보면서 어떤 생각이 드는가?

→ 아이들에게 배움이 일어나게 하고, 또한 배움의 즐거움을 알게 하는 데에 꼭 협동학습일 필요는 없다고 본다. 협동학습 이외에도 많은 학문과 이론, 방법론이 있다. 다만 저자는 그 많은 것들 가운데 스스로 협동학습을 선택했던 것이고, 지금도 그것을 나 스스로 즐기고 있다. 하지만 적지 않은 사람들이 협동학습을 마치 해결사처럼 여겨 대세니 뭐니 하면서 마치 안 하면 안 되는 것처럼 몰아가고 있어 안타까운 생각이 든다.

→ 협동학습이 재미있고 즐거운 교실을 만드는 데 있어서나, 배움이 일어나도록 하는 데 있어서 모든 것을 해결해 주지는 못한다. 절대로 협동학습은 만능이 아니다. 학교 현장에는 협동학습만으로 해결할 수 없는 많은 내·외적인 변수와 도전이 산재해 있다. 그리고 이의 해결을 위해 교사들은 협동학습 이외에도 다양한 학문을 협동적으로 연구하고 교실로 끌어들여 시도해 보려는 노력을 아끼지 말아야 한다.

→ 지금 현장에서는 억지로 단편적인 지식을 넣어 주려는 목적으로 협동학습 기법을 이용하는 모습, 교과서 중심의 틀에 박힌 내용을 협동학습 방법으로 전달하려고 하는 모습, 경쟁과 똑같이 어떤 보상을 제공(개인이든 그룹이든)하면서 협동학습을 적용해 나가고 있는 모습, 자신의 수업 기술을 자랑이라도 하듯 협동학습 기법을 사용하지 않아도 될 그런 내용에도 분별없이 마구 사용하면서 자기만족에 빠져있는 모습, 명품 수업 또는 수업의 명인이라는 이상한 이름을 붙여 가며 자신의 이름을 날리거나 승진 점수를 따기 위해 배워서 써먹기 바쁜 모습 등이 너무 많이 보인다. 이런 식으로 협동학습을 적용한다면 협동학습의 효과는 사라지며, 요즈음 많은 사람들이

이야기하고 있는 '수업혁신 : 배움에 대한 근본적인 변화'를 이끌어 내지는 못할 것이다. 그리고 이렇게 기존의 방식에 협동학습을 수업 기법이나 수업방법론적 입장에서 활용하고 있는 모습들 때문에 협동학습을 바라보는 교사나 아이들의 시각은 매우 부정적(주로 아이들을 절차의 틀, 시간의 틀 속에 가두려고 한다고 말하기도 하고, 아이들을 통제하려 한다고 비판을 하고 있다.)이거나 그리 곱지만은 않다.

2 협동학습을 실천하려는 교사가 지녀야 할 가치관이나 신념 같은 것이 있다면?

→ '협동−상호의존'이라는 것은 개개인이 모두 가치 있는 존재라는 믿음 그리고 우리 사회는 경쟁 사회가 아니라 협동사회라는 인식에서 비롯된다.

→ 이는 사람들이 서로 협동적인 관계를 맺어나가기 시작한다면 서로 공감하고 배려하며 다 함께 잘 사는 사회를 만들어 나갈 것이라는 신념을 의미한다.

→ 이런 가치관이나 패러다임의 전환이 없다면 협동학습은 단지 좀 더 유용하게 지식을 전달하는 교수−학습 방법 중 하나 정도로 밖에 보이지 않을 것이다.

3 협동학습을 어떤 시각으로 바라보는 것이 바람직하겠는가?

→ 우선은 가장 작게는 협동적 교실을 만들어 나가는 차원에서의 학급운영론으로 바라보는 것이 좋을 듯하다.

→ 좀 더 나아가서는 학교를 변화시켜나가는 차원에서의 학교혁신운동으로 바라보는 관점이 필요하다. 왜냐하면 협동학습을 통한 믿음이나 신념들이 내 교실에서만의 것이라면 어떤 변화도 일어나지 않기 때문이다. 1개의 교실이 아니라 하나의 학교가 모두 그 믿음을 바탕으로 같은 곳을 향해 가야만 한다. 그렇게 간다면 협동학습은 분명 도움이 될 것이다.

→ 더 깊고 넓게는 교육운동이나 철학적 관점으로 바라보는 것이 가장 좋을 것이다. 교육운동이나 철학적 관점은 교사의 피나는 노력과 끊임없는 변화를 요구하기 때문이다. 분명히 협동학습은 그런 것들을 모두 포함하고 있다. 교육을 백년지대계라고 하듯이, 그런 관점과 움직임은 단순히 교육의 변화를 넘어서서 사람들의 사고를 변화시킬 것이고, 종국에 가서는 우리 사회를 바람직한 방향으로 움직여 갈 수 있을 것이라 믿는다. 수업이 바뀐다고 학교가 바뀔까? 아니다. 학교를 바꾸는 것은 수업이 아니라 교사 자신이다. 교사가 변해야 수업이 바뀌고, 아이들이 바뀌고, 학교가 바뀐다. 교사의 변화를 말하는 것, 그것이 바로 교육운동인 것이다.

박병기 저(1998), **場理論**(장이론), 교육과학사

변영계 · 김광휘 공저(1999), 협동학습의 이론과 실제, 학지사

이상우 저(2009), 살아 있는 협동학습, 시그마프레스

정문성(인천교육대학교) 저(1996), 협동학습에서의 의사결정력 향상 전략, 전국열린교실연구응용학회지 제4집
제1호 pp. 93~111

정문성 저(2002), 협동학습의 이해와 실천, 교육과학사

David W. Johnson · Frank P. Johnson 공저, 박인우 · 최정임 · 이재경 공역(2004), 협동학습을 위한 참여적 학습
자, 아카데미프레스

Deborah Stipek 저, 전성연 · 최병연 공역(1997), 학습동기, 학지사

Spencer Kagan 저, 협동학습, 기독초등학교 협동학습연구모임 역(1999), 디모데

학문적으로
협동학습 들여다 보기

들어가기

어떤 학문이든지 그 자체만으로는 설명하기가 매우 어렵다. 무엇이든 그것이 되기까지는 많은 이론과 학문들이 영향을 주고 받았다고 말할 수밖에 없다. 협동학습도 그렇다. 협동학습 이론이 만들어지기까지 많은 학문과 이론들이 영향을 주어 지금에 이르렀다. 그런 협동학습을 제대로 이해하기 위해서는 그 밑바탕에 있는 모든 학문들을 섭렵할 정도까지는 아니어도 그 핵심을 이루는 이론에 대한 이해는 반드시 하고 넘어가는 것이 좋을 것이다.

저자는 늘 이런 생각을 갖고 있다.

이론적 바탕이 없는 실천은 공허하고 가벼울 뿐이며
실천이 뒷받침되는 않는 이론은 껍데기일 뿐이다.

한 때 전국을 뒤흔들었던 '열린교육'을 생각해 보면 위의 말 속에 담긴 의미를 쉽게 이해할 수 있다. 1990년대 중반 우리나라는 '열린교육'이라는 큰 흐름이 교육 현장 내에 위로부터 던져지면서 교사들은 아무런 준비 없이 서둘러 그것을 맞이하였고, 실제의 교육 현장 내에서 수많은 교사들은 '열린교육'에 대한 철학적 바탕과 그 인식의 부족, '열린교육'에 대한 정보의 부족, 교육적 여건과 시스템의 부재, 이를 위한 자료의 개발과 보급의 부족 등으로 여러 가지 면에서 혼란을 겪었다. 그 이후 10년 가까이 지나면서 현장에서는 '열린교육'이라는 말이 어느 때부터인가 소리 소문 없이 자취를 감추었다. 태풍과도 같았던 몰아치기식의 현장 적용을 몸으로 직접 겪었던 교사들에게 '열린교육'이라는 것은 과연 어떤 것으로 기억되고 있는가를 알아보면 아래와 같다(출처 : 이상우, 2009. pp. 4~7).

〈열린교육에 대한 교사들의 일반적인 생각〉

항 목	내 용
교실환경	기존에 있던 복도와 교실 사이의 벽만 허물면 열린교육이 될 것으로 생각
코너학습	교실 곳곳에 책상 몇 개 놓고, 각기 다른 활동지나 학습 과제를 제시해 놓으면 코너학습이 되는 것처럼 생각
러그미팅	책상을 교실의 가장자리로 밀어 놓고, 한 가운데에 퍼즐 매트 혹은 자리를 깔아 놓은 뒤, 옹기종기 앉아 이야기를 주고받으면 러그미팅이 되는 것처럼 생각
개별학습	검증도 제대로 되지 않은 수준별 학습지를 마구 만들어 복사기를 돌려 대고, 아이들 각 개인에게 나누어 준 뒤 각자 해결하면 개별학습이 이루어진 것으로 생각

〈우리나라에서 열린교육이 실패한 이유〉

경쟁학습의 대안으로 도입한 열린교육과 사회를 바라보는 시각의 불변	우리나라에서 열린교육은 경쟁학습의 대안으로, 기존의 교육 현장에 대한 반성의 차원에서 관 주도적으로 도입되었다. • 경쟁학습의 폐단으로 인성(전인) 교육의 부재, 심각한 경쟁으로 인한 아이들의 불행한 학교생활과 사교육의 양산, 암기 위주의 교육(blanking education), 입시 지옥, 1등과 비교됨으로 인한 상대적 열등감 등 수많은 심각한 사회적 문제를 떠안게 되었다. • 경쟁학습의 대안으로 열린교육을 도입하기는 했지만 우리 사회 전체를 여전히 지배하고 있는 것은 '자본주의' 사회의 중요한 원리라 할 수 있는 '자유와 경쟁'이었으며, 이런 점에서 우리 사회의 본질 자체는 하나도 변한 것이 없었다. • 열린교육은 학습 환경을 전체학습에서 개인 중심의 개별 학습, 수준별 학습으로 바꾸어 주고 학교 현장의 외관상 틀(교실 현장의 모습)만 바꾸어 놓았을 뿐 국민들의 기본 정서와 철학까지는 바꾸지 못했다.
개별학습의 실패	• 검증되지 않은 수준별 학습지(상당히 오랜 시간 수준별 학습지가 제대로 갖추어져 있지 않아 이를 제작하는 데 많은 시간과 재정과 인력이 투자되었다.) • 개별학습을 제대로 시행하기에 부적절한 학습 환경(낙후된 교실, 부실한 교수-학습 활동 자료) • 교사 1인당 학급 아동 수의 과다 • 개별학습에 대한 교사들의 이해와 전문성 부재 • 개별학습에 따른 교사의 연구 활동 보장의 부재(각종 잡무 등) • 깊이 있는 열린교육에 대한 연수의 부재(겉도는 교사 연수) • 개별학습을 위한 교육 재정 투자의 부재(교사 1인당 아동 수를 줄이기 위해 재정 투자를 많이 한 것은 사실이지만 제대로 된 열린교육을 하기에는 턱없이 부족한 재정 투자였다. 또한 자료 개발을 위한 재정 투자도 많았지만 여러 지역 교육청별로 산발적으로 이루어지기만 했지 국가적으로 지도서나 교과서처럼 양질의 자료를 개발하여 보급하지는 못하였던 것이 한계점이었다.) • 개별학습으로 인한 아이들의 산만함(열린교육 1세대라는 말이 생겨날 정도였다. 이들은 수업시간에 이유 없이 일어나 돌아다니고, 규칙이라는 것에 대한 의식이 상당히 떨어졌던 것으로 기억된다.)
교내 교사 모임의 부재	열린교육이 성공적으로 뿌리를 내리기 위해서는 이를 위한 교내 교사들의 연구 모임이 절실히 요구되었지만 전혀 이루어지지 못하였다(동학년 협의회라는 것은 꾸준히 있어왔지만 그런 역할을 해내기에는 부족함이 너무도 많았다.).
현장 도입 의도	열린교육이 생겨나게 된 취지 및 그것이 가지고 있는 주된 목적과 달리 우리나라는 무엇을 하든지 포커스가 학력신장에 맞추어져 있다. 그리고 학력이라는 말도 그 뜻이 상당히 왜곡되어 있다. 많은 사람들이 학력을 성적과 같은 의미로 해석한다. 학력과 성적은 동의어가 아니다. 학력이 높다고 해서 성적이 반드시 높은 것은 아니다. 반대로 성적이 높다고 해서 학력이 높다고 볼 수만은 없는 일이다. 학력이란 학(學)을 하는 힘, 배우는 힘을 말하

는 것으로서 보통 메타 인지, 초인지 등을 말한다. 유태인식 교육으로 말하자면 고기를 잡아주는 것이 아니라 고기 잡는 방법을 가르쳐주는 것에 해당된다.

위의 표에서 보는 바와 같이 열린교육은 우리 교육 현장에 도입되면서 그 날개를 제대로 펴 보지도 못한 채, 오늘에 와서는 실패한 교육이론이자 교육적 흐름으로 인식되고 있다. 이는 아마도 훌륭한 철학과 학문적 바탕이 깔려있는 열린교육이라는 것을 현장에 겉모습만 아무런 고민 없이 전파하면서 생긴 부작용이 아닐까 생각한다. 하나의 교육적 흐름과 이론이라는 것이 그렇게 쉽게 교육현장 속에 녹아들 수 있고, 쉽게 일반화될 수 있는 것인가 하는 점을 조금만 생각해 보면 충분한 답을 얻을 수 있는 일인데도 우리는 커다란 실수를 범하고 만 것이다.

열린교육이라는 것에도 나름대로의 철학과 학문적 바탕이 있다. 그리고 이 흐름이 충분히 교육현장 속에 뿌리를 내리기 위해서는 그에 맞는 제반 여건(제도적 여건과 교육 시스템, 교사들의 충분한 이해와 인식, 국민적 공감대 형성 등)이 먼저 형성되고, 그렇게 준비된 속에서 충분한 시간을 가지고 천천히 적용, 확산되었어야 함이 마땅하였다. 그러나 전혀 그런 과정이 없었고, 지금에 와서는 교사들의 기억 속에서 사라져 가고 있다. 정말 안타까운 일이 아닐 수 없다.

〈참고 : 열린교육 – 개별 학습에 대한 잘못된 인식 몇 가지〉

잘못된 인식 1 개별 학습이 아이들을 개인주의자로 만들었다.

어떤 문헌에 보면 미국사회에서의 열린교육(개별 학습)이 아이들을 극단적인 개인주의자로 만들었다고 말하고 있는데, 이는 공감하기가 힘들다. 그 당시의 미국사회는 수많은 사회적 문제(인종, 빈부 격차, 물질만능주의, 가치의 혼란, 부모의 부재, 가정의 파괴, 사회화 교육의 부재, 매체의 악영향 등)가 있었다. 그런 것들의 영향으로 아이들이 개인주의적 성향을 갖게 되었음이 오히려 더 타당한 근거가 될 것이라 생각한다. 오늘날 우리나라의 경우도 아이들이 매우 개인주의적인 성향을 보이고 있는데 이 또한 미국의 현상과 다르지 않다. 자식을 적게 나아 잘 키우자는 인식, 핵가족화 현상, 바쁜 부모(맞벌이 부모)의 증가, 사회화 교육의 부재, 부모들의 잘못된 교육관, 비교육적인 대중매체, 수많은 사회적 문제로 인한 간접 학습 등에 의하여 아이들은 극단적인 개인주의자로 변해가고 있다.

잘못된 인식 2 학습자 개개인의 학업 성취도가 낮아졌다.

미국에서뿐만 아니라 우리나라에서도 열린교육이 한참 이루어질 때 개별 학습–수준별 학습으로 인한 학습량, 아이 개개인의 성적 수준을 유지하는 데에만 신경을 쓰고 있다는 말이 많았고, 이로 인하여 아이들의 성취도가 낮아졌다고 하는 보도가 나오기도 했다. 미국에서의 상황은 그럴 수 있었을지 모르겠지만, 우리나라만큼은 열린교육이 우리 현장에서 활발하게 이루어질 때도 아이들의 학습량은 과거에 비하여 절대로 줄지 않았었다. 게다가 모든 교과, 모든 차시에서 열린교육–개별 학습으로만 이루어진 것이 아니라는 점, 열린교육–개별 학습은 당시 교수 학습활동(수업방법) 가운데 일부의 모습일 뿐이었다는 점을 잊어서는 안 될 것이다.

지금까지 약간의 지면을 할애하여 열린교육에 대하여 살펴보았다. 협동학습에 대한 이야기를 펼쳐 나가면서 왜 뜬금없이 '열린교육'을 논하고 있냐고 의문을 제기할 수 있을 것이다. 이런 질문에 대한 답은 아래와 같다.

> 열린교육 이후에 우리 교육 현장을 주도하고 있는 교육 이론과 흐름은 딱히 없었지만 열린교육 이후에 교육 현장에서 교사들에게, 아래로부터 큰 호응을 얻고 있는 협동학습은 열린교육과 비슷한 점도 많고, 가장 최근에 일어났던 교육사적 흐름이라는 점에서 분명히 짚고 넘어가야 할 점이 있기 때문이다. 앞선 실패를 거울삼아 같은 실수를 반복하지 않도록 하기 위함이라고 이해하기 바란다.

협동학습이라는 것이 최근 교육 현장 내에서 교사들에게 나름대로 큰 호응을 얻게 되면서 고개를 들기 시작하였는데, 여기에도 열린교육에서처럼 우려되는 바가 매우 크다. 대표적인 몇 가지만 나열해 보면 아래와 같다.

❶ 협동학습에 대한 철학적·학문적 이해가 떨어진다는 점
  - 협동학습을 철학적으로 바르게 이해하기 위해서는 세상, 우리 사회, 교육, 학급운영을 바라보는 시각을 협동·나눔·공감·배려에 두지 않으면 안 된다.
  - 협동학습을 학문적으로 바르게 이해하기 위해서는 인식론, 구성주의, 동기론, 학습 구조 이론 등에 대한 밑바탕이 있어야 가능하다.

❷ 단순한 수업방법론·수업 기법으로 인식되고 있는 점
  - 실제로 많은 교사들이 '협동학습 구조 – 돌아가며 말하기, 3단계 인터뷰, 창문열기 구조 등'의 활용을 보고, 이를 배우기 위해서 협동학습에 접근하고, 또 그것을 배워서 수업 시간에만 가끔 활용하고 있는 것이 지금의 현실이다. 이렇게 본다면 협동학습은 어떤 활동에 대한 방법과 절차(순서)만을 안내해 놓은 것에 불과하다.

❸ 협동학습이라는 것을 우리 교육 현실에 맞게 재해석(한국적 협동학습)하여 받아들이고 있지 못하다는 점
  ⋯➔ 이는 다음과 같이 생각해 보면 쉽게 이해할 수 있다.

혁신학교 운동이 시작되면서 우리나라에는 일본의 '배움의 공동체', 핀란드 교육, 발도르프 및 프레네 교육 붐이 일어났고 너도 나도 앞 다투어 그것을 소개하고 끌어들이기 바빴다. 그 가운데 하나인 '배움의 공동체'도 사실 따지고 보면 '사토마나부'의 독창적인 것이 아니라 북유럽의 긍정적·모범적 사례를 일본의 현실에 맞게 재해석하여 정착시킨 것 그리고 일본에서 시도되고 있는 다양한 교육현상 가운데 일부라는 점을 우리는 잊어서는 안 된다. 무엇인가 내 것이 되기 위해서는 (1) 나를 온전히 그것에 맞추는 방법, (2) 그것을 나에 맞게 바꾸어 받아들이는 방법, (3) 방법 (1)과 방법 (2)를 적절히 배합하는 방법 등이 있다. 과거 열린교육은 그 어떤 방법도 시도되지 않았다. 그리고 방법 (1)의 경우는 국민들의 정서와 사회적 상황, 교육 현실과 제반 여건, 교사 문제, 교육제도 등의 복잡한 문제들을 생각해본다면 그리 바람직한 방법은 아니라 할 수 있다. 왜냐하면 배움의 공동체를 도입한다고 해서 우리나라가 갑자기 일본처럼 될 수는 없기 때문이다.

혁신학교 운동과 관련하여 현재 우리나라에는 '배움의 공동체' 관련 서적, 핀란드 또는 덴마크 등 북유럽의 교육활동을 소개하는 책, 발도르프 교육, 프레네 교육 관련 서적들이 쏟아져 나오고 있다. 하지만 여기에도 경계해야 할 것이 있다. 그것을 고스란히 따라하려는 움직임이 또 나타나고 있다는 점이다. 절대로 따라 할 수 없는 일이고, 그렇게 해서도 안 된다. 왜냐하면 우리나라는 그 나라, 그 사람들이 아니기 때문이다. 우리는 우리인 것이다.

이 시점에서 우리가 해야 할 일은 무엇인가 좋은 것이 있다면 그것을 가능하게 했던 그들의 노력과 철학이 무엇이었나를 추출하고, 우리의 현실에 맞게 변화를 주어 한걸음씩 앞으로 일관되게 나아가면서 한국식 교육혁신을 이루어내는 것이다. 30년 넘게 그것을 실천했던 핀란드 교육이 지금 우리에게 주는 교훈도 바로 이것이다. 현재 우리나라에도 배움의 공동체가 나름 정착되고 있는 학교가 있다는 소식을 듣고 있기는 하다. 어느 정도인지는 정확히 알 수는 없지만 그 학교는 '일본식 배움의 공동체'가 아니라 '한국식 배움의 공동체'를 하고 있는 것이라 생각한다. 결국 그것은 사토마나부의 '배움의 공동체'가 아니라 방법 (2) 또는 방법 (3)을 통해 '우리식 배움의 공동체'를 만든 것이라 생각된다. 협동학습도 마찬가지다. 우리의 정서, 우리의 현실에 맞는 재해석을 바탕으로 한국적 협동학습을 해야 한다. 저자는 이 말이 꼭 하고 싶었고, 그 꿈이 현실로 이루어지길 바라고 있다. 단지 교사 몇 명의 개인적 차원에서 협동학습을 하는 것이 아니라 '협동학습'의 학문과 철학을 바탕으로 교사와 아이들과 학부모가 '협동적 학교 공동체'를 만들어 나가는 것, 이것이 저자의 꿈이다. 그리고 이 책은 그것을 이루기 위해 필요한 것들을 여러 주제로 나누어 살펴보고 있는 것이다.

여기에서는 저자가 탐구하고 소화한 범위 내에서 협동학습의 바른 이해에 필요한, 최소한의 학문적 내용만을 소개하고자 한다. 좀 더 자세한 내용과 깊이 있는 탐구는 여러분들의 몫으로 남겨 놓고자 한다.

2 학습 구조론

학습 구조론은 사회적 상호의존성 이론을 교실로 가져오면서 생겨난 것이다. 이는 학습이 일어나는 곳이라면 어떤 곳에서든 학습 목표 구조가 존재한다는 것인데, Johnson & Johnson은 교실 내 존재하는 학습 목표 구조를 협동학습 구조, 경쟁학습 구조, 개별학습 구조 세 가지로 규정하였다. 그런데 학습 구조론을 수업방법이라는 관점에서 바라보면서 수업시간에 참여하는 상호작용의 주체와 상호작용하는 방법에 따라 분류를 해 본다면 앞에서 언급한 개별(S ↔ S : 개별적), 경쟁(S ↔ S : 경쟁적), 협동(S ↔ S : 협동적)학습 구조 외에 일제[T ↔ S : 1대 다수 아동 사이의 상호작용(S : 아동, T : 교사)]학습(강의식) 구조도 존재한다고 볼 수 있겠다. 다음은 그 네 가지를 정리해 본 것이다.

(1) 개별학습 구조

개별학습 구조란 학습자의 개인차를 교육적으로 고려한 구조로서, 교사가 아이의 학습 수준(능력 · 적성 · 동기 등)에 따라 개별적으로 최적의 학습 환경과 적절하고 타당한 수업방법 · 절차 · 자료의 선택 · 평가 등 수업의 모든 요소를 변별적으로 투입해 나가는 것을 말한다(교과 학습에 있어서 개인차에 따른 학습을 강조함).

❖ 핵심적 특징
❶ 상호의존성, 상호작용이 없다.
❷ 개별적 책무성이 분명하다.
❸ 목표가 매우 중요한 것으로 받아들여져야 한다.
❹ 분명하고 쉬운 과정과 규칙, 스스로 해결할 수 있는 자료로 주어진다.

(2) 경쟁학습 구조

경쟁학습 구조란 학습 집단 내에 모둠이나 개인 간에 경쟁을 유발시키는 구조로서, 교사가 일정 학습 목표를 제시하고 각 모둠이나 개인 간의 경쟁을 부추겨서 집단의 소수만이 목표에 도달할 수 있도록 하는 학습 구조를 말한다. 이 때 경쟁을 촉진하는 방법으로 보상 제도를 적절히 운영하기도 한다.

❖ 핵심적 특징
❶ 희소성이 있어야 한다(보상이 제한적).
❷ 소수의 승자만이 존재한다.

❸ 승자 선출 방식, 참여자의 상호작용방식에 따라 다양하게 나타난다.

❹ 참여자들의 능력이나 자질을 상대적으로 비교한다.

(3) 협동학습 구조

협동학습 구조란 학습자 상호 간의 유기적 관계를 유지하면서 학습자가 협동을 하여 공동의 학습 목표를 이루는 구조를 의미한다. 이를 위하여 교사는 전체 학습 집단 내에 모둠을 조직하고 모둠 구성원 간, 모둠 간의 협력이 이루어 질 수 있도록 학급 환경을 만들어 나가게 된다.

❖ 핵심적 특징

❶ 긍정적 상호의존성이 있다.

❷ 대면적 상호작용이 있다.

❸ 사회적 기능이 많이 사용된다.

(4) 일제학습(강의식) 구조

일제학습 구조란 흔히 말해서 전통적인 수업방식이라고 하는데, 교실 내에 존재하는 상호작용의 주체를 학생과 함께 교사도 포함시켜서 생각해 볼 때, 교사 1인 대 다수의 학생과 상호작용이 존재한다(교사가 전체 학습 집단을 관리하고 통제). 강의식 수업, 영상매체를 활용한 수업 등이 여기에 해당된다.

❖ 핵심적 특징

❶ 교사와 학생 사이의 상호작용이 주가 된다(1 대 다수).

❷ 학습 집단 전체에 목표를 맞춘다.

❸ 교사에게 모든 것이 집중된다(교사에 대한 의존도가 매우 높다.).

(5) 네 가지 학습 구조의 특징과 장단점[3]

앞에서 말한 네 가지 학습 구조의 특징과 장단점 등을 도표로 정리해 보면 다음과 같다.

---

3) 출처 : 이상우 저(2009), 살아 있는 협동학습, PP. 28~34; 정문성 저(2002), 협동학습의 이해와 실천, PP. 27~35

(가) 네 가지 학습 구조의 특징

구 분	개별학습 구조	경쟁학습 구조	협동학습 구조	일제학습 구조
특 징	교사가 아이들의 능력 수준(개인차)에 따라 개별적으로 지도한다. • 상호의존성과 상호작용이 없다. • 완전학습을 추구하려고 한다. • 각 개인은 목표를 분명히 인식한다.	교사가 개인이나 집단 간의 경쟁 심리를 이용하여 지도한다. • 경쟁이 있으면 희소한 가치도 있다(보상). • 하나 또는 소수의 승자만이 존재한다. • 경쟁의 방식은 매우 다양하다.	교사가 개인·집단 간의 유기적 관계와 협동을 통해 지도한다. • 긍정적 상호의존성이 있다. • 대면적 상호작용이 매우 많다. • 사회적 기술이 매우 중요한 역할을 한다.	교사가 전체 학습 집단을 동시에 지도 혹은 통제한다. • 교사와 아이들 사이의 상호작용만 존재한다. • 학습 집단 전체에 목표를 맞춘다(일반화). • 교사에게 모든 것이 집중된다.

(나) 네 가지 학습 구조의 수업 형태

구 분	개별학습 구조	경쟁학습 구조	협동학습 구조	일제학습 구조
수 업 형 태	지식, 기능을 아이 스스로 얻을 수 있도록 과제, 해야 할 일 등을 분명히 한다(수준별 수업, 열린교육에서의 개별화 교육). • 아이의 흥미를 적극적으로 고려한다. • 아이의 학습 개인차를 인정한다. • 아이의 개성 및 다양성을 존중한다. • 모든 수업 요소를 변별적으로 투입하게 된다.	경쟁 규칙 및 학습해야 할 내용을 분명하게 제시하여 수업을 진행한다(퀴즈식, 경쟁 유발 수업, 게임을 도입한 수업 등). • 제한된 보상을 끌어들여 진행한다. • 승자를 정하는 방식에 따라 다양하다. • 상호작용 방식에 따라 다양하다. • 적절한 긴장으로 학습효과가 매우 높아진다.	고급 사고력을 필요로 하는 내용을 제시하고 서로 협동하여 과제를 해결하도록 한다. • 아이들 간에 긍정적인 상호의존성을 갖도록 환경, 과제, 역할 등을 분담하도록 한다. • 사회적 기술에 대한 훈련을 한다. • 도움을 받는 형태, 정보를 주고 받는 형태로 수업이 진행된다.	강의, 매체 등을 활용하여 기초적이고도 일반화가 가능한 내용을 중심으로 교육한다(교사만 바라보는 형태의 일반적인 수업). • 많은 사람을 동시에 지도할 수 있다. • 복잡한 내용을 비교적 쉽고 명확하게 지도할 수 있다. • 설득력 있는 웅변을 이용한 교수 방법이 이용된다.

(다) 네 가지 학습 구조의 문제점

구 분	개별학습 구조	경쟁학습 구조	협동학습 구조	일제학습 구조
문제점	• 교사들의 교수 부담이 매우 높다(시간과 노력이 많이 든다.). • 적절한 학습 환경(여건)이 필요하다. • 사회적 관계 부족으로 사회성이 결여된다.	• 학습에 있어서의 빈익빈 부익부 현상이 나타날 수 있다. • 학습수준이 낮은 아이들에 대한 배려가 미흡하다. • 단지 성공과 실패에만 관심을 갖게 된다.	• 목표에 대한 학습자의 잘못된 이해 가능성이 있다. • 다양한 성향의 아이들로 인해 어려움이 많이 생긴다(내성적, 소유욕, 폭력성, 부진 등이 있는 아이 등).	• 아이들의 학습태도는 매우 수동적이고, 집중을 위한 에너지 소모가 크다. • 교사에 대한 의존도가 지나치게 높고, 단순 지식 암기식 교육으로 흘러가기 쉽다.

(라) 네 가지 학습 구조의 실패 요인

구 분	개별학습 구조	경쟁학습 구조	협동학습 구조	일제학습 구조
실패 요인	• 타인과 대화나 상호작용이 많고 경쟁요소가 있을 때 실패하기 쉽다. • 학습 자료의 부족, 과제·내용이 어려울 때 진행해 나가기 힘들다. • 목표의 중요성이 부족하거나 너무 복잡할 때 실패하게 된다.	• 공평하지 못한 규칙이 있을 때 아이들은 수긍하지 않는다. • 지나친 경쟁으로 학습 집단 내 부정적인 관계(타인의 실패는 곧 나의 성공, 적대적 태도)가 형성될 수 있다. • 복잡하고 어려운 과제일 때 문제가 생긴다.	• 무임승차자, 훼방꾼, 일벌레가 발생할 때 실패한다. • 과정과 절차가 명확하지 않거나, 긍정적인 상호의존성이 없으면 실패한다. • 사회적 기술이 부족할 때 실패한다. • 과제가 너무 어렵거나 단순할 때 실패한다.	• 교사·아이들의 의도가 서로 일치하지 않을 때 실패하기 쉽다. • 아이들이 교사와 다른 의견·목표의식을 가지고 있을 때 실패하기 쉽다. • 학습 내용이 너무 어렵거나 단순할 때 실패하게 된다.

(마) 네 가지 학습 구조에서 교사의 역할

구 분	개별학습 구조	경쟁학습 구조	협동학습 구조	일제학습 구조
교사 역할	정원사	심판자	주도적 안내자	권위자

지금까지 살펴 본 네 가지 학습 구조를 활동의 중심과 상호작용의 성격에 따라 간단히 그림으로 살펴보면 다음과 같다.

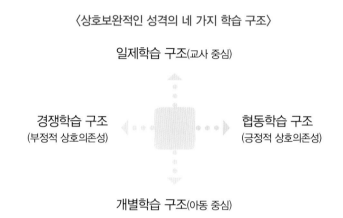

〈상호보완적인 성격의 네 가지 학습 구조〉

일제학습 구조(교사 중심)

경쟁학습 구조 (부정적 상호의존성)   협동학습 구조 (긍정적 상호의존성)

개별학습 구조(아동 중심)

(6) 네 가지 학습 구조의 활용

학습 (목표)구조 이론에 대한 정확한 이해가 없이 위의 그림을 살펴보면 학습 구조에 대한 오해를 불러오기 십상이다. 왜냐하면 저자는 가끔 나눔의 자리(연수)에서 강의를 하면서 아래와 같은 질문을 교사들에게 던져 보는데, 그에 대한 답변으로 돌아오는 것들은 "머뭇거림(혹은 자신 없는 대답 – 그것도 몇 사람 뿐!)" 혹은 "협동학습이요!"라는 대답이었다.

> 질문 네 가지 학습 구조 가운데 어떤 구조가 제일 좋은가요?
> 교사들의 답변 협동학습이요(혹은 머뭇거림, 몇 사람만의 자신 없는 대답 – 물론 적지 않은 경우
> 저자가 바라는 답변을 듣기도 한다.).

저자는 교사가 학습 (목표)구조 이론에 대하여 제대로 이해하고 있다면 "네 가지 모두 좋습니다 (혹은 그때 그때 달라요!)."라고 답을 해야 한다고 생각한다. 왜냐하면 앞서 살펴본 바와 같이 각 구조는 나름대로의 장점과 단점을 가지고 있기 때문이다.

학교에서 가끔 수업 장학을 할 때 '일제식 수업'을 지양하라는 말을 많이 한다. 그리고 수업 전문성 신장이라는 측면에서도 평상시 수업을 할 때 되도록 다양한 수업방법을 연구하여 '일제식 수업'을 탈피하라는 말을 많이 듣게 된다. 그렇다면 그렇게 말하는 사람들은 '일제식 수업'이 좋지 않아서 이렇게 말하겠는가? 분명 그는 아닐 것이다. 그 말의 내면에는 학습 (목표)구조 이론에 대한 이해와 전문성을 갖고 있어달라는 부탁과 당부의 뜻이 더 강하다고 바라봐야 할 것이다. 그도 그럴 것이,

지금 이 글을 읽고 있는 여러분 자신의 수업 과정을 돌이켜 생각해 보면 알 수 있을 것이다. 최근 1년 동안 자신이 수업을 이끌어 나갔던 방법(학습 구조)을 생각해 보자. 앞에서 말한 네 가지 학습 구조 가운데 어떤 구조가 가장 많이 활용되었는가? 당연히 '일제학습 구조'를 가장 많이 활용하고 있다는 것을 알수 있다. 그러나 그 학습 구조가 제일 좋아서 그렇다고는 말할 수 없을 것이다. 이 점을 우리 교사들은 분명히 깨닫고 학습 (목표)구조 이론에 대한 지식을 쌓고 이해하려는 노력을 게을리 하지 않으면 안된다. 다시 말해서 수업에 대한 전문성, 더 나아가 교사의 전문성은 바로 여기에서 온다고 보면 될 것이다.

수업방법이라는 측면에서 이 네 가지 구조는 상호 보완적이기도 하고, 한 차시의 수업 시간 내에 순서를 달리하면서 모두 나타나기도 하며, 한두 가지 구조만 나타나기도 한다. 예를 들면 아래와 같다.

수학 시간의 사례

(1단계 - 약 15분 정도) 보통 '생활 속의 수학'이라고 하여 일상생활 속의 경험(실제 상황)을 수업 속으로 끌어들여 기본 원리를 설명하게 되는데, 현장에서 가장 많이 활용하는 방법(구조)이 바로 일제학습 구조이다.

(2단계 - 약 10분 정도) 개념과 원리 설명을 모두 마치면 아이들에게 그에 따른 개별 연습과 숙달을 위해서 교과서 속에 있는 문제들을 풀도록 한다. 이럴 때 가장 많이 활용하는 방법(구조)이 바로 개별학습 구조이다. 이 과정 속에서 잘 모르는 아이는 옆의 짝이나 같은 모둠원들에게 설명을 해 달라고 하여 부족한 부분을 해결해 나간다면 협동학습 구조도 동시에 활용된다.

(3단계 - 약 5분 정도) 각자 활동이 다 끝나면 답을 확인하게 되는데, 모둠원들끼리 답을 확인하고 서로 다른 부분이 있으면 각자 다시 풀어보고 확인해 보면서 틀린 친구가 있으면 친절하게 알려주면서 해결해 나가도록 한다. 이럴 때 가장 많이 활용되는 방법(구조)이 바로 협동학습 구조이다.

(4단계 - 약 10분 정도) 확인 과정이 끝나면 '완전학습'을 추구하는 차원에서 각 모둠별로 한 사람씩(같은 자리 번호) 나와서 칠판에 앞에 자리하고(칠판 나누기 구조) 그 아이들에게 한 문제씩 불러주면서 풀이하게 한다. 각자 다 풀고 난 뒤, 제대로 해결한 아이(혹은 그 모둠)에게 상점을 주고, 그렇지 못한 아이에게는 보상을 하지 않는다. 이럴 때 가장 많이 활용하는 방법(구조)이 바로 경쟁학습 구조이다.

앞의 수학 시간 사례에서 살펴본 바와 같이 한 단위 차시 수업 속에서 네 가지 구조가 모두 나타 날 수 있다. 이런 사례는 얼마든지 찾을 수 있다. 이렇게 볼 때 교과목과 단위 차시 학습 내용에 따라서 한 가지 구조만 계속 쓸 것인가, 아니면 두세 가지 구조를 복합적으로 사용할 것인가 하는 결정은 순수하게 교사 자신의 몫이라는 것을 알 수 있고, 효과적인 결정을 내리기 위해서는 교사가 학습 구조론에 대한 이해를 잘 하고 있어야만 한다.

(7) 네 가지 학습 구조에 대한 교사의 자세

❶ 교사 자신이 가장 훌륭한 학습 구조라는 사실을 잊지 말자(학습 구조론에 대한 철저한 이해가 필요하다.).

❷ 협동학습 구조만 사용해서는 안 된다. 다른 구조도 많이 이용해야 한다.

❸ 협동학습 구조를 다른 구조에 대한 대안(다른 구조의 단점을 보완)으로 바라보도록 하자 (이론상으로는 모든 수업을 협동학습 구조로 할 수는 있지만 그래서는 안 된다. 만약에 그런 날이 온다면 그때는 이런 말이 나오게 되지 않을까 생각한다. "협동학습을 지양하세요!").

③ 구조에 대한 이해 넓히기

우리나라의 교사들은 각자 수업을 준비할 때 아이들의 상황이나 아이들의 학습 구조에 대하여 어느 정도 고민을 하는지 궁금하다. 성공적인 교수－학습활동을 위해서는 수업 할 내용도 중요하지만 이를 어떻게 효과적으로 전달하고, 아이들이 이를 경험할 수 있도록 학습 구조를 어떻게 짜느냐가 아주 중요한 문제라는 점을 잊어서는 안 된다. 다시 말하면, 각 교과의 성격과 그 내용에 따라 적절한 학습 구조를 활용하는 능력이 교사에게 무엇보다도 중요하다는 것이다(개별식, 경쟁식, 협동식, 일제식). 이를 위해서는 먼저 학습 구조론에 대한 명확한 이해가 선행되어야 한다(네 가지 학습 구조는 앞에서 자세히 살펴보았으므로 이하 생략함).

수업 활동을 들여다 보면 크게 '학습 내용'과 '학습 구조'로 분석해 볼 수 있겠다. 수업이라는 것은 '학습 내용'과 '학습 구조'의 상호작용의 결과로 이루어진 일련의 활동이라 말할 수 있다(출처 : Kagan, 1999, p. 13).

> **수업 = 내용 + 구조**
> (내용 = 재료, 구조 = 재료를 담을 그릇)

학습 내용이란 '무엇을 가르칠 것인가(What)?'에 대한 것으로, 곧 가르쳐야 할 내용을 의미한다. 그리고 학교 현장에서는 곧 '내용 ≒ 교과서'라는 공식이 성립된다고 해도 과언이 아니다(일부의 경우 재구성하는 경우도 있기 때문에 '=' 기호를 쓰지 않았다.).

한편, 학습 구조란 '어떻게 가르칠 것인가(How)?'와 관련된 것으로, 곧 '교사와 아이(들), 아이들 사이의 상호작용 방식—다시 말해서 교사와 아이(들), 아이들끼리 어떤 방식으로 상호작용을 하고 있는가에 대한 관계 방식의 틀'을 의미한다. 그 틀을 '수업방법'이라고 칭하지 않고 '학습 구조'라는 전혀 다른 용어를 사용하는 이유는 단순히 '어떻게 가르칠 것인가?'라는 수업 기법만을 지칭하지 않고, '사회적 상호작용'이라는 관점에서 수업을 사람과 사람(교사와 아이, 아이들끼리—좀 더 폭 넓게 이해하자면 주변의 모든 환경까지도 포함시킬 수 있다.) 사이의 상호작용 (관계)방식(의 틀)으로 이해하기 때문이다.

(1) 구조중심 협동학습에 대한 이해

현재 우리나라에서 협동학습에 접근하는 방식을 살펴보면 크게 두 가지 경향으로 나누어 볼 수 있다. 구조중심 방식, 패키지 교육과정이 바로 그것이다.

❶ **구조중심 방식** : 소위 말하는 협동학습을 위해 고안된 구조를 중심으로 수업 활동을 이끌어 나가는 방식이라고 이해하면 좋겠다(출처 : Kagan, 1999, p. 77).

❷ **패키지 교육과정** : 어떤 특정 내용에 관한 활동으로, 협동학습을 위해서 특별히 고안된 하나 이상의 구조가 서로 조합되어서 수업모형으로 활용되는 것으로 이해하면 좋겠다. 이에는 모둠 보조 개별학습—TAI 모형, 읽기와 작문 교육 협동학습—CIRC 모형 등이 있다(출처 : Kagan, 1999, p. 90).

앞의 두 가지 협동학습 접근 방식 가운데 현재 우리나라에는 주로 구조중심 방식이 가장 널리 알려져 있고, 패키지 교육과정(협동학습 모형의 적용)이 보조적으로 현장에서 적용되고 있는 상황이다. 개인적인 의견으로도 협동학습 모형의 적용을 통한 방식보다는 구조중심 방식을 적극 추천하고 싶다. 그 이유는 구조중심 협동학습 모형을 개발한 Kagan이 말한 바와 같이 기존의 협동학습 모형은 그 과정과 절차가 매우 복잡하여 적용하기 힘들고, 협동학습 자체에 대한 이론과 복잡한 부분들 또한 공부하기 매우 어렵지만 협동학습을 위해 개발된 구조 하나 하나를 익혀나가는 것은 비교적 쉽기 때문이기도 하고, 우리나라의 학교 현장이 갖고 있는 특수성(40분 단위로 구분되어 있는 시간표와 수많은 교과목 그리고 중앙 집권형 교육과정으로 인하여 개발된 교과서가 갖는 한계, 각 교과마다 주어진 교육 내용과 분량의 과다, 교과서를 꼭 빠짐없이 가르쳐야만 될 것 같은 생각 등)에서 오는 현실적 이유 때문이기도 하다. 구조중심 협동학습은 40분 중 단지 5분 혹은 10분 정도의 시간만으로도 효과를 볼 수 있는 아주 쉽고 간단한 모형이 수십 개나 개발되어 있어서 교사들에게 큰 호응을 얻고 있다.

(2) 구조중심 협동학습에서 말하는 '구조'[4)]

구조중심의 협동학습을 강조하는 Kagan은 다양한 협동학습 수업 기법들을 협동학습 구조라는 개념으로 이해한다. 그는 구조를 일종의 블록(아이들의 놀이 기구)에 비유한다. 상호작용 방식의 단위로서 구조를 이해하고 있기 때문에 케이건의 구조 개념에 따라 수업을 이해한다면 수업은 일종의 블록 쌓기라 말할 수 있다['블록'이라는 것은 똑같은 것을 여러 사람에게 나누어 주어도 한 개 한 개의 블록(구조의 3요소들)을 쌓아나가면서 각기 다른 것을 만들어 내기 때문이다. 수업도 마찬가지다. 같은 내용으로 여러 명의 교사에게 수업을 하라고 해도 똑같은 형태의 수업은 거의 이루어지지 않는다.].

교사가 협동학습을 활용하여 수업 전략을 세우고 운영하기 위해서는 다양한 협동학습 구조들에 대한 기본 요소들과 그들을 조합하여 만들어진 다양한 구조들에 대하여 충분히 이해하고 숙달되어 있어야 하는데, 협동학습에서의 '구조'를 이해하려면 아래와 같이 구조를 이루는 핵심 요소들에 대한 이해가 필요하다. Kagan(1999)은 이를 '미시적 구조'라고 이름을 붙였다.

> ### 협동학습 구조의 3요소 : 개인, 짝(2인), 그룹(3인 이상)
> ('구조'를 이해하는 데 필요한 핵심 요소 : '미시적 구조'라고도 함)

❶ 복합 구조적 수업(거시적 구조) : 수업 목표를 달성하기 위해 구조와 구조들을 적절히 연결하여 활용해 나가는 것을 말한다.

---

4) 출처 : Spencer Kagan 저, 기독초등학교 협동학습연구모임 역(1999), 협동학습, pp. 77~94

❷ 구조화와 비구조화의 차이점 이해하기 : 수업의 흐름을 쉽게 파악, 수업의 효율성 증대에 도움이 됨, 학습효과가 커지고 목표달성을 용이하게 한다.

❸ 협동학습 구조 속에는 네 가지 기본 원리가 항상 녹아들어 있다(네 가지 원리가 바탕에 깔려 있지 않은 것은 구조라고 말할 수 없고, 협동학습이라고 말할 수도 없는 것이다.).

- 긍정적인 상호의존
- 개인적인 책임
- 동등한 참여
- 동시다발적 상호작용

> 협동학습의 다양한 구조들은 협동학습의 네 가지 기본 원리를 바탕으로 하여 학습내용을 담는 틀(그릇)로서 발전된 것이다. 예를 들면 '접시'에 '국'을 담아 먹을 사람은 아무도 없다. 왜냐하면 '접시'라는 것은 '국'이라는 내용물을 담기에 적절하지 않기 때문이다. 다시 말해서 내용물에 따른 알맞은 그릇(틀)은 따로 있다는 것이고, 좀 더 효율적으로 내용물을 담아 두기 위해 수많은 모양과 크기와 형태의 그릇이 꾸준히 만들어지고 있는 것이다. 이와 마찬가지로 교수−학습활동 상황 속에서 '어떻게 하면 학생들이 즐겁고 재미있게 활동을 하면서도 긍정적인 상호작용을 할 수 있도록 할 것인가? 그리고 학습 목표를 효과적으로 달성할 수 있도록 할 것인가?'의 고민이 다양한 구조의 선택과 또 다른 새롭고 훌륭한 구조를 만들어 내게 하는 원천이 된다.

(3) 구조중심 협동학습에서 '구조'가 지닌 매력[5]

일제문답 구조	번호순으로 구조
1. 교사의 질문 2. 아이들이 손을 들어 지원하기 3. 교사의 지명 4. 지명된 아이가 답을 말하기 5. 아이의 답변에 대한 교사의 대응	1. 각 모둠원에게 고유의 번호 부여 2. 교사의 질문 3. 모둠원 모두가 머리를 맞대고 문제를 해결하기 4. 교사가 번호를 부르면 각 모둠에서 그 번호에 해당되는 아이들만 손을 들고 대답하기

❶ 일제문답 구조 : 다분히 상호작용이 부정적으로 흐르는 경쟁적 구조를 보이기 쉽다. 특히 티켓, 상점, 칭찬과 주목이 기회가 될 경우는 더욱 더 그런 방향으로 흐르기 쉽다(친구의 실수는 곧 자신이 인정받게 되는 기회로 작용한다. −부정적 느낌).

5) 출처 : Spencer Kagan 저, 기독초등학교 협동학습연구모임 역(1999), 협동학습, pp. 77~94

❷ **번호순으로 구조** : 우수한 아이들도 자신의 번호가 불리어지지 않으면 대답할 수 없고, 각 모둠의 구성원 모두가 정보를 서로 나누고 이해하여야만 성공할 수 있다는 생각으로 정보를 공유하게 된다. 아울러 학습력이 부족한 아이들도 언제 자기의 번호가 불릴지 몰라서 주의해서 잘 듣게 된다.

구조는 교실 안에서 아이들끼리 상호작용을 어떻게 가져가도록 할 것인가에 대한 고민에서 나온 것으로 '아이들끼리의 상호작용 관계방식의 틀'이라고 말한 바 있다. 다시 말해서 구조라는 것은 아이들끼리 상호작용을 해 나갈 수 있도록 조직화하는 방법이라고 바꾸어 표현할 수 있다. 구조의 활용이라는 측면과 그가 지닌 예술적 가치라는 것을 부각시키기 위해서 다음과 같이 예를 들어서 이해하기 쉽게 다시 설명하고자 한다.

'수업'이라고 말하는 모든 상황에는 항상 그 순간에 아이들이 배워야 할 학습 내용(학습 목표)과 이를 아이들에게 효과적으로 전달하는 방법으로서의 학습 구조가 존재하고 있다. 이처럼 학습 내용과 내용이 조합되고, 이들을 효과적으로 담아내기 위한 틀(그릇)로서 적절한 구조를 사용하는 총체적인 과정들의 바로 교수–학습활동인 것이다.

예를 들어 6학년을 지도하고 있는 교사가 아이들에게 '정치는 무엇인가?'에 대해 설명하고 있다고 하자. 이 경우 학습 내용은 '정치는 무엇인가?'이며 여기에 사용된 학습 구조는 '교사의 설명(일제식 구조)'이다. 똑같은 상황에 협동학습 구조를 적용하면 같은 내용이라도 매우 다르게 다뤄질 수 있다.

가령, 4인 1모둠으로 앉게 하고, 1단계에서는 각 모둠별로 '정치는 무엇인가?'에 대하여 1차적으로 혼자 생각할 시간을 주고, 2단계에서는 모둠 내에서 번호 순서대로 자기가 생각한 것을 돌아가며 말하고, 3단계에서는 말하기 카드를 이용하여 자신의 생각을 자유롭게 발표하면서 '정치는 무엇인가?'에 대하여 정리하게 한다면 여기에는 '혼자 생각하기 ⋯ 돌아가며 말하기 ⋯ 말하기 카드를 이용한 모둠 토의'라는 구조가 활용되었다. 여기에서도 학습 내용은 여전히 '정치는 무엇인가?'이지만 이를 학습해 나가는 방식에서 구조는 전혀 다른 것이 된다.

위의 사례에서 보는 바와 같이 어떤 내용을 전달하고자 할 때 '교사의 설명'이 아닌 '혼자 생각하기 ⋯ 돌아가며 말하기 ⋯ 말하기 카드를 이용한 모둠 토의'와 같이 다양한 구조를 활용한다면 그 수업에 참여하는 아이들은 다양한 방식으로 내용을 배우고 익히게 된다.

이와 같이 구조의 변화는 수업(학습활동) 그 자체를 바꾸어 놓는다. 많은 교사들이 학습 내용은 강조하지만 구조의 중요성은 간과하는 경우가 많은데, 구조중심 협동학습은 이 같은 실수를 만회하고자 하는 시도이자 시행착오를 최소화하려는 노력이라고 이해하면 참 좋겠다.

(4) 구조중심 협동학습에서 '구조'가 지닌 장점[6]

협동학습 구조의 종류는 매우 다양하다. 각각의 구조들은 나름대로의 특징을 가지며 각 구조들은 아이들에게 각기 다른 영향을 준다. 따라서 이 구조들의 특징과 효과를 잘 이해하고 파악한다면 특정 목적에 맞는 구조를 쉽게 선택해서 사용할 수 있다.

각 구조들은 학문적·언어적·인지적·사회적 영역에 걸쳐서 예상 효과를 추측할 수 있도록 고안되었기 때문에 각 구조들이 가진 특성들을 잘 이해한다면 좀 더 현명하게 협동학습을 구성할 수 있다. 그러한 구조들이 가지는 이로운 점을 살펴보면 아래와 같다.

(가) 수업을 바라보는 교사의 눈을 향상시켜 준다.

구조에 대한 이해는 수업의 흐름을 읽게 하고, 학습 내용과 그의 효과적인 전달 방법에 대한 관계를 분석하게 해 주어 자신의 수업을 바라보면서 학습 목표를 효과적으로 달성해 나가기 위한 경험과 노하우를 구축하는 데 도움을 주며 타인의 수업을 바라볼 때에도 보다 쉽게 분석해 나갈 수 있도록 해 준다.

(나) 교사에게 다양한 수업전략을 제공해 준다.

아마도 협동학습을 처음 접하고 나서 수많은 교사들이 협동학습의 매력에 쉽게 빠져드는 이유는 협동학습을 수업방법론적인 차원에서 바라보는 시각이 매우 지배적이기 때문일 것이다. 수업연구를 해 나가는 과정에서 내용을 어떻게 전달할 것인가에 대한 문제는 매우 심각하게 다가오고 있어서 교사들에게 많은 고민을 안겨 주고 있는 것이 현실이다. 이런 상황에서 교사가 구조에 대한 이해를 바탕으로 다양한 협동학습 구조들이 가진 특성과 효과를 충분히 파악하고 있다면 어떤 교과, 어떤 단원, 어떤 차시에서도 정해진 학습 목표에 따라 마련된 학습 내용을 효과적으로 전달할 수 있도록 하는 데 큰 힘이 될 수 있다(물론 이 과정에 있어서 가장 중요한 것은 내가 어떤 자료를 사용하여 어떻게 전달했는가가 아니라 아이들이 그 시간에 무엇을 했고, 그 결과로 무엇을 알게 되었으며 그들이 어떻게 변화되었는가 하는 점이라는 사실을 잊어서는 안 된다.).

---

6) 출처 : 이상우 저(2009), 살아 있는 협동학습, pp. 110~111

(다) 수업 목표를 분석하는 힘을 길러 준다.

협동학습 구조를 적용한 수업이 아니더라도 제일 먼저 수업 목표를 제대로 분석해야 그에 따른 수업 내용을 적절하게 마련할 수 있고, 그런 다음에 그 내용을 효과적으로 전달하기 위한 좋은 방법을 찾을 수 있게 된다. 지금까지 개발된 협동학습 구조들을 살펴보면 각 구조마다 효과 영역, 특성이 다르기 때문에 교사는 여러 가지 구조에 대한 지식을 가지고 있지 않으면 특별한 교육 목표에 적합한 구조를 선택해서 잘 활용할 수 없게 된다. 다시 말해서 구조와 학습 목표, 기술, 인지 수준이 적절하게 조화되지 않으면 협동학습 구조를 적용한 수업은 실패할 수 밖에 없는 것이다. 따라서 구조중심의 협동학습을 성공적으로 이끌어 나가기 위해서는 먼저 수업 목표를 제대로 분석하고, 그에 맞는 학습 내용을 선정한 뒤에 어떤 구조가 그 수업에 맞는 협동적·인지적·사회적(정의적) 기능을 갖는지 파악하여 적용해야만 하는데, 구조에 대한 이해는 이를 충분히 가능하게 해 준다.

(라) 아이들이 수업의 중심에 설 수 있도록 해 준다.

우리 아이들은 서로 다른 경험과 가치관, 지능, 사회적 배경, 성격과 특기 등을 갖고 있어서 그들의 다양한 성향들을 다 수용하기에는 매우 힘든 것이 오늘날의 현실이다. 이런 상황에서 협동학습 구조는 수업의 중심을 교사에게서 아이들에게로 넘겨주고, 교사는 주도적 안내자 역할을 하도록 도와주는데, 그 과정 속에서 아이들은 수업에 재미를 느끼기 시작하고 학습 의욕을 고취해 나가기 시작한다(학습동기가 자연스럽게 고취된다.).

▲ 저자의 반 협동학습으로 토의·토론하기 장면

(5) 구조중심 협동학습에서 말하는 '구조'의 종류

구조중심 협동학습은 Kagan이 자신의 협동학습이론을 지칭한 개념이다. Kagan은 Jigsaw와 같은 기존의 협동학습모형을 '교육과정 패키지'라고 규정하고, 이러한 모형들이 대개 한 차시 이상을 적용하기 때문에 협동학습에 익숙하지 않은 교사나 아이들에게는 큰 부담으로 작용하게 된다는 문제점을 지적하고, 단 몇 분간만이라도 그것의 활용을 통해 수업을 이끌어 나갈 수 있는 쉽고 간단한 모형, 즉 '구조'를 개발하고 보급하였다. 이러한 시도는 현장 교사들의 열렬한 지지를 받아 협동학습을 보급하는 데 큰 기여를 하고 있다.

Kagan은 그의 저서(1999, pp. 187~295)에서 "어떤 구조들은 사실들을 암기 및 숙달하는 데 유용하고, 또 다른 구조들은 정보를 조직화하는데, 또 어떤 구조들은 사고를 이끌어 내고 또 이해도를 점검하거나 복습하는 데 더 효과적이다."라고 강조를 하였다. 이에 따라 그는 협동학습을 크게 암기숙달(mastery), 사고력 신장(thinking skill), 정보 교환(information sharing), 의사소통 기술(communication skill)의 네 가지로 나누고, 각각 많은 구조들을 분류시켰다. 또한 Kagan은 구조들이 이렇게 많은 이유에 대하여 "각각의 구조들은 학문적, 언어적, 인지적, 사회적 영역에 걸쳐 예상 효과를 추측할 수 있도록 고안되었다. 그 구조들은 나름대로 그 기능과 효과 영역도 다르기 때문에 다양한 구조들이 요구되는 것이다."라고 말하고 있다.

(가) 암기숙달 구조[7]

이 구조에는 '완전학습'이라는 바탕이 깔려 있다. 다시 말하면 학습한 내용을 충분히 익히고, 숙달하게 하여 완벽하게 암기할 수 있도록 도와주는 방법들이 바로 암기숙달 구조라고 이해하면 된다. 이 활동은 학습활동을 마무리 또는 복습하는 데 매우 효과적인 구조라 할 수 있다.

◉ 종류

플래시 카드, 번호순, 짝 점검, 동심원, 문제 보내기, 문제 던지기, 하얀 거짓말, 4단계 복습, 순환 복습, ○× 퀴즈 등

(나) 정보 교환 구조[8]

개인이나 집단이 가지고 있는 지식이나 정보를 서로 나누고 공유할 수 있도록 하고, 더 나아가 시너지를 느낄 수 있도록 도와주는 구조를 말한다. Kagan은 모둠원 간의 정보 교환은 모둠세우기, 또래 가르치기, 개념 발달시키기의 핵심과제이고 긍정적인 짝 활동을 통해 바람직한 모둠을 형성하는 데 핵심적인 역할을 한다고 말한다. 또한 모둠 간의 정보 교환은 학급세우기 및 고차원적인 수준의 사고력 발달에도 중요하다고 말하고 있다(예 : 한 가지 문제에 대하여 각 모둠별로 서로 다른 대안을 내놓는다면 다른 모둠원들의 사고 영역은 확장된다.).

7) 출처 : Spencer Kagan 저, 기독초등학교 협동학습연구모임 역(1999), 협동학습, pp. 187~215
8) 출처 : Spencer Kagan 저, 기독초등학교 협동학습연구모임 역(1999), 협동학습, pp. 254~267

⭕ 종류

- 모둠 내(內)의 정보 교환 구조 : 돌아가며 말하기, 돌아가며 쓰기, 3단계 인터뷰, 텔레폰 구조, 역할별 브레인스토밍 등
- 모둠 간(間)의 정보 교환 구조 : 일어서서 나누기, 칠판 나누기, 과제분담학습(jigsaw), 셋 가고 하나 남기, 하나 가고 셋 남기, 정탐 보고자, 전시장 관람 구조 등

(다) 사고력 신장 구조[9]

고차원적인 사고력을 기르기 위해 학습자 간에 활발한 상호작용을 일으켜 통합적으로 사고할 수 있도록 도와주는 학습 구조를 말한다(고도의 창의적 사고력이나, 연관사고 등 고등 사고력을 자극하여 학습할 수 있도록 도와주는 학습 구조). 이 구조의 필요성에 대하여 Kagan은 다음과 같이 결론을 내리고 있다.

> 교육의 성공이라는 것에 대하여 '정보를 기억하는 양이 아닌 좀 더 넓은 의미의 문제 만들기, 종합, 분류, 재분류, 평가, 적용하는 능력'으로 정의하는 추세가 많은 설득력을 얻고 있다. 즉, 정보의 내용 그 자체보다는 사고력이 우선시되고 있다는 것을 보여 주는 것이다. 정보의 분류 능력은 정보화 시대의 필수 도구가 되었다. 정보의 내용은 그 다음이다. 그런데 이를 가능하게 만드는 보다 더 중요한 힘이 바로 사고력이다. 그래서 교실에서도 사고력 신장을 위한 학습 구조가 꼭 필요한 것이다.
>
> 출처 : Kagan, 1999, p. 216

우리의 현실을 봐도 일제식, 경쟁식 학습 구조에서는 주로 단순 지식의 암기와 이해라는 부분만을 집중적으로 다루기 때문에 고차원적인 사고력 및 창의성 교육과 그 효과를 기대하기가 매우 힘든 현실이고, 한 개인 한 사람의 능력이 아무리 뛰어나도 집단의 단합된 능력을 뛰어넘을 수는 없는 일이라는 사실은 누구나 잘 알고 있다. 하지만 공동체 안에서 활발한 상호작용이 이루어지면 시너지 효과를 기대할 수 있다. 그러므로 고차원적인 사고력을 기르기 위해서는 학습자 간에 활발한 상호작용을 일으켜 통합적으로 사고할 수 있도록 해 주어야 한다.

---

9) 출처 : Spencer Kagan 저, 기독초등학교 협동학습연구모임 역(1999), 협동학습, pp. 216~253

◉ 사고력 신장 학습 구조 여섯 가지

❶ 생산적·반성적 사고 : 사고 및 반성 능력을 신장시키는 구조

❷ 관계적 사고 : 정보들 간의 관계를 탐구하는 구조

❸ 분석적 사고 : 복잡한 전체를 분석하고, 그 구성요소를 검토하는 구조

❹ 개념 획득과 그의 응용 : 특정한 사실들에서 일반적인 법칙과 개념을 추출하거나 일반 법칙을 특정한 상황에 적용할 수 있도록 하는 구조

❺ 분류 : 특정한 예들을 종류에 따라 분류할 수 있도록 해 주는 구조

❻ 문제 만들기와 답하기 : 일정 사고 범위에서 질문을 만들거나 대답하는 구조

- 사고력 신장 구조는 바로 이 여섯 가지 범주에 대한 능력을 신장시키기 위하여 고안된 것들이라고 Kagan은 말하고 있다.
- 활동을 할 때 활동 내용이 여섯 가지 범주 가운데 어떤 영역에 속하는지를 이해하고, 그에 맞는 구조를 선택해야만 한다.
- 활동지를 만들 때에도 블룸(Bloom)이 말하는 6단계 분류법에 따라서 만들어야 효과적이다(지식, 이해, 응용, 분석, 종합, 평가 : 6단계로 갈수록 고차원적인 사고에 좀 더 가깝다고 할 수 있다. 따라서 단순 지식과 이해를 묻는 것보다는 그에 대한 응용, 분석, 종합, 평가 등을 묻는 질문을 만들 수 있는 교사의 능력이 요구된다.).

◉ 종류

짝 토론, 모둠 토론, 생각-짝-나누기, 모둠 문장, 역할별 브레인스토밍, 이야기 엮기, 이야기 만들기, 두 박스 놀이, 벤다이어그램 등

(라) 의사소통 기술 향상 구조[10]

Kagan은 "협동학습의 성공 여부가 개개인뿐만 아니라 모두 구성원 전체가 의사소통 기술들을 어떻게 사용했느냐에 달려있다. 정보의 소통이 경제생활의 성공과 직결되는 오늘날 우리 사회에 있어서 의사소통 기술의 습득은 직장을 구할 때뿐만 아니라 직장에서의 성공에도 필수적인 것이다."라고 말하고 있다. 우리 사회에서 소위 성공한 사람들의 공통적인 특징을 살펴보면 그들은 모두 의사소통 기술이 뛰어난 사람들이었다는 사실을 알게 된다. 동료의 생각을 토대로 무엇인가를 발전시키거나 아니면 그

---

10) 출처 : Spencer Kagan 저, 기독초등학교 협동학습연구모임 역(1999), 협동학습. pp. 268~295

것을 있는 그대로 인정하여 받아들여 사용하더라도 그것들은 모두 의사소통의 결과이다. 이러한 의사소통 기술은 학습되는데, 우리 교육에서 가장 비중을 두어야 할 영역이 바로 이 부분이다.

⚪ 종류

발표 카드, 칭찬 카드, 동전 내놓기, 만장일치, 가치 수직선, 같은 점 다른 점, 결정 흐름 차트, 이끔말 카드, 다시 말하기 카드 등

(마) 구조의 이해에 덧붙이는 말

지금까지 협동학습의 네 가지 구조에 대하여 살펴보았다. 각 구조마다 대표적인 활동을 예로 들어보았지만 사실 이는 적절하지 않다고 볼 수도 있다. 왜냐하면 '돌아가며 말하기' 구조만 봐도 이는 협동학습 네 가지 구조 중 어떤 곳에서도 활용될 수 있기 때문이다[Kagan은 이를 '구조의 다기능성' 때문이라고 말한다(출처 : 1999, p. 187).]. 여기에서처럼 분류한 것은 단지 그 구조 활동에 대표적으로 잘 쓰인다는 것일 뿐, 다른 구조 영역에서 사용할 수 없다는 것을 말하는 것은 아니라는 점을 꼭 알아주기 바란다(즉, 어떤 구조라도 담고 있는 내용에 따라 모둠 세우기, 학급 세우기, 사고력 신장, 암기숙달, 정보 교환, 의사소통 기술 구조 등 어디에라도 쓸 수 있다는 것이다.).

이렇게 볼 때 구조 자체가 문제 해결의 열쇠는 아니라는 사실을 알게 된다. 협동학습에서 '구조'를 굉장히 강조하고 있기는 하지만, 구조 그 자체가 중요한 것이 아니고 개발된 구조 하나 하나의 특성과 장점을 잘 살리고, 그를 효과적으로 활용하고자 하는 '교사 자신'이 가장 중요하다는 것을 결코 잊지 말아야한다('돌아가며 말하기' 구조만 보더라도 내용에 따라 여기에 어떤 내용을 담을 것인가, 이를 어떤 구조에 활용할 것인가 등의 고민과 판단은 결국 교사 자신이 해야만 하기 때문이다.).

> ### "구조는 그릇과도 같다!"
>
> 구조는 그릇이다. 각기 구조(그릇)마다 가지고 있는 특징과 장점들은 그 구조(그릇)를 활용하기에 좋은 내용(재료들)이 따로 있다고 보게끔 만들어 준다. 이런 이유로 현장에서는 되도록 일제학습 구조로 수업을 하지 말고 다양한 방법을 연구하여 시행하라는 것이고, 아무 내용이나 암기숙달 혹은 정보 교환 구조에 담아서는 안 된다고 말하고 있는 것이다.

구성주의와 협동학습

구성주의는 지식정보화 사회에서 필요로 하는 창의성, 유연성, 문제 해결능력, 비판적 사고력 등을 지닌 학습자들을 기르고, 자기주도적 학습이라는 관점에서 학습자들에게 많은 자율성과 선택권을 주며 그들의 목소리와 요구, 흥미와 관심에 가치를 두어야 한다는 시대적 요구를 이론적으로 뒷받침하는 학습이론이다.

(1) 구성주의에 대한 기본 이해

구성주의 학습이론에 대한 기본적인 가정을 이해하기 위해서는 구성주의가 지닌 기본적인 인식론에 대한 탐구가 선행되어야 할 것이다. 즉 우리가 아이들에게 가르쳐야 할 지식은 무엇인가 하는 문제를 의미한다. 구성주의자들은 지식이란 객관적으로 이미 주어진 어떠한 실체가 아니라 각 개인의 환경과 상호 작용하는 과정에서 각자의 독특한 해석을 통해 의미 있는 것을 구성해 가는 것이라고 본다. 이 점이 바로 구성주의 학습이론이 기존의 여러 학습이론, 즉 행동주의 및 인지주의 학습관과 대비되는 측면이라고 할 수 있다. 지식에 대한 객관주의(objectivism)와 구성주의(constructivism)로 대비시켜 보면 좀 더 쉽게 구성주의를 이해할 수 있다.

〈객관주의와 구성주의의 인식론적 차이점〉

객관주의	항목	구성주의
고정적이고 확인할 수 있는 대상–수동적으로 습득	지식	개인의 사회적 경험을 바탕으로 하여 개인의 인지적 작용에 의해 지속적으로 구성·재구성되는 것
절대적, 초역사적, 초공간적, 범우주적인 성격	지식의 특징	특정 문화, 사회, 역사, 상황적 성격의 반영과 구현
규칙으로 규명가능하며 통제와 예측이 가능	현실	불확실하며 복잡하고 독특함을 지니고 예측이 불가능
모든 상황적 역사적 문화적인 것을 초월해 적용할 수 있는 절대적 진리와 지식의 추구 (truth)	최종 목표	개인에게 의미 있고 타당하고 적합한 것이면 모두 진리이며 지식(viability)
발견(discovery, find), 일치(correspondence)	주요 용어	창조(creation), 구성(construction)

교육과정을 엄격하게 따르는 것이 중요	교육과정	아이들의 호기심을 충족시킬 수 있도록 융통성 있게 운영
부분에서 전제로 제시되며 기본지식을 강조	교육 내용	전체에서 부분으로 제시되며 핵심개념을 강조
교과서 중심	교재	실제 자료나 조작할 수 있는 물건
지식의 전달자와 지식의 습득자로서의 관계	교사와 아동	아동의 학습을 돕는 조언자로서의 교사와 자율적이고 적극적이며 책임감 있는 학습의 주체로서의 아동
정보를 받아들이는 백지	학습자	자신만의 세계를 만들 수 있음
개별적 학습 환경 : 개인 과제, 개인 활동, 개인 성취의 중요성 강조	학습 환경	협동적 학습 환경 : 다양한 견해에 대한 인식과 토론의 기술 습득
정보 전달을 목적으로 한 설명식 수업	수업방식	상호작용을 높이기 위한 수업 환경 조성
지식의 암기와 축적, 개별 학습	학습	문제 해결력, 사고력, 인지적 전략의 습득, 소집단 중심의 학습
수업 후 일괄적으로 이루어짐(지필평가)	평가	수업 중 관찰, 발표, 결과를 검토(수행평가)

출처 : 배영주, 2005; 강인애, 2003; 김판수 외, 2000; 강인애, 1997

위의 두 가지 가운데 우리가 주목해야 할 것은 바로 구성주의이다. 구성주의는 인간이 지식을 어떤 방식으로 습득하고 형성해 가는가를 연구하는 인식론으로부터 시작되었는데, 지식 그 자체에 대한 이론이 아니라 지식이 어떻게 구성되는가에 대한 이론이라 할 수 있다.

구성주의 : 앎의 이론(Theory of knowing), Knowlege와는 구분

구성주의에 주목해야 하는 가장 큰 이유는 시대의 변화이다.

산업사회	정보사회
기계화, 자본 중심, 획일화, 표준화, 효율성, 효과성, 예측과 통제	인본주의적, 지식과 정보, 창의력, 다양성, 고객 만족, 복잡성과 불확실성

이에 따라 학교 교육도 변화를 가져오게 되었고, 교수-학습의 주체도 바뀌게 되었다.

〈학교교육의 변화〉

산업사회		정보사회
선형적, 단계적, 획일적 학습	┈┈▶	하이퍼 미디어 학습
주입식, 전달식 수업	┈┈▶	참여와 구성의 학습
수동적인 아동	┈┈▶	자율적인 아동
학교교육	┈┈▶	평생교육
지겨운 학습	┈┈▶	재미있는 학습
지식전달자로서의 교사	┈┈▶	촉진자로서의 교사

출처 : 강인애, 2003, p. 190

교수 - 학습의 주체 : 교사(instruction) ┈┈ 아동(learning)으로 이동

시대의 변화는 학교교육의 변화를 가져왔고, 그에 따라 학습원칙도 변하게 되었는데, 오늘날에는 구성주의에 의한 영향을 많이 받고 있다.

〈구성주의적 학습원칙〉

구성주의 학습원칙	내 용
1. 체험학습	• 학습자의 선수지식, 관심, 배경에서 학습이 출발 • 문화적 동화를 통한 전문인으로서의 변화
2. 자아 성찰적 학습	• 자기주도적 학습, 문제해결능력 향상 • 토론을 통한 성찰적 사고 실천
3. 협동학습	• 다른 학습자들과의 소통을 통한 문화적 동화 • 학습 효과 : 그룹 시너지 효과 • 개인의 생각이나 견해에 대한 타당성 검증 및 심화학습
4. 실제적 성격의 과제	• 학습과 성과의 연계성(지식의 전이성 증가) • 학습 과제의 상황성과 실제성 고려 • 학습 동기의 증가(주인의식)
5. 교사의 역할	• 학습의 조력자이자 코치 • 학습자들과의 대화를 통해 새로운 시각, 내용 등을 학습할 기회(동료 학습자로서의 역할) • 학습자들에 대한 참된 의미의 신뢰와 권위 이양의 실천

출처 : 강인애, 2003, p. 190

구성주의에 바탕을 둔 아동 중심의 배움은 다음과 같은 특징을 갖고 있다.

❶ 학습자가 이해(배움)를 구성한다.
❷ 새로운 학습(배움)은 현재의 이해(실재 발달 수준)에 의존한다.
❸ 학습(배움)은 사회적 상호작용에 의해 촉진된다(근접 발달 영역).
❹ 유의미한 학습(배움)은 현실의 학습과제 내에서 일어난다.
❺ 학습(배움)은 현재에서 한 걸음 더 나아가는 것이다(잠재적 발달 수준).

(2) Vygotsky의 근접 발달 영역과 협동학습

(가) 사회적 상호작용과 상징의 필요성

'사회적'이란 사회 구성원들 간에 이루어지는 '상호작용'을 의미한다. 그런데 구성원들 사이의 상호작용은 단순히 행동을 주고받음으로 이루어지기도 하지만, 주로 서로 상대방을 의식하고 상대방에 대응하여 자신의 행동에 어떤 의미를 부여하면서 이루어지는 부분이 더 많다. 그리고 그 과정에서 가장 중요한 매개 역할을 하는 것이 바로 '언어 : 말과 글'인데, 이를 두고 Vygotsky는 '상징적 상호작용'이라 부른 것 같다. 이렇게 볼 때 '지식'이라는 것은 어느 한 사람에 의하여 형성된 것이 아니라 각 개개인의 삶의 과정 속에서 타인과 더불어 상징(언어)을 통해 상호작용하는 과정 속에서 발생하는 것이라 할 수 있다.

(나) 근접 발달 영역

Vygotsky는 아동기에 있어서 학습의 수준을 아동이 남의 도움 없이 혼자서 문제를 해결할 수 있는 능력인 실제적 발달 수준과 성인의 안내나 좀 더 능력 있는 또래들과 협동하여 문제를 해결할 수 있는 능력인 잠재적 발달 수준으로 구분하였다. 또한 잠재적 발달 수준에서 실제 발달 수준 사이의 거리를 근접 발달 영역(ZPD : The Zone of Proximal Development)이라 하였다(출처 : 김판수 외, 2000, p. 38).

(다) 비계설정의 중요성

교육에서 말하는 비계설정(scaffolding)이란 좀 더 능력 있는 조력자(교사, 부모, 유능한 아동)가 과제를 수행해 나가는 아동을 살피면서 과제를 성취할 수 있도록 도움을 주어 상대방의 학습에 기여하는 것을 말한다. 사회적 구성주의에서는 근접 발달 영역 내에서 교사와 아이, 또는 아이들 간의 상호작용을 도울 수 있는 교수 방법으로서의 비계설정을 매우 중요시한다(출처 : 김판수 외, 2000, p. 37).

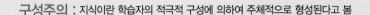

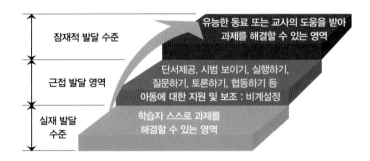

(라) Vygotsky와 근접 발달 영역 그리고 협동학습

❶ Vygotsky는 다른 사람(비계설정 : 부모, 교사, 동료)의 도움을 받아 문제를 해결할 수 있는 근접 발달 영역을 협동적인 상호작용을 통한 효과적인 학습 범위로 설정한 것 같다.

❷ 효과적인 학습은 근접 발달 영역 내에서 가능한데, 그것이 바로 협동학습이다.

❸ 협동학습을 통해서 이루어진 긍정적인 언어적 상호작용은 특히 도움을 필요로 하는 아이들로 하여금 자기보다 유능한 누군가와 함께 활동함으로써 자신의 근접 발달 영역 내에서 능력을 향상시킬 수 있다고 판단된다(비계설정).

❹ 바람직한 교수－학습활동(협동학습)은 아이들에게 현재의 발달 수준(현재 학생의 능력－실제 발달 수준)보다 조금 앞서는 내용(잠재적 발달 수준)을 가르침으로써 그들의 인지발달을 가능케 할 수 있다고 판단된다.

❺ 교사가 가르침을 포기할 때 아이들은 배운다. 바로 이 지점에 협동학습이 있다.

지금까지 구성주의에 대한 간단한 설명을 통해 협동학습과의 관련성을 살펴보았다. 혁신학교 운동이 펼쳐지면서 '교육, 교수'란 말이 어느새 현장에서 사라지고 '학습, 배움'이란 말이 일반화되기 시작했다는 점, 그런 차원에서 협동학습의 필요성이 많이 강조되고 있다는 점은 구성주의적 관점이 그대로 반영된 것이라 할 수 있겠다. 하지만 구성주의적 교실 및 학교 환경, 수업을 어떻게 만들어 나가야 할 것인지에 대한 구체적인 방향은 누구도 제시해 주지 못하고 있는 실정이다. 혁신학교 운동도 구성주의적 관점을 반영하고 있기에 아이들의 학습과 이해에 초점을 맞추지 않으면 성공할 수 없다. 따라서 저자는 구성주의의 필요성과 구성주의에 바탕을 둔 수업 만들기에 대한 내용은 이 장에서, 구성주의적인 교사되기와 구성주의적인 학교 만들기에 대한 내용은 제4장에서 나누어 살펴보고자 한다.

(3) 왜 구성주의인가

(가) 배움의 과정을 중시한다.

교육운동(혁신학교)은 정치, 행정, 제도적인 문제로부터 시작되는 것이 아니라 아이들이 어떻게 배우고 교사는 그것을 어떻게 도와주느냐의 문제로부터 시작된다고 저자는 생각한다. '배움'은 곧 이해의 구성과정을 의미하는데, 이것이야말로 가장 핵심적인 요소이다. 이는 아이들이 세상의 다양한 경험을 제공받고(교사가 그런 기회를 제공하고), 그 속에서 아이들 스스로 질문하고 답을 찾을 수 있는 권한을 가지고 있으며(교사가 그런 권한을 부여하며), 그들 스스로가 세상의 복잡성·다양성을 이해할 수 있도록 자극을 받을 때(교사가 그런 자극을 제시할 때) 일어난다.

그러나 교사가 지배적·권위적인 상황을 만들고, 암기 중심·교과서 중심으로 수업을 주도해 나갈 때 아이들은 필요에 의해 적응하려는 모습을 덜 보이게 된다. 그 결과 배움은 사라져 버리고 고정 불변의 교육과정을 기억하는 데 어려움을 느끼는 아이들은 배움으로부터 도주하게 되는데, 우리 사회는 그런 아이들을 게으르거나 무능력하다고 바라보고 있는 것은 아닐까?

> **이를 위해 필요한 것** : 교사는 아이들에게 무엇인가에 대하여 생각할 것들을 제시하고, 아이들이 하는 모든 것들을 인내하며 지켜보는 자세가 요구된다. 그리고 교사가 아이들에게 무엇인가를 말하려 하기보다는 아이들이 교사에게 그들 스스로 무엇을 하고 있는지(하려는지)를 설명할 수 있는 기회를 주고 이를 있는 그대로 수용하려는 교사의 노력이 필요하다.

(나) 아이의 가능성을 존중한다.

전통적인 교육에서는 아이들을 '교사가 던져주는 정보를 받아들이기만 하는 수동적 존재'처럼 바라보았지만 구성주의를 바탕으로 한 교육은 아이들을 '스스로 자신만의 세계를 만들어 갈 수 있는 능동적 존재'라는 관점에서 바라보면서 무한한 가능성을 생각하게 만든다.

지금까지의 학습은 대체로 기존의 지식체계에 대한 '모방 – 암기' 활동이었다고 해도 과언이 아니다. 그것은 아이들이 이미 존재하고 있는 것을 매번 새롭게 제시받고 퀴즈를 풀거나 시험을 보면서 반복하거나 흉내내거나 보고서를 쓰는 일 등을 의미한다. 하지만 구성주의적 관점에서의 학습은 모방-암기를 넘어서 아이들 스스로가 새로운 정보의 내면화, 재구성, 향상적 변용에 이를 수 있도록 도와주는 것을 의미한다. 그 결과로 아이들은 스스로 자신만의 세계를 만들어 나가게 된다. 그 과정에서 발생하는 것이 '생각의 충돌'인데, 교사들은 이 상황에 대하여 아이들 스스로 새로운 이해를 구성하고자 하는 노력으로 인식하고 곁에서 지켜보면서 존중해 줄 때 무한한 가능성들이 아이들에 의해 만들어진다.

그러나 지금의 현실은 구조적인 교육 현장의 문제로 인하여 가능성, 상상력, 창의성 등이 열릴 기미는 보이지 않는 상황이고, 교사들은 아이들을 주의 깊게 관찰하고 지켜볼 수 있을 만큼의 여유가 없어 오히려 가능성, 상상력, 창의성 등을 통제하고 있는 상황이다.

> **이를 위해 필요한 것** : '모방-암기'를 뛰어넘기 위해서 교사들은 아이들이 무엇을 단순 반복하고 암기할 수 있는가를 찾을 것이 아니라 아이들 스스로 흥미와 호기심을 바탕으로 무엇을 사고하고 증명하고 보여줄 수 있을 것인가에 대하여 고민하고 그런 것들을 찾아내야 한다. 이와 더불어 아이들에게 흥미와 호기심을 불러일으키기 위해 학교 현장에서 꼭 살아있어야 할 중요한 요소 한 가지는 교과서가 아니라 교사와 아이들 모두의 상상력이다. 이것이 죽어있는 교실에서 구성주의는 절대로 실현되지 않는다.

(다) 자신의 세계를 만들어가도록(자신의 삶을 가꾸도록) 돕는다.

지식은 고정불변의 것이 아니다. 지금은 어떤 것이 유용할지 몰라도 기나긴 인류 역사를 생각해 보면 그것도 한 순간이다. 그래도 과거(산업사회)는 그 변화 속도가 빠르지 않아 큰 어려움이 없었지만 오늘(지식정보화사회)에 와서는 상상 그 이상으로 급변하고 있어서 어려움이 많다. 그래서 지식을 암기하고 모방하는 것만으로는 지속 가능한 미래사회를 만들어 나갈 수 없다는 위기의식이 지금 우리나라에서 혁신학교 운동으로 나타나고 있는 것이다.

그런데 고등정신기능(비판적 사고, 문제해결력, 상상력, 정보의 수집, 분석, 적용, 종합, 평가 능력, 창의성, 과학적 사고력, 의사결정 능력 등)은 결코 순간적이지 않다. 이것들은 정적이지 않으며 끊임없이 구성과 재조직의 과정을 반복하며 성장해 나간다. 그리고 이런 과정을 거치면서 아이들은 자신의 세계를 만들어 간다.

자신의 세계를 만들고 가꾸어 나간다는 것은 자신이 살고 있는 세계에 대한 인식과 관심을 기초로 하는데, 그 세계는 다른 사람들과 어떤 식으로든 연결되어 있고 자신 및 다른 사람들의 세계는 수많은 문제의 연속으로 이루어져 있다는 것을 깨닫고 그 문제들에 대한 답을 찾아 나가려는 공동체적 노력에 의해서 만들어지고 가꾸어지며 성장·발달된다.

　그러나 오늘날 전형적인 수업 모습은 교사가 정해준 목표와 제공된 학습자료, 교사의 설명과 지시ㆍ전달에 따라 수동적ㆍ획일적으로 학습하는 아이들로 그려진다. 이를 두고 정문성은 똑같은 방식, 똑같은 학습목표 달성을 위해 학습하면서도 아무런 정보나 도움을 교류하지 않는 동질적인 외로운 지적 이방인(출처 : 정문성, 1996, p. 94)이라 표현하였다.

> **이를 위해 필요한 것** : 교사는 개인 또는 집단이 스스로 자신 및 공동의 문제에 대한 본질을 제대로 인식ㆍ이해할 수 있도록 도와주고, 그들이 탐구할 수 있는 문제들을 제시하며 그들 각자가 만들어 낸 구성적 지식의 관점에서 그 결과들을 해석할 수 있도록 모든 환경을 조정ㆍ조성해 주어야 한다.

(4) 구성주의에 바탕을 둔 수업 만들기

(가) 기존의 사고를 뒤집어 심진(心震) 일으키기

구성주의는 실생활에서의 유용성, 실용성, 적용성 등을 중시한다. 교실에서 아이들에게 제시되는 문제도 그런 종류이면서 아이들 흥미와 호기심을 자극한다면 이미 그 수업은 50% 이상 성공한 것이나 다름없다. 하지만 모든 질문이 아이들의 흥미에 맞아떨어질 수 있을 것이라 생각한다면 그 또한 무리다. 그렇지 않은 것일지라도 교사는 아이들이 제시된 주제를 숙고하도록 도울 수 있으면 된다. 아이들은 자신의 이전 사고가 뒤집혔다는 생각, 제시된 질문이 자신들에 의하여 검증될 수 있다는 생각, 다양한 문제 해결방식이 있을 것이라는 생각, 공동의 노력을 통해 모험할 가치가 있다는 생각을 갖게 되면 적극적으로 임하게 된다.

　이를 위해 교사는 아이들에게 질문을 제시할 때 아이들이 필요로 하는 것보다 더 많은 정보를 주는 것을 피하고, 질문을 한 후에는 충분히 생각할 시간(심진을 일으킬 수 있는 충분한 시간)을 주어야 하며 그 질문에 답을 하기 위한 다양한 자원을 제공하거나 접근할 수 있는 여건을 조성해 주어야 한다.

예시
$\frac{1}{2} + \frac{1}{2} = 1$입니다. 그러면 이것은 어떤가요? ⬛ + ⬛ = ⬛⬛ 이므로 답은 $\frac{2}{4}$? 어라?

(나) '전체' ⋯▸ '부분'으로 문제 제시 : 문제의 본질을 중시

숲(문제의 본질)을 알게 해 주려면 먼저 나무 하나 하나(고립된 정보)를 바라보게 하지 말고 숲 전체를 보게 해 줄 필요가 있다. 왜냐하면 문제와 정보들이 각기 떨어져 있거나 고립된 형태로 먼저 제시되면 아이들은 숲 전체(문제의 본질)를 보기보다는 나무 한 그루 한 그루(작고 기억할 만한 정보의 기억)를 살피는 일에 초점을 맞추어 결국 숲 전체를 보지 못하게 되기 때문이다. 아이들은 '부분' ···› '전체'로 제시될 때, 모든 것이 제시되기 전에 전체를 보려는 노력을 멈추거나 포기하는 경우가 많다. 하지만 '전체'에서 '부분'으로 제시되었을 때 훨씬 더 큰 호기심과 흥미를 보인다. 이럴 경우 아이들은 적어도 어디로 왜 가야 하는지를 알고 접근하게 되고, 자잘한 것에 중심을 두기보다는 큰 그림을 만드는 것에 집중할 수 있게 된다.

　하지만 안타깝게도 우리나라의 교과서는 '부분' ···› '전체'로 구성되어 있다. 때문에 교사는 교과서대로 수업할 것이 아니라 '전체' ···› '부분'으로 재구성한 뒤 가장 먼저 '전체'를 제시하면 된다. 이후에는 아이들이 '전체'를 바탕으로 그들이 이해할 수 있는 '부분'으로 나눌 수 있도록 해 주고, 그 부분들에 대한 정보를 수집, 분류, 비교, 대조, 분석 등을 해 나가는 동안 자연스럽게 전체에 대한 부분적 사실을 알아가도록 하면서 자신의 지식을 재구성할 수 있게 안내해 주면 된다. 그렇게 하면 아이들은 큰 아이디어나 폭넓은 개념들 속에서 자신의 흥미와 개인적 능력을 자각하게 되고 자기 스스로 선택한 것에 대하여 어떤 식으로든 책임을 지게 된다.

예시　옛날과 오늘날의 생활모습 알아보기

1. 옛날 사람들의 생활모습에 대하여 알고 있는 것을 칠판에 적어 보기
2. 오늘날의 생활모습에 대하여 떠오르는 대로 칠판에 적어 보기
3. 다양한 생활모습을 범주화하기 : 의생활, 식생활, 주생활, 교통, 통신 등
4. 범주 가운데 2~3개를 선택하고, 정보 수집 및 분류, 분석을 통해 공통점과 차이점을 설명하기(발표 또는 보고서 등)

(다) 아이들의 눈으로 수업 바라보기

아이들의 눈으로 수업을 바라보는 일은 아이들의 관점과 생각 – 논리를 이해하려고 노력하는 일과 같다. 이것은 그들의 관점 및 사고과정을 들여다볼 수 있는 창문이 되는데, 이 창문을 통해 교사는 아이들의 경험을 의미 있게 만들 수 있도록 자극하고 도움을 줄 수가 있다. 왜냐하면 아이 한 명 한 명의 관점은 바로 각자가 처한 입장에서 스스로 배움의 출발점이기 때문이다.

　하지만 현실은 배운다는 것을 긴 여행이고 과정이라 생각하게 만들어 주지 않고, 아이들로 하여금 목적 그 자체로 인식하게 만들어 준다는 점에서 어려움이 많다. 그 결과로 아이들은 정답만 찾기, 사고하지 않기, 다른 사람의 생각이나 교사의 지시 및 전달을 받아가기만 하기, 승자와 패자를

가리려 하기, 경쟁을 당연한 것으로 받아들이기에 길들여지게 된다. 그러다 보니 교실에서 다양한 생각을 나누기 위해 토의-토론을 하자고 하면("너의 생각은 무엇이니?"라고 물으면) 침묵하는 교실이 되어 버리곤 한다.

이를 극복하기 위해 교사는 아이들 생각의 다양성을 이해하고 존중하려는 노력과 시도를 할 필요가 있다. 다시 말해서 "틀려도 괜찮아!" 교실을 만드는 것이다. 무엇인가를 틀렸다는 것은 창피한 것이 아니라 '자신이 잘못알고 있었거나 사고의 과정에서 놓친 것을 다시 알게끔 해 주는, 그래서 다시 생각하고 배움에 한 걸음 더 바짝 다가설 수 있게 해 주는 고마운 것'이라는 생각을 아이들에게 심어주어야 한다. 여기에는 한 가지 중요한 사항이 있다. 그것은 아이들의 생각과 의견을 판단 없이 들어주고, 아이들의 생각에 대하여 "옳고 그름, 정답은 무엇이니?"보다 "왜 그렇게 생각하지? 어떻게 해서 그런 생각을 하게 되었는지 말해줄 수 있겠니?"라고 말해 주는 것이다. 그 과정 속에서 교사는 아이의 관점을 알게 되고, 그 질문을 통해 아이들의 배움을 이끌어 낼 수 있게 된다.

예시 "왜?"라고 묻는 것에도 몇 가지 요령이 있다.

1. 묻고자 하는 것의 핵심을 밝힌다(어떤 조건, 무엇이, 누가, 무엇과 관련 있는가, 무엇이 변했는가 등).

   교사 : 우리나라에서 가장 발달한 항구는 어디지?

   아동 : 부산이요.

   교사 : 맞아요. 그런데 왜 유명할까요?

   ⋯▸ 맞아요. 그러면 부산이 항구로서 어떤 조건을 갖고 있기에 가장 발달했을까요?

   교사 : (A) ▰▰▰▱▱(1/2)과 (B) ▰▰▱▱▱▱(2/4)는 크기가 같다. 그 이유는 무엇인가?

   ⋯▸ 그림 (A), (B)는 크기가 같다. 이 두 그림에서 변한 것은 무엇이고, 변하지 않은 것은 무엇인가요?

2. 구체적인 사례, 현상, 가상의 상황을 통해 본질을 깨닫게 한다.

   교사 : 법은 왜 지켜야 하나요? ⋯▸ 사람들이 법을 지키지 않으면 어떤 일이 일어날까요?

   교사 : 돈은 왜 아껴 써야 하나요? ⋯▸ 돈을 아껴 쓰지 않았을 때, 어떤 일이 벌어질 수 있을까요?

(라) 아이들을 꼬마 학자로 만들어라.

어떤 지식을 가르친다는 것은 결과를 머리속에 강제로 집어넣도록 하는 문제가 아니다. 그보다는 오히려 배움이 일어나는 과정 속에 참여하도록 안내하는 것이다. 교사들이 어떤 과목, 어떤 주제에 대하여 가르친다는 것은 그 교과나 주제에 대한 걸어 다니는 사전을 만들려는 것이 아니라 아이들로 하여금 스스로 생각하고, 학자들이 탐구하는 방식으로 문제를 살펴보고 지식을 형성하는 과정에 참여하도록 하기 위한 것이다. 다행히도 아이들은 자신의 세계에 대한 지적 호기심과 창의성을 충분히 갖추고 있어서 꼬마 학자가 될 가능성이 충분하다.

하지만 교육과정과 교과서는 이것이 가능하도록 구성되어 있지 않다. 너무 많은 과목과 내용, 그리고 단순한 정보의 지시와 전달, 그에 따른 암기 숙달과 지필평가 중심의 획일화된 시험 시험은 아이들을 수동적으로 만들어버려 어디에서도 학자적인 모습을 살펴볼 길이 없다.

교사가 아이들을 살아있는 꼬마 학자로 키우기 위해서는 교육과정의 재구성 능력을 잘 갖추고 있어야 한다. 또한 과학적인 과정(정보의 수집, 분류, 분석, 종합 등을 위한 기능 : 고등정신기능이라고도 함)에 해당되는 전략, 습관, 능력, 태도 등을 가르쳐야 한다. 여기에는 다음과 같은 형식들이 포함된다.

❶ 질문 또는 문제 제시 : 교사 또는 아이들 스스로 만들 수 있다.

❷ 가설 설정하기 : 질문에 대하여 아이들은 자신의 과거 경험에 기초한 가설을 설정한다(가설 : 실험될 수 있는 방식, 증명될 수 있는 방식으로 진술된 것).

❸ 자료 수집 : 질문에 대답하기 위한 정보를 모으는 것을 말한다.

❹ 자료 분석 : 교사는 아이들이 그들의 자료를 수집, 분류, 분석, 정리하며 그것에 대하여 생각하고 공유하도록 안내한다(토의, 보고서, 프레젠테이션, 그래프, 역할극 등).

❺ 결론 도출 : 아이들이 자료에 바탕을 둔 결과를 일반화할 때 탐구과정은 종료된다.

예시 　도읍의 형성과 발전

교사 : 문제 제시-옛날 어떤 곳에 도시(도읍)가 들어서고 발전해 나가기 위해서는 어떤 조건들이 필요한지 생각해 봅시다.

아동 : 가설 설정-큰 강이 흐르고, 넓은 평지가 있으며 산으로 둘러쌓여 있어야 한다.
- 설정한 가설에 따라 다양한 자료를 수집한다.
- 가설을 증명해줄 수 있는 자료를 분류하고 분석하여 정리한다.
- 결론을 도출하고 공유한다.

※ 과학적인 것과는 조금 거리가 멀지만 '예상하기'를 잘 활용하는 것도 도움이 된다.

예시 글 읽기에서 '예상하기' 활용하기

교사 : '바람을 파는 소년'이라는 제목의 글이 있는데, 제목으로 보아 어떤 내용인지 예상을 한 번 해 보
    도록 하자.

아동 : 다양한 예상을 내 놓는다.

교사 : 그래, 제목만으로도 이렇게 많은 예상이 가능하구나. 그럼 직접 읽어보면서 직접 그 내용을 살
    펴보도록 하자.

    ⋯ 글을 읽기 전에 '예상하기'를 활용하면 글을 읽는 목적이 보다 확실(흥미와 호기심 유발 : 동
    기부여)해져 글 읽기에 도움이 된다.

(마) 판단을 하지 않는 열린 평가

"틀렸어, 아니야, 땡~! 다른 사람, 좋아, 그게 정답이야."와 같은 말들은 학생들을 다음과 같이 길
들인다.

❶ 늘 정답은 한 가지 ⋯ '선생님 생각'에 몰두한다.
❷ 아이들에게 주어진 과제는 오로지 그 정답을 찾는 것이다.
❸ 정답을 찾지 않는 한 생각을 말하려는 도전을 하지 않는다. 함부로 말하면 위험에 처할 수 있
  기 때문이다.
❹ 정답을 찾았더라도 확신을 갖지 않는 한 감히 도전하지 않는다. 그리고 이 과정들은 학습된다.
❺ "틀렸어!"라는 말은 아이들의 자존감에 큰 상처를 주고, 자신이 무능하거나 생각이 부족한
  '바보'처럼(수치심을) 느끼게 만든다. "아니야!"라는 말은 자존감을 낮추는 동시에 자신의 생
  각에 대하여 특별한 가치가 없는 것이라 느끼게 만든다. 그 결과로 아이들은 교사의 기대에
  순응하고 교사의 지시에 벗어나는 것을 두려워하게 된다. 그런 교실에서의 아이들은 주로 모
  든 일에 교사의 허락을 구하게 되고 자율적 판단과 평가가 필요한 일에 대해서도 자꾸만 교
  사에게 의존하려는 경향을 보이게 되며 어떤 질문이나 주제에 대하여 사고하거나 탐구하려
  는 욕구를 점점 잃어버리게 된다.

위험을 감수하더라도 모험을 해 보고자 하는 용기, 창의성, 상상력, 사고력, 자존감 등은 필요할 때
꺼내고 필요 없을 때는 넣을 수 있는 그런 것이 아니다. 이들은 지속적인 격려와 후원을 담보로 한다.
그러나 현장의 모습은 그와 거리가 먼 경우가 참 많다. 한 번 자신의 수업을 녹화하여 분석해 보

기 바란다. 자신이 얼마나 부정적인 표현을 많이 쓰고 있는지 판단해 보기 바란다. 그뿐만 아니라 수시로 행하여지고 있는 시험 또한 그런 현상을 더 부추기고 있어서 안타까운 마음 뿐이다.

이를 극복하기 위해서는 판단이나 평가에 해당되는 용어를 찾아 가능하면 쓰지 않으려는 노력이 필요하고, 아이들의 의견이나 활동에 대하여 판단을 유보하고, 판단을 보류한 채 있는 그대로를 피드백 해 주려는 자세와 꾸준한 훈련이 요구된다. 아울러 적절한 평가 도구 및 문항의 개발도 필요하다. 끝으로 구성주의적 관점에서 아이들은 각기 다른 과정으로 배움을 형성해 나가기 때문에 시험을 통해 서열을 정한다는 것은 있을 수 없는 일이라는 생각을 가지고 단순한 수치의 증감을 떠나 아이의 내면에 어떤 변화가 일어났는지에 주목하기 위한 발달적 평가관도 요구된다.

**예시) **저자가 오래 전, 초등학교 1학년 담임을 맡았을 때의 일이다(수학 시간).

교사 : 사과 3개가 많을까요, 수박 1개가 많을까요? (그때 여러 아이가 번쩍 손을 들었다. 그 가운데 꼭 발표를 할 수 있도록 해달라는 표정을 지어 보이는 한 아이가 보였다.)

교사 : 그래, ○○가 말해 보렴.

○○ : 네, 수박 1개가 많습니다. (몇 명의 아이들은 웃고, 또 몇 명의 아이들은 자신이 정답을 말할 수 있다는 생각에 손을 번쩍 들어 보인다.)

교사 : 그래? 선생님은 ○○가 그렇게 말한 것에 대하여 이유를 들어보고 싶구나.

○○ : 네! 저는요, 사과 3개는 다 먹을 수 있지만 수박 1개는 다 못 먹어요. 그러니 수박 1개가 더 많은 거죠.

교사 : 와, ○○는 생각 주머니가 크구나. 선생님은 그런 식으로는 한 번도 생각해 본 적이 없었는데. 그래요, 그것도 답이 됩니다.

○○ : 웃으면서(어깨에 힘을 주고) 자리에 앉는다.

다른 아이들 : 그 아이의 생각에 박수를 쳐 준다.

(바) 맥락적 사고 자극하기

현재 학교 현장에서 저자를 포함해서 가장 부족한 것이 바로 이것이라 생각된다. 무엇을 상상하거나 생각하든 그 이하를 보는 사람이 있고 딱 그만큼만 보는 사람이 있으며 그 이상을 보는 사람도 있다. 무엇이 이 셋의 차이를 만드는가에 대한 답이 바로 '맥락적 사고'이다.

맥락적 사고가 결여된 사람은 단순히 관찰 – 믿음 – 적용만 한다. 그리고 스스로 무엇인가를 만들어내지 못하고 다른 사람의 것을 가져다 쓰기만 한다. 그리고 권위에 의존한다. 그런 사람들은 눈에 보이는 것, 귀로 듣는 것만 믿으려 한다. 그래서 때로는 과도하게 정보 수집에 집착하거나 의존한다. 그런 모습을 뛰어 넘지 못하는 한 무엇을 상상하든 그 이상을 볼 수 없다는 것은 자명한 일이다.

어떻게 보면 그런 현재의 모습은 우리교육이 미국식 교육 중 천박한 모습한 받아들이기에 급급했던 자화상일 수 있다고 여겨진다. 왜냐하면 초기 미국 유학파 출신들의 관찰과 믿음과 그의 적용 과정에서 우리식으로 재해석(맥락을 달리하여)하여 받아들이지 못했기 때문에 일어난 일이라 저자는 판단하기 때문이다. 미국식 교육이 갖는 최소한의 장점(토론과 의사소통, 민주성, 하나의 정답을 찾는 것이 아니라 다양한 접근 방식에 따른 다양한 사고를 존중했던 점 등)을 받아들이기보다는 계층 간의 격차, 자본주의식 경쟁, 성과제일주의를 받아들인 덕분에 오늘날 우리 교육의 근간이 심하게 망가져 있었던 것은 아닐까? 한 번 망가진 것을 원상태로 돌려놓기란 매우 힘든 일이다. 그것은 제도의 문제가 아니라 그 방식에 젖어버린 사람의 사고를 돌리는 일이기 때문이다. 하지만 이제서라도 하지 않으면 안 되는 일이다. 앞으로 많은 시간들이 기다리고 있으니까. 그리고 그것을 가능하게 하는 것이 바로 맥락적 사고인 것이다.

　맥락적 사고는 창의성의 밑바탕이 되는 중요한 요소이다. 그리고 교사들은 아이들의 경험을 맥락적이고 의미 있게 만들 수 있도록 자극하고 도와줘야 한다. 맥락적 사고 및 창의적 사고에 대하여 정리해 보면 다음과 같다(출처 : 김정운, 2005, pp. 76~85).

　이렇게 볼 때 맥락적 사고를 하려면 아래와 같은 인식이 필요하다.

➡ 창의적 사고를 하려면 낯설게 하기를 할 수 있어야 한다.

➡ 낯설게 하기를 하려면 맥락적 사고(대상이 어떤 맥락에 있는가를 파악하는 능력 : 게슈탈트)를 할 수 있어야 한다.

➡ 낯설게 하기란 너무 익숙해져 있어서 있는 줄도 모르는 것을 다르게 만들어 내는 능력으로, 똑같은 대상을 다른 방식, 다른 관점으로 보는 것을 말한다.

➡ 맥락을 이해하고 그 맥락을 바꿀 수 있는 능력이 바로 창의적인 사고인 것이다.

➡ 아무 것도 없는 것에서 갑자기 희한한 것을 만들어 내는 것이 창의성이 아니라 있던 것을 새롭게 보게 하고 비틀고 다른 관점을 제공하는 능력이 바로 창의성이다.

➡ 정보와 정보들의 관계를 이전과 다르게 정의하는 능력을 창의성이라 한다.

➡ 정보의 맥락을 바꾸는 능력 또한 창의성이라 한다.

---

❶ 대상이나 본질 자체는 절대로 바뀌지 않는다(맥락만 바뀐다.).

❷ 대상이나 본질은 항상 맥락에 의해 규정된다(어떤 맥락에 있느냐를 파악한다.).

❸ 맥락이 바뀌면 대상에 대한 규정은 저절로 바뀐다.

❹ 관점을 바꾸면 맥락이 바뀐다.

예시

국어과 쓰기 시간 : 이야기 바꿔 쓰기를 할 때 바로 이런 것을 아이들에게 지도한다.

교사 : 이야기를 바꿔 쓸 때 장소, 시대(시간), 사건, 인물을 바꾸거나 추가하여 쓴다.

아동 : 교사의 지도에 따라 원래 이야기에 장소, 시대(시간), 사건, 인물을 바꾸거나 추가하여 써 내려 간다. 이것이 바로 맥락적 사고의 사례라 할 수 있다.

⋯⋯ 어떤 사물의 다양한 쓰임새에 대하여 이야기하는 수업 속에서 맥락적 사고를 잘 하는 아이 는 굉장히 많은 것을 이야기하지만 그렇지 않은 아이는 본래의 쓰임새만으로 자신의 사고나 관찰을 다 했다고 생각하여 사고를 멈춘다.

예 : 여러분도 아래와 같은 질문을 통해 맥락적 사고를 직접 경험해 보기 바란다.

⋯⋯ 1,000원짜리 지폐 한 장이 있다. 이것으로 할 수 있는 것을 모두 말해 보시오.

맥락적 사고를 키울 수 있는 가장 좋은 방법은 여행이라 말하고 있는 책 한 권을 소개하니 관심 있으면 한 번 읽어보기 바란다.

❖ **여행하면 성공한다**   출처 : 김영욱 · 장준수 저(2011), 라이프 콤파스

'열심히 일한 당신, 떠나라!'라고 한 광고는 말하였다. 여행은 지친 일상 에서 잠시 벗어나 마음의 휴식과 재충전을 가져다 준다고 흔히 사람들은 말한다. 그런데 이 책은 여행을 통해 얻는 것이 단지 휴식이나 재충전 그 이상의 것이라 말하고 있다. 그것을 살펴보면 아래와 같다.

(1) 자아발견, (2) 호기심, (3) 통찰, (4) 창의성 : 여행을 재미있게 하려 는 고민은 맥락적 사고의 훈련이 되고, 맥락적 사고를 잘 하게 되면 재미 를 만들어 낸다. 맥락적 사고를 잘 하게 되면 결국 창의적이 되고, 결국 잘 노는 사람이 창의적인 사람이 되기도 하는 것이다. (5) 기획력, (6) 자기 주도, (7) 자기애, (8) 자 신감, (9) 열정, (10) 감성.

그런데 이 많은 것들을 얻으려면 얼마나 많은 여행을 떠나야 할까 하는 생각도 든다. 하지만 이 책은 일상에서도 여행을 연습하고, 여행하는 것과 같은 효과를 얻을 수 있다고 한다. 그것은 바로 '여행하듯이 생활하는 것'이다. 이런 생각을 가지고 아이들의 배움과 구성주의적 수업을 연관지어 맥락적 사고를 한 번 해 보니 이런 글이 떠올랐다.

- ➡ 교사와 아이들은 배움의 긴 여정을 떠나는 여행자
- ➡ 배움은 그 자체가 목적이 아니라 스스로 구성해 나가는 긴 여행
- ➡ 아이들과 교사의 일상, 삶 자체가 바로 여행인 것
- ➡ 그 속에서 교사와 아이들은 동행하며 서로 배움을 주고 받는다.
- ➡ 그것은 교사와 아이들의 삶을 가꾸는 일 = 배움 = 수업인 것이다.

(사) 창의성 신장시키기

창의성은 맥락적 사고와 관련이 있고, 맥락적 사고는 상상력을 바탕으로 한다. 다시 말해서 상상력이 부족하면 맥락적 사고를 못하게 되고, 그것이 부족하면 창의성 또한 부족하게 된다는 말이다. 이러한 창의성에 대하여 좀 더 살펴보면 다음과 같다.

첫째, 창의성은 '무'에서 '유'를 만들어 내는 것이 아니라, '유'에서 '유'를 만들어 내는 힘을 말하는데, 이것은 바로 맥락적 사고와 '융합과 분리' 과정을 통해 발휘된다. 그러나 이 또한 나름대로의 지식과 정보 및 소통과정(예 : 여럿이 함께 하는 브레인스토밍을 통해 창의적 사고활동은 시너지 효과를 발휘한다.)이 없다면 키워나가기 어려운 것이다. 아는 만큼 보이듯이 창의성도 아는 만큼(다양한 지식과 경험) 생기는 법이다. 여기서 말하는 지식과 경험이란 살아있는-유의미한 지식과 경험을 말하는 것으로, 무의미한-삶을 가꾸는 일과 관계없는 지식과 경험은 별로 도움이 되지 않는다. 그동안 우리 학교 교육이 후자의 것만 신경을 써 온 것은 아닌가 한 번 고민해 보지 않을 수 없는 일이다.

둘째, 창의성은 상상력을 바탕으로 하는데, 이러한 상상력은 획일적이고, 지배적이고, 일방적이고 정답만을 추구하고 폐쇄적이며 상호작용이 없는 곳에서는 절대로 생기지 않는다. 상상력은 오히려 열려있고, 평온함과 여유가 있으며 개방적이고 수용적인 분위기 속에서 마음껏 발휘될 수 있다. 그리고 그러한 상상력의 밑바닥에는 사실 감수성이라는 것이 있다는 사실을 우리는 깨달아야 한다. 감수성(외부로부터의 자극을 받아들이는 힘)에서부터 상상력과 창의성이 생겨난다는 말이다. 그러나 전통적으로 우리 교실은 아이들의 상상력을 억제해왔고 감수성에 바탕을 둔 표현력 신장에 어떤 노력도 기울이지 않았다 해도 과언이 아닐 만큼 순종적이고 고분고분하며, 선생님이 말하는 정답 찾기를 잘하고 선생님 말씀만 잘 듣는 아이들을 성실한 아이로 인식하며 그런 아이들을 만들기 위해 노력해 왔다. 그래서 우리 아이들은 교실에서 무엇인가를 상상하라고 하면 눈만 깜박이며 앉아서 시간만 때우고 있는 것이다.

셋째, 창의성은 자존감을 바탕으로 한다. 이러한 자존감은 자신을 아끼고 사랑하며 긍정적인 사고 및 세계관을 갖게 해 준다. 그리고 이러한 사고는 매사에 적극적으로 임하게 해 주고 그 결과로

▲ 저자 학교 아이들의 서울시의회 체험

항상은 아니지만 참으로 성공의 경험을 많이 맛보게 된다. 그러나 전통적인 교육에서는 그런 경험을 아이들에게 별로 주지 못했다. 국어, 수학, 영어 등의 과목에 너무 집중한 나머지 음악, 체육, 미술 등을 잘 해도 국어, 수학, 영어 등을 못하면 부진아로 낙인이 찍혀 자존감을 자꾸만 무너뜨려왔다. 그런 교실에서 많은 아이들은 꿈을 미처 키워보지 못한 채 패배자로 분류되어 무기력한 모습으로 무엇을 해도 쉽게 포기하고, 지친 모습을 보이고, 자신감 있게 나서지 못하며 실패를 두려워하여 어떤 일에도 시도조차 하지 못하고 있는 실정이다. 자존감이 무너지면 한 번 쓰러졌을 때 다시 일어설 수 있는 용기와 희망 또한 함께 무너지는 경우가 많아 매우 큰 어려움에 봉착할 가능성이 높다.

넷째, 창의성은 잘 노는 일을 통해 발휘된다. 이를 증명해 준 사람이 바로 스티브 잡스다. 그의 회사는 노는 것처럼 일하고, 일하는 것처럼 노는 곳이라는 말을 들은 적이 있다. 일을 놀이처럼 한다는 말은 그만큼 즐긴다는 것이고, 즐긴다는 것은 부담이 없다는 것이다. 여기서 말하는 부담이라는 것은 우리가 제일 듣기 싫어하는 말들이다. 대표적인 예가 '평가, 판단, 비난, 비판, 충고, 꾸지람' 등이다. 브레인스토밍이라는 활동을 할 때에도 처음부터 평가나 판단을 하게 되면 다양한 생각이나 사고를 끌어내기 어렵다는 것을 너무나도 잘 알고 있을 것이다. 이처럼 창의적 사고는 자유롭고 허용적인 분위기 속에서 키워진다. 그러나 우리의 전통적인 교실은 아이들에게 놀 수 있는 공간과 시간적 여유를 제공해 오지 못했을 뿐만 아니라 많은 경우 "안 돼. 그런 것은 필요 없어. 그것은 틀렸어. 그것은 나빠. 이런 것은 이렇게 해야 해. 그렇게 하면 안 돼."라는 말을 너무 많이 사용해 왔다. 그래서 아이들은 자신의 생각을 밖으로 함부로 꺼내지 못하게 되고 그런 교실에서는 이런 진리 아닌 진리가 자리하게 된다. "차라리 말이라도 안하면 중간은 하지."

다섯째, 창의성은 여유를 통해 발휘된다. 조급함과 '빨리빨리'주의는 사람들의 깊이 있는 사고와 소통을 막고, 형식주의와 실적주의 및 대충주의를 낳는다. 그렇게 근·현대사를 맞이한 것이 바로 대한민국이었다. 그리고 그것이 부정과 부실과 적당주의 및 편법을 낳고 말았다. 정치는 정치대로, 경제는 경제대로, 교육은 교육대로! 그리고 그것의 한계가 지금 대한민국의 변화를 요구하고 있다.

그렇다면 창의성을 어떻게 신장시켜 나갈 것인가?

무엇보다도 구성적·협동적 사고에 바탕을 둔 개방적·수용적 분위기가 만들어져야 한다. 아이들이 교실에서 무엇을 생각하고 말하더라도 그것이 수용되고 인정되는 분위기가 필요하다. $1 \div 2 = 1/2$만이 아니라 $1 \div 2 = 2$가 될 수도 있는 그런 교실이 되어야 한다. 그 아이의 생각을 들어보고 그의 경험과 생각이 좌뇌보다도 우뇌에 의하여 받아들여질 수 있는 그런 교실이 되어야 한다(개성과 다양성이 허용되고 인정되는 교실).

둘째, 아이들의 자존감을 높여 주어야 한다. 창의성은 패배의식에 젖어있고 불안함을 보이며 피곤함에 늘 지쳐있으며 조급함으로 인해 어쩔 줄 몰라 하는 상황에서는 절대로 발휘되지 않는다. 창의성은 여유로움과 긍정적 사고방식과 무엇인가 하나에 몰입하는 집중력에 의해서 만들어진다. 그러니 교실에서는 절대로 아이들의 기를 죽이는 일은 없어야 한다. 특히 국어, 수학, 영어 등의 성적이 좋지 않다고 부진아로 몰아세우며 아이들을 한 줄로 서열화 시키는 일은 더욱 더 없어야 한다. 체육만 잘 해도, 음악만 잘 해도, 미술만 잘 해도 국어, 수학, 영어 잘 하는 아이들 못지않게 인정과 존중을 받는 교실, 그런 곳에서 아이들의 창의성은 날로 커갈 수 있다.

셋째, 직접적인 경험은 창의성에 날개를 달아 준다. 창의성은 유에서 유를 만들어내는 것이다. 그러니 나름대로의 지식과 다양한 경험이 없다면 창의성 또한 없다고 보아야 한다. 따라서 어린 시절부터 아이들에게 많은 것을 직접 경험하게 해 주어야 한다. 우리나라에서도 혁신학교 운동이 시작되고, 교육과정에서 창의적 체험활동을 강조하면서 다양한 체험활동이 현장에서 확대되고 있는 상황이다. 이는 매우 긍정적이라 할 수 있다. 하지만 여기에도 지금 당장은 한계가 있다. 아이들이 마땅히 좋은 경험을 할 수 있는 장소가 그리 많지 않다는 것이고, 학교 현장의 여건도 그리 쉽지만은 않은 상황이다(교사의 부담, 학부모의 금전적 부담, 성적 중심 교육에서 체험학습의 중요성을 인식하지 못하는 현실, 다양한 연령층의 학생들을 대상으로 한 프로그램의 부재 등). 이에 대한 대책 마련이 시급하다.

넷째, 아이들이 많은 생각을 할 수 있는 환경을 제공해야 한다. 특히 수업 시간에는 교사의 질문에 따라 아이들이 먼저 충분히 생각하고, 그 생각들을 서로 나누면서 상호작용할 수 있도록 해 준다면 아이들의 창의성은 충분히 신장될 수 있다. 또한 자기 생각을 갖고 있는 아이들은 그 활동에서 분명히 능동적으로 참여하게 된다. 참여(활동에 주도적·능동적으로 참여)와 출석(물리적 공간만 차지할 뿐 그 상황에서 수동적으로 자리함)의 차이는 바로 자기 사고가 있느냐 없느냐에 따라 달라진다. 우뇌적 사고에 의한 분위기 속에서 좌뇌에 의한 상호작용을 할 수 있도록 해 주어야 한다. 물론 여기에도 어려움은 있다. 특히 교육과정 및 법적·제도적 문제(과목 수, 학습량, 과도한 수업 시수, 과밀학급, 교사의 잡무, 승진구조, 교사의 인식 및 노력 부족, 입시 문제 등)는 하루 빨리 손을 봐야만 한다.

지금까지 구성주의에 대하여 몇 가지 살펴보았다. 저자의 연구 및 사고의 폭이 여기까지여서 구성주의에 대하여 좀 더 자세하고도 이해하기 쉽게 풀어 나갈 수 없음이 아쉬움으로 남는다. 끝으로 여러분들에게 이런 말을 전하고 싶다. 여러분들은 교사와 아이들 사이의 직접적 상호작용에 국한된 일방적인 교수—학습방법을 고수하고 있지는 않는가? 혹시 괄호 채우기식의 교육(만)을 하고 있지는 않는가? 아이들 사이의 지적 상호작용은 충분히 고려하지 않고 있는가? 아이들의 다양성을 충분히 고려하지 못하고 있는 것은 아닌가? "너의 생각은 무엇이니?"라고 묻지 못하고 "정답은 무엇이니?" 라고 묻고 있는가? 그렇다면 구성주의를 바탕으로 한 협동학습의 바다에 풍덩 빠져볼 것을 적극 권한다.

 페다고지 그리고 협동학습

교육자로서 우리는 '교육의 본질 : 페다고지'를 깊이 고민하지 않으면 안 된다. 왜냐하면 그것은 교사인 우리들이 아이들 앞에 서는 이유이기도 하고, 내가 아이들과 학부모 앞에서 당당해질 수 있는 이유이기도 하기 때문이며, 지속 가능한 우리의 미래사회를 만들기 위함이기도 하다.

많은 교육학 책에서 교육의 본질은 '아이들에게 자연적인 학습이 일어나도록 허용하는 인간관계의 제공'이라고 적혀있다. 그리고 어떤 사람들은 이렇게 말하기도 한다.

> ➡ 저는 공교육의 사명이 아이들에게 기초학습능력을 길러주는 것, 미래에 스스로 자립해서 살아가는 힘을 길러주는 것으로 생각합니다. 우선 성적이 낮은 아이를 만들지 않는 거예요. 이것은 가장 중요한 일이라고 생각합니다. 성적이 낮은 학생을 끌어올리면 전체의 학습능력이 올라가는 거지요.
> 　　　　　-미와 아케미 하치모리초등학교 교장(2009년 2월 15일 SBS스페셜에서 방영되었던 '아키타 산골학교의 기적' 중에서)
>
> ➡ 교육의 본질은 인간의 형성이다(사람을 사랑할 줄 아는 교육, 어려운 사람, 자기보다 못한 사람을 도와줄 줄 아는 교육, 이웃과 고향과 동포를 사랑할 줄 아는 사람이 되는 교육, 인간다운 인간이 되는 전인적 교육이다.)　　　　　　　　　　　　　　　　　　　　-루소 (『에밀』 중에서)
>
> ➡ 교육의 본질이 학생들로 하여금 자신의 내면에 있는 진리를 체험케 하는 것이고, 그것은 교사와의 인격적 교감을 통해 이루어질 수 있다는 것을 알고 있다. 교육의 본질은 '무엇을 아는 데' 있는 것이 아니고 '무엇이 되는 데' 있다. 예컨대 학교 교육은 지식뿐만 아니라 민주적 시민의식을 고취시키는 기능도 수행해야 할 것이다.
> 　　　　　-양창식 전 탐라대 총장/논설위원(제주일보 오피니언 : 학교 교육의 본질을 생각한다. 2012. 02. 29)

그리고 협동학습을 십여 년째 실천해오고 있는 저자는 교육의 본질을 이렇게 말한다.

교육의 본질은 '평등–평화–인권–생태–협동'을 핵심으로 건강한 민주 시민을 양성하는 것!

오늘날 우리 사회를 들여다 보면 왜 저자가 교육의 본질을 그렇게 들여다 보고 있는지 짐작이 갈 것이다. 그리고 저자는 그것을 위해 수많은 학문과 이론 중에서도 '협동학습'을 선택하였다. 꼭 협동학습이어야 할 필요는 없다고 본다. 그것을 이루기 위한 수많은 이론들과 실천적 경험들이 있으니까 말이다. 협동학습도 그 가운데 하나일 뿐이다. 다만 저자는 '협동학습'이 가장 효과적이라고 말하고 싶은 것이다. 그리고 그에 대한 선택은 여러분 각자의 몫이다. 그리고 그에 대한 책임도 여러분 각자가 진다.

1 학습 구조론이 우리 현장에 시사하는 점은 무엇인가?

→ 수업을 바라보는 관점(시각)을 바꾸는 데 도움을 준다. 이전까지는 교사의 입장에서 바라보았지만 학습 구조론은 수업을 '아이'의 입장에서, 그리고 목표 동기(배움)에 따른 '아이들 사이의 상호작용'이라는 관점에서 바라보게 해 준다.

2 지식에 대한 관점에 있어서 우리 현장에서는 아직도 객관주의적 사고를 벗어나기 제일 어렵다고 이야기한다. 이유는 무엇이라 생각하는가?

→ 가장 먼저 교사들은 그런 객관주의적 사고방식 속에서 자라왔기 때문에(구성적 사고에 대한 경험이 부족), 그리고 그 경쟁 속에서 가장 잘 살아남은 대표적인 집단이기 때문에 구성주의적 관점에 대한 인식과 확신이 부족하다고 본다.

→ 둘째, 뿌리 깊은 관행이다. 특히 학교에서의 시험 등은 전형적인 사례라 볼 수 있다. 그리고 그 탓을 입시와 기관의 탓으로만 돌린다. 교사 스스로가 교육의 본질과 시대의 변화 등에 대해 조금만 깊이 고민해 본다면 그 답을 금방 찾을 수 있을 것인데도 말이다.

→ 셋째, 시대의 변화와 흐름을 읽지 못하기 때문이다. 다시 말해서 교사가 변하지 않기 때문이다. 시대의 흐름과 변화는 우리 사회의 많은 것을 바꾸어 놓았다. 그러나 아직 교육 현장만큼은 별로 변화시키지 못하였다. 그 이유는 교사들이 변하고자 하는 노력을 별로 보여주지 못했기 때문이

다. 변화는 교사들 스스로가 만들어 낸다. 그리고 변화의 계기는 바로 시대의 흐름을 읽는 것에서 온다. 제도가 바뀐다고 교육이 바뀌지는 않는다. 수업이 바뀐다고 교육이 바뀌지는 않는다. 열린교육을 보면 여실히 알 수 있다. 교사가 바뀌어야 교육이 바뀐다고 생각한다.

3 페다고지를 말하고자 하는 이유는 무엇인가?

→ 우리 교육 현장에서 죽어있는, 그러나 가장 잘 살아있어야 할 것이 바로 페다고지와 교사론이라 생각한다. 핀란드와 똑같이 가자고 하는 말이 아니다. 하지만 우리는 핀란드에서 많은 것을 배워야 한다. 핀란드 교육 성공의 핵심은 수업방법에 있지 않다. 무엇보다도 교육과 관련된 모든 사람들(정책 입안자, 행정가, 관료들, 교사들, 학부모들, 아이들 모두)이 교육의 본질과 그 철학에 동의를 했고, 그 길을 향해 한 목소리를 내며 함께 갔고, 그것을 '교사론'이 든든하게 뒷받침해 주었기 때문이라 본다. 우리의 교육도 이제 바뀌어야 한다. 그러기 위해서는 우리 모두가 함께 추구해 나갈 교육의 본질에 대한 사회적 합의와 이를 위한 '교사론'이 바르게 서야 한다.

 참고문헌

강인애 저(1997), 왜 구성주의인가—정보화 시대의 학습자 중심의 교육 환경, 문음사

강인애 저(2003), 우리 시대의 구성주의, 문음사

김정운 저(2005), 노는만큼 성공한다, 21세기북스

김판수 외 공저(2000), 구성주의와 교과교육, 학지사

배영주 저(2005), 자기주도학습과 구성주의, 원미사

이상우 저(2009), 살아 있는 협동학습, 시그마프레스

정문성(인천교육대학교) 저(1996), 협동학습에서의 의사결정력 향상 전략, 전국열린교실연구응용학회지 제4집 제 1호 pp. 93~111

정문성 저(2002), 협동학습의 이해와 실천, 교육과학사

Spencer Kagan 저, 기독초등학교 협동학습연구모임 역(1999), 협동학습, 디모데

Ⅲ 철학적으로 협동학습 들여다 보기

"사회공부는 왜 하지?"라는 질문으로부터 시작된 저자의 2011년 첫 사회 수업 시간. 그 질문에 대한 답을 찾는 과정 속에서 일본의 지진 피해 관련 이야기가 나왔고, 그것이 계기가 되어 일본 지진피해 돕기 프로젝트 수업이 시작되었다. 그리고 그것은 저자의 학급을 넘어서 전교로 확산되었고, 아이들은 자발적·능동적으로 성금 모금을 위한 바자회 활동을 통해 많은 기금을 모아 일본에 있는 조선인 학교에 전달하였다. 이를 통해 아이들과 모든 교사들은 진한 감동과 인류애를 느낄 수 있었다.

협동학습에 철학이 빠지면?

'철학'이란 말이 나오면 사람들은 흔히 어떤 반응을 보이는가? 왠지 재미없고, 딱딱하고, 졸리고 지루하고…. 그래서 별로 듣고 싶지 않은 반응을 보이곤 한다. 그게 아니면 어떤 사람들은 "그 정도의 철학쯤은 나도 갖고 있어."라는 반응을 보이며 대수롭지 않게 생각하기도 한다. 교육 현장에서도 그런 현상은 매우 뚜렷하게 나타난다. 교육대학교에서의 모든 교육과정에서부터 학교 현장에 이르기까지! 그래서 교육 현장에서 '철학'을 이야기한다는 것은 굉장한 용기와 모험을 필요로 한다. 특히 강의를 하면서는 더욱 더 그렇다. 그래도 저자는 감히 철학에 대하여 논해 보고자 한다. 왜냐하면 협동학습을 실천해 나가려는 교사에게는 무엇보다도 철학적 바탕이 없이는 협동학습의 밑바닥까지 살필 수 없기 때문이다. 아울러 어떤 학문이나 이론에는 그 나름대로의 철학적 바탕이 자리하고 있는데, 그것을 느끼고 깨달으며 그 본질을 현실 속에 녹여낼 수 있어야만 추구하는 바를 이룰 수 있기 때문이기도 하다.

한 가지 분명히 짚고 넘어갈 일이 있다. 여기서 말하는 철학이라는 낱말의 의미를 정확히 이해하지 않으면 안 된다는 점이 바로 그것이다. 사전에서 그 낱말의 뜻을 살피면 다음과 같다(출처 : 위키 백과사전).

철학 1 고대 그리스에서는 학문 그 자체를 의미하였고, 전통적으로 철학은 세계와 인간, 그리고 사물과 현상의 가치와 궁극적 의미에 대한 본질적이고 총체적인 천착을 뜻했다.

철학 2 현대철학은 전제나 문제의 명확화, 개념의 엄밀화, 명제들 사이의 관계의 명료화 등 철학적 사고를 통하여 제 주제에 관해 논하는 언어철학에 상당한 비중을 두고 있다.

철학 3 고대 그리스어의 필로소피아(지혜에 대한 사랑)에서 유래하였는데, 여기서의 지혜는 일상생활에서의 실용적 지식이 아닌 인간 자신과 그것을 둘러싼 세계에 대한 관조적 지식을 의미한다(예 : 세계관, 인생관, 가치관이라고 부르는 것들이 포함된다.).

철학 4 지식과 지혜를 사랑하는 삶의 태도로 철학을 정의한다면, 철학은 하나의 특정한 학문이라기보다는 학문 일반에서 요구되는 기본자세인 동시에 실천 방법이라 해야 할 것이다. 실제로 '철학'이라는 말은 일상 어법에서 '세계관', '사고방식' 등으로 약간 포괄적인 뜻으로 쓰이기도 한다.

우리 주변에서 철학이라는 말이 사용되는 일상의 상황을 살펴보면 앞의 4번의 의미에 가깝다고 해야 할 것 같다. 저자가 여기에서 말하고자 하는 것도 그 지점에서 생각해 볼 필요가 있다. 저자는 여기에서 철학이라는 말의 의미를 이렇게 정의를 내리고자 한다.

> **철학** : 인식론, 존재론, 관념론 따위의 것, 학문적인 것을 의미하는 것이 아니라 무엇인가를 바라보고 생각하고 행함에 있어 그
> 중심이 되는 핵심 원리·원칙을 말한다.

　위와 같이 생각할 때, 협동학습을 하는 데 있어서 꼭 필요한 철학(핵심 원리·원칙)이라 할 수 있
는 '협동'이라는 입장에서 불편한 진실이라 할 수 있는 '경쟁'이라는 것을 어떻게 바라봐야 할 것인
가에 대하여 지금부터 깊이 있게 생각해 보는 시간을 갖도록 하겠다. 왜냐하면 두 가지 사이에는 선
택의 문제가 달려 있고, 두 가지는 함께 춤출 수 있는 것이 아니며, 적어도 한 가지를 강조한다면 나
머지 한 가지는 최소화시키거나 아예 없애기 위한 노력이 필요하기 때문이다. 사람들에게 경쟁을
강조하면서 '협동'을 말하는 것도 논리적으로 모순이 되고, 협동을 말하면서 '경쟁'을 조장하는 것
또한 논리적으로 모순이 아닐 수 없다는 것을 염두에 두면서 다음의 글을 읽어주기 바란다.

 ## 우리 사회를 바라보는 시각

이런 질문으로 이야기를 풀어가 보고자 한다.

> **선생님이 생각할 때, 우리 사회는 협동사회인가, 경쟁사회인가?**

　많은 강의를 하러 다니고 있고, 많은 사람들과 이야기를 나누고 있지만 거의 90%에 가까운 교사
가 우리 사회를 경쟁사회라고 바라보고 있다는 답변을 듣게 된다. 참으로 안타까운 현실일 수밖에
없다. 정말 우리 사회는 경쟁사회인가? (물론 오해는 없기를 바란다. 경쟁사회라고 해서 협동을 부
정하는 것은 아니다. 반대로 협동사회라고 해서 경쟁을 부정하는 것은 아니다. 다만 그 사회의 기
반·기본 시스템이 '협동'을 바탕으로 하고 있는가, '경쟁'을 바탕으로 하고 있는가 하는 것을 묻고
있는 것이다. 우리 사회는 어느 한 가지 시각만으로 바라보기는 어렵다. 두 가지 모두 공존한다. 하
지만 어떤 시각을 기반으로 하느냐에 따라 현실은 매우 달라진다.)

　위와 같은 질문에 답을 하기 위해서는 우선 협동사회인가 경쟁사회인가를 가르는 기준을 먼저 생
각해 봐야 한다. 그 기준으로 여러분들은 가장 먼저 무엇이 떠오르는가? 많은 사람들은 그에 대한 1
차적 기준을 '분업'으로 꼽고 있다. 다시 말해서 분업을 기반으로 한 사회는 협동사회라는 것이다(자

본주의 사회 시장경제의 특징이 '자유와 경쟁'이라는 특징 때문에 '경쟁사회'라고 말할 수도 있을 것이다.).

그렇다면 생각해 보자. 우리 사회는 분명히 분업화 되어 있다는 사실을 아무도 부정할 수 없을 것이다. 그런데 왜 많은 사람들이 우리 사회를 경쟁사회라고 바라보고 있는 것일까? 그에 대한 답을 저자는 이렇게 제시해 본다.

우리 사회는 협동사회가 맞다. 다만 우리 사회가 '경쟁'을 조장하고 있는 것일 뿐이다(정치, 경제, 사회, 문화, 교육 등 모든 분야에서 그 현상은 심각한 문제를 드러내고 있다.). 그런데 그 정도가 너무 심각하여 우리는 '경쟁'을 조장하는 현상을 '경쟁사회'라고 느끼고 있을 뿐이다. 다시 말해서 우리 사회는 '경쟁사회'가 아니라 '경쟁을 조장하는 사회'라는 것이다. 이런 주장을 뒷받침하는 근거는 여러 가지를 들 수 있다.

(1) '신자유주의'의 파급에 따른 사고의 왜곡

'신자유주의'의 파급으로 인하여 인간성 자체가 도구적인 것으로 전락하였고, 오로지 경쟁만 존재할 뿐이며, 그 속에서 인간은 하나의 소모품으로 전락하게 되었다. 신자유주의를 한 마디로 표현하라고 한다면 저자는 망설임 없이 '무한 경쟁주의'라고 자신 있게 이야기하곤 한다.

우리나라는 IMF라는 외환위기를 극복하기 위한 방편으로 신자유주의를 적극적으로 도입하게 되었고, 사회의 모든 체제를 그에 맞게 변화시켜 나갔다. 그즈음부터 사회의 모든 체제는 경쟁으로 들어가게 되었고, 그때부터 소위 각자가 한 일의 성과에 따른 '성과급과 연봉'이라는 개념이 거의 모든 영역에서 일반화되기 시작했다. 그뿐만이 아니라 사회의 모든 매체는 '경쟁'을 부추기고 조장하기 시작하였는데, 그 때 가장 먼저 나온 광고가 삼성전자 회사의 광고였고, 그 뒤를 이어서 국민들에게 반감을 불러일으킬 정도의 광고문구(카피)를 사용했던 쌍용자동차 회사의 광고였다.

아무도 2등은 기억하지 않는다.
오직 1등만 기억할 뿐이다.(삼성전자)
대한민국 1% 자동차(쌍용자동차)

(2) 경쟁을 조장함에 따른 사회적 문제의 심각성

신자유주의로 인한 경쟁은 더욱 가속화되기 시작하였고, 우리 사회의 수많은 사람들은 경쟁의 벼랑 끝으로 내몰리게 되면서 사회적 문제를 고스란히 떠안게 되었다(경쟁으로 인한 빈익빈 부익부 현상의 가속화 등). 그 결과 지금에 와서는 경쟁을 조장하고 있다는 사실조차 무감각해질 정도가 되었다. 그런 연유 때문인지 전국 어딜 가도 최고, 1등이라는 문구는 항상 볼 수 있었고, 유흥 시설이나 여가 시설을 가 봐도 부유한 사람들이 사용하는 시설과 서민들이 사용하는 시설을 분리, 별도로 운영하기에 이르렀다. 이런 현실 속에서 '부러움'의 시선만 존재하였고, '노블레스 오블리제'는 없었던 것이 지금의 모습이다.

노블레스 오블리제(Noblesse oblige)를 떠올리며

초기 로마의 왕과 귀족들은 평민보다 앞서 솔선수범과 절제된 행동으로 국가의 초석을 다졌다. 특히 포에니 전쟁 때에는 전쟁 세금을 신설, 재산이 많은 원로원들이 더 많은 세금 부담을 감수했다. 그들은 제일 먼저 기부를 하기 위해 경쟁적으로 수레에 돈을 싣고 나라에 갖다 바쳤다. 이것을 본 평민들도 앞을 다퉈 세금을 내게 되었다.

끊임없는 전쟁으로 국고가 바닥이 나자 전시국채를 발행, 유산계급과 원로원 의원 및 정부요직에 있는 사람들만 구입토록 하였으며, 평민들에겐 전비 부담을 요구하지 않았다. 또 귀족들은 평민들보다 먼저 전쟁터에 나가 나라를 위해 목숨을 바쳤다.

이와 같은 '노블레스 오블리제' 미덕은 중세와 근·현대 사회에서도 조직을 이끄는 리더십의 표본으로 간주되었다.

그러나 우리나라에서 사회지도층 인사들을 바라보면 '노블레스 오블리제'라는 말이 끊임없이 떠오르는 것은 나만의 느낌은 아닐 것이다. 왜냐하면 지난 반세기 동안 우리 사회에서는 급속한 산업화의 결과 현대식 상류층 집단이 형성돼 왔지만 우리나라의 상류층은 '오블리제 없는 노블레스', 즉 '의무를 망각한 신분 집단'에 가깝다고 느껴지고 있을 정도로 많은 문제점들이 여기저기에서 노출되고 있기 때문이다. 우리나라 상류층의 이런 특성은 무엇보다 그들이 화폐와 권력을 획득하기 위해 수단과 방법을 가리지 않는 것으로 여겨지며, 그들에게 '오블리제'란 경제적 낭비이자 사회적 과시에 불과한 것으로 여겨져 왔다고 해도 과언이 아닐 것이다.

Noblesse oblige : 고귀한 신분에 따르는 도덕적 의무와 책임(프랑스어)

우리들이 잊지 말아야 할 한 가지 교훈 : 사람들은 오직 1등만 기억할 수도 있겠지만, 그 못지않은 많은 일들을 통해 우리는 2등, 3등, 4등… 에게서 잔잔하고 가슴 따뜻한 감동을 얻고 있다는 사실, 그로 인하여 세상을 살아가는 맛과 의미를 되새기며 생활해 가고 있다는 사실을 결코 잊어서는 안 될 것이다.

(3) 고장난 자본주의

2012년 1월에 스위스에서 다보스포럼이 열렸다. 이 회의에서 매우 중요한 안건이 다루어졌다는 기사를 보았다. 그 내용을 소개하도록 하겠다.

💡 **다보스포럼**

스위스 제네바에 본부를 둔 세계경제포럼(WEF)이 1971년부터 매년 스위스의 휴양지 다보스에서 개최하는 토론회. 세계 각국 정상과 국제기구 대표 등 정치·경제 분야 거물급 인사와 유력 학자들이 모여 세계 경제의 발전 방안 등을 자유롭게 논의하는 민간 회의이다.

【자본주의 리더들, 첫날 첫 주제는 '자본주의 위기' 다보스(스위스)】 최우석 기자 (2012. 01. 26)

25일(현지 시각) 스위스 다보스에서 개막한 올해 다보스포럼의 최대 화두는 '자본주의의 위기와 그 해법'으로 요약할 수 있다. 이를 상징하듯 포럼 첫날 가장 먼저 열린 세션 제목은 '자본주의에 대한 토론(Debate on Capitalism)'이었다. (중략)

가장 먼저 포문을 연 것은 샤란 버로(Burrow) 국제노동조합총연맹(ITUC) 사무총장이었다. 그는 "은행의 대마불사와 각국 정부의 암묵적 동의로 서민만 피해를 봤다."면서 "작금의 위기는 금융 업

▲ 스위스 다보스에서 25일 개막한 다보스포럼 첫 번째 세션 패널리스트들이 토론을 벌이고 있다. 왼쪽부터 한스 파울 뷔르크너 보스턴컨설팅그룹 CEO(최고경영자), 존 체임버스 시스코 회장, 패트리샤 워츠 아처 대니얼스 미들랜드 회장, 던컨 니더라우어 뉴욕증권거래소(NYSE) 유로넥스트 CEO, 토머스 엔더스 에어버스 CEO, 페릿 사헨크 도구스그룹 회장, 클라우스 클라인펠드 알코아 회장 / AP 연합뉴스

계의 도덕 불감증에서 시작됐다."고 말했다. 그리고 "각국 정부가 경기 부양책을 쓰면서 납세자들의 돈을 거둬 은행 부도를 막는 데 썼다."면서 "잘못한 사람들이 아무런 처벌을 받지 않은 채 자본주의 시스템은 (고장 난) 그대로 돌아가고 있어 서민들만 피해를 보고 있다."고 주장했다. 그는 또 "세계 최고 부자 나라인 미국이 최저임금을 올리려 할 때 기업인들이 반대했다."면서 "기업의 소비자인 서민들에게 하루하루 버틸 수 있는 최소한의 지원을 반대하면 세계경제는 더욱더 추락할 것"이라고 경고했다.

라구람 라잔(Rajan) 시카고대학교 교수는 현 자본주의 시스템의 한계를 지적했다. 그는 "자본주의 시스템에 문제가 생긴 것은 급격한 기술 발달과 세계화, 창의적인 기업에 대한 과도한 보상 등이 한꺼번에 어우러졌기 때문"이라고 진단했다. 이어 그는 "자본주의 체제의 최대 위협은 성장 정체"라면서 "한정된 일자리를 놓고 노사정(勞使政)이 사회적 합의를 이끌어내지 못한다면 자본주의 체제에 대한 불만은 계속될 것"이라고 전망했다.

프랑스의 최대 통신 기업인 알카텔-루슨트의 벤 페르바엔(Verwaayen) 사장은 정부와 금융 시스템의 후진성 문제를 제기했다. 페르바엔 사장은 "우리는 전 세계가 하나로 연결되면서 24시간 경제 체제에 살고 있다."면서 "그럼에도 정부 구조는 1912년에 입안된 형태로, 금융회사는 1950년대 기준으로, 기업은 2011년 기준으로 작동하고 있다."고 주장했다. 즉, 21세기 문제를 해결하는 데 정부의 역할이 제한적일 수밖에 없다는 것이다. 이 세션을 관람한 하버드대 케네디스쿨(행정대학원)의 데이비드 엘우드(Elwood) 학장은 "자본주의의 위기는 3~4년 전에 이미 도래했지만, 아직 구체적인 해결책이 나오지 않고 있다."고 말했다. (이하 생략)

앞의 기사에서 보는 바와 같이 많은 경제전문가들이 이제 무한 경쟁에 기반을 둔 자본주의의 한계를 인정하고, 새로운 시스템의 필요성을 이야기하는 시대가 되었다. 그리고 이미 2011년 9월을 시작으로 세계 여러 나라 곳곳에서는 자본주의의 중심인 월가에 대한 반대 움직임이 일어나고 있는 상황이기도 하다.

2012년 다보스포럼의 방향성은 '동반 성장, 협동과 복지, 분배의 균형'인 것 같았고, 그 원칙에 있어서 '경쟁 심리는 독약'이라는 대전제를 처음으로 내놓은 것 같았으며, 이제는 자본주의를 버리려는 느낌마저 들었다.

2012년을 시작으로 세계는 '대전환 : 새로운 모델의 형성'을 준비하고 있는 것 같다. 그리고 아직도 진행 중인 세계 금융위기 속에서 대한민국은 지금 혹독한 반성을 통해 새로운 해답을 찾지 않으면 안 될 위기에 처해 있다고 저자는 생각한다. 그러나 아직도 대한민국은 반성의 기미는 전혀 보이지 않는다. 우리가 맹신해왔던 자본주의(신자유주의)는 더 이상 정답이 아님에도 불구하고 아직도 그 낡은 사고방식을 고수하려 하고 있고 국민들의 눈과 귀를 막고 있다. 이제 우리나라도 새로운 모

【AP = 연합뉴스】 자본주의의 심장부인 미국 뉴욕 월 스트리트에서 9월 자본주의 모순에 항의하는 시위가 시작됐다. 반(反)월가 시위대는 "우리는 99%이다."라는 구호를 외치며 소득계층 상위 1%에만 유리한 사회·경제적 구조를 비판했다.

이 같은 시위대의 외침은 가뜩이나 경제난에 허덕이는 미국 사회 안에서 공감대를 형성했다. 이에 따라 반월가 시위는 발원지인 뉴욕 맨해튼 주코티 공원에서부터 보스턴, 시애틀, 로스앤젤레스, 수도 워싱턴 D.C. 등 미국의 주요도시 100곳으로 번져나갔다. 사진은 LA의 시위대(2011. 12. 21).

〈2011 연합뉴스 10대 국제뉴스〉 월가 점령 시위

델을 만들어야 한다. 이것은 굳이 세계 석학들의 입을 빌리지 않더라도 누구나 할 수 있는 말이라고 저자는 생각한다. 그렇다면 과연 어떤 새로운 모델이 필요할까? 저자가 볼 때는 '지속 가능한 세계와 미래를 위한 최선책은 협동을 바탕에 둔 긍정적 상호의존성'이 아닐까 생각한다.

(4) 백년지대계를 생각하는 협동학습

협동학습을 논하면서 왜 '우리 사회 바라보기'와 같은 것을 하는가에 대하여 궁금한 점들이 있을 것이다. 21세기를 살아갈 우리 아이들에게는 사회 구성원 간에 상호 협력하는 태도와 사회적 기술이 한 권의 책을 이해하는 것보다 더 중요하다는 것을 교사들은 부정하지 않을 것이다. 그러나 우리 사회의 현실은 바고 그 지점이 가장 취약한 부분이고, 교육 현장에서도 성적 지상주의, 암기·지식 중심 교육을 강조한 나머지 그 부분을 잊고 있었던 것은 아닌가 하는 반성에서 이 부분을 심각하게 고민해 보아야 한다. 다음의 글들을 살펴보자.

【중앙일보】 공부는 1등인데 사회성 꼴찌인 나라(2012. 01. 04)

'살아 있으면 더 불효를 끼칠 것 같아요… 먼저 가서 100년이든 1000년이든 가족을 기다릴게요.'

친구들에게 괴롭힘을 당한 대구 중학생 권모(14) 군은 '엄마·아빠, 사랑해요!'로 끝나는 유서를 남기고 목숨을 끊었다. 라디오 선을 목에 묶어 끌고 다니며 떨어진 부스러기를 주워먹으라는 폭력에 시달리면서도 권 군은 부모나 교사에게 도움을 청하지 못했다. 보복이 두려웠던 것이다. 청소년폭력예방재단에 따르면 초·중·고생의 57%가 폭력을 당하고도 신고하지 않고, 62%는 폭력을 보고도 모른 체한다(2010년 3,560명 조사). 가해 학생의 63%는 괴롭히는 이유로 '장난·이유 없음'을 꼽았다. 한국 학생들은 경제협력개발기구(OECD) 국가 중 학업 성취도 1~4위로 최상위권이다. 반면 국제교육협의회(IEA)의 세계 중 2 학생 조사(2009년)에서는 남과 어울려 사는 '사회적 상호작용 역량'이 36개 국가 중 최하위였다. 공부는 잘하지만 사회성은 바닥인 것이다.

【헤럴드 경제신문】 한국 청소년 사회적 상호작용 역량 세계 최하위(신상윤 기자, 2011. 03. 27)

한국 청소년은 다양한 이웃과 조화롭게 살아가는 '사회적 상호작용 역량'이 세계 최하위 수준이라는 연구결과가 나와 인성교육을 강화해야 할 것으로 지적되고 있다.

한국교육개발원과 한국청소년정책연구원은 2009년 국제교육협의회(IEA)가 세계의 중학교 2학년 학생 14만600여명을 설문한 'ICCS(국제 시민의식 교육연구)' 자료를 토대로 36개국 청소년의 사회적 상호작용 역량 지표를 최근 계산한 결과, 한국이 0.31점(1점 만점)으로 35위에 그쳤다고 27일 밝혔다.

사회역량 지표는 ▷관계지향성 ▷사회적 협력 ▷갈등관리 등 3개 영역에서 국가별 표준화 점수(그룹 내에서의 우열을 1~0점으로 표기)를 매기고, 이 결과를 평균해 계산했다. 점수는 ▷지역사회·학내 단체의 참여 실적 ▷공동체와 외국인에 대한 견해 ▷분쟁의 민주적 해결 절차 등에 대한 설문에 따라 반영됐다.

한국 청소년은 이번 '한국청소년 핵심역량진단조사' 연구에서 지역사회단체와 학내 자치 단체에서 자율적으로 활동한 실적의 비중이 높은 '관계 지향성'과 '사회적 협력' 부문의 점수가 모두 36개국 중 최하위(0점)였다.

다만 갈등의 민주적 해결 절차와 관련한 지식을 중시한 '갈등관리' 영역에서만은 덴마크(1점)에 이어 0.94점으로 점수가 가장 높았다.

사회역량 지표가 가장 뛰어난 곳은 태국(0.69점)이었고, 인도네시아(0.64), 아일랜드(0.60), 과테말라(0.59), 영국(0.53), 칠레(0.52) 등이 상위권에 포진했다.

김태준·김기헌 연구위원은 "사회적 상호작용 역량은 문화·사회경제적으로 이질적인 상대와 조화롭게 살아가는 능력과 연관돼, 세계화·다문화 시대의 주역인 청소년들에게 중요성이 크다."고 평가했다. 이들은 이어 "한국 아이들이 지필시험 성격이 강한 영역만 점수가 높고 대내외 활동과 관련된 부문의 결과가 극히 저조한 점에 주목해야 한다."며 "지식 개발에 치중하는 정책을 바꿔 자율성을 길러줄 대책이 필요하다.”고 덧붙였다.

'정부를 신뢰한다'고 밝힌 한국 청소년은 전체의 20%에 불과해 38개 참여국의 평균치(62%)에 크게 못 미쳤다. 정부에 대한 청소년의 신뢰도는 인도네시아(답변율 96%), 핀란드 · 리히텐슈타인(각 82%), 오스트리아(77%) 등에서 높았다.

학교에 대한 신뢰도에서도 한국 아이들은 45% 신뢰한다고 응답해, 전체 평균(75%)보다 낮았다.

〈세계 36개국의 사회적 상호작용 지표점수〉

※ 1점 기준

국가	관계 지향성	사회적 협력	갈등 관리	전체평균 (순위)
태국	0.83	0.89	0.37	0.69(1)
인도네시아	1.00	0.65	0.27	0.64(2)
파라과이	0.66	0.97	0.22	0.61(3)
과테말라	0.61	0.95	0.28	0.59(4)
⋮	⋮	⋮	⋮	⋮
대한민국	0.00	0.00	0.94	0.31(35)

출처 : 더불어 사는 사회에 서툰 한국 청소년, 서울경제 송주희 기자, 2011. 03. 27

〈한국 청소년의 기관에 대한 신뢰도〉

단위 : %, 자료 : 한국교육개발원

■ 한국 ■ ICCS 참가 36개국 평균

	정부	정당	미디어	학교	군대	국제연합	일반대중
한국	20	18	51	45	36	63	39
ICCS 참가 36개국 평균	62	41	61	75	71	67	58

출처 : 36개국 청소년 국제시민의식 조사 : 드러난 한국의 '반쪽짜리 사회성 교육', 경향신문 송현숙 기자, 2011. 03. 27

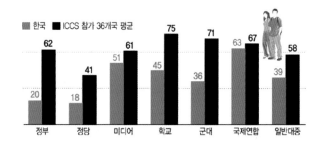

성진아 사회성·감성 교육

사회성 감성 교육과 패러다임의 전환

성진아 (21세기교육연구소 연구원)

21세기 글로벌 시대의 맥락에서 새롭게 요구되는 교육과정과 수업 방식은 과거의 전통적인 교육 방식의 문제점들을 보완해, 21세기가 요구하는 능력들을 기를 수 있는 교과과정과 수업방식 및 평가 기준들을 사용하여 개선되어 나가야 한다. 19세기의 교육방식을 그대로 고수하며 21세기가 요구하는 능력을 키운다는 것은 모순이 아닐 수 없다. 한국의 학교 교육의 현장에서 학생들에게 자신과 타인에 대한 이해, 책임감, 배려심, 협동심, 의사소통 능력, 문제해결능력, 대인관계 기술을 길러주는 사회성·감성 교육을 실행하기 위해서, 학교의 기능과 목표, 교사와 학생의 역할, 교과과정 및 수업 방식에 대한 패러다임의 전환은 필수적인 것이다.

출처 : http://21erick.org/ – 교육을 바꾸는 사람들

위의 사례만 봐도 이제 학교교육은 성적 중심의 경쟁적 구도나 개인만 강조하는 교육방법보다는 타인과 긍정적으로 상호의존하고 서로 존중하며 협동하는 시스템을 제공하는 데 초점이 맞춰져야 한다는 점 또한 절대로 부정하지 않을 것이다. 바로 그 지점에서 '왜 우리 사회 제대로 바라보기를

해야 하는가?'에 대한 답을 찾을 수 있다. 교육은 그 시대의 사회적, 시대적 요구를 반영한다. 다시 말해서 '사회적 필요'가 곧 교육을 변화시키고 있는 것이다. 그렇다면 우리 사회는 어떤 사회적 구성원을 요구하고 있는가? (우리 사회에 필요한 사람은 어떤 사람인가?) 적어도 저자는 개인주의적이고 경쟁적인 사람을 우리 사회가 필요로 하고 있다는 생각은 들지 않는다. 그보다는 '협동적이고 공동체 지향적인 사람, 다른 사람들과 다 함께 잘 사는 사회를 지향하는 사람'을 요구하고 있다고 확신한다. 그리고 그런 시대적, 사회적 요구를 충족시켜 줄 수 있는 교육이 바로 '협동학습'인 것이고, 우리 현실에서 바라볼 때 '한국적 협동학습-협동적 학급운영'인 것이라고 감히 말하고 있는 것이다. 그리고 적어도 한 시대를 살아가고 있는 교사라면 우리 사회를 제대로, 바르게 꿰뚫어 볼 수 있는 눈이 있어야 아이들을 제대로 지도할 수 있고, 사회적 요구와 시대적 요구에 부응하는 교육을 해나갈 수 있지 않을까 생각한다.

여러분들은 지금까지 언급해 온 이런 일들에 대하여 받아들일 수 있는가? 만약 받아들일 수 있다면 왜 '협동학습'을 적극적으로 교실로 끌어들여야 하는가에 대한 필요성을 느껴 볼 수 있을 것이다. 하지만 받아들일 수 없다면 그런 교사들은 협동학습을 해서는 안 된다고 생각한다. 왜냐하면 '협동'과 '경쟁'은 어찌 보면 극과 극일 수 있기 때문이다. 경쟁적 마인드와 시각을 가진 교사가 학생들을 (특히 성적)경쟁으로 내몰고, 부추기면서 어떻게 '협동'을 강조하고, 협동학습을 제대로 실천해 나갈 수 있겠는가? 그 속에서 '협동학습'이 제대로 이루어질 것이라고 믿고 있는 교사는 과연 얼마나 될까? 그런 속에서도 협동학습은 가능하다고 바라본다면 분명 그것은 진정한 협동학습이 아니라 협동학습이라고 포장된 껍데기(그저 단순한 수업 내용을 전달하는 기법으로서의 한계)에 불과할 것이라 생각한다.

물론 협동학습에서도 '경쟁'이라는 요소를 부분적으로 받아들이고 있는 것은 사실이다. 하지만 그 경쟁도 '협동'이라는 기본적인 틀을 깨뜨리지 않을 정도의 작고 미미한, 상호 발전을 도모하기 위해 꼭 필요한 최소한의 경쟁 요소만 받아들일 뿐 그 이상은 절대로 받아들이지 않으려 하고 있다. 그리고 한 걸음 더 나아가 저자는 그 최소한의 경쟁마저도 학교 현장에서만큼은 사라져야 한다고 강하게 말하고 싶다.

협동학습을 연구하는 학자들과 실천가(교사들)의 공통적인 생각(믿음)

1. 인간의 삶은 근본적으로 다른 사람과 협동적 관계에 있다.
2. 협동적 관계는 긍정적 상호작용을 경험하게 한다.
3. 긍정적 상호작용은 교육적인 측면에서 인지적·정의적으로 바람직하다.

4. 우리 사회에 대한 시각 : 협동사회이다(경쟁사회라는 오해를 불식시키기 위하여 많은 노력을 하고 있다.).

5. 가정, 학교, 지역 사회, 직장 등 우리의 생활환경은 모두 역할이 분화되어 있고 서로가 협동적 관계에 있다.

6. 이러한 사회의 현실에 가장 가까운 실질적인 학교 교육은 바로 협동학습이다.

출처 : 정문성, 2002; 김현재, 1996

③ 경쟁에 대한 불편한 진실

협동학습을 하면서도 경쟁에 대한 인식은 바뀌지 않고 있는 현장의 모습을 접할 때 제일 안타깝고 속이 상한다. 그래서인지 협동학습을 하지 않는 교사들은 물론이고 협동학습을 나름 한다고 하는 교사들의 교실에서도 경쟁은 난무한다.

(1) 아이들을 경쟁 속으로 몰아넣는 것들(칭찬스티커 등)

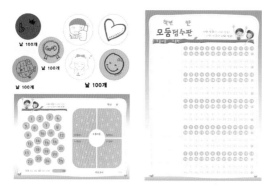

▲ 에듀니티 교육 쇼핑몰에 있는 내용과 상품들

모둠활동할 때 가장 열심히 참여한 개인에게 주는 칭찬스티커는 무임승차자가 되지 않고 상호의존적인 학습을 위해서 아이들의 적극적인 참여를 동기부여하는 데 유용합니다. 실력이 뛰어난 아이만이 아니라 다양한 영역으로 아이를 칭찬해 주세요. 예쁜 디자인으로 아이들에게 더욱 사랑받고 있는 스티커입니다. 개인스티커를 준 후에 모둠 안에서 그 숫자를 합해서 보상하는 것도 좋습니다.

모둠별 학습뿐만 아니라 개인의 학습을 증진하기 위한 도구로 사용하기에 좋습니다.

〈교육도서 : 뻔뻔한 칭찬 통장 (2009), 김성범 글, 이수영 그림, 미래아이 출판사〉

이 책은 엄마, 아빠나 학원 선생님이 아이들의 작품을 대신 해 주는 현실을 꼬집고 그 가운데서 소외되는 아이들의 이야기를 다룬 동화로, 2학년 주인공 하리의 시각으로 솔직하고 귀엽게 글을 풀어 나간다. 글 쓴이는 주인공 하리를 통해 자기 실력으로 쓰고 그렸지만 늘 대회에서 떨어지거나 선생님에게 칭찬 받지 못하는 아이들에게, 예술이란 1등, 2등으로 뽑히려는 것이 아니라 스스로 느끼고 마음껏 표현하는 즐거운 놀이라고 말한다. 또한 아무도 도와주지 않고 자기 혼자 힘으로 무언가를 해낸 사람만이 진정 자신이 원하는 사람이 될 수 있다는 것을 보여 준다. 숙제의 의미가 변질되어 가는 요즘, 과도한 교육열과 1등 위주의 풍토를 재미있는 동화를 통해 꼬집고 있다.

칭찬은 고래도 춤추게 하는 줄만 알았는데, 칭찬에 '역효과'가 있다니! (출판사 서평 중)

〈교육도서 : 내 아이를 망치는 위험한 칭찬, 정윤경, 김윤정 저, 2011, 도서출판 담소〉

지난 10월 방송된 EBS 교육다큐 '학교란 무엇인가' 중 '칭찬의 역효과' 편을 본 부모들은 모두 경악을 금치 못했다. 늘 내가 하던 칭찬 '○○○아, 정말 잘했다', '넌 누굴 닮아서 이렇게 똑똑하니', '너 같은 천재는 없을 거야' 가 되려 내 아이를 망치고 있었다니! 하고 말이다.

이 다큐는 여러 실험을 통해 '칭찬의 역효과'를 입증했다. 예를 들어 선생님에게 근거 없이 과하게(잘한다, 천재다, 정말 똑똑하다 등) 칭찬을 받은 아이들은 선생님 부재 시 선생님의 기대에 부응하려고 부정행위를 서슴지 않았다. 이 현상은 비단 어린 아이들에게만 나타난 것이 아니라 성인 남녀에게서도 똑같이 나타났다. 또 야채주스를 먹을 때마다 스티커를 받던 아이들이, 스티커가 주어지지 않자 야채주스를 반도

안 먹게 되었다. 지금까지 하면 할수록 좋은 줄만 알았던 칭찬이 아이에게 이렇게 독이 되리라고는 어떤 부모도 상상하지 못했을 것이다. 이러한 칭찬들이 모여 내 아이를 짓누르는 무거운 짐이 되거나, 동기 부여에 장애가 되는 줄 알았다면 어느 부모도 이러한 칭찬은 하지 않았을 것이다. (중략)

'칭찬'은 그야말로 놀라운 힘을 가지고 있다. 단순히 칭찬은 '하면 좋은 것'이라는 평가를 받기에는 무한한 재주를 가지고 있다. (중략) 무조건 칭찬은 많이 할수록 좋다고 생각했던 부모들에게 오히려 그런 칭찬이 아이에게 독이 된다고 하면 의아하고, 칭찬을 안 하는 게 낫다고 생각할지도 모른다. (이하 생략)

특히 『내 아이를 망치는 위험한 칭찬』이라는 책은 학부모들을 대상으로 하고 있지만 교사들도 결코 예외일 수는 없는 책이다. 특히 제2장의 내용은 여기에서 저자가 말하고자 하는 것들—스티커 보상의 위험성—을 대변해 주고 있으며, 제5장에서는 칭찬을 위한 구체적인 방법도 안내해 주고 있어 적극 권한다.

제2장 칭찬이 되려 독이 될 수도 있다.

03 동기를 말살하는 칭찬이 있다.
· '칭찬스티커'가 아이에게 동기가 되어서는 안 된다.
· 내적 동기와 외적 동기
· 보상은 오히려 학습 의욕을 떨어뜨린다.
· 칭찬스티커가 독이 될 수 있다.

04 칭찬도 중독된다.
· 중독된 칭찬에는 감당하기 힘든 보상이 따른다.
· 규칙처럼 반복된 칭찬에는 무감각해진다.
· 칭찬할 때 보상하지 마라.　　　　　　　　　『내 아이를 망치는 위험한 칭찬』 중에서 발췌

이 책에서 빠진 한 가지를 더 추가하자면 이렇다. 칭찬(특히 스티커 등)은 독이 되기도 하지만 아이들에게 심각한 경쟁을 유발하거나 조장하는 역할도 한다는 것이다.

스티커 등의 칭찬이 가지고 있는 독소

결과 중심적이다. 비교하는 칭찬이다. 평가 중심적이다. 경쟁을 유발시킨다.
더 강한 것을 요구하게 된다. 학습 자체보다 보상에 관심을 두게 만들 위험성이 있다.

위와 같은 면에서 교실을 살리는 데 도움을 주지 못한다는 점은 우리 교사들이 반드시 깊게 재조명해 봐야 할 일이다. 그것이 가진 순기능 또한 있다는 것을 무시하거나 부정하는 것이 아니다. 다만 저자는 그것이 가진 역기능 그 위력을 경계하자는 것이고, 현장에서 나타나는 현상을 보면 순기능보다는 역기능이 더 부각된다는 점, 참 많은 경우에 순기능보다도 통제수단에 가까운 용도로 활용되고 있다는 점에서 우려되는 바가 크기 때문에 이렇게까지 강조하여 말하고 있는 것이다. 특히 협동학습(협동적 학급운영)을 실천하는 교사라면 이 부분에 더 신경을 써야 한다. 그것이 가진 단점을 충분히 없애거나 보완하면서 실천할 수 있는 교사라면 저자는 말리지 않는다. 그리고 그런 방법

이 있다면 저자에게 꼭 연락을 주기 바란다. 나도 그런 것을 해 보고 싶다. 그리고 아직도 그런 것이 뭐가 있을까하고 고민 중에 있다. 하지만 아직은 대안이 없어서 교실에서 그런 경쟁적·부정적 요소를 완전히 제거하기 위해서 7년 넘게 최선을 다하고 있다.

협동적 학급운영을 오래 하다 보면 바로 이 부분에 대하여 심층적인 고민을 하게 되는 것 같다. 저자도 1999년에 협동학습을 처음 만나 책을 보고, 다른 사람들이 하는 것을 보면서 내 교실로 그냥 받아들이기 급급했던 시절도 있었다. 그런 과정에서 겪었던 시행착오들은 저자의 책『살아 있는 협동학습(2009)』에도 잘 나타나 있다. 스티커나 상표, 다양한 경쟁 요소를 도입했던 사례들은 오래 전의 일이지만 지금 생각해 보면 많은 반성을 하게 된다.

앞서 이야기했던 것들 말고도 교실 속에는 다양한 경쟁적 요소들이 있다. 간단히 살펴보면 다음과 같다.

> ### 교실(학교) 속에 존재하는 경쟁적 요소들
>
> 선착순(시간순)에 따른 권한 부여, 정답만을 추구하는 것과 보상과의 연계, '빨리'만을 강조하는 풍조, 시험과 성적에 따른 서열화(일제고사 등), 교사의 차별(의도하지 않았더라도 아이들에게 그런 현상을 부추기는 것들이 있다.)과 비교하는 현상, 결과중심주의, 각종 시상제도, 다양한 인증서 제도, 양적인 것만을 추구하는 현상(다독상, 독서량 기록판 등), 외적 동기로서 아이들을 끌어가려는 다양한 노력들(결국 이는 통제수단일 뿐이다.), 부진아에 대한 개념도 일종의 경쟁적 상황에서 발생한 부정적 인식의 결과, 학교에서 이루어지는 다양한 게임 속의 경쟁적 요소들 (피구, 축구, 퀴즈식 수업, 1차 보상 결과에 따른 2차 보상-특권의 부여 등), 무조건적인 칭찬, 각종 경연제도 등.

(2) "어차피 경쟁사회인데" 하는 생각

많은 사람들이 "경쟁사회를 준비해야 할 학생들에게 협동학습은 적절하지 않다."고 말하기도 한다. 협동학습을 실천하는 교사들도 이에 대한 깊은 고민을 하지 않는다면 경쟁사회라는 인식 속에서 협동학습으로 수업방법으로만 접근하게 되어 협동학습이 가진 장점이나 효과를 교실에서 보기 어렵게 된다. 그냥 수업기술 측면에서 교사 자신의 만족만 있을 뿐이다.

적어도 협동학습을 바람직한 방향으로 실천하기 위해서 교사들은 우리 사회는 경쟁사회가 아니라 협동사회라는 점, 다만 우리 사회가 자꾸만 경쟁을 조장하고 있다는 것을 잘 알고 있어야 한다.

그렇다고 오해는 없어야 한다. 경쟁이라는 것을 모두 거부하거나 부정하고 있는 것은 아니다. 경쟁적·개인적 학습 상황과 더불어 협동적인 상황도 경험하게 하면서 다양한 변화에 적응하고 융통성 있게 대처할 수 있는 능력을 키워 줄 필요가 있다. 이에 대하여 정문성 교수(2002, p. 46)는 그의 저서에서 이렇게 밝히고 있다.

> ➜ 우리 모두는 협동적 관계에 있다. 경쟁이 있다면 누가 더 잘 협동하느냐를 경쟁하는 것이다. 경쟁하는 분위기에서만 성장한 학생은 오히려 사회에 적응하지 못하는 사람이 많다. 왜냐하면 주위 사람들은 모두 자신의 경쟁 상대이며 자신의 성공을 방해하는 적으로 간주하여 배척하려 하기 때문에 인간 생활에서 가장 중요한 원만한 대인관계를 맺지 못하기 때문이다. 오히려 학교 교육은 협동적 삶을 훈련하는 장이 되어야 한다.

교사가 어떤 시각을 가지고 있느냐에 따라서 많은 것이 달라진다. 경쟁적인 시각을 가진 교사가 협동학습을 한다는 것은 모순일 수밖에 없다. 그런 교사는 협동학습을 하지 말아야 할 것이다. 협동학습·협동적 학급운영을 꿈꾸는 교사라면 우리 사회가 협동사회라는 점, 우리의 삶은 80~90% 가까이가 협동하는 삶이라는 점을 제대로 인식하고, 이런 시각을 교실로 끌어들이기 위한 최대한의 노력을 아끼지 말아야 한다.

모순을 보여주는 실제 사례(저자가 겪었던 일)

오래 전의 일이다. 저자의 강의를 들은 한 교사가 자신도 협동학습을 실천하겠노라고 하면서 학급운영 목표를 세웠는데 그것은 '리더가 되자!'였다. 문제는 거기서부터 시작되었다. 한국적 리더십이 화근이었다. 그것은 최고를 추구한다. 1등을 강조한다. 반면에 서양식 리더십은 봉사정신이 강하고, 다른 사람들을 빛나게 만들어 주는 리더십을 추구한다.

교사는 학급에 협동학습을 끌어들이면서 칠판의 한 구석에는 격차가 많이 벌어지는 모둠의 서열화를 강조하였고, 아이들에게는 최선보다는 최고가 되라고 늘 말하였다. 사건은 5월에 벌어졌다. 5월이면 어린이날 기념으로 소체육대회를 하는데, 그 학년은 학급별 계주(학급 구성원 모두가 뛰어야 하는 것)를 하였다. 반은 계주에 1등을 하기 위하여 2~3주 전부터 피나는 연습에 들어갔다. 그러나 막상 당일이 되어서 뚜껑을 열어본 결과는 기대에 미치지 못하였다. 그러자 다른 반의 아이들은 웃으며 즐거운 모습으로 교실로 들어가고 있는데, 그 반만은 운동장에 남아서 담임 교사의 일장 연설과 꾸중과 기합을 받아야 했다. 이유는 '최선을 다하지 않았다는 것, 정신 상태가 빠졌다는 것'이었다. 아이들은 그 날 1시간 동안 운동장을 돌아야 했다.

　　이런 교사가 어찌 협동학습·협동적 학급운영을 실천할 수 있겠는가? 이는 말도 안 되는 일이다. 하나의 사례일지는 모르겠지만 분명히 현장에는 이런 사례들이 더 많을 것이다(협동학습을 실천하면서 그에 반하는 모습을 보이는 것).

(3) 협동학습과 칭찬에 대한 고민

칭찬에 대한 효과를 입증하는 것들은 참 많다.

8살엔 '칭찬', 12살 이후엔 '꾸중'이 효과적

초등학교 2~3학년에는 인지능력을 관장하는 뇌 영역이 '칭찬'에 더 활발하게 반응하는 반면 5~6학년 이후가 되면 '꾸중'에 더 활발히 반응함으로써 연령에 따라 학습이 다르게 이뤄진다는 연구 결과가 나왔다.

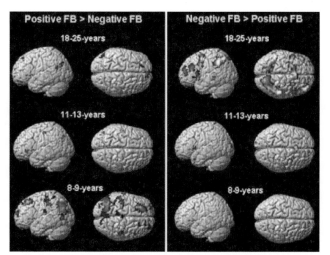

▲ 칭찬과 꾸중을 들었을 때 뇌 활성도를 연령대별로 촬영한 사진

　　네덜란드 라이덴대학 발달심리학자인 에블린 크론 박사팀은 26일 학술지 「신경과학 저널(Journal of Neuroscience)」에서 특정 과제를 수행하면서 칭찬과 꾸중을 들었을 때 뇌 활성 정도를 기능성 자기공명영상장치(fMRI)로 관찰한 결과 연령대별로 특정 영역의 활성도가 크게 달랐다며 이 같이 밝혔다.

　　연구진은 실험 참가자들을 8~9세와 11~13세, 18~25세 그룹으로 나누고 컴퓨터 화면에서 어떤 규칙을 찾는 과제를 주고 나서 칭찬(잘했어)과 잘못을 지적하는 말(이번엔 틀렸네!)을 들었을 때 뇌의 활성 변화를 fMRI로 관찰했다.

그 결과 인지능력을 관장하는 것으로 알려진 대뇌피질 부위가 8~9세 그룹에서는 칭찬에 강하게 반응하고 꾸중에는 거의 활성화 되지 않은 반면 11~12세 그룹과 18~25세 그룹에서는 정반대로 잘못을 지적하는 말에 더 강하게 반응하는 것으로 나타났다.

연구진은 이는 8살 어린이들은 긍정적 피드백을 통해 주로 학습을 하는 반면 12살 이상이 되면 부정적 피드백을 더 잘 처리할 수 있게 됨에 따라 실수를 통해 배울 수 있는 능력이 좋아진 것으로 볼 수 있다고 밝혔다.

연구진은 그러나 8살과 12살 이후 사이에 나타나는 이런 차이가 경험에서 비롯된 것인지, 아니면 뇌 발달 방식의 차이에 의한 것인지는 아직 알 수 없다며 아마도 두 가지가 함께 작용한 결과일 가능성이 있다고 말했다.

크론 박사는 "우리는 8살이나 12살이나 뇌가 똑같이 반응할 것으로 예상했었지만 결과는 매우 달랐다."며 "이 연구결과는 어린이들에게는 처벌보다는 칭찬이 더 좋은 교육법이라는 오랜 지혜를 다시 한 번 확인시켜 준다."고 말했다.

출처 : http://woorok.tistory.com/2548

칭찬이라 함은 잘 한 것, 좋은 점이나 착하고 훌륭한 일을 높이 평가하여 이르는 말을 가리킨다. 초등교육 현장에서 칭찬이라는 것은 매우 중요한 요소 중 하나로, 이를 잘 활용하는 교사는 학급운영을 성공으로 이끌어 갈 수 있는 중요한 열쇠를 쥐고 있다고 해도 과언이 아닐 만큼 그 힘과 영향력은 무한하다. 그리고 칭찬이라는 것은 비단 학교 현장뿐만이 아니라 가정, 직장, 연령의 고하를 막론하고 누구나에게 필요한 것이기에 누구나 이에 대한 깊은 성찰과 고민이 필요한 것이다. 하지만 칭찬이라는 것에 대해 앞서 추천했던 책에도 나와 있지만 좋은 것만은 아니라는 것을 우리는 이제야 고민하기 시작했다.

『내 아이를 망치는 위험한 칭찬』이라는 책 이외에 이와 관련된 훌륭한 책『칭찬은 고래도 춤추게 한다』라는 책은 이런 점들을 매우 잘 다루고 있는 것이기에 누구나, 특히 교사라면 이 두 권을 늘 곁에 두고 반복해서 읽어야 할 책이라고 생각한다.

무엇보다도『칭찬은 고래도 춤추게 한다』의 내용 가운데 '고래 반응'이라는 것은 학교 현장에서 매우 유용한 기술이라 할 수 있기에 교사들은 이를 적절하게 활용 수 있도록 늘 신경을 써야 한다.

고래 반응

(1) 즉각적으로 칭찬한다.

(2) 잘 한 일에 대하여 명확하게 말하라(실수를 했을 때는 분위기를 다른 쪽으로 유도하라.).

(3) 사람들이 한 일에 대해 느끼는 긍정적인 감정을 공유하고, 계속해서 격려하라.

출처 : 칭찬은 고래도 춤추게 한다, Ken Blanchard 저, 조천제 역, 2002, 21세기북스

칭찬이 가진 힘은 정말 무궁무진하다. 한 마디로 말해서 사람의 삶을 변화시킬 수 있는 능력을 가지고 있다. 부정적인 사람을 긍정적인 사람으로, 소극적인 사람을 적극적인 사람으로 변화시켜 준다. 다시 말해서 칭찬은 비용과 힘이 들지 않는 보물찾기와 같은 것이다. 큰 비용으로도 해결할 수 없었던 부분까지도 해결해 주기도 하고, 그런 칭찬은 보물과 같아서 많이 찾을수록 좋은 것이 된다. 따라서 매일 매일 학교에서나 가정에서나 직장에서나 칭찬을 실천해 보도록 하자. 아름다운 세상, 좋은 세상이 내 입에서부터 점점 더 멀리 확장되어 가는 것을 느낄 수 있을 것이다.

'뒤통수치기 반응'은 가정과 회사를 망친다!

누구나 인간관계에서 긍정적 관심과 칭찬 그리고 격려가 중요하다고 생각한다. 그러나 실제로 가정과 직장의 일상생활에서 다른 사람에 대해 긍정적 관심을 가지고 지속적으로 칭찬과 격려를 하는 사람은 드물다. 오히려 우리 삶은 타인에 대한 무관심과 부정적 반응으로 둘러싸여 있다. 잘 생각해 보면 우리 모두는 가정과 직장에서 다른 사람들이 일을 잘하고 있을 때는 무관심하다가 잘못된 일이 생겼을 때만 흥분하고 질책한다. 이 책에서는 그러한 부정적 반응을 '뒤통수치기 반응'이라고 말한다. 사람들이 실수를 저지를 때 뒤통수를 치듯 반응한다는 의미이다. '뒤통수치기 반응'에 둘러싸인 환경에서는 결코 사람들이 최선을 다하지도 않고 열정을 바치지도 않는다.

'고래 반응'이 존경받는 부모, 성과 높은 비즈니스맨을 만든다!

무게 3톤이 넘는 범고래의 쇼를 본 적이 있는가? 여러 나라, 여러 해양 테마 공원에서는 바다의 포식자로 알려진 거대한 몸통의 범고래가 환상적인 점프를 통해 멋진 쇼를 펼친다. 그런데 조련사는 어떻게 해서 범고래로 하여금 그렇게 멋진 쇼를 펼칠 수 있게 한 것일까? '고래 반응(Whale

Done response)'이라 불리는 범고래 훈련법은 성공적인 인간관계를 위한 훈련법과 다르지 않다. '고래 반응'이란 ① 범고래가 쇼를 멋지게 해냈을 때는 즉각적으로 칭찬하고 ② 실수를 했을 때는 질책하는 대신에 관심을 다른 방향으로 유도하며 ③ 중간 중간에 계속해서 격려하는 것이 핵심이다. 가정과 직장에서 '고래 반응'을 사용한다면 존경받는 부모, 성과 높은 비즈니스맨이 되는 것은 어렵지 않은 일이다.

출처 : 칭찬은 고래도 춤추게 한다, Ken Blanchard 저, 조천제 역, 2002, 21세기북스

사람을 행복하게 만드는 칭찬하는 방법(이상우, 2009, p. 224)을 소개하면 아래와 같다.

1. 칭찬은 그 사람의 귀에 들릴 수 있는 말로 하라. 그러면 칭찬을 듣는 사람은 힘이 불끈 솟아나게 된다.

2. 내 감정을 싣지 말고 있는 그대로를 칭찬하라. 이는 두 사람 사이의 관계를 두텁게 해 준다.

3. 칭찬과 아부를 잘 구분하도록 하자. 칭찬은 과장하지 않는다. 그러나 아부는 과장되게 혹은 사실과 동떨어진 것을 미화시킨다.

4. 좋은 칭찬은 '때'를 소중히 여긴다. 경우에 맞는 칭찬은 고래도 춤추게 한다.

5. 말로만 하지 말고 온 몸으로 칭찬하라. 행동이 곁들인 칭찬이 사람을 감동시킨다.

6. 한 번 꾸중한 뒤에는 아홉 번 칭찬하여라. '꾸중'이 마음에 상처라면 '칭찬'은 상처를 치료해 주는 '약'과도 같은 것이다.

7. 학교(직장 혹은 가정)에서 '칭찬의 날'을 정해 보자. 칭찬의 일기를 쓰는 것도 좋다.

8. 결과도 중요하지만 노력하는 과정과 자세를 더 높게 칭찬하자. 그러면 칭찬을 듣는 사람은 더욱더 분발하게 된다.

9. 사소한 일부터 칭찬하도록 하자.

10. 공개적인 칭찬, 제3자에게 하는(제3자로부터 들은 칭찬) 칭찬은 자부심과 긍지 그리고 새로운 삶으로 나아가는 원동력이 되며, 매우 오래 간다.

11. 구체적으로 칭찬을 하라. 구체적이고 근거가 확실한 칭찬은 칭찬한 사람에 대한 믿음도 가져다 준다.

12. 본인도 몰랐던 장점을 찾아 칭찬하라. 그러면 기쁨은 2배가 되고, 칭찬받은 사람은 칭찬한 사람의 탁월한 식견에 감탄하게 된다.

13. 칭찬하는 방식도 차별화(다양화)를 하라. 남다른 칭찬방식은 당신을 특별한 사람으로 기억하게 만든다(말, 편지, 문자, 선물, 행동 등). 다양한 방법은 칭찬하는 사람을 멋진 사람으로 만들어 준다.

14. 예상 밖의 상황에서 칭찬을 하라. 특히 꾸중이나 질책을 예상했던 상황에서 문제점을 지적한 후 칭찬으로 마무리하면 예상 외로 효과가 크다.

15. 힘든 아이일수록 칭찬을 해 주어라. 반드시 나에게 보답을 해 줄 것이다.

16. 아이들의 약점을 보려고 하지 말라. 약점의 눈으로 보면 약점만 보인다.

17. 내가 칭찬을 하면 상대방도 나에게 칭찬으로 되돌려준다는 사실을 잊지 말자.

18. 칭찬은 협동적 학급운영을 가능하게 해 주는 가장 최선의 방법이다. 칭찬을 하다 보면 네가 내가 되고, 내가 네가 되어 모두 하나가 된다.

19. 능력 중심의 칭찬보다는 노력 중심의 칭찬을 많이 하자.

20. 절대로 다른 사람과 비교하는 식의 칭찬은 하지 말자.

구체적인 칭찬은 겸손한 사람으로 만들지만
입에 붙은 칭찬은 사람을 교만하게 만든다!

이에 덧붙여 『내 아이를 망치는 위험한 칭찬』에 나와 있는 바람직한 칭찬 방법에 대하여 소개하면 다음과 같다.

Ⅲ

❶ **아동기(학령기)** : 다른 아이와 내 아이를 비교하지 마라.
　• 친구들에게 인정받고 싶어지는 시기, 다른 사람과의 비교는 아이를 무기력하게 만든다.

❷ **청소년기** : 사회적 인정을 대변하는 아빠의 칭찬이 효과적이다.
　• 아이의 변화가 가장 큰 시기, 과도한 칭찬과 평가하는 느낌을 주는 칭찬은 금물, 간헐적 칭찬이 더 효과적이다.

❸ **고래도 춤추게 하는 칭찬의 기술**
　• 단순한 립서비스여서는 안 된다(버릇처럼 내뱉는 칭찬은 칭찬이 아니다. 말로 하는 칭찬이 어렵다면 차라리 표정이나 행동으로 보여 줘라. 칭찬은 언제 어디서나 필요하다.).
　• 칭찬은 아끼지 말아야 한다(칭찬을 받아야 더 잘할 수 있다. 일상생활에서도 칭찬은 필요하다.).
　• 내적 동기를 침해해서는 안 된다(칭찬에 군더더기를 없애라. 칭찬은 아이에게만 초점을 맞춰라. 아이의 내적 동기를 일깨워 줘라.).
　• 다른 사람과 비교하지 마라(비교하는 칭찬은 안 하느니만 못하다.).
　• 칭찬거리는 아이 주변에서 찾아라(아이의 사소한 것부터 칭찬해라. 아이의 사회적 능력에도, 아이의 상상력에도, 아이의 재미있는 말 한마디에도, 창의적인 내 아이의 개

성도 칭찬해라.).

- 실패 상황에서도 칭찬할 것은 있다(아이의 부족한 점은 비난받을 일이 아니다.).
- 칭찬에도 유통기한이 있다(먹는 것만 유통기한이 있는 것은 아니다. 칭찬은 즉시 해야 한다.).

참고하기 1 외적 보상과 동기의 문제 : 외적 보상은 내적 동기를 약화시킨다!?

외적 보상이 내적 동기를 약화시킨다는 연구 보고가 많이 나와서 칭찬, 상장, 보상을 하지 말아야 한다고 생각하는 교사들도 많고, 한 때는 그렇기도 했었다. '이젠 상도 없으니 할 필요가 없어.'라는 생각을 갖게 만든다는 이유에서였다. 그리고 또 한 가지는 앞에서도 이야기한 바와 같이 아이들을 통제하는 수단으로 활용하는 문제가 있기 때문이기도 하였다. 그러나 오직 보상을 받기 위해서 행동하는 경우는 매우 드물다고 보는 관점도 있다. 어떤 활동에 대해 재미있고, 칭찬이나 보상까지도 받는다면 그 보상은 반드시 내적 동기를 약화시키지는 않는다는 보고서도 많이 나오고 있다. 아이들은 보상이 반드시 그 행동 때문에 주어진 것이 아니라는 것을 안다. 많은 연구들은 외적 보상이 내적인 동기를 강화시킨다고 밝히고 있기도 하다.

따라서 칭찬이나 보상제도를 운영할 때는 신중한 자세로 깊은 고민을 통해 부정적인 결과가 발생하지 않도록 대책과 방법을 마련하여 시행하는 자세가 필요하다. 협동적 학급운영을 할 때 꼭 보상제도를 활용하고자 한다면 단지 공부나 협동을 잘 했기 때문에 외적 보상이나 칭찬을 받는 것처럼 보이지 않도록 주의해야 한다. 그렇게 하지 않는다면 차라리 보상제도를 운영하지 않는 것이 더 좋다. 칭찬 한 가지만 잘 해도 성공적인 협동적 학급운영은 충분히 가능하다는 사실을 잊지 말자.

보상의 제1원칙 의미 있는 학습 경험의 창조라는 점에 초점을 맞추자.
보상의 제2원칙 칭찬이나 점수, 티켓만으로 아이들을 자극하려 하지 말자.
보상의 제3원칙 아이들의 흥미, 동기를 유발하는 학습 과제에 더 신경을 쓰도록 하자. 내적 동기를 가진 후의 보상은 내적 동기를 더 강하게 자극할 수 있다(하지만 여기에도 보상이 내적 동기를 상쇄시킬 만한 강한 것이라면 고민이 필요하다.).

참고하기 2 긍정적인 성취 관련 신념 유지를 위한 방안

협동적 학급운영을 해 나가면서 경험하게 되는 교실에서의 실제 모든 측면은 상호 관련되어 있다. 실제 학급의 모든 측면을 세부적으로 나누어 보면 과제, 목표, 평가, 도움 제공, 직접 진술, 학급 구조 등

으로 나누어 볼 수 있다. 여기에서는 각 부분에서 대한 방안에 대하여 간략히 기술해 보도록 하겠다 (출처 : Deborah Stipek, 1999, pp. 135~153).

(가) 과제

❶ 어느 정도의 도전감이 있고 모든 아이들이 성취할 수 있는 과제를 제공하라.
  - 아이들의 기능 수준에 따라 과제 난이도를 다양하게 하라.
  - 각기 다른 수준에서 완성할 수 있는 과제를 제공하라.
  - 성취수준이 매우 높은 아이들에게는 반드시 도전감 있는 과제를 제시하라.
❷ 아이 스스로 자신의 능력 향상을 자주 관찰할 수 있도록 과제를 세부적으로 조직하라.

(나) 목표

❶ 단기 목표를 설정하도록 안내하라.
❷ 아이들의 능력에 따라 다양한 목표를 제시하라.
❸ 아이들이 개인적인 목표를 설정하도록 유도하라.
  - 도전할 만한 목표를 설정할 수 있는 유인가를 제공하라(가산점 등).

(다) 평가

❶ 아이들이 알고 있는 바를 입증할 수 있도록 각기 다른 방법을 제공하라.
❷ 무엇이 올바른가와 어느 정도 향상되었는지에 대하여 알려 주어라.
❸ 명확하게 구체적이며 정보가 수반된 피드백을 제공하라.
  - 일반적이고 정보가 수반되지 않은 칭찬은 피하라.
  - 가급적 서면으로 실제적인 피드백을 제공하라.
❹ 분명하게 정의된 기준을 성취했거나 개인적 향상이 있었을 때 보상을 제공하라.
❺ 좋은 성적을 얻을 수 있도록 다양한 기회를 제공하라.
❻ 급우들의 성공적인 수행에 대하여 언제든지 축하해 주도록 가르쳐라.
❼ 공개적인 평가는 최소화하라.
  - 평가를 공개하려면 '공정한 경쟁'이 되도록 하라.
  - 아이들에게 자신의 향상 정도를 스스로 기록하게 하라.
  - 아이들이 교사와 개인적인 상호작용을 할 수 있는 기회를 최대한 제공하라.

❽ 아이들이 자신의 수행을 평가할 수 있도록 하라.

- 아이들이 자신의 판단을 활용할 수 있도록 격려하라.
- 아이들이 자신의 수행을 점검할 수 있도록 하라.
- 아이들이 자신의 수행을 평가하는 방법을 명시적으로 설명해 주어라.
- 평가 준거를 수업과 직접적으로 연결하여라.

❾ 명확하게 일관성을 유지하여라.

(라) 도움 제공

❶ 아이들이 도움을 요청하도록 안내하고 격려하여라.

- 도움을 요청하는 방법에 대하여 시범을 보이고 모델이 되어라.

❷ 필요 이상의 도움을 제공하지 마라.

- 답을 찾기 위해 교실에 배치되어 있는 학습 자원을 사용하는 방법을 가르쳐라.

❸ 아이들이 동료들의 자원을 활용할 수 있도록 격려하라(협동적·상호지원적).

- 동료들에게 도움을 주는 방법을 가르쳐라.

(마) 직접 진술

❶ 실패의 원인을 노력 부족이나 비효과적인 전략으로 귀인하도록 하라.

- 적절한 귀인에 대하여 시범을 보여 주어라.

❷ 성공을 노력과 능력으로 귀인하도록 하라.

(바) 학급 구조

❶ 아이들 간의 과제를 차별화하고 수시로 과제를 다르게 제시하라.

❷ 기능수준에서의 '개인 내' 차이를 강조하라(강점지능과 약점지능).

❸ 일제식 수업을 할 경우에는 모든 아이들이 학습활동에 생산적으로 참여하도록 하라.

❹ 부족한 기능을 학습시키기 위하여 능력별 집단편성을 융통성 있게 활용하라.

- 임시적인 수업집단을 구성하라.
- 기능중심 집단에 아이들이 자발적으로 참여하도록 하라.

❺ 다양한 종류의 기능에 가치를 부여하도록 하라.

❻ 수행수준이 비교적 미숙한 아이들에게 전문가 역할을 부여하라.

(4) 성공은 꼭 경쟁을 통해서 이루어지는가?

이 질문에 대하여 대부분의 사람들은 "아니오."라고 답할 것이다. 하지만 이렇게 이어서 말하기도 할 것이다. "하지만 성공을 위해서 경쟁은 꼭 필요한 것이다."라고 말이다. 과연 그러한가? 여기에서 우리가 잊고 있는 것 몇 가지가 있다.

첫째, 그런 생각 속에는 "경쟁 없이는 아무 것도―성공마저도―얻을 수 없다."라는 전제가 바탕에 깔려 있다.

둘째, 자신이 목표를 세우고 이를 달성하는 일(성공 : 뜻한 바를 이루는 일)은 경쟁 없이도 가능하다는 것을 우리는 확실하게 인식하지 못하고 있다.

적어도 협동학습을 제대로 하고자 하는 교사들은 이에 대한 확고한 철학을 갖고 있어야 한다. 저자는 이런 생각을 명확히 하고자 한다.

❶ 목표 달성 성공 : 남에게 이기는 것이 아니다.
❷ 목표 달성 실패 : 남에게 지는 것이 아니다.
❸ 무엇인가에 대해 남들보다 더 잘하려 애쓰지 않아도 얼마든지 자신의 목표를 달성할 수 있다.

교육을 책임지고 있는 사람이라면, 아니 적어도 협동학습을 실천해 나가려는 교사라고 한다면 '경쟁이라는 것에 대하여 타인의 목표 달성은 방해하면서 자신의 목표를 이루려는 행위로 인식하고 있는 것은 아닌가? 경쟁이 어떤 일을 이루는 하나의 방법일 수는 있어도 유일한 방법은 아니라는 것을 잊고 있는 것은 아닌가?'하는 점에 대하여 깊이 있게 고민하고, 아이들이 이런 사고에 물들지 않도록 최선을 다 해야 할 것이다.

(5) 경쟁이 더 생산적이고 효율적인가?

우리의 일상에서 무엇인가를 이루기 위해 어떤 방식이든 선택을 해야만 한다. 학습 구조론에서도 한 번 이야기를 한 적이 있지만 그 방식에는 대표적으로 경쟁, 협동, 개인 세 가지가 있다.

• 서로 다른 상황 : 나의 성공이 다른 사람의 성공과 결부될 때, 나의 성공이 다른 사람의 성공과 무관할 때
• 위의 상황에 따른 세 가지 행동 방식 : 경쟁, 협동, 독자적(개인)

우리 현실을 돌이켜 보면 '협동'보다는 '경쟁'을 더 많이 이야기하고 있다. 우리는 어려서부터 경쟁하도록, 경쟁이 더 좋은 결과를 가져온다고 보게끔 훈련·세뇌되어왔다고 해도 과언이 아니다. 학교 현장도 그것을 더 부추기고 있다.

- **중요한 사례 1 :** 학교에서의 게임(퀴즈식) – 학교 현장에는 모둠 간의 스티커 혹은 점수 경쟁이 낱말, 용어, 암기 등에 효과적일 것이라는 인식이 매우 강하다. 그래서 이런 점을 이용하여 퀴즈식 수업을 많이 하곤 한다. 심지어는 협동학습을 하는 교사들도 이런 수업을 많이 한다. 하지만 이런 식의 수업은 교사 입장에서 좀 더 쉽게 수업을 할 수 있다는 장점은 있을지 몰라도 낱말이나 용어의 기억 등에는 별로 효과적이지 못하다는 것 또한 조금만 들여다 보면 잘 알 수 있다. 다만 경쟁이 약간의 흥미 유발에 도움을 주는 것처럼 보일 뿐이고, 이 또한 게임에서 이긴 아이에게만 주로 나타난다는 사실을 우리는 망각하고 있거나 받아들이려 하지 않고 있는 것은 아닐까?
- **중요한 사례 2 :** 개인 혹은 모둠에 과제를 주고 경쟁적인 활동을 통해 또 다른 특권(예를 들어 급식 먼저 먹기 등)을 부여하게 되면 참으로 많은 모둠이 과제에 대한 깊이 있는 고민(특히 질적인 면)을 하지 않고, 양적인 면만을 바라보면서 빨리 나와서 특권을 자신의 것으로 가져가려고 하는 모습을 자주 목격하게 된다. 그리고 그 현상을 모두는 아무렇지도 않게 받아들이고 있다. 하지만 조금만 되짚어보면 오히려 경쟁적 요소를 도입하지 않을 때 아이들은 훨씬 더 양질의 결과물을 생산해 낸다는 사실을 우리는 알게 된다.

여기에서 저자는 중요한 이야기 한 가지를 더 하고자 한다.

적어도 교육현장에서는 '경쟁'보다는 '협동'적 활동이 더 효과적이라는 것, 그래서 경쟁적 요소나 활동들을 모두 없애거나 '최소화'시켜야 한다는 것이다. 더 나아가 우리 사회도 그렇게 만들어 갈 수 있다는 믿음을 갖는 일이다. 다만 아무 때나 협동하라고 해서 아이들이 협동적으로 변하지는 않는다는 것을 잊어서는 안 된다. 그렇다면 사람들은 어떤 때 협동적으로 활동하는가? 바로 아래와 같은 상황이다.

- **협동 :** 수행하려는 일이 상호의존적일 때 더 도움이 된다(특히 개념 이해, 언어적 문제 해결, 공간 문제 해결, 추측, 판단, 예측 등의 활동은 협동적 활동을 통해 더 높은 성취를 얻게 되는 경우가 많다. 그리고 앞의 〈참고하기 2〉 긍정적인 성취 관련 신념 유지를 위한 방안'도 고려하면 좋다.).

(6) 경쟁을 최선 – 진실로 여기고 있는 것은 아닌가?

▲ 영화 〈매트릭스〉

경쟁이 강조되는 곳에서 최선·진실·유일한 선은 오로지 '승리를 위해 행동하는 것'이라고 많은 사람들이 생각하는 것 같다. 그런 인식이 승자 중심의 사회, 유전무죄 무전유죄라는 인식을 낳고, 사회와 기성세대는 그런 현실을 강조·조장하고, 학교는 그런 사회구조와 가치체계를 그대로 아이들에게 사회화라는 이름 아래 고스란히 전승시키고, 이런 현상이 계속 반복되고 있다. 정말 끔찍하지 않은가. 이게 정말 진실인가? 우리는 이것을 정말 진실이라고 믿게끔, 세뇌되어 온 것은 아닌가? 그런 우리 사회의 모습을 생각해 보게 하는 영화 한 편이 있다. 바로 〈매트릭스〉라는 영화이다.

이 영화는 시스템이 인간을 지배하는 세상, 가상현실 속의 세상을 살아가는 사람들의 이야기를 다루고 있다. 영화 속 설정은 사람들이 뇌세포에 매트릭스라는 프로그램을 입력당하고 기계가 설정해 놓은 세상에서 살아가야 하는 것으로 되어 있다. 이런 가상현실 속에서 깨어난 인간들은 시온이라는 세상을 건설하고 인류를 구원할 영웅을 찾아 나서게 된다는 설정을 두고 있다. 그리고 그들이 찾아 낸 영웅이 바로 네오였던 것이다.

영화 〈매트릭스〉는 인간이 평생을 두뇌 자극이 야기하는 환상 속에서 살고 있을지도 모른다고 가정한다. 매트릭스 안에 갇힌 인간은 수동적이며 움직이지 못하는 존재이다. 잠을 자는 듯한 이들의 마비 상태는 영원히 지속된다. 모피어스의 표현에 의하면 매트릭스는 컴퓨터가 만든 꿈의 나라이다. 이곳에 갇혀 있는 개인들은 자신이 풍요롭고 안락한 삶을 향유하고 있다고 믿는다. 그들의 감각기관은 매트릭스에 접속되어 있기 때문에 맛, 냄새, 감촉, 시각, 그리고 청각은 '존재하는 것은 지각되는 것'이라는 가정 아래 조작된다(출처 : 매트릭스로 철학하기, 2003, Slavoj Zizek 저, 이운경 역, 한문화, pp. 61~62).

이 영화에서 우리에게 주는 메시지가 있다. 매트릭스라는 프로그램, 그 역할을 하는 것이 우리 사회에도 있다는 것이다. 그리고 그것들은 우리 사회의 진실을 가리고 있고, 포장하고 있으며 우리들이 그것을 믿도록 세뇌하고 있다. 그런 역할을 하는 것이 바로 언론이고, 방송이고, 권력자들이고, 정치인들이고, 기업인들이고, 돈 많은 자들이다. 심지어는 교육도 그에 한 몫을 한다(오해 없길 바란다. 모든 언론, 방송, 권력자들, 정치인들, 기업인들, 돈 많은 자들, 교육 관련 종사자들이 그렇다고 몰아세우고 싶은 마음은 없다. 모두가 그렇다고 말하지는 않겠다. 하지만 각자의 마음속에는 어느 정도의 수준까지가 그에 해당되는 것일까에 대한 각자의 답이 있을 것이다. 교사인 우리 자신도 포함해서 말이다.). 그리고 사람들은 그들이 프로그램 해놓은 것에 따라 수동적으로 움직이면서 그것을 진실로 착각하면서 살고 있다. 정치나 경제적인 면만 봐도 잘 알 수 있다. 그들이 하는 말들을 어디까지 진실로 받아들여야 할까? 그리고 그들은 그 말들을 과연 진실로 여기면서 우리에게 하고 있는 것일까? 그런데도 우리는 그들을 추종하고 믿고 따른다. 이를 보기 위해서는 냉철한 판단과 철학(원칙, 고유의 정신, 고유한 가치 : 이를테면 평등—평화, 생태, 인권, 협동 등)이 필요한 것이다. 이런 것을 표현하기 위해 이 영화는 다음과 같은 장면을 설정했던 것 같다.

영화에서 네오는 결국 빨간 약을 선택하고 진실을 보게 된다. 이 장면이 우리에게도 이런 질문을 던져 주고 있다.

"여러분이라면 빨간 약과 파란 약 중에서 어떤 약을 선택할 것인가?"
"여러분은 지금 파란 약을 먹은 상태는 아닌가?"
"여러분은 지금 파란 약을 먹고, 빨간 약을 먹었다고 말하고 있는 것은 아닌가?"

이 영화를 통해 협동학습을 말하고자 하는 이유를 이미 짐작했을 것이다. 사람들이 흔히 말할 때 우리의 인생은 끝없는 경쟁의 연속이라 한다. 직장, 학교, 스포츠 경기, 집에서조차 이런 마음가짐으로 살아가고 있는 것처럼 여겨진다. 너무나 그 속에 깊이 빠져 있어서 우리는 그것을 당연한 것으로 여기고 받아들이며, 별 주의를 기울이지 않는 것 같아 정말 마음이 아프다. 앞서 맥락적 사고를 말한 적이 있다. 맥락을 바꾸어 생각해 보자. 경쟁이 없는 곳, 그게 가능할까(여기에서 또 한 번 오해가 없기를 바란다. 언젠가 이런 이야기를 했더니 저자를 공산주의자로 생각하는 분들도 있었고, 그래서 공산주의가 잘 되었느냐고 반문하는 사람도 있었다. 그리고 협동학습을 하면 사람들이 그렇게 모두 변하게 되는가 하고 의구심을 제기하는 사람도 있었다. 이 모두 저자가 하고자 하는 이야기의 맥락을 이해하지 못해서 벌어지는 현상일 것이라 생각한다.)? 사람은 공기가 없다는 것을 상상도 할 수 없기 때문에 공기의 존재 자체와 그 고마움을 잊고 지내 왔다. 그랬기에 지금 환경 – 생태계 파괴를 눈앞에 경험하면서 지속가능한 미래를 위한 생태적 가치관을 이야기하고, 이에 대한 경각심을 고취시키고 있으며 여기저기에서 환경 – 생태를 이야기하는 목소리를 높이고 있다. 마찬가지로 이제는 경쟁의 폐단이 우리 사회와 인간성 자체를 파괴시키고 말살시키기 전에 '경쟁이 없는 곳 – 협동사회'라는 맥락적 사고를 할 때가 되었다고 저자는 생각한다. 왜냐하면 지금의 우리 사회와 현실이 그에 대한 경고성 메시지—최근의 사례로는 심각한 학교폭력 현상과 사회적 범죄의 흉악성 등—를 보내고 있기 때문이다.

지금 현재 세계 여러 나라의 현실적 상황은 매우 다르다. 완벽한 경쟁사회와 완벽한 협동사회는 그 어느 곳에도 없다. 하지만 지금의 현실에서 양극의 가장 끝에 어떤 나라가 있는지 정도는 짐작할 수 있을 것이라 여겨진다. 그 스펙트럼의 양 극단 – 경쟁적 극단에 우리나라, 미국, 영국 등(주로 개인적 민주주의 국가들)이 있는 것은 아닌가, 협동적 극단에 복지나 사회보장제도가 잘 갖추어진 북유럽 등의 여러 나라(주로 사회적 민주주의 국가들)가 있는 것은 아닌가 하고 생각해 볼 필요가 있다. 심지어 우리나라에서는 경쟁을 반대하며 복지를 외치고, '다 함께'를 외치면 빨갱이 – 좌익이라고 몰아세운다. 그런 방식으로 이 사회는 지금까지 많은 사람들에게 침묵을 강요해왔다. '빨갱이로 몰아세우면 침묵하는 사회', 그것이 지금 우리의 현주소인 것이다. 이만큼 경쟁은 우리 사회를 중독시켰고, 경쟁에 반대하면 우리 사회를 반대하는 것, 우리 사회를 전복시키려는 음모라 여겨 의심을 가지고 바라보고, 심한 경우에는 민간인 불법 사찰도 하였다. 최근의 일례로 서울 시장에 당선된 박원순 시장의 사례가 그 대표적이다. 박원순 시장이야말로 '다 함께' 잘 사는 사회를 추구하는 대표적인 인물이다. 그리고 결국 박원순 시장은 대법원의 판결을 통해 승소를 얻어냈다.

【서울 = 뉴시스】종합 : 대법, '국정원 사찰 폭로' 박원순 시장 승소확정(신정원 기자, 2012. 04. 06)

박원순 "정당성 확인돼 기뻐… 李 대통령 사과해야"

국가정보원 민간사찰 의혹을 폭로했다가 소송을 당한 박원순 서울시장이 대법원에서 최종 승소했다.

대법원 1부(주심 이인복 대법관)는 국가가 "국정원이 민간 사찰을 했다고 허위사실을 유포해 명예가 훼손됐다."며 박 시장을 상대로 낸 손해배상 청구소송 상고심에서 원고 패소 판결한 원심을 확정했다고 6일 밝혔다.

재판부는 "상고 이유가 '상고심 절차에 관한 특례법' 제4조 제1항에서 정한 사유에 포함되지 않는다."며 상고를 기각했다. 박 시장은 희망제작소 상임이사로 일하던 2009년 6월 18일 한 주간지와의 인터뷰에서 "희망제작소가 행정안전부와 맺은 3년 계약이 1년 만에 해약되고, 하나은행과의 후원 사업이 갑자기 무산된 과정에 국정원이 개입했다."며 "이는 명백한 민간사찰이자 국정원법 위반"이라고 의혹을 제기했다. 이에 대해 국정원은 "명확한 근거 없이 국정원이 민간사찰을 하고 있다고 주장해 명예가 심각하게 훼손됐다."며 국가 명의로 2억원의 손해배상 청구 소송을 냈다.

1심 재판부는 언론에 대한 국가의 명예훼손 소송 제기 범위를 제한하면서 "박 상임이사의 주장은 악의적이거나 현저히 상당성을 잃은 것으로 인정하기 어렵다."며 원고 패소 판결했고, 2심도 1심과 같이 박 시장의 손을 들어줬다.

이와 함께 박 시장은 이날 공개된 전국언론노동조합 KBS본부의 '리셋 KBS뉴스9'와의 인터뷰에서 "사법부의 소 기각으로 정당성이 확인돼 기쁘다."며 "현재 (민간사찰이) 광범위하게 이뤄졌던 것이 밝혀지고 있어 (이명박 대통령이) 결국 사과하고 정당한 조치를 취하게 될 것으로 생각한다."고 말했다. 이어 "민간인 사찰은 개인의 비밀을 탐지하고 그것을 정치적 의도로 사용하는 명백한 헌법 위반이자 인권유린"이라며 "21세기 대한민국에서 사찰이 벌어진다는 것을 국민 모두 납득, 용납하기 어려울 것"이라고 강조했다.

앞서 박 시장은 2009년 9월 피소 당시 기자회견에서 "국정원이 내 월급은 얼마인지, 내가 있는 단체에 기업이 얼마를 지원했는지, 또 왜 지원하지 말라고 했는지 알 수가 없다."며 국정원의 사찰 의혹을 거듭 제기하기도 했다.

【머니투데이】 NYT '민간인 불법사찰' 보도 "한국의 워터게이트"(장영석 인턴기자, 2012. 04. 11)

미국의 주요 일간지인 뉴욕타임스(NYT)가 10일(한국시간) 한국의 민간인 불법사찰 사건을 보도했다.

In South Korea Scandal, Echoes of Watergate
By CHOE SANG-HUN
Published: April 9, 2012

SEOUL, South Korea — An unfolding political scandal ahead of Wednesday's parliamentary elections has many South Koreans drawing comparisons to Watergate: illicit surveillance, an attempted cover-up, destruction of evidence, arrests of people connected to the president — and questions over what the president himself may have known.

Recent disclosures have fueled a public furor, forced prosecutors to reopen a 2010 investigation and dominated the election season, with opposition leaders calling for President Lee Myung-bak's apology and even resignation.

The case centers on an ethics team from the prime minister's office that monitored public officials for possible corruption. In 2010, seven of the team's members were convicted of having conducted illegal surveillance in 2008 of two private citizens — a businessman who had posted a video clip ridiculing Mr. Lee, and the wife of a legislator from the governing party — and of destroying computer files before prosecutors raided their office.

Chung Sung-Jun Getty Images
President Lee Myung-bak

NYT는 불법 사찰여부와 증거 인멸과정, 그리고 대통령이 알고 있었는지 여부 등 민간인 불법사찰 사건과 관련해 논란이 계속되고 있다며 "한국인들은 이 사건을 '워터게이트 사건'과 비교하고 있다."고 전했다.

리처드 닉슨 대통령을 사임으로 몰고 간 워터게이트 사건은 1972년, 당시 미 대통령이던 닉슨의 재선을 노리던 비밀 공작반이 워터게이트 빌딩에 있는 민주당 전국 위원회 본부에 도청 장치를 설치하려다 발각된 사건이다.

NYT는 장진수 전 총리실 공직윤리지원관실 주무관의 폭로로부터 시작된 이번 민간인 불법사찰 사건의 경과를 자세히 소개했다. 그리고 대중의 분노로 인해 검찰이 재수사에 나설 수밖에 없었다고 전했다. 특히 4.11 총선을 앞두고 이 사건이 선거쟁점화 됐다는 점을 언급하며 한명숙 민주통합당 대표가 "군사 독재의 망령이 아직도 전국 방방곡곡에 떠돌고 있다."며 "여러분은 여러분의 개인 생활까지 사찰하는 정부가 존재하는 국가에 살고 있다."고 말한 연설 내용을 소개했다.

박원순 서울시장의 사례를 보면 진실이 밝혀졌다는 점에서 기뻤지만, 한편으로는 그것이 대법원까지 가서 얻어 내야 할 만큼 우리 사회가 그렇게 민주성이 취약해져 있었나 하는 점에서 정말로 슬픈 일이 아닐 수 없다. 이 모두 매트릭스 영화가 경고했던 바대로 우리 사회가 흘러갔기 때문이라 아니 말할 수 없다. 파란 약을 한 번 먹게 되면 또 다른 삶의 방향과 방법이 있다는 것을 상상하지 못하게 된다. 그리고 대부분은 "삶이란 본래 그런 거야."라고 의심하지 않고 기꺼이 받아들이게 된다.

빨리 여기서 벗어나야 한다. 우리 사회는 경쟁만이 살 길이 아니고 경쟁도 하나의 선택이라는 점, 경쟁보다는 '협동'이 훨씬 더 우리의 삶을 풍요롭게 할 수 있다는 점을 인식하고, 협동적인 삶을 실천하기 위해서 그런 자세를 가져야 한다는 점을 저자는 말하고 싶었다. 그래야만 '왜 협동학습인가?'에 대한 진정한 답을 얻을 수 있기 때문이다.

(7) 승자 중심의 사회(유전무죄 무전유죄)를 넘어서

자본주의 사회·경제의 특징은 '자유와 경쟁'이라는 말이 초등학교 사회 교과서에도 실려 있다. 그리고 그 속에서 과정과 진실은 모두 잊혀지고 오직 결과만을 바라보며 승자는 진리요, 정의고 성공인 반면 패자는 아무리 정당하고, 진실되고, 정의로워도 실패한 자요, 우리들의 기억 속에서 잊혀지는 자로 인식되어 있다. 이런 사회 속에서 '협동·공존·상생·다 함께·다 같이·우리'라는 말은 그저 이상론에 불과할 뿐이다. 아무리 그런 말들을 강조해도 아이들마저 그를 부정하거나 그건 그거고, 실재는 다르다고 항변한다.

초등학교 사회 교과서에 이런 내용이 실린 적이 있다(2009년도 5학년 교과서).

> ➡ **주제 : 자유와 경쟁**
> 어느 동네에 문구점이 1개 있었는데, 마을에 아파트가 들어서고 규모가 커지면서 새롭게 문구점이 하나 더 들어서게 되었다. 이 상황에서 먼저 있던 문구점은 어떤 노력을 해야 할까요?

이 상황에서 여러분은 어떻게 할 것인가? 그리고 아이들이 어떤 결론을 내려 주길 원하는가? 교육과정, 교과서에서조차 이런 것을 다루면서 자유와 경쟁을 당연한 것으로 인식하도록 다루고 있다면 아이들은 과연 어떤 것을 진실·진리로 여기면서 이 사회의 주역으로 커 갈 것인가 심히 고민되지 않을 수 없는 일이다. 실제로 위의 내용으로 그냥 수업했던 동료 교사의 이야기를 들어 보면 정말 안타까운 답변(어차피 파이는 하나인데, 그것을 나누면서 공존·공생하려는 방안은 하나도 없고, 오직 자신만 살기 위해 남을 이기기 위한 수단과 방법만이 난무했다는 말을 들었던 기억이 난

다.)만이 아이들 생각 속에서 나왔다는 말을 듣고 씁쓸한 우리 사회의 한 단면을 보는 듯 했다. 결국 그 속에서 누가 승리를 하겠는가? 그 답은 뻔하다. 돈 많고 권력이 있고 질기고 센 놈이 승리한다. 그리고 그가 우리 사회에서 명예와 부를 얻는다. 그런 현실을 비판하며 〈강철중 : 공공의 적 1-1〉에서 강우석 감독은 이런 대사를 통해 우리에게 메시지를 전하기도 했다.

▲ 영화 〈강철중 : 공공의 적 1-1〉

거성 그룹 회장 조폭 두목 이원술(정재영 분) : 내가 누군가?
나는 깡패다. 그런데 사람들은 나를 건실한 사업가라고 부른다.

본래 감독의 의도는 어떠했는지 몰라도, 그 속에서 저자는 이런 생각이 들었다.

깡패이기 때문에 그는 정상적인 사업을 한다고 얘기를 한다. 고기집도 불법으로 하는 게 아니다. 그렇지만 그 속에는 엄청난 불법이 깔려 있고 몰래 가서 사람을 시켜 죽이기도 한다. 그런데 사람들은 겉으로 드러난 이원술(정재영 분)의 모습에 승자의 모습을 오버랩시켜 그를 건실한 사업가라고 부르며 깡패라는 자체를 부인하고 있거나 들여다 보려 하지 않는 것은 아닌가?

▲ 영화 〈홀리데이〉

이런 우리 사회의 현실을 고발한 영화는 수도 없이 많다. 그중에 대표적인 것이 바로 양윤호 감독의 〈홀리데이〉라는 영화이다.

1988년 10월 북가좌동의 한 가정집에서 지강헌(이성재 분)을 포함한 4명의 탈주범들은 경찰과 대치하며 무려 16시간 동안 인질극을 벌이는 내용의 실화를 바탕으로 한 영화. 인질극의 마지막 순간 이들은 자신들을 둘러싸고 있는 경찰과 매스컴을 향해 "유전무죄 무전유죄(有錢無罪 無錢有罪)"를 외쳤다. 이들은 자신들이 죄가 없다고 말하는 것이 아니었다. 단지 '돈이 없다는 이유로 사람 취급 받지 못하는 세상, 돈으로 검사와 판사도 살 수 있는 세상(그들을 승자라 부른다.), 죄를 지어도 돈이 있으면 무죄, 돈이 없으면 유죄인 세상', 이렇듯 못 가진 자―패배자에게 불합리한 세상을 향해 자신의 목소리를 내고 싶었을 것이고, 감독은 이 영화를 통해 다시 한 번 그들의 그런 메시지를 우리들에게 전하고 싶었던 것 같다.

지강헌(이성재 분)은 비록 범죄자였지만 그가 던진 이 한마디는 부정부패로 썩어있는 우리 사회에 경종을 울리며 상대적인 박탈감에 시달려온 우리 사회의 약자인 서민들에게 커다란 공감을 불러일으켰던 기억이 난다. 1988년 지강헌 탈옥이라는 실재 사건 이후(영화 개봉은 2006년) 20여 년이 지난 지금도 여전히 변하지 않는 우리 사회에 그가 남긴 한마디는 이 시대를 반영하는 진실의 메아리가 되어 아직도 울려 퍼지고 있는 것 같다.

영국의 유명한 극작가인 윌리엄 셰익스피어(1564~1616년)도 그의 작품인 『헨리 4세』를 통해 아래와 같은 말을 남기기도 했다.

승리한다면 반칙처럼 보이는 것은 아무것도 없다.

이런 사회 속에서 아이들은 무엇을 생각하며 자랄까? 그리고 이런 아이들이 자라서 그 사회를 움직이는 기성세대가 되었을 때 그들은 어떤 사회를 만들어 나가게 될까? 그리고 그런 사회를 만들지 않기 위해서 우리는 어떤 노력을 해야 하는가? 등을 고민하지 않을 수 없다. 교육은 백년지대계라고 했듯 멀리 내다보면서 우리 사회의 지속가능한 미래를 위해 아이들을 바람직한 방향으로 안내하고자 한다면 협동학습도 수업방법론을 넘어서 사회의 변화를 이끌어 내는 교육운동과 사회 변화운동 차원에서 실천해 나가야 하지 않을까? 아이들이 어려서부터 '평등－평화, 인권, 생태, 협동'적인 사고와 가치를 중시여기며 실천하는 삶을 살아간다면 이들이 만들어 갈 미래사회는 참으로 밝고 희망적이지 않겠는가? 저자는 교사들이 협동학습을 그런 시각으로 바라보면서 실천해 나가기를 간절히 바란다.

(8) 경쟁의 본질을 해부한다

앞서 학습 구조론(Deutsch의 상호의존성 이론)에서 살펴본 바와 같이 사람들은 어떤 상황에서 세 가지 행동 유형을 보인다. 특히 경쟁과 관련하여 이런 현상을 만드는 맥락을 살펴보면 구조적 경쟁의 문제와 개인적 욕구에서 오는 경쟁의 문제로 나눌 수 있다.

(가) 구조적 경쟁의 문제

일례로 희소성 문제를 들 수 있다. 무엇인가를 원하는 사람은 많은데 그 수는 한정되어 있을 때 발생한다(직장의 승진, 대학 입시, 스포츠 경기, 대부분의 경제 문제 등.). 이런 현상들은 상호배타성이 강하다. 다시 말해서 다른 사람이 잘 되면 내가 잘 못되는 것이고, 내가 잘 되면 다른 사람이 잘 못되는 구조로 되어 있다는 것이다. 그런 구조 속에서는 절대로 모두가 목표를 달성(성공)해낼 수 없다('네가 잘 되어야 내가 잘 되고, 내가 잘 되어야 네가 잘 된다.'는 협동학습의 원칙과 정 반대라 할 수 있다.). 그리고 그 사회 속에서 사람들은 목표 설정을 오로지 '경쟁과 승리'로 두고, 타자와의 관계를 경쟁적으로 놓으며 결국에 가서는 인간관계가 회복될 수 없는 지경에 이르게 될지도 모른다.

▲ 차별성
출처 : http://sticho.co.kr

(나) 개인적 욕구에서 오는 경쟁의 문제

이는 개인의 심리적인 문제에서 오는 문제이기도 하다. 이런 심리를 가장 많이 이용하여 요즈음 광고계에서는 차별화 전략을 최우선으로 하고 있다. 쉽게 말해서 다른 사람의 눈에 들어오도록 한다는 말이다. 왜? 유독 달리 보이는 것이 다른 사람들의 시선을 끌기 마련이니까. 그리고 그 속에서 성취감과 자존감, 성공에 대한 욕구를 충족할 수 있으니까.

　일례로 다른 사람이 자기와 똑같은 옷을 입었다는 이유로 그 사람을 불편한 시선을 쳐다보던 광고가 있었다. 실제로 주변에는 그런 사람들이 더러 있다. 각종 모임에 가면 자신의 내면과는 전혀 상관없이 그곳의 누구보다도 더 지적·매력적이거나 재력과 권력을 갖고 있는 사람으로 보이기 위해 신경을 쓰는 사람이 바로 그런 사람들이다. 그 누구도 그런 것에 신경을 쓰지 않고, 무슨 상을 주는 것도 아닌데 말이다. 그런 사람들은 전혀 그럴 필요가 없는 상황에서도 끊임없이 다른 사람과 자신을 비교하면서 스스로를 힘들게 한다.

　그런데 위의 두 가지 상황은 선택에 의해서 벗어날 수 있다. 내가 그런 구조 속에 들어가지 않으면 되고, 내가 그런 의식이나 욕구에서 벗어나면 그만이다.

(다) 내 의지와는 상관없이 일어나는 경쟁의 문제

하지만 정말로 문제가 되는 상황은 위의 두 가지 문제가 서로 얽히면서 나의 의지나 의식과는 무관하게 외부의 사람들에게 의하여 경쟁을 하도록 강요받거나 조장되어지고 있는 상황이다. 이런 상황 속에서도 경쟁의 본질—'성공은 곧 승리다!'는 인식—은 그대로 드러난다. 학교 현장에서 일어나고 있는 상황 가운데 대표적인 것이 바로 성적에 의한 서열화이고, 그 경쟁에서 밀려나 '부진아'로 낙인찍힌 아이들과 늘 1등을 하여 다른 아이들의 부러움과 선망의 대상이 되고 있는

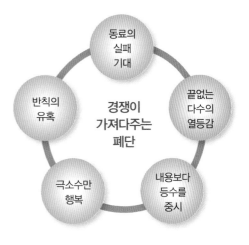

아이들 양 극단 사이의 시선이다. 이런 시선은 의도하지 않았는데도 타의에 인해서 자연스럽게 일어난다. 다음 상황은 그것의 또 다른 사례가 된다.

사례 1

올림픽 등과 같은 국제 경기에서 우리나라 사람들은 금메달을 따지 못하고, 동메달이나 은메달을 따면 이상하게 고개를 숙인다. 그러나 다른 나라 사람들을 보면 동메달이나 은메달을 따기만 해도 펄펄 뛰며 좋아한다. 그리고 언론은 금메달 딴 사람들만 집중조명을 한다. 입국할 때도 따로 분류되어 게이트를 통과한다.

사례 2

【오마이뉴스】 카이스트 비극? 다음은 서울대다(김명신, 2011. 04. 13)

지금이 '신자유주의 경쟁교육' 종말을 고할 때
(카이스트의 2막, 경쟁교육의 결말)

카이스트 사태의 2막이 시작되고 있습니다. 1막은 2011년 들어 카이스트 학생 4명이 자살하여 그 원인으로 지목된 징벌적 등록금 문제와 영어강의가 사회적으로 논란이 된 것입니다. 새로운 국면인 2막은 카이스트의 무한경쟁을 지켜본 국민들이 현 정부의 교육 정책기조인 신자유주의 교육개혁을 이제 어떻게 평가할 것인가입니다.

2막은 교육 철학과 가치의 논쟁입니다. 카이스트 사태를 통해 수월성 교육으로 이루어지는 현재 교육철학을 유지하느냐, 중단하느냐의 갈림길에 선 민감한 문제입니다. 카이스트 사태는 내부 문제이기도 하지만 한국의 교육의 철학과 가치를 둘러싼 이념의 대립이기도 합니다.

대한민국의 교육계 개혁을 뒤집게 될 정치적 화두입니다. 만약에 이번 논란에서 경쟁 중심의 교육정책들이 유턴을 하게 되면 대한민국 교육은 달라질 수 있습니다.

 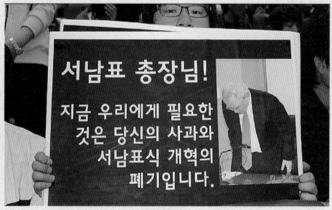

▲ 굳은 표정을 한 서남표 카이스트 총장이 12일 오전 국회 교육과학기술위원회에서 최근 발생한 학생, 교수의 연이은 자살사태에 대한 의원들의 질문을 듣고 있다(左). 올해 들어서만 4명의 한국과학기술원(KAIST) 학생이 스스로 목숨을 끊은 가운데, 8일 마련된 학생들과 총장의 간담회에 참석한 한 학생이 서남표 총장의 사과와 개혁폐기를 요구하는 피켓을 들고 있다(右). ⓒ 연합뉴스

고려대 박경신 교수 말대로 교육에서의 정의가 무엇인지 새롭게 인식될 것입니다(서남표를 위한 변명, 한겨레). 한국 교육판을 새로 만드는 큰 싸움의 시작입니다. 그래서 카이스트 문제는 그렇게 간단하지가 않습니다. 신자유주의 교육과의 결별 논쟁은 큰 사회적, 정치적 이슈입니다.

그런 이유로 제자를 4명이나 앞세운 서남표 총장은 불명예 사퇴를 거부하고 있고, 청와대에서도 이 문제를 심각하게 지켜보고 있는 것입니다. MB정부 교육정책은 카이스트에서 후퇴하면 커다란 전력손실을 입습니다.

카이스트와 서남표 총장은 MB식 경쟁교육의 아이콘이기 때문입니다. 여기서 패하면 전국의 학생들을 성적으로 줄 세우던 학력평가, 일제고사도 끝장이고, 학생들의 다양화라며 학교를 서열화 시키던 자사고, 학교선택제도 동력을 잃습니다.

경쟁의 본질을 그대로 유지하면서 협동학습을 실천해 나간다면 결국 모순에 빠지게 된다. "왜 협동해야 하는가? 경쟁을 위해서!"라고 말할 수밖에 없다. 협동학습을 하는 교실에서 모둠 간에 경쟁을 자꾸만 조장한다면 아이들도 이런 생각에 빠져들 수밖에 없다. "우리 모둠원들끼리는 협동해야 한다. 왜냐하면 다른 모둠을 이겨야 하니까!" 그런 생각은 학급이라는 공동체의식을 약화시켜 결국 협동학습의 장점을 모두 잃어버리게 만든다. 협동학습을 실천하려는 교사는 하루빨리 이런 인식에서 빠져나와야 한다. 그래야만 아이들을 있는 그대로 바라보게 되며, 배움이라는 여행의 동반자로서 교사와 아이 사이, 아이와 아이 사이를 바라볼 수 있기 때문이다. 결국 협동적 학급운영이란 단지 아이들을 모둠식으로 앉히고 서로 이야기를 하게 하고, 협동학습 기법을 적용하고, 과제를 해결하게 한다고 해서 이루어지는 것이 아니다. 협동적 학급운영은 개인과 모둠이 아니라 그 학급 공동체 구성원 모두에게 달려 있고, 그들 서로가 진심으로 상대방이 잘 되기를 바라는 마음을 가져야 이루어질 수 있는 것이라는 사실을 우리는 잊어서는 안 된다.

지금까지 '경쟁에 대한 불편한 진실'이라는 제목으로 경쟁이라는 것에 대하여 여러 가지 살펴보았다. 저자의 고민 수준을 볼 때 그 깊이와 폭은 아직도 편협하다고 볼 수 있다. 그리고 많이 부족한 이 부분에 대하여 더 연구해 볼 생각이다. 여러분들도 저자의 생각에 동의한다면 협동학습을 실천하면서 이에 대한 생각들을 자신의 교실과 주변에 풀어 나가면서 해 보기 바란다. 쉽지는 않을 것이다. 하지만 신념을 가지고 꾸준히 노력만 해 준다면 분명히 협동학습이 다르게 보일 것이다.

 ## ④ 왜 협동적 교육철학인가?

최근 들어 혁신학교라는 이름으로 여기저기에서 바람직한 학교 모델을 만들어 내기 위해 많은 노력이 이루어지고 있는 가운데 '협동학습'은 필수적인 것으로 이야기 되고 있다. 하지만 그 이유를 살펴보면 단지 '수업 혁신'을 위해서, 그것도 수업 기법적인 차원에서 이야기 되고 있는 수준을 벗어나지 못하고 있는 실정이라 해도 과언이 아니다. 저자는 이런 시각을 경계한다. 더군다나 혁신을 말하고 는 있지만 진정으로 변해야 할 것들은 결코 변화를 꾀하지 못하고 있는 상황에서 협동학습의 필요 성을 논한다는 것은 무리가 있다고 본다. 교육의 변화를 논하면서, 협동학습의 필요성을 이야기하 면서 빠지면 절대로 변화가 일어날 수 없는 요소 가운데 가장 안타까운 것 한 가지를 꼽으라고 한다 면 본인은 망설임 없이 '교사 자신─교육 철학'이라고 말한다. 기존의 패러다임을 갖고서 협동학습 을 바라본다면 협동학습은 수업방법일 수밖에 없다. 하지만 세상은 변했고, 우리도 이제 변화를 꾀 하지 않으면 더 이상 지속 가능한 발전을 이룩할 수 없다는 생각을 갖는다면 이전의 낡은 사고와 패 러다임은 버리고 새로운 틀을 가지고 우리 자신과 교육을 바라봐야 할 것이다.

지금까지 수많은 교육부 장관과 교육감들과 교육 전문가들과 정치가들이 교육 개혁을 꾸준히 추 구해 왔지만 진정으로 교육 개혁은 이루어지지 않았다고 봐도 과언이 아닌데, 그 핵심적인 이유를 살펴보면 다음과 같다.

지금까지의 교육 개혁은 자본주의 시장경제 논리에 토대를 둔 한계를 벗어나지 못하였다고 해도 과언이 아니다. 자본주의 시장경제 논리에 토대를 둔 교육 개혁을 주장하고 이끌어 온 사람들은 그 동안 우리 교육이 관 주도의 한계를 벗어나지 못하면서 교육의 자율성과 다양성, 선택의 가치를 고 려하지 못했고 교육의 수월성 또한 담보해내지 못했다고 비판하고 있다. 그러면서 시장경제 논리에 토대를 둔 교육 개혁을 통해 자율성과 다양성, 선택의 가치와 수월성을 높일 수 있다고 말하고 있 다. 하지만 이런 방향은 자본주의 시장경제의 논리에 따라 교육이 가진 공공성(공공자산)을 상품으 로 전락시키고 그에 참여하는 학생과 학부모를 소비자로 변모시켰을 뿐만 아니라 수월성이라는 이 름으로 평등의 문제를 다른 곳(기회의 평등이 아니라 경제적 상황에 따른 선택을 평등으로 인식하 게 만듦─자본주의 사회의 가장 큰 원리인 '자유와 경쟁'에 가장 큰 문제점이 있다. 핀란드는 기회의 평등이 아니라 결과의 평등을 추구하며 교육 개혁을 실천해 왔고, 그것이 오늘날의 핀란드를 만들 었다.)으로 돌리며 학교의 사회적, 정치적 역할을 경제 논리와 이념 속에 종속시키고 말았다. 또한 경제 논리에 따라 시행되는 주요 교육정책들인 고교 선택제, 국가 수준의 학업성취도 평가와 성적 공개, 자사고 설립, 교직원 정보 공개, 교원평가, 학교별·교사별 차등성과급 등은 교육에 대한 현 재의 공적 논의를 교육적 성취의 의미에 집중하게 하면서 공교육의 모델을 전통적인 학업성취(성적 = 결과) 중심으로 확고히 고정시키려는 방향으로 나아가고 있다고 볼 수 있다. 앞으로 이런 방향으 로 계속 나간다면 우리 교육 현장은 점점 더 시험 준비 교육에 치중하는 곳으로 변할 것이며 여타의 중요한 교육적 가치들을 무시하게 될지도 모를 일이다. 아니, 이미 벌써 그런 일들이 여기저기에서 벌어지고 있는 상황이다. 다음의 예시들은 그 단적인 상황을 보여 주고 있는 증거라 할 수 있다.

▲ 경기도 양주시 소재의 ○○초등학교가 교문에 내걸었던 현수막(출처 : 오마이뉴스, 2010. 06 .29)

이런 심각한 문제점에 대하여 사교육 시장의 대부라 할 수 있는 메가스터디 손주은 대표도 한 마디를 한 적이 있다.

【프리미엄 경제신문 이투데이】온라인 뉴스팀 기자(2011. 11. 07)

"목숨 걸고 공부해도 소용없다"

'손사탐'으로 유명한 손주은(50) 메가스터디 대표는 "목숨 걸고 공부해도 소용없다."며 대학이 전부는 아니라고 강조했다.

7일 머니투데이에 따르면 손 대표는 "취업공부, 고시공부에 목매는 건 경쟁에서 밀리면 끝이라는 두려움 때문"이라며 "이제 공부는 구원이 아니라, 기득권층 뒷다리만 잡고 편하게 살자는 수단에 불과하다."고 말했다.

손 대표는 "가진 사람들이 부를 세습하는 장치들이 너무 단단하다."며 "공부를 잘한다고, 명문대 나온다고 중산층으로, 그 이상으로 올라가긴 쉽지 않다."고 설명했다.

그는 이어 "대학 잘 가는 건 경쟁력 요소의 하나일 따름이지, 그렇게 큰 경쟁력은 아니다."라며 "정말 성공하고 싶다면 기득권의 안전장치가 없는 곳, 그들이 거들떠보지도 않고 넘볼 수도 없는 다른 길로 팍 치고 들어가라."고 덧붙였다. (이하 생략)

따라서 우리는 이런 한계를 가진 철학적 바탕이 없는 시장 논리에 기댄 교육 개혁의 방향 대신 민주적 공동체로서의 학교와 교실을 재구성하는 방향으로 패러다임을 돌리면서도, 그 속에서 이전의 시장주의자들(주로 가진 자들과 권력자들)이 선점한 자율성과 다양성, 선택의 문제를 해결하는 방안을 현 시점에서 중요하게 모색할 필요가 있다고 본다. 그리고 그 가치가 훼손되지 않으면서도 그것이 개인의 사적 이익이나 계층 간의 불평등으로 이어지지 않고 공공성과 민주적 가치를 보존하고 강화시킬 수 있는 길을 탐색해 나가는 길에 협동적 교육철학은 분명히 큰 힘이 되어 줄 것이라 확신한다.

변화의 방향 = 평등−평화−인권−생태−협동 ···→ 민주시민 육성
교육적 접근의 방향 = 아동의 필요와 흥미, 욕구에서 출발하는 교육으로의 전환
협동적 교육철학이 가져다 주는 것 = 인간성 · 공동체의식 · 안정감 · 공감력 · 개성 존중과 배려심 등의 회복
(경쟁적 사고가 가져다 준 것 : 위의 것들의 상실과 개인주의 · 이기주의의 팽배 현상

(1) 협동적 교육철학이 추구하는 교육

협동적 교육철학이 추구하는 것은 아이들이 스스로의 필요와 욕구, 흥미에 따라 자신들의 활동을 선택하여 취할 수 있게 하고, 교사는 무질서한 상황이 발생하지 않도록 하고 아이들 스스로 혼돈스런 상황을 극복할 수 있도록 돕는 역할을 수행하는 방향으로의 전환이라 할 수 있다. 이에 대하여 저자의 생각을 좀 더 자세히 제시해 보면 다음과 같다.

협동적 교육철학이 추구하는 교육

첫째, 민주적 공동체(평등−평화−인권−생태−협동, 다 함께 잘 살기를 추구, 사회적 기술을 통해 서로 공감과 신뢰, 배려가 묻어나는 관계 형성)로서의 학교를 재구축하는 것이다.

둘째, 교사와 아이들 모두가 자신의 욕구와 관심을 충족시킬 수 있는 자율적이고 다양한 교육의 가능성을 찾아내는 것이다.

셋째, 아이들의 필요와 흥미, 욕구에서 출발하는 교육을 통해 아이들의 배움에 대한 욕구를 되살리는 것(아동의 경험, 지식, 문화를 바탕 ···→ 아이들이 교육의 중심에 있음)이다.

넷째, '인지적 · 정의적 · 신체적 발달'이라는 교육 요소를 간과하지 않도록 하며 미래 사회를 살아가는 데 필요한 능력 형성을 통해 지속 가능한 성장을 꾀할 수 있도록 하는 것

다섯째, 아이들을 자유스러운 미래의 주역으로 교육시키는 것(학교 안에서 자유−민주의 개념을

가르치고 체험할 수 있도록 함)이다.

여섯째, 교사는 아이들이 연구할 수 있도록 도와주는 관계이며, 교사와 아이 모두 함께 배우는 관계를 지향하는 것이다.

일곱째, 학교가 아이들의 요구에 맞추어 나감을 지향하는 것(아이들을 학교에 끼워 맞추는 일이 없도록 함)이다.

여덟째, 교사는 경쟁을 최소화(지양)하며, 아이들이 앞으로 나아갈 수 있게 기본적인 것들을 안내해 주는 관계(평가는 아이들이 알고 있는 것을 부추기고 격려해 주는 것이어야 하며, 아이들의 지식 구축을 도와주는 기제! ⋯ 모르는 것이 무엇이고, 잘하는 것이 무엇인지 알려 주는 것이 중요 ⋯ 아이들의 입장에서 평가 ⋯ 모르는 것을 정확히 분석 ⋯ 아이들을 점수로 평가하지 않고 진보를 보고 평가해 주는 방안 모색)이다.

아홉째, 이런 모든 현상들이 일부의 교실과 학교에서만 일어나는 것이 아니라 모든 학교 현장과 교실 그리고 학교 밖에서 실천 가능할 수 있도록 하는 것이다.

이와 같은 것을 추구하기 위해서 필요한 것은 교과 간에 경계가 없는 통합교육(교육과정의 재구성을 통해서라도 가능하게 할 필요가 있다.), 민주적인 방식의 학교 운영과 교육활동의 지원이다. 그리고 이 모든 것이 학교 이전의 경험, 학교 경험, 학교 이후의 경험까지 연계, 지속될 수 있도록 하는 것에 중점을 두고 학교 안과 밖에서 지역사회와 함께 할 수 있도록 하기 위한 시스템과 환경을 갖추는 일도 필요하다.

(2) 협동적 교육철학이 아이들에게 가르치고자 하는 핵심

협동적 교육철학이 추구하는 교육의 본질은 '평등 – 평화 – 인권 – 생태 – 협동'을 핵심으로 건강한 민주시민을 양성하는 것이라 앞에서 언급했다. 이 가운데에서도 아이들에게 가르치고자 하는 핵심은 바로 '협동과 양보'라 할 수 있다. 왜냐하면 아이들은 양보할 줄 알고, 함께 일하는 속에서 협동을 배우기 때문이며, 그런 아이들이 평등 – 평화 – 인권 – 생태적 가치를 생각하는 민주적 리더로 성장할 수 있다고 저자는 굳게 믿기 때문이다.

그렇다면 이를 위해 교사에게 요구되는 태도는 무엇이어야 하겠는가?

저자의 생각으로는 말로만 혁신과 개혁, 민주를 외칠 것이 아니라 교실에서 먼저 혁신적인 태도를 보이는 것이 우선이지 않을까 생각한다(교실에서 전제 군주 노릇을 하고 있는 것은 아닌가 고민해 볼 일이다.). 교사가 먼저 혁신적·민주적 태도를 가져야 한다. 그리고 이는 교실 내에서 교사와 아이들, 아이들 사이의 평등, 평화, 협동, 배려, 신뢰, 생태적 가치, 민주성을 중요하게 여기는 모든 과정(목표 수립 및 계획세우기, 실천하기, 반성하기 등)을 통해 이루어진다.

▲ 2012년 5월 1일~3일 봄 휴식기를 이용, 제2회 서울은빛초등학교 나라사랑 우리 땅 밟기 체험 활동이 펼쳐졌고, 아이들과 교사 104명은 충청도 일대의 흙길을 돌면서 우리 산하의 아름다움과 함께 많은 것을 보고 느끼며 한층 성장한 모습으로 학교로 돌아왔다(문경새재).

⑤ 수업기술(방법론)을 넘어서(협동학습 각성하기)

많은 사람들이 협동학습을 시작할 때 '수업방법'이라는 측면(구조중심 협동학습에서 많이 활용하고 있는 사고의 틀－소위 말하는 구조－만을 바라보면서 그것을 수업시간에 활용하면 수업을 잘 할 수 있을 것이라는 생각)에서 접근한다. 그리고 그 시각에서 거의 대부분은 벗어나지 못한다. 그것이 우리나라에서 협동학습에 대한 학문적 접근과 철학적 접근을 가로막는 강력한 요인으로 작용하고 있다. 그래서 현장에는 협동학습 방법(저자는 '방법'이라는 말을 정말로 쓰고 싶지는 않다.)들이 난무하고 있지만 학생들은 별로 협동적 사고를 하지 않으며, 그 교실마저도 별로 협동적이지 못한 모습을 많이 목격하게 된다. 그러면서 아이들에게만 협동하라고("협동하지 않니?") 강요만 한다.

다음의 내용은 저자가 수년 간 학문과 철학을 바탕으로 한 협동학습－협동적 학급운영 직무연수를 진행해오면서 마지막 날에 받았던 설문지들의 내용들이다.

"그동안 '협동'을 강조하여 수업을 진행해 왔다고 생각했었는데 '경쟁'을 부추겨 왔다는 것을 깨닫게 되었다. 이 연수를 들으면서 비로소 방향성을 찾게 되었다."

"협동학습의 장점은 대학 때 익히 들어서 알고 있었지만 실제로 현장에 적용하려고 하니 어려운 점이 많았다. 결국 기법적으로 협동학습을 실시하며 아이들에게 경쟁을 부추기고 있었던 지난해, 나의 모습에 실망과 회의가 커져만 갔다. 하지만 이번 연수를 통해 협동적 학급운영에 대한 길을 찾게 되었고, 구체적인 방향성까지 찾게 되었으며 올바른 마인드를 담아가게 되어 정말 다행이라는 생각이 든다."

"그동안 나름대로 학급운영과 협동학습을 한다고 자신감을 가져왔었는데 한순간에 모든 것이 무너진 듯한 느낌을 받았다. 처음부터 제대로 다시 시작해야 할 것 같다. 반성을 하게 된 좋은 계기가 된 것 같다."

"처음에는 수업의 방법을 배우기 위해 이 연수를 들었다. 역시 내 기대대로 다양한 수업방법을 쉽게 알 수 있도록 현장의 실제 모습을 보여 주어 참 괜찮은 마인드를 가진 선생님이라 생각했다. 그러나 연수를 들으면 들을수록 자꾸 상처받는 내 자신을 보게 되었다. 수업방법도 중요하지만 왜 아이들을 가르치는가? 무엇을 가르치려 하는가? 과연 난 어떤 교사인가? 초심을 잃어버린 늙다리 교사에게 반성의 시간을 주었다. 처음에는 협동학습을 들었지만 지금은 교육철학을 공부하는 참된 시간이 되었다."

"연수를 듣길 정말 잘했다는 생각이 들어요. 나도 협동학습을 한다면 하는 사람이라 생각했기에 '뭐 별거 있겠어?'라고 생각을 했었거든요. 그런데 선생님 강의를 들으면서 정말 많은 반성을 하게 되었습니다. 내년엔 나도 정말 협동학습다운 협동학습을 해 봐야겠다고 생각했습니다."

"협동학습을 단지 수업의 한 방법이라고 생각했던 나에게 이번 연수는 협동학습이 단지 협동학습 기법이나 구조의 실천이 아니라 '학급운영에 대한 하나의 철학이 밑바탕이 되어야 한다.'는 점을 알게 해 주었고, 그 점이 가장 인상 깊었던 점이다."

출처 : 이상우, 2009, 살아 있는 협동학습, 머리말 중에서

단지 몇 사람의 연수 후기였지만 시사하는 바는 매우 크다고 할 수 있다. 이분들의 반성들이 현재 우리나라 협동학습의 현주소이니까 말이다. '수업방법을 넘어서'라는 명제에 대한 방향성(답)은 이미 이분들의 후기 속에 들어 있다. 그 답은 스스로 찾아보기 바란다.

끝으로 협동학습을 인식하고 있는 수준에 따라 무협소설이나 무협영화의 일반적인 스토리에 비유하여 다음과 같이 정리해 보았다(이 내용은 저자의 경험을 토대로 쓴 글인 만큼 오해가 없기를 바란다.).

무협소설이나 영화를 보면 대체로 주인공은 본래부터이든 어떤 계기를 통해서든 특별한 힘을 갖게 된다. 그리고 적지 않은 경우 그는 특별한 신물을 무기로 사용하게 된다. 협동학습을 그 신물(무기 : 검이나 도)에 비유해서 이 상황을 설명해 보고자 한다.

(1) 사용할 줄 모르는 좋은 검 하나 갖고 있는 수준

신물을 일반인들이 갖게 되면 그 진가를 알아보지 못하고 그냥 팽개쳐 두거나 무엇인지는 알아도 어떻게 사용할 줄 몰라 갖고만 있게 된다. 그리고 그 사용법을 배워 보려 하지만 되지 않는다. 설령 사용법을 안다고 해도 겉으로 드러난 방법만으로는 그것의 진의(그 신물에 담긴 정신)를 깨달을 수가 없어서 그 신물이 가진 힘을 모두 사용하지 못한다.

협동학습을 접해보거나 실천해 보지는 않았지만 익히 들어서 알고 있는 상황이 바로 위의 이야기와 같은 경우에 해당된다. 보통은 일회성 강의나 동료교사의 이야기, 누군가의 수업 장면을 통해 "저게 뭐야?" 하면서 알게 되어 가끔 사용하는 경우라 할 수 있다. 그러나 이 상황에서는 협동학습에 대한 학문적·철학적 바탕 및 그에 대한 일정 정도의 인식이 부족하여 겉으로 드러나는 측면이나 남들의 이야기가 그의 전부인 줄로 알고 접근하려는 시도를 쉽게 하게 된다. 그러면서 좀 해 보려고 장시간 연수를 접하게 되는데, 연수를 듣고 나서 희망을 가지고 현장으로 돌아가지만 막상 아이들과 만나서 무엇인가를 하려 하면 막상 잘 되지 않아 어렵다고 생각하여 포기를 한다. 저자도 협동학습을 그렇게 시작했다. 그리고 잘 되지 않아 몇 번 포기하려고도 했었다. 그러나 고민 끝에 결심을 했다. 한 우물만 파자.

(2) 명검 하나를 그럭저럭 사용하는 수준

신물을 일반인이든 무공을 갖춘 사람이든 그것이 보통 물건이 아니라는 것을 깨닫게 되면 그것이 갖고 있는 표면적인 기능이나 힘을 펼쳐 보일 수 있게 된다. 그러나 그 또한 그 신물을 그저 휘두르고 있기만 한 것일 뿐, 그 신물이 가진 진의를 깨닫지 못했기 때문에 그 힘을 다 쓰지 못한다. 그러면서도 자신은 그 신물을 잘 사용하고 있다고 착각을 한다. 그러다가 결국 고수를 만나게 되고, 다른 이들과의 대결에서 죽음을 면할 수 없게 된다. 이 신물이 검(劍)이나 도(刀)라고 한다면 그저 다른 것보다 아주 더 잘 드는 명검을 갖고 사용하는 정도 이상의 의미는 없는 수준이랄까. 이 상황 역시 그 검이나 도의 진의를 깨닫지 못하여 제대로 사용하지 못하는 경우에 해당된다.

협동학습의 기능적인 측면을 바라보면서 자신의 수업방법적 측면을 보완하기 위해서, 이렇게 다양한 수업 기술을 갖고 있는 교사라는 자부심을 갖기 위해서 협동학습 구조 활용에 열을 올리고 있는 상황이 바로 위의 이야기와 같은 경우에 해당된다. 저자도 제대로 해 보고자 마음을 먹으면서 협동학습 구조만 마구 교실에 적용했던 시절이 떠오른다. 그러면서 수업개선 연구교사도 겁 없이 해 보았고, 수업 시간에 그냥 이런 저런 구조를 적용하는 재미에 흠뻑 빠졌었다. 그리고 나 자신 스스로가 약간은 수업에 대한 자신감을 갖고 있었다. 그러나 역시 풀리지 않는 수수께끼가 있었다. 나는 나름 협동학습을 한다고 하는데, 아이들은 전혀 협동적이지 않았다. 그래서 또 포기할까 고민에 빠졌었다.

(3) 신물의 힘을 각성한 수준

주인공이 어느 순간 그 신물에 담긴 정신이나 진의를 각성(覺醒)하게 되면 그 신물로 인해 주인공은 평상시에 보여주지 못했던 신기한 능력을 보이게 된다. 그래서 참 많은 일들을 할 수 있게 된다. 그러나 어떤 상황에 이르러 큰 고비를 맞이하게 된다. 그 신물을 사용했음에도 불구하고 큰 위험(예를 들어 고수와의 격전에서 큰 패배를 하거나 상처를 입고 죽음의 문턱에까지 이르게 되는 경우)에 처하게 된다.

협동학습의 기능적인 측면을 바라보다가 어느 순간 '아하'하면서 수업이라는 측면에서 학급이라는 공동체를 바라보게 되고, 협동학습을 학급운영론으로 인식하면서 교실에서 아이들도 신나고 선생님도 신나는 협동적 학급운영을 하기 위해 노력하게 되는 상황이 바로 위의 이야기와 같은 경우에 해당된다. 협동학습을 각성하는 수준에 이르게 되면 협동학습과 대화를 나누게 되는 자신을 경험하게 된다. 협동학습을 통해 자신의 돌이켜 보게 되고 자신의 반성을 통해 현재의 수준보다 한 단계 더 오르기 위한 노력들을 하게 된다. 협동학습 또한 훌륭한 학문적 · 이론적 바탕과 철학적 정수가 담긴 것이기 때문에 그 힘을 느끼는 순간 또 다른 세계가 열리는 듯한 기분을 느낄 수 있게 된다. 각성을 이루게 되면 협동학습이 갖고 있는 많은 장점들과 특성들을 교실 내에 펼칠 수 있게 된다(예를 들면 협동학습의 다양한 구조를 특성에 맞게 자유자재로 활용할 수 있게 되고, 협동학습의 원리를 잘 활용하여 나름대로 학급을 협동적으로 만들어 나갈 수 있게 된다. 물론 완벽함이란 있을 수 없다는 점을 미리 밝혀 둔다. 협동학습은 절대로 만능이 아니니까 말이다.). 이 상황에 이르기까지는 수많은 시행착오와 협동학습에 대한 많은 고민이 수반될 수밖에 없다.

각성의 수준에 오르게 되면 협동적으로 학급을 운영하면서 우리반 아이들과의 행복한 교실−수업을 만들기 위해서 협동학습을 활용하게 된다. 학급운영이라는 측면을 바라보면서 수업과 그 이외의 모든 활동에 협동학습을 적극 활용하게 되고, 아이들이 변화된 모습도 경험하게 되고 많은 것을 깨닫게 된다. 그러나 곧 또 다른 한계를 느끼게 된다. 연말이 되면 협동적으로 변해온 아이들과 헤어져야 한다는 것을 생각하면서, 그 많은 시간동안 해왔던 모든 일들을 새로운 아이들과 또 다시 시작해야 한다는 부담과 어려움 때문에 고민을 하게 된다. 그래서 간혹 이런 생각도 하게 된다. "이 아이들을 그대로 데리고 한 학년 진급을 하게 되면 어떨까?" 그도 그럴 것이 주변의 동료들과 함께 협동적 학급운영을 실천해 보고자 하는 생각을 하지 못하거나, 생각하는 것에서만 멈추기 때문에 우리 반 아이들만 신경을 쓰게 됨으로 인하여 주변의 변화를 이끌어 내지는 못한다. 결국 각성의 수준이라는 것은 그 분야나 영역에 있어서 충분히 성장을 했다는 점에서는 높이 살 만하지만 아직도 그 밑바닥까지 깨달았다고 볼 수는 없는 수준이라 하겠다.

(4) 신물의 힘을 진각성한 수준

주인공이 어느 순간 그 신물에 담긴 정신이나 진의를 진각성(眞覺醒)하게 되면 그 신물을 통해 세상을 변화시키고 세상을 평정하게 된다. 그로 인하여 세상 사람들은 그를 전설로 인식하게 된다. 아무도 그를 이길 자는 없게 되는 셈이다. 그 결과로 주인공은 세상 모든 것을 얻게 된다. 부와 명예와 사랑과 권력 모두를! 다시 말해서 신물의 진정한 힘이 발휘되는 것은 진각성에서부터라는 것이다.

협동학습도 각성의 수준을 넘어서 진각성 수준에 이르게 되면 그 진정한 힘을 발휘하게 된다. 진각성은 협동학습이 가지고 있는 밑바닥, 본질과 같은 힘이라 할 수 있다. 그 안에는 이제껏 보지 못한 무수한 지혜가 숨겨져 있다고 저자는 생각한다. 그 지혜 중 한두 가지만 실천해도 지금까지보다 몇 단계 뛰어 넘을 수 있는 수준의 협동학습을 펼쳐 보이게 될 것이다. 그리고 그것은 곧 세상의 변화를 이끌어 내게 된다고 저자는 믿어 의심치 않는다. 다른 사람은 어떨지 몰라도 저자는 그래서 지금까지 협동학습을 놓지 않고 있고, 지금도 그것 하나하나를 깨닫기 위해 노력하고 있는 중이다.

사실 저자도 협동학습의 밑바닥과 그 비밀에 대하여 완벽하게 다 알지는 못한다. 아니 오히려 모르는 것이 더 많다고 말해야 정확할 것이다. 그리고 그 누구도 그 수준에 도달한 사람은 없다고 본다. 왜냐하면 아직 협동학습이 우리 현실의 변화를 이끌어 냈다는 사례를 접해본 적이 없기 때문이다. 다른 학문 영역에는 꽤 있었다고 생각한다. 교육 분야에서의 예를 들자면 '비고츠키, 존 듀이, 프레네, 발도르프' 등이 그에 해당된다고 볼 수 있겠다.

저자는 협동학습과의 대화를 통해 협동학습이 가지고 있는 진의를 깨닫기 위해 노력해 왔고, 지금도 멈추지 않고 있다. 그리고 지금에 와서 내 나름의 결론을 내렸다. 협동학습은 작게는 교사를 변화시키는 것이고, 한 걸음 더 나아가서는 주변의 동료를 변화시키고, 학교를 변화시키고, 아이들을 변화시키고, 학부모를 변화시키고, 궁극에 가서는 사회를 변화시키는 교육운동이라고 말이다. 그리고 이것이 진각성 수준에 해당되는 것이라고 말할 수는 없겠지만 굳게 그렇게 믿고 가려고 한다.

많은 사람들이 아직도 부족함이 많은 저자에게 와서 묻는다. 어떻게 하면 협동학습을 잘 할 수 있느냐고. 그리고 안내서도 달라고 한다. 그리고 많은 사람들이 저자가 한 것을 그대로 따라하는 모습도 보았다. 그래서 안타까운 마음도 많이 들었다. 한 때는 안내서를 만들까도 생각했던 적이 있었다. 그러나 그것은 또 다른 획일화를 낳을 우려가 있다는 생각, 그것은 협동학습의 본질이 아니라는 생각이 들어 바로 그 생각을 버렸다. 안내서는 없다. 누구나 협동학습의 각성 및 진각성 수준에 오를 수는 있지만 모두 같은 길을 통해 오를 수는 없다고 본다. 각자 나름의 노력과 과정을 통해 오르게 될 것이다. 그리고 그 길은 누구도 똑같이 따라 할 수 없는 길임에 틀림이 없다. 그래도 누군가 내게 와서 어떻게 하면 협동학습을 잘 할 수 있느냐고, 각성의 수준에 도달할 수 있느냐고 묻는다면 저자는 이렇게 대답하고 싶다.

> "간절히 바라면 된다.
> 그러면 어느 순간 협동학습이 당신에게 말을 걸어오게 될 것이다.
> 그때까지 멈추지 말고 열심히 연구, 노력해 달라."

1 지금까지의 이야기로 미루어 볼 때 '경쟁'은 과연 필연인가, 아니면 선택할 수 있는 것인가?

→ 나는 선택할 수 있는 것이라 본다. '협동'이라는 것도 가치의 문제인데, 학교 현장 및 우리 사회에서는 '협동'이라는 가치에 있어서 그리 거부감을 갖고 있지는 않다. 하지만 중요한 것은 따로 있다. 기존의 가치인 '경쟁'을 '다른 것-협동'으로 대체하도록 가르쳐도 되느냐의 문제가 바로 이 질문의 핵심일 것이다. 만약에 우리 사회가, 학교가, 교사가 '경쟁'이라는 가치를 선택했다면 아이들에게 '협동'을 강요해서는 안 된다고 본다. 그러나 우리 사회가, 학교가, 교사가 '협동'이라는 가치를 선택했다면 반대로 '경쟁'을 강요하거나 조장해서는 안 된다고 생각한다.

→ 지금까지 우리 사회는 우리들에게 선택의 기회를 주지 않았다고 해도 과언이 아니다. 오로지 경쟁만을 강조했고, 그것만을 조장했다. 그러한 경쟁은 과거부터 지금까지 학습-세뇌되었고, 우리는 그것을 진리인양 믿고 있는 것은 아닐까? 하지만 앞으로의 미래는 그런 방식으로는 그리 밝은 내일을 보장할 수가 없다는 사실을 우리는 잘 알고 있다. 그래서 협동학습이 필요한 것이다.

2 이 시점에서 다시 한 번 묻고 싶다. 우리는 협동학습을 왜 해야만 하는가(협동학습의 최대 가치는 무엇인가)?

→ 구조적 경쟁 자체에 대한 매우 유망한 대안이라 본다.

→ 경쟁을 당연시하는 사회적, 구조적 모순(특히 경쟁을 조장하는 일)이 우리 아이들을 어떻게 만들고 있는가를 아주 깊이 생각해 보아야 한다.

3 우리는 협동학습을 어떤 관점에서 바라볼 필요가 있는가?

→ 작게는 '학급운영론 : 협동적 학급운영이라는 시각'으로 바라보는 것이 좋겠다. 학급 전체를 협동적으로 만들어 나갈 때 아동들은 비로소 협동하게 된다. 그러기 위해선 수업 차원을 넘어서 교실에서의 모든 상황과 활동에서 협동적 관점과 철학을 중심에 두지 않으면 안 된다.

→ 더 나아가서는 '교육운동'으로 바라보고 싶다. 지금까지 이야기 한 바와 같이 협동학습의 바른 실천을 위해서는 지금까지 가져왔던 많은 것들(관점, 패러다임, 의식구조, 행동방식 등)을 버려야 한다. 그것은 많은 노력과 실천을 요구한다. 다시 말해서 교사의 변화를 요구한다. 그것은 바로 교사·교육을 바꾸는 일이다. 그것이 바로 교육운동이다. 최근에 혁신학교라는 것이 생겨나면서『수업이 바뀌면 학교가 바뀐다』는 책 제목처럼 수업을 바꾸려고 많이 노력하는 모습이 보이지만 정작 중요한 교사의 변화는 보이지 않는다.『수업이 바뀌면 학교가 바뀐다』라는 책은 제목과는 달리 실제로는 '교사의 변화'를 요구하고 있는 책이다. 나 또한 혁신학교의 성공은 '교사의 변화'에 달려 있다고 본다. 그리고 그 변화의 시작은 누구나, 적어도 혁신학교에서 함께 하는 모든 교사들이 함께 공유할 수 있는 '철학'을 갖고, 그를 실천해 나가는 것에서부터 이루어진다고 확신한다. 협동학습은 바로 그런 차원에서 교사 개인, 일개의 교실을 넘어서 학교 전체가 함께 펼쳐 나가야 할 교육운동이라 감히 말하고 싶다.

 참고문헌

김성범 저(2009), 뻔뻔한 칭찬 통장, 미래아이

김현재(인천교육대학교) 저(1996), 과학교육에서 협동학습전략에 대한 탐색, 전국열린교실연구응용학회지 제4집 제2호, pp. 7~33

정문성 저(2002), 협동학습의 이해와 실천, 교육과학사

정윤경·김윤정 공저(2011), 내 아이를 망치는 위험한 칭찬, 담소

이상우 저(2009), 살아 있는 협동학습, 시그마프레스

Alfie Kohn 저, 이영노 역(2009), 경쟁에 반대한다, 산눈

Deborah Stipek 저, 전성연·최병연 공역(1999), 학습동기, 학지사

Ken Blanchard 저, 조천제 역(2002), 칭찬은 고래도 춤추게 한다, 21세기북스

Slavoj Zizek 저, 이운경 역(2003), 매트릭스로 철학하기, 한문화

저자가 꿈꾸어 왔던 학교, 꿈꾸어 왔던 교육, 꿈꾸어 왔던 교육 공동체의 실현을 위해 뛰어든 서울형 혁신학교 운동이 2011년 3월 달빛 학부모 총회를 계기로 소통의 교육이라는 새로운 장을 열게 되었다. 이후 학부모와 교사와 아이들 간의 소통은 교육을 한층 평온하고 부드럽게 해 주고, 안정된 배움을 만들어 주었다. 그리고 그것들이 시너지를 발휘하여 모두를 조금씩 변화시키고 있다. 아직 갈 길은 멀고 힘난하기만 하다. 그래도 우리는 묵묵히 우리의 갈 길을 간다. 누가 가라고 해서 가는 것이 아니다. 스스로의 자유의지가 우리 모두를 움직이고 있다. 아무도 가지 않았던 길로, 그래서 그 끝이 더 궁금해지는 길로!

IV 교육운동으로서의 협동적 학교 공동체 만들기

1 들어가기

> **핀란드 교육의 성공에서 배운다.**

출처 : 핀란드 교육의 성공, 후쿠다 세이지 저, 나성은 · 공영태 공역, 2008, 북스힐(출)

우리 교육의 변화가 시작되면서 가장 많은 영향을 주고 있는 핀란드 교육의 성공에서 우리는 무엇을 배울 것인가에 대한 고민으로부터 이야기를 시작해 볼까 한다.

핀란드에서는 의무교육 기간인 16세까지는 학생들끼리 비교되는 시험도 경쟁도 없다. 그럼에도 불구하고 국제학력평가(PISA)에서 꾸준히 상위 수준을 유지하며 세계 최고의 학력을 자랑하는 국가로 집중 조명을 받고 있다.

적어도 자아정체성이 확립되는 16세 전후까지는 '공부란 즐거운 것이어야 한다.'는 신념으로 아이들의 흥미와 개별성을 중시하는 교사들이 사회적으로 존중을 받는 나라, 아이들의 자존감을 지켜주기 위해 청소년기까지 학교에서만큼은 경쟁적 활동을 없앴다고 알려진 나라, 그러면서도 삶의 문제와 교육의 본질에 충실한 교육을 펼쳐 가는 나라, 공부를 잘 하는 사람보다 뒤처진 사람에게 더 많은 관심을 보이며 지원을 아끼지 않는 나라, 평등과 복지에 힘쓰는 사회적 분위기마저 많은 나라의 부러움을 한 몸에 받고 있는 나라, 핀란드! 어떤 상황이 와도 사회가 자신을 기꺼이 받아들여줄 것이라는 안심과 인권을 소중히 하는 복지 사상이 사회 저변에 깔려 있기 때문에 이 모든 것이 가능했을 것이다.

위와 같은 모습은 핀란드가 인간적인 교육에 매우 충실하다는 증거라 할 수 있다. 이런 핀란드가 하루아침에 만들어진 것은 아니다.

2003년 PISA에서 측정한 학력에서 상위권 1할, 즉 4위까지의 모든 영역에서 두드러진 국가는 한국과 핀란드뿐이었다. 그런데도 두 나라의 교육은 매우 대조적이다. 한국 아이들은 정규 학교 수업 이외에도 많은 공부를 하고 있다. 한국 아이들의 방과 후 공부 시간은 일본의 2배 이상이고 핀란드의 3배 가까이나

오전 8시 30분	등교	오전 7시 40분
오후 3시 30분	하교	오후 6시
산책 친구만나기	여가	친구와 수다
오후 11~12시 (취후 7~8시간)	취침	새벽 1~2시 (취후 4~5시간)
없음	학원	오후 6~9시
없음	독서실	오후9~ 새벽 1시
독서 강아지 산책	취미	없음
언어치료사	장래희망	영어교사
진로문제	최근고민	성적 대학입시
가족여행	올 여름 계획	보충수업, 학원수강

핀란드 고3 요한나 / 한국 고3 이지영(가명)

정규수업외 공부 시간(주 평균)

핀란드	학교 속제·과제	한국
3.69	학교 속제·과제	3.49
0.18	학교의 보충교육	4.85
1.92	학교의 심화수업	1.92
0.07	가정교사 함께하는 공부	1.25
0.34	학원개인 수업	3.80
0.87	기타 공부	4.18

(출처:후쿠다 세이지 저, 나성은·공영태 역 핀란드 교육의 성공 14p, 2008년)

핀란드 일주일에 **약 7시간** / **한 국** 일주일에 **약 20시간**

된다고 하니 그 차이는 실로 엄청나다고 할 수 있다.

1985년 국가차원에서 학력별 반편성이 전면 중단되고, 모든 학교가 종합학교로 개편되어 학교 간 차이를 없앤 뒤 평등 교육을 실현하고 경쟁을 배제하는 교육방법을 채택하면서부터 핀란드 교육의 변화는 시작되었다. 이런 핀란드 교육의 특징을 살펴보면서 우리가 배워야 할 점들을 몇 가지 제시해 보면 다음과 같다.

❶ 핀란드 교육에서는 싫어하는 아이에게 억지로 공부를 강요하지 않는다는 것이다. 다시 말해서 강제 교육은 없다는 말이다. 그런 이유때문인지 아이들은 자신의 책임 하에 스스로 공부하는 것을 당연한 것으로 여기고 있다니 대단하지 않은가. 그래서 과외공부가 없는 것일까?

❷ 교사는 아이 개개인이 공부하는 방법을 지켜보면서 적절한 때에 적절한 도움을 주고 동기를 형성해 가는 방식을 사용한다는 것이다. 이는 아이들이 공부라는 것을 '나 자신을 위해서 하는 것'이라는 인식이 밑바탕에 깔려 있기 때문일 것이라 여겨진다.

❸ 교사는 자기가 가르치는 것에 대하여 책임지고 지도한다는 것이다. 억지로 공부를 강요하지 않는 기다림의 교육을 실천하며 아이 개개인의 개별 학습을 최우선에 두고 있으며, 교육 당국은 그런 각 학교와 교사에게 충분한 권한을 주고 적극적인 지원을 아끼지 않는다고 하니 부러울 따름이다. 물론 여기에는 그만큼의 무거운 책임이 따르는 것은 당연한 일일 것이다.

❹ 아이 한 명 한 명을 소중히 하는 평등한 교육이 실시되고 있다는 점이다. 16세까지는 선별하지 않고 종합 교육이 실시되어 교육의 기본은 등수를 매기는 데 있는 것이 아니라 개개인의 발달을 지원하는 데 있다는 점을 철저히 한다고 하니 이 나라에서 공부하는 아이들은 얼마나 행복할까?

❺ 아이들은 스스로 배우는 것을 기본으로 삼고 있다고 한다. 아이들이 수업 중이라도 자유롭게 쉴 수 있되 다른 사람에게 피해를 주지 않아야 한다는 점을 철저히 지키게 하는 교육에서 책임성과 민주성을 읽을 수 있으며, 그룹 학습이나 서로 가르치고 배우는 것을 소중히 하며 '사회 구성주의적 학습'의 교육학 이론을 충실히 따른다는 점에서 아동 중심의 '배움'을 잘 실천하고 있다고 보아야 할 것 같다.

❻ 국가는 학교 교육이 최대의 효과를 올릴 수 있도록 교사를 전문가로서 신뢰하고 교사가 마음껏 일할 수 있는 학교를 만들어 주고 있다는 점에서 정말 부럽기만 하다. 국가의 권한을 최소한으로 하고 학력 조사 등은 아이들과 교사를 지원하기 위한 목적으로 사용하고 있으며 학교나 교사의 잘잘못을 공표하지 않는다고 하니 우리와는 대별되는 것이 너

IV

무나도 많다.

❼ 교육 개혁 과정에 교사가 적극적으로 참여하고 있으며, 교장은 교사의 의견을 잘 듣고 수렴해 가는 풍토가 잘 조성되어 있다는 점에서 정말 우리가 배워야 할 점이 많은 나라라는 생각이 든다.

❽ 교사들은 같은 학교에서 거의 정년까지 근무한다는 점에서 참 바람직하다는 생각이 들었다. 이렇게 하면 아이들의 학력 형성이나 인격 형성에 있어서 장기적인 전망을 가지고 신중하게 대처할 수 있다는 것인데 이것이 바로 우리가 꿈꾸는 지역사회학교, 마을 공동체가 아닌가! 아이들이 학교에 가면 늘 한결같이 계시는 선생님! 꿈만 같다.

❾ 교육받을 권리를 복지 정책으로 보장하고 있다는 점에서 우리와는 전혀 다르다. 무상급식 하나만으로도 큰 이슈와 논쟁을 불러 일으켰고, 그로 인하여 서울시장까지 중도에 그만 두는 초유의 사태를 빚었던 우리의 슬픈 현실은 저자로 하여금 핀란드를 다시 한 번 쳐다보게끔 만들었다. 초등학교에서 대학교까지 수업료는 무료이며 고등학교까지는 교재나 교구, 급식, 통학요금 등 여러 방면의 학습 환경이 무료라 하니 실로 혀를 내두르지 않을 수 없다.

'학교 교육의 최종 목적은 학교 밖으로 나가서 효과적으로 기능하도록 학습자가 준비하는 것'을 학교의 핵심 역량으로 규정짓고 있는 핀란드의 교육은 이제 막 변화를 꾀하고 있는 우리의 현실에 많은 과제를 안겨 주고 있다.

혁신학교에서 근무하면서 우리 아이들을 바라보면 너무 일찍부터 공부에 질려 있어 공부하는 즐거움을 찾으려 하지 않는 것 같아 서글픈 마음마저 든다. 게다가 아직도 현장은 변화를 꾀하려는 모습이 잘 보이지 않아 아쉽고 답답한 마음 또한 가슴 한 구석에 꽉 차 있다. 일순간에 이 모든 것이 이루어질 것이라 생각하지는 않는다. 하지만 혁신학교라는 교육운동마저도 시범학교 수준으로 인식하고 있는 현실, 혁신학교를 만들어 보겠다고 자리에 앉아있는 관리자들의 권위주의와 변하지 않는 사고방식 속에서 가야 할 방향성을 잃고 있는 적지 않은 학교의 모습, 다른 학교에 비하여 예산을 더 많이 줘서 무슨 특혜를 주고 있다고 생각하는가 하면 그렇게 받은 돈으로 이런 저런 행사를 벌이고 소모성 활동에 돈을 쏟아 부으면서 혁신학교라고 말하고 있는 모습, 혁신학교에 발령받는 것을 무슨 지옥에라도 끌려가는 듯 불운으로 생각하면서 불편한 심기를 노골적으로 드러내고 있는 교사들의 모습, 교육감이 바뀌면 언제고 폐지될 정책 정도로밖에 생각하지 않는 교사들과 교육 관료들의 모습을 볼 때 과연 희망은 있는 것인가 하는 생각이 들 때도 있고, 어떤 때는 불안한 마음마저도 든다. 그래도 한 번 끝까지 가 보련다. 내 자신을 믿고, 내 자유의지를 믿고, 혁신학교를 함께 만들어 보자며 남들이 힘들다고 꺼리는 곳에 자처하여 모여든 동료 교사들을 믿고서 말이다.

시대의 변화 읽기

우리는 지금 불과 수 년 전까지만 해도 상상할 수 없었던 새로운 방식으로 소통하면서 지식과 정보를 공유할 수 있는 세계에 살고 있다. 고도로 발달한 정보통신 기술과 인터넷 문화는 빛의 속도로 새로운 개념의 소통과 교류와 협력을 가능하게 해 주었고, 교사는 물론 아이들도 수많은 홈페이지에 널려 있는 엄청난 양의 정보와 지식에 자유롭게 접근할 수 있게 되었다. 이를 통해 사람들은 서로가 가진 정보와 지식을 나눌뿐 아니라, 새로운 정보나 지식을 창조하여 전혀 모르는 사람들과도 널리 공유하기도 한다. 그리고 이런 변화가 최근에 들어서는 선거의 판도를 바꾸기도 했다(예 : 2012. 4. 11 총선).

출처 : 아이패드 홈페이지, '통계로 소통하는 '통'하는 세상'

출처 : 이데일리, 김도년·김상윤 기자, 2012. 04. 13

위와 같은 지식 정보의 생산과 공유, 소통의 혁명이 가져온 거대한 변화 앞에서 우리 교육은 어떻게 달라져야 할까? 새로운 시대에 학교와 교사의 역할은 어떻게 달라져야 할까?

이러한 물음에 적절히 답하고 새로운 교육을 실천하기 위해서 교사들은 시대의 흐름과 변화의 본질을 통찰하고 그런 시대를 살아갈 아이들이 가져야 할 미래의 능력은 어떤 것인지 깊이 성찰하지 않으면 안 될 것이다.

참고하기 **소셜 네트워크 서비스**

소셜 네트워크 서비스(Social Network Service, 이하 SNS)는 사용자 간의 자유로운 의사소통과 정보 공유, 인맥 확대 등을 통해 사회적 관계를 생성하고 강화시켜 주는 온라인 플랫폼을 의미한다. 최근 들어 스마트폰 이용자의 증가와 무선인터넷 서비스의 확장과 더불어 SNS의 이용자 또한 급증하고 있다. 국내 SNS 시장을 주도하고 있는 페이스북(facebook)과 트위터(twitter) 이용자 수는 이미 2011년에 1천만 명을 돌파했으며, 그 지속적인 증가 추세는 당분간 멈추지 않을 것으로 예상된다. (중략) 한편, 국내에서는 우리말 다듬기에서 소셜 네트워크 서비스를 누리소통망이라는 용어로 지칭하였다.

소셜 네트워크 서비스는 두 가지 효과를 가지고 있는데, 하나는 기존 오프라인에서 알고 있었던 이들과의 인맥 관계를 강화시키고, 다른 하나는 온라인을 통해 형성된 새로운 인맥을 쌓을 수 있는 장점을 가지고 있다. 때문에 인터넷에서 개인의 정보를 공유할 수 있고, 의사소통을 도와주는 소셜 미디어(social media), 1인 커뮤니티라고도 불린다.

인맥 형성 외에도 SNS는 다양한 활용범위가 있는데 마케팅은 물론 소셜 커머스, 지식판매, 공공부문, 게임 등에 이용될 수 있다.

- 소셜 커머스 : 소셜 커머스란 소셜 네트워크를 이용해 이뤄지는 전자상거래를 의미한다. 현재 시장에서 주목받고 있는 소셜 커머스는 바로 공동구매형이다. 인기의 원인은 온라인 상에서 매일 하나의 상품에 대해 지정된 수량 이상의 판매가 이뤄질 시 대폭의 할인률을 적용해 주기 때문에 사용자들이 자발적으로 트위터 등의 SNS를 통해 내용을 전하고 있다.
- 지식 판매 : 화장품이나 옷 등의 물건을 판매하는 것이 아니라 패션, 연애, 음악 등에 대한 지식을 직접 찍어서 판매하는 지식시장이 SNS가 확산됨에 따라 더욱 활성화되고 있다.
- 공공 부문 : SNS를 통해 정책을 홍보하거나 민원을 접수 받을 수도 있고, 민원 해결 과정을 보여 줌으로써 기관의 이미지를 상승시킬 수 있다. 공공부문에서의 SNS 활용은 운영정책이 수립된 이후에야 이루어질 수 있다.
- 게임 : 게임 시스템에 SNS를 도입하여 게임을 더욱 재미있게 만든다.

출처 : 위키백과사전

(1) 21세기가 학교교육의 변화를 요구한다

사람마다 생각이 다를 수 있겠지만 저자는 21세기의 특징을 '초고속 정보통신기술의 발달', '국제화와 세계화', '생태 환경의 위기' 세 가지로 말하고 싶다.

❶ 인터넷과 정보기술의 발달로 야기된 정보사회, 지식사회로서의 특징

- 적극적인 네트워킹, 소통 – 생각의 표현과 공유를 요구
- 특정 개인이나 국가의 이기주의 · 소수 엘리트 지향주의가 설 자리를 잃어 가고 있음.
- 네트워크 및 정보 공유를 바탕으로 한 집단 지성의 힘이 더 큰 힘을 발휘
  - ⋯➤ 위의 세 가지가 지금 세상을 변화시켜 나가고 있다.

❷ 인터넷과 정보기술의 발달이 가져온 교육계의 변화
- 배움은 더 이상 학교와 교실에서만 이루어지는 것이 아님
- 정보통신 기술의 발달이 학습의 개념을 근본적으로 바꾸어 가고 있음(쌍방통행, 구성적 사고, 평생학습, 암기 및 기억에서 정보의 수집, 분류, 분석, 정리, 평가를 바탕으로 한 창조적 활동, 그 자체가 목적이 아니라 과정)
- 학교와 교사들에게 산업시대와는 다른 기능과 역할을 요구하고 있음
- 지식과 정보의 변화 속도가 빨라지면서 현재 지식의 수명이 짧아지고 가치가 하락
- 어린 시절에 습득한 지식과 정보만으로는 세상의 변화를 따라 가기가 어려워짐
- 지속 가능한 성장과 발전을 위한 자기주도적 학습, 고등정신기능, 사회적 기술의 중요성이 날로 커져 가고 있음

❸ 지구 생태계의 위기
- 지구 온난화로 인한 생태계의 위기 ⋯➤ 인류의 삶을 위기로 몰아넣고 있음
- 화석 연료의 고갈, 이산화탄소 과잉 배출, 생태계 훼손, 이상 기온, 이상 질병 등
- 지속 가능한 생존에 큰 걸림돌이 됨
  - ⋯➤ 생태계 위기의 극복과 인류의 생존을 위해 전 지구적 차원에서 함께 대응해야 할 사항

교육이 사회의 흐름과 동떨어져 존재할 수 없다는 점을 생각한다면 적어도 한 시대의 교육을 이끌어 가고 있는 교사와 학교는 당대의 사회를 제대로 꿰뚫어 보고, 시대 변화의 본질을 명확히 파악하여 적극적으로 대응해 나가야 할 것이다. 그래야만 아이들을 바르게 지도할 수 있고, 사회적 요구와 시대적 요구에 부응하는 교육을 해 나갈 수 있지 않을까 생각한다. 그러나 현재 우리의 사회와 교육은 시대의 변화에 제대로 적응하지 못하고 있다.

❶ 문제 많은 입시제도
❷ 폐쇄적인 국가 수준의 교육 정책과 통제 중심의 낡은 교육 행정 시스템
❸ 교육관료 및 행정가들의 몸에 배어 있는 낡은 사고방식
❹ 오래된 교수 – 학습 방식에 빠져 허우적거리고 있는 교사들
❺ 스스로 민주적인 학교를 만들어 나가는 일에 소극적이고 수동적인 풍토

Ⅳ

❻ 경쟁과 차별이 난무하고, 그것을 조장하는 사회와 교육 현실

❼ 날로 심각해져 가고 있는 학교폭력 및 인간화 교육의 부재

❽ 위의 모든 것과 맥을 같이 하는 아이들과 학부모들

❾ 과다한 사교육비 지출

❿ 암기식 교육에 지쳐 있는 아이들

그래서 "19세기 교실에서 20세기 교사가 21세기 아이들을 가르치고 있다."는 말이 나온 것 같다. 지금까지는 산업화 시대의 패러다임이 오늘의 대한민국을 만들었지만 앞으로의 사회는 그것을 뛰어넘지 않으면 시대의 변화를 감당할 수 없다는 사실이 학교와 교사들의 변화를 요구하고 있다.

살펴본 바와 같이 학교교육의 패러다임에 근본적인 전환을 요구하는 21세기의 시대적 특징에 대하여 안승문(서울특별시 교육지원청 정책총괄보좌관)은 아래와 같이 제시하고 있다.

〈학교교육에 영향을 미치는 21세기의 시대적 특징〉

△ 지식정보 사회와 학교교육(Information Society, Knowledge Society)

– 지식과 정보의 활용과 창조 능력 함양 교육

△ 평생 학습 사회와 학교교육(Lifelong, Lifewide Learning)

– 평생학습의 하나로서의 새로운 학교의 역할 모색

△ 지속가능한 미래를 위한 학교교육(Education for Sustainable Development)

– 자연생태와 인류의 공존을 위한 교육의 과제

△ 세계화, 국제화의 시대의 두 흐름과 학교 교육(Globalism and Education)

– 신자유주의적 세계화와 평화주의와 인도주의적 국제화

출처 : 안승문, 학교 혁신과 교육 패러다임 전환의 방향과 과제

이런 시대를 살아가는 데 꼭 필요한 능력을 꼽으라고 한다면 저자는 고등정신기능과 창의성, 상상력, 사회적 기술, 협동적 능력(이런 능력들은 결코 개인적인 활동을 통해서는 성장하지 않는다.)이라 생각한다. 그리고 이런 것들을 바탕으로 평등-평화-생태-인권이 살아 숨 쉬는 지속가능한 민주 사회를 만드는 일, 이것이 바로 시대의 요청이요, 혁신학교 운동이 시작된 이유이기도 하며 협동학습이 필요한 이유이기도 하다. 이렇게 볼 때, 교육운동으로서의 협동학습도 시대의 변화와 흐름에 따라 교사·학교의 변화가 수반되지 않으면 제대로 실천할 수가 없다는 사실을 이해할 수 있을 것이라 여겨진다.

(2) 지식정보화 사회가 요구하는 학교교육

요즘 지식정보화 사회의 특징을 다루고 있는 각종 매체나 언론, 서적들을 보면 '200년 역사를 자랑하는 브리태니커 백과사전에 담긴 정보량을 채 10년도 안 되는 역사의 위키피디아(Wikipedia)가 뛰어넘었다'는 이야기가 등장한다. 이는 이른바 웹 2.0 시대를 맞이한 초고속 정보통신기술의 힘을 잘 보여주고 있는 사례임과 동시에 지식정보화 사회의 특징이자 앞으로 다가올 미래 사회로의 변화의 방향을 잘 보여 주고 있는 것이라 할 수 있다.

> 2005년 위키피디아와 브리태니커 온라인을 비교 실험한 것이 2005년 〈네이처〉에 게재되었다. 42명의 톱 과학자들에게 위키피디아와 브리태니커 문서를 읽게 했다. 결과는 브리태니커는 한 문서 당 3개의 오류가 있었고, 위키피디아는 4개의 오류가 나왔다. 이는 완벽할 줄 알았던 브리태니커도 틀린 정보가 나왔다는 것이고, 위키피디아는 브리태니커처럼 거의 완벽하고 정확한 정보를 가지고 있다는 점을 부각시킨 것이다. 출처 : 2020 미래교육보고서, 박영숙, 2012, 경향미디어

위키피디아가 오늘날 갖고 있는 의미를 살펴보면 다음과 같다.

❶ 전 세계 200여 개의 언어, 수백만 개가 넘는 경험 지식과 정보, 끊임없이 살아서 발전하고 진화하는 지식과 정보의 보물 창고이다.   .

❷ 오늘날의 시대정신을 대표하는 사례라 할 수 있다(전문성, 전문가로 불리는 소수의 사람들에 의해 주도되었던 폐쇄적인 지식과 정보의 독점이 그들만의 권위와 이익 창출을 위해 활동되어 왔던 것이 지난 시대의 현상이었다면, 새로운 시대는 공유와 나눔이 주도하는 방향으로 흘러가게 될 것이라는 사실을 입증하는 것
  ⋯➛ 평범한 수천 명의 사람들이 돈 많은 대기업을 능가하게 됨).

❸ 집단 지성이 정보를 정제하고 다듬어 나간다는 사실을 입증해 주는 것이다.

위키피디아의 설립자인 지미 웨일즈는 왜 사람들이 자발적으로 위키피디아 생산에 참여하는지 이해가 안 간다는 사람들이 있다는 질문에 "우리는 전 세계 모든 사람들이 무료로 이용할 수 있는 자원을 함께 만들어 가고 있습니다. 그것이 바로 사람들이 힘을 보태는 목적입니다."라고 답했다고 한다(출처 : Don Tapscott · Anthony D. Williams, 2007, pp 107~108). 또한 누구나 무료로 자유롭게 프로그램을 수정하여 다른 사람에게 제공할 수 있도록 하기 위해 노력하며, 오픈 소스 운동을 주도한 리눅스의

IV

창시자인 헬싱키 출신 젊은 프로그래머 리누스 토발즈(Linus Benedict Torvalds)는 "사람들은 자신이 관심 있고 전문성을 발휘할 수 있는 프로젝트에 참여하려고 할 뿐입니다."라고 말했다고 한다(출처 : Don Tapscott · Anthony D. Williams, 2007, pp. 112~113). 이런 다양한 사례들은 지식정보화 사회의 특징을 잘 보여 주는 것이라 할 수 있다.

한편, 지식정보화 사회의 또 다른 대표적인 현상은 카페, 블로크, 토론방(아고라 등), SNS(2012년 4.11 총선은 최초로 SNS의 사용을 허용한 선거였으며 이것이 선거의 판세에도 크게 작용했고, 앞으로도 큰 영향을 미칠 것이라는 분석이 지배적이다. 특히 젊은이들을 투표 현장으로 끌어들이는 큰 역할도 했다는 점에서 긍정적인 면도 있으나 흑색선전과 비방이 난무하기도 했고, 검증 안 된 자료들이 이리 저리 옮겨 다니고 있다는 점에서 부정적인 면도 크다는 점은 앞으로 개선의 여지가 많다고 할 수 있겠다.) 등이 있다. 이런 공간을 통해서 다양한 이야기들과 전문성 있는 자료, 주장들이 올라오고 있으며 찬반논쟁을 불러일으키고 있는데 이런 현상들은 과거에는 상상도 할 수 없었던 새로운 토의 · 토론 문화를 보여 주는 사례라 할 수 있다. 물론 가끔은 바라보고 있기에 불편한 현상도 있겠지만 말이다.

지금까지 언급한 지식정보화 시대의 특징은 아래와 같이 몇 개의 낱말로 정리된다.

> 네트워킹, 개방성, 참여와 소통, 상호작용, 나눔과 공유,
> 커뮤니티(공동체), 협동, 집단 지성, 융합과 분리

이런 낱말들이 갖고 있는 의미를 살펴보면 다음과 같다.

❶ 21세기는 더 이상 개인의 능력이나 천재성으로 성공이나 이익을 만들어 낼 수 없는 사회로 변해 가고 있다.

❷ 인터넷과 정보통신 기술의 발달은 여럿이 협동적으로 지식과 지혜를 모으지 않으면 안 되는 시대로 접어들게 만들어 주었다.

❸ 창조적 · 주체적으로 자신의 삶을 가꾸며 살아갈 수 있도록 하기 위해서는 아이들에게 변화에 대한 통찰력과 자기 삶에 주인이 될 수 있도록 해 주어야 한다.

❹ 자신의 참된 삶과 공동체의 평등한 구조를 조정할 줄 아는 능력을 갖추어 타인을 향한 따뜻한 마음을 바탕으로 공동체를 향해 자기 자신을 내놓을 수 있도록 해 주어야 한다.

이러한 시대적 변화는 교육계 내부에도 큰 영향을 주어 '교육'의 의미나 학교의 존재 가치, 교사

들의 패러다임 등이 과거와 근본적으로 달라지지 않으면 안 된다는 위기의식을 불러 일으키게 되었다. 특히 최근의 모든 흐름과 변화는 학교와 교사들이 아이들의 정보 수집 능력, 참여와 소통 능력, 사회적 기술, 열린 시각, 정보의 공유와 협동, 대화와 토의·토론, 집단 지성을 통한 문제해결능력 신장에 힘써 줄 것을 요구해 오고 있으며, 암기와 전달과 수동적 수용 형식의 학습으로부터 협동학습, 세미나, 워크숍 또는 프로젝트형 학습 패러다임으로의 전환을 적극적으로 권하고 있다.

(3) 변화를 놓치는 것은 가장 위험한 일

2008년 6월 컴퓨터의 천재이자 정보기술의 황제이기도한 세계 최고의 갑부 마이크로소프트 빌 게이츠 회장은 30년의 MS 인생을 마치고 자선사업에 힘쓰기 위해 경영 일선에서 물러나기로 한 날, 한 임직원의 질문에 대하여 떠나는 자리에서 다음과 같은 말을 남겼다(출처: 김영식, 2010, p. 5).

> **임직원** 지금까지 살아오면서 범하게 된 가장 큰 실수는 무엇이라고 생각하는가?
> **빌 게이츠** 변화를 놓치는 것이 가장 위험한 일이다.

그렇다. 우리는 현재 상상을 초월하는 속도로 빠르게 변하고 있는 시대 속에서 살고 있다. 따라서 변화의 흐름과 방향성을 제대로 파악하지 못한다면 어떤 개인이든 기업이든 국가이든 대단히 위험한 일이라 할 수 있다. 새로운 기술과 정보의 양은 매년 2배 이상씩 증가하고 있다고 하는데, 특정 전문 영역에 종사하는 사람(또는 공부하는 대학생)에게 있어서 이 의미는 최근 3~4년 전에 새롭게 도입하거나 적용하여 활용해 왔던 전문 지식이나 기술 또는 배운 것 중 상당 부분은 어쩌면 쓸모없거나 이미 낡은 지식이 되어 버렸을 수도 있다는 것과 같은 의미이다. 컴퓨터, 스마트폰 등의 정보화기기들은 이미 그렇게 된 지 오래이다(컴퓨터 업체에서는 최신 컴퓨터로 업그레이드 주기 또는 교체 주기를 3~4년 정도로 보고 있다고 한다.).

한편 앨빈 토플러는 2008년 9월 아시아태평양 포럼에서 다음과 같은 말을 했다(출처: 김영식, 2010, p. 6).

> 한국학생들은 하루에 10시간 이상 미래에 필요치 않을 지식과
> 존재하지도 않을 직업을 위해 시간을 허비하고 있다.

이는 우리의 교육 현장이 과거 산업시대에나 걸맞은 교육 시스템과 제도를 가지고 앞으로의 사회를 준비하고 있는 모습을 보면서 안타까움에 한 말일 것이다. 불과 60여 년 전만 해도 세계에서 가

장 가난한 나라였던 대한민국이 지금은 G20 국가의 대열에 서서 나아가고 있지만 앞으로도 그럴 수 있을 것이라 누가 장담할 수 있겠는가? 그렇다면 우리는 이제부터라도 변하지 않으면 안 된다. 그럼에도 불구하고 아직 그 흐름은 미미하기만 하다. 우리의 현실에 대한 조언 몇 가지를 제시해 보도록 하겠다.

> 한국은 일본과 마찬가지로 하나의 정답만을 요구하는 주입식 학교 교육을 실시하고 있다. 한국과 일본이 배워야 할 나라는 스칸디나비아 3국-핀란드, 노르웨이, 스웨덴이다.
>
> 출처 : 제4회 세계지식포럼, 2003년 10월 오마에겐이치 미국 UCLA 객원교수, 김영식 역, 2010, p. 21
>
> 사회는 점차 지식기반사회로 이행하고 있지만 한국의 사회제도나 정책 등이 그 변화 속도를 따라가지 못하는 것이 가장 큰 문제이다. 특히 교육시스템에 문제가 많다. 창조성을 위축시키는 산업시대 패러다임에서 학교체제는 벗어나지 못하고 있다. 지식기반사회는 지식을 자유롭게 공유하고 이용할 수 있어야 한다.
>
> 출처 : 앨빈 토플러, 2006년 12월 매일경제신문사 회장과의 대담 중, 김영식 역, 2010, p. 38

이는 우리나라 교육시스템이 암기, 주입식 방식에 머물러 있는 산업화 시대 수준이라는 것을 말해주는 것이다. 창의성과 문제해결능력이 강조되는 지식정보화 시대의 교육시스템으로서는 적절하지 않다는 말이다. 학교 교육은 단순히 대학 입학을 위해 지식을 주는 곳이 아니다. 하지만 의무적이고 같은 나이에 시작하고, 비슷한 단계를 거치고, 반복적으로 암기하고 학습하는 공통적인 속성들, 그리고 그 끝은 대학 입학 그 자체라는 것이 우리 교육의 현실이라고 본다면 한국의 공교육은 분명 변화와 다양성이 꼭 필요하다고 그들은 말하고 있는 것이 아닐까?

> 21세기 교육은 20세기와 다른 양상이어야 한다. 하지만 지금까지 교육은 19세기에 만들어진 대로 대답을 가르치는 교육이었다. 이제 머리로 기억하는 교육은 1달러의 가치도 없다. 앞으로의 교육은 정답이 없고 선생님도 없고 답은 계속 바뀌는 것이다. 21세기의 교육은 기본적으로 스스로 생각해서 옳다고 생각하는 것을 실행하고 습관화하는 것이며 창의성, 기업가 정신, 리더십, 사람 간 대립을 조정하는 능력, 문제해결력, 논리적 사고력, 가설에 입각해 응답을 찾아가는 힘을 기르는 것 등이 앞으로의 교육에 가장 큰 특징이 될 것이다.
>
> 출처 : 오마에 겐이치, 2007년 이코노미스트 창간 23주년 초청 강연 내용 중, 김영식 역, 2010, p. 41

지금 우리의 학교교육은 정답을 정해놓고 그를 찾아가는 것이 아니라 자기 스스로 해답을 찾는 리더를 키우는 교육이 필요하다는 것을 말해 주고 있는 것이라 생각한다. 기존 지식의 흡수만 강조하는 우리의 현재 제도와 시스템으로는 유연하고 창의적인 인재를 길러낼 수 없다고 봐야 한다. 한국의 교육 시스템이 산업화시대에는 성공적으로 작동했는지 모르겠지만 앞으로의 지식기반 사회에서는 더 이상 효과적인 시스템이 되지 못한다는 것을 말해 주고 있는 것이다. 그래서 교사와 학교의 변화가 필요한 것이다.

(4) 변화를 위한 우리 교육의 방향성

20세기 말부터, 시대의 변화에 따른 새로운 학교교육의 모색을 위한 연구와 노력은 다양한 방향에서 이루어져 왔다. 특히, UN 산하 교육과학문화기구인 유네스코나 OECD와 같은 국제기구, 유럽공동체(EU) 등에서는 다양한 동기와 시각에서 새로운 학교교육의 필요성과 가능성에 대한 연구와 논의를 전개해 왔다. 특히, 최근 전 지구적 환경 위기가 고조되면서, UN에서 제기한 지속 가능 발전 교육도 새로운 교육을 모색함에 있어서 매우 중요한 과제들을 제시하고 있다. 유네스코 정책 연구 및 보고서 내용의 일부를 살펴보면 다음과 같다.

> UN의 교육 · 과학 · 문화 전문기구로 1946년에 설립된 유네스코가 세계 각지의 교육관련 석학과 전문가들로 구성한 '21세기 세계 교육위원회(International Commission on Education for the Twenty-first Century)'에서는 1996년에 유네스코 본부에 "Learning : The Treasure Within"이라는 이름으로 21세기적인 학교교육을 위한 종합보고서를 제출하였다. 이 보고서는 21세기를 준비하는 교육의 원리로서, '알기 위한 교육(Learning to know)', '행동하기 위한 교육(Learning to do)', '존재하기 위한 교육(Learning to be)', '함께 살기 위한 교육(Learning to live together)' 등 4개의 기둥을 제시하고, UN 회원국들에게 새로운 교육을 위한 제안을 수용할 것을 권고하였다.
>
> 출처 : 21세기 교육을 위한 새로운 관점과 전망, 유네스코 21세기 교육위원회 저, 김용주 외 역, 1997, 도서출판 오름

IV

안승문(서울특별시 교육지원청 정책총괄보좌관)은 변화를 위한 우리 교육의 방향성에 대하여 다음과 같이 말하고 있다(출처 : 학교 혁신과 교육 패러다임 전환의 방향과 과제).

(가) 평생학습 시대와 학습하는 능력을 길러 주는 교육

❶ 지식의 생성 및 소멸 주기가 짧아져 12년 또는 16년 동안 배운 지식만으로는 앞으로의 삶을 영위하기에 어려움이 많다.

❷ 세상은 지식과 정보를 검색하고 참으로 의미 있고 가치 있는 지식을 선별할 수 있는 능력, 검색한 정보와 지식을 바탕으로 새로운 정보와 지식을 창조해내는 능력, 자신이 발견하거나 창조한 정보와 지식을 전파하고 교류하는 능력 등을 요구하고 있으며 지식과 정보의 적극적인 재조직 및 창조가 더욱 중요해지고 있다.

❸ 학교와 교사들은 아이들의 자기주도적 학습능력을 길러 주어야 한다.

❹ 인터넷과 정보기술을 활용한 정보의 수집과 활용, 도서관과 평생학습 기관을 통한 자발적이고도 지속적인 학습 등을 통해 평생학습의 주체적 향유자가 되도록, 그러한 의식과 태도를 갖도록 도와야 한다.

❺ 이를 위해 학교와 지역사회, 학교와 다른 여러 학습기관들과의 네트워킹과 소통, 협력을 적극 강화해야 할 것이다.

(나) 환경 생태 위기와 지속가능한 미래를 위한 교육

❶ 지구온난화의 급속한 진전, 화석 에너지의 한계, 각종 환경오염과 공해, 환경호르몬 등으로 인해 갈수록 심각한 문제들이 야기되고 있다.

❷ 이는 더 이상 방치할 수 없는 인류 전체의 문제로 인식되고 범세계적인 해결 방안과 실행전략의 모색이 갈수록 시급해지고 있다.

❸ UN에서는 생태계 위기를 극복하고 지구상의 모든 생명체와 인류의 지속 가능한 삶과 발전을 위한 국제적인 협력을 모색하고 있다.

❹ 교육과 관련해서는 지속 가능 발전 교육을 위한 개별 국가와 국제적인 협력을 강조하고 있다.

❺ 21세기 새로운 교육은 자연을 분석과 활용과 정복의 대상으로만 간주했던 20세기적 관점을 폐기하고, 자연과 인간이 공존 공생하는 지속가능한 지구를 만들기 위한 자연 친화적이고 생태적인 교육으로 바뀌어야 한다(교육 철학과 방법도 포함).

(다) 세계화 · 국제화와 학교교육의 과제

❶ 세계화 · 국제화의 급속한 진전은 지구촌의 많은 나라들이 정치적 · 경제적 · 사회 문화적

으로 고립되어 생존할 수 없는 상황으로 만들고 있다.

❷ 점점 긴밀해지는 국제관계로 인해 교류와 협력이 많은 나라의 국내외 문제가 모든 개인의 삶에 큰 영향을 미치고 있다.

❸ 신자유주의적 세계화의 급속한 진전으로 다국적 기업이나 소수의 엘리트들은 큰 혜택을 보고 있으나 다수의 사람들이 빈곤해지는 등 사회적 양극화가 심화되고 있다.

❹ 사회적 양극화와 불평등을 최소화하기 위한 교육적 노력이 요구되고 있다.

❺ 세계화·국제화의 진전으로 지구 온난화, 생태계 문제, 전쟁이나 빈곤 및 기아의 문제 등과 같이 전 지구적인 문제를 해결하기 위한 공동의 노력이 중요해지고 있다.

❻ 21세기 교육은 아이들로 하여금 세계시민(global citizenship)으로서 지구 공동체적 관점에서 사고하고 행동할 수 있는 태도를 길러야 한다고 요구하고 있다.

❼ 신자유주의적인 세계화에 대한 대안으로 지구 온난화, 세계평화, 민주주의의 확산과 빈곤 퇴치 등 인류의 문제를 해결하기 위한 국제적인 교류·협동이 절실히 요구되고 있다.

이러한 방향에 따라 교육을 잘 실천해오고 있다고 알려진 것으로는 발도르프학교, 프레네학교, 일본의 배움의 공동체, 핀란드·덴마크·스웨덴 교육 등이 있다. 우리도 이제부터라도 한걸음씩 차근차근 준비해 나가지 않으면 안 된다고 볼 때, 지금까지 이야기된 여러 상황들을 종합적으로 고려해 보면 반드시 협동학습이어야 할 필요는 없겠지만 학문적·철학적 바탕과 저자가 주장해온 여러 가지 이유만으로도 한국적 협동학습이 충분한 대안이 될 수 있다는 것을 느낄 수 있을 것이다.

협동학습을 논하면서 왜 '세상 바라보기'와 같은 것을 하는가에 대하여 궁금한 점들이 어느 정도는 해소되었을 것이다. 21세기를 살아갈 우리 아이들에게는 사회 구성원들끼리 서로 협동하는 태도와 사회적 기술(다 함께 잘 사는 기술), 자기 삶에 대한 주인의식, 고등정신기능, 세계시민의식, 생태적 가치관 등이 수많은 지식을 쌓아 나가는 것보다 중요하다는 것에 대하여 협동학습을 실천하는 교사들이라면 결코 부정하지 않을 것이며, 앞으로 해 나갈 교사들이라면 이 점을 반드시 이해하고 받아들여야만 한다. 이제 학교교육과 교사는 성적 중심의 경쟁적 구도나 개인만 강조하는 교육방법보다는 시대의 흐름에 알맞은 시스템과 교육을 제공하는 데 초점을 맞추어야 한다. 특히 혁신학교에서 협동학습을 적극 실천하고자 할 때는 단지 수업방법의 혁신차원을 넘어서 교육운동으로 보려는 시각과 이에 따른 다양한 이해 및 노력이 필요하다. 이를 위해 우리는 어떤 준비와 실천들을 해야만 하는가에 대하여 다음 장에서 살펴보도록 하겠다.

③ 혁신학교와 교육운동으로서의 협동학습

아이들 성적
떨어뜨리는 학교?

집값을 올려
주는 학교?

혁신학교가
뭐지?

시험 안 보는
학교?

교과서대로
안 가르치는
학교?

아이들이 놀기만 하는 학교?

지금까지 살펴본 시대의 변화를 바탕으로 혁신학교란 무엇인가에 대하여 간단하게 살펴보도록 하겠다.

현재 혁신학교를 바라보는 시선은 매우 다양하다. 그 가운데 부정적인 시선 몇 가지만 살펴보면 왼쪽의 그림과 같다. 거기다 두어 가지 더하면 이런 생각도 많이 퍼져 있다.

혁신학교란 무엇인가?

기존 학교 교육의
틀 넘어서기.
비교육적 관행 ·
비민주적 관행 ·
비효율적 관행 등을 찾아
없애려고 노력하는
학교

교육의
본질
회복

왜 시작되었는가?

• 다른 학교보다 예산을 더 많이 주는 학교(차별한다고 말함)
• 특정 단체의 교사들이 모여드는 학교

이런 인식들은 시대의 변화, 혁신학교 운동의 취지에 대하여 이해가 부족하기 때문에 발생하는 것이라 여겨진다. 이를 뛰어넘기 위해 혁신학교의 취지나 필요성 등에 대하여 간단히 짚어보고 넘어가도록 하겠다.

요약하자면 이렇다.

혁신학교란 그동안 이루어져 왔던 학교 교육의 틀을 뛰어 넘어서 비교육적 · 비민주적 · 비효율적 관행 등을 찾아 없애고, 교육의 본질을 회복하고자 하는 운동으로서 현재 우리 사회에 대한 위기의식과 이를 극복하기 위한 차원에서 시작된 교육운동이다.

이런 이해를 바탕으로 많은 학자들과 교사들이 한 목소리를 내고 있는, 혁신학교가 추구해야 할 방향성과 교육의 본질을 제시한다면 다음과 같다.

하나

아이들의
전면적 발달

• 아이들의 삶을 가꾼다는 의미
• 인지, 정의, 신체 3영역의 고른 접근을 통한 아동 발달
• 결과가 아닌 과정을 강조(끝이 없음, 평생 교육 차원)
• 다양한 교육 활동을 통해 균형 있게 제공해야 함

둘

협동적
민주주의

• 자유와 평등 기반 : 소통과 협동을 이끌어 내는 실천적 원리로서의 민주
• 다양성 존중, 소외됨 없는 조화로운 공동체를 추구(돌봄의 가치)
• 학교는 민주시민 교육의 장, 학교 운영 및 교실의 민주화 : 함께 만들어 나가는 학교 · 교실 · 수업, 다양한 학생 자치 활동의 교육적 보장 등

셋

교육의
공공성
확보

- 개인의 입신양명을 위함이 아님.
- 모두 함께 행복한 사회 지향
- 다 함께 잘 살기!
- 모두가 행복한 사회란(좋은 사회-그렇지 못한 사회를 구분하는 기준)?
- 행복한 사회 실현을 위해서 꼭 필요한 본질적 가치 : 자유, 평등, 인권, 생태, 평화, 일(노동) 등

넷

미래의
삶에 대한
준비

- 아이들의 미래 삶을 위한 준비
- 자신의 행복한 삶을 위한 준비
- 자신의 강점과 약점 찾기
- 강점으로 약점 보완하기
- '나'를 찾아 떠나는 여행
- '자신에 대한 깨달음'
- 삶의 질 향상을 위해 꼭 필요한 힘 기르기(특히 사회적 기술)

이외에도 혁신학교의 핵심 과제로 몇 가지 더 이야기되고 있는 것을 살펴보면 다음과 같다.

- 책임 교육의 실현
- 소통과 돌봄(소외됨이 없는)
- 아이 · 학부모 · 교사 모두가 주인이 되는 학교

지금까지 간략히 살펴본 바를 바탕으로 생각해 본다면 꼭 협동학습이어야 한다고 말할 수는 없지만 적어도 협동학습이 큰 힘(대안)이 될 수 있다는 생각은 충분히 가질 수 있다.

앞으로의 삶과 교육 현장에서 '협동'은 더 이상 피할 수 없는 핵심 개념이자 지속 가능한 미래의 삶을 위한 최대의 가치라는 생각에 동의한다면 지금의 현장에서 모둠 중심 수업방법 정도로 인식되고 있는 협동

**서로 협동해요!
다 함께!**

- 협동은 교육의 핵심 개념!
- 회피할 수 없는 미래의 핵심!
- 지속 가능한 미래를 위함!

학습에 대한 생각을 넘어서려는 움직임이 매우 강하게 일어나야 한다. 저자도 그런 입장을 강하게 표현하면서 협동학습의 실천을 이야기하는 교사 중 한 사람이고, 저자에게 있어서 협동학습은 교육의 변화를 이끌어내기 위한 교육운동이다. 이런 입장에서 볼 때, 아이들에 대한 관점과 수업에 대한 인식, 교사의 역할, 교육 목표 등은 아래와 같이 변해야만 한다.

- 아이들 : 수동적인 존재가 아니라 자신 및 자신을 둘러싼 세계에 대하여 적극적으로 이해하려고 노력하는 존재이다.
- 수업 : 아이들의 그런 노력은 타인들과의 접촉 · 상호작용을 통해 이루어지는데, 그 모든 과정을 '배움 = 앎 = 삶 그 자체'라 한다.
- 교사 : 아이들의 흥미와 호기심을 자극하고, 전면적 발달 및 인간관계의 발달을 돕는 주도적 안내자이다.

• **목표** : 아이들이 타인과의 협동을 배우며 자신의 말과 행동에 스스로 책임을 질 수 있도록 만드는 것(학습에 대하여 스스로 결정하고 그에 대한 많은 책임을 갖는다.).

참고하기 서울형 혁신학교의 6대 과제 및 기본 정신

❖ 서울형 혁신학교가 추구하는 학교상(6대 과제)

• 민주주의가 살아 숨 쉬는 학교 : 학교 운영 혁신

• 온전한 성장을 꿈꾸는 학교 : 교육과정 혁신

• 함께 배우고 성장하며 신나는 학교 : 수업 혁신

• 성장과 발달의 과정을 평가하는 학교 : 학생 평가 방법 혁신

• 인권이 존중되는 평화로운 학교 : 생활지도 혁신

• 지역사회와 교류하는 돌봄과 배려의 학교 : 교육복지 혁신

❖ 서울형 혁신학교의 기본 정신

• 행복의 추구 : 인권과 존엄을 서로 소중히 여기고, 미래사회에 필요한 역량을 함양하며, 모두의 행복을 실현하기 위해 함께 노력한다.

• 책임과 공공성 : 단 한 명의 아이도 소외되지 않는 책임교육과 교육의 공공적 가치 실현을 위해 최선을 다한다.

• 자율과 창의 : 학교 자율성을 바탕으로, 특색 있고 지역사회의 요구에 적합하며 창의적인 교육과정을 운영하고, 누구나 즐겁게 배운다.

• 자발과 참여 : 교원·학부모·아이 등 학교 공동체 구성원의 자발성과 참여를 바탕으로 학교를 민주적으로 운영한다.

• 소통과 협력 : 학교 공동체 구성원 간, 학교와 지역사회 간 서로 소통하고 협력한다.

◀ 서울시 교육감과 함께 한 서울형 혁신학교 개교식. 2012년 5월 16일 저자가 근무하는 학교의 개교식이 있었다. 교육지원청 및 지역인사, 마을 주민, 본교 교사 및 아이들이 모두 함께 모여 신명나는 대동놀이 한 판을 벌이며 개교식을 성대하게 치루었다. 강당에서 식을 마치고 운동장에 나와 사물놀이 공연단의 연주에 맞추어 소원이 담긴 비행기를 날리며 각자의 꿈과 소원을 빌었다. 그날 이후 저자의 학교는 꾸준히 교육운동을 진행 중이다.

협동적 학교 공동체 만들기

> 협동적 학교문화 만들기 : 교사가 바뀌면 학교가 바뀐다.

시대가 변하면 사람도 바뀐다. 시대가 변하면 교육도 바뀌는 것이 당연하다. 그래서 지금 우리 교육은 대수술을 필요로 하고 있다. 제도, 정책과 교육의 방향, 철학 등, 그 중에서도 교사의 변화는 가장 핵심이라 할 수 있다. 같은 맥락으로 교육운동으로서의 협동학습도 교사가 변하지 않으면 결코 각성의 수준까지 도달할 수 없다는 것을 이전까지의 글을 통해서도 살펴보았다. 하지만 이 또한 쉽지만은 않다. 그동안 아주 깊은 곳까지 뿌리를 내리고 있는 고정관념과 관행들을 쉽게 벗어던지려 하지 않는 교육현장의 모습을 볼 때, 험난한 여정과 도전이 앞에 기다리고 있을 것이라 생각된다. 여기에서는 어떤 도전이 눈앞에 놓여 있고, 이를 극복하며 협동적 학교 공동체를 만들어 나가기 위해 우리는 어떤 노력을 해야 할 것인가에 대하여 살펴보도록 하겠다.

(1) 비민주적 학교문화 ⋯⋯▸ 교무회의 의결기구화로

저자는 현재 서울형 혁신학교에 재직중이다. 바로 이전의 학교에서 있었던 일이다. 교장이 바뀌고 나서 첫 대면을 하는 날, 새로 부임한 교장은 자신의 상의 안쪽 주머니에서 종이 한 장을 꺼내더니 줄줄 읽어 내려갔다. 그 내용 가운데 아래와 같은 말에 교사들이 모두 박수를 치고 환호를 하였다.

> "교장이 바뀌면 학교가 바뀐다는 말이 있습니다. 교장이 바뀌면 학교를 바꾸면서 선생님들을 힘들게 하는데 나 자신은 그럴 생각이 없습니다. 나는 선생님들이 원하는 학교를 만들어 나가려고 합니다."
> 저자는 속으로 그랬다. 그리고 주변 동료교사들에게도 이렇게 말했다.
> "그 생각이 얼마나 가는지 보자. 뚜껑은 열어 봐야 한다."
> 그 답은 오래 지나지 않아 모두가 스스로 확인했다. 그 교장은 학교를 자기 마음대로 휘저어 놓았다. 그래서인지 어떤 교사는 이런 말도 했다.
> "이전 교장도 우리를 참 힘들게 했지만 구관이 명관이네. 이전 교장 얼굴이 떠오르네."

협동학습에 접근하려는 교사들이 늘어나고, 최근 들어 혁신학교 운동이 펼쳐지면서 수업 기법으로서의 협동학습이 아니라 철학을 바탕으로 한 협동학습에 대한 이야기, 혁신학교에서의 협동학습 실천 방안 등에 대하여 이런 저런 이야기를 듣고자 하는 교사 모임, 학교, 교육청들이 늘어나서 참

Ⅳ

많은 자리를 함께 했다. 그러면서 여러 교사들과의 이야기를 통해 모니터링도 많이 하는데, 혁신학교를 준비하고 있든 혁신학교 운영 중에 있든 아니면 일반학교이든 공통적이면서도 가장 어려움의 중심에 바로 비민주적인 학교문화가 자리하고 있어서 어떤 식으로든 이를 극복하지 않으면 혁신학교 운동은 실패할 수밖에 없다고 저자는 생각한다. 그리고 그 비민주적인 학교문화의 핵심에 바로 학교 관리자의 권위주의가 뿌리 깊게 자리하고 있다.

저자의 시각으로 볼 때 현재 진행 중에 있는 혁신학교 가운데 대부분은 민주적인 학교문화를 만들어 나가지 못하고 있다. 그냥 관리자가 만들어 나가는 혁신학교 정도랄까. 결국 관리자의 생각과 사고 수준 범위를 뛰어 넘지 못하고 있다. 아주 심한 경우에는 연구 시범학교 수준을 넘지 못하는 경우도 있고, 그보다도 못한 경우에는 지원해 주는 돈으로 그냥 다양한 활동을 해 보면서 실적이나 행사를 많이 만들어 내는 아주 힘든 학교(교사들의 기피 대상 1호 학교)로 전락한 학교도 있다. 그보다 더한 학교의 경우에는 학교가 학부모에게 휘둘리는 사례도 나타났다. 이런 학교들은 교사들의 의지나 생각과는 아무 상관없이 그냥 굴러간다. 그 안에서 교사들은 혁신의 마인드나 의지도 별로 없다. 그래서 많은 교사들은 빨리 그 학교를 떠나기만을 바란다. 그리고 그런 교사들이 학교 밖으로 나가서 이런 저런 소문—소위 말하는 혁신학교 괴담—을 만들어 낸다. 대표적인 것이 이런 것이다.

- 다른 학교에 비하여 일이 너무 많다(다른 학교도 업무와 일거리들이 많은데, 혁신학교라는 것을 하느라 더 행사와 일이 많아져서 정신이 없다.).
- 교사들은 정시 퇴근(소위 칼퇴근)을 원하는데, 혁신학교를 하면서 그것이 어려워졌다(툭하면 회의, 모임, 행사, 업무로 인해 늦게 가는 일은 다반사이다.).

이 모든 일들은 학교문화가 비민주적이기 때문에 일어나는 일이라 할 수 있다. 그렇다면 아직은 소수이지만 나름대로 잘 만들어 나가고 있는 혁신학교는 다른 혁신학교에 비하여 무엇이 다른가에 대하여 말하지 않을 수 없다.

▲ 저자가 근무하는 학교는 신설학교이면서 서울형 혁신학교로 지정받아 시작된 곳이다. 학교를 짓고 있는 도중(2011년 2월)에 아이들을 맞이하는 준비를 하면서 모두가 함께 참여하여 학교의 비전을 만드는 회의를 하고 있는 중이다. 저자의 학교는 개교를 준비하는 과정에서부터 모든 교사들이 참여하는 모임 (다모임)이 의결기구화 되었고, 그 자리에 교장·교감 선생님도 늘 함께 평등한 자격으로 참여하여 소통을 하였다(상단의 오른쪽 사진에 저자가 일어나서 의견 개진을 하고 있는 모습이 보인다.).

비민주적 학교문화를 유지하는 학교	민주적 학교문화를 만들어 내고 있는 학교
관리자가 모든 것을 결정한다. 교무회의라는 다모임이 있지만 형식적이다.	교무회의라는 다모임이 모든 것을 결정하는 의결기구 역할을 충실히 수행한다.
교무회의에서 교사들의 발언권보다 관리자의 발언권이 더 강하다(의사결정권 포함).	교무회의에서 교사들의 발언권과 관리자의 발언권은 동등하다(의사결정권 포함).
부장회의는 교장을 보좌하거나 학교를 움직이는 기획단 역할을 한다. • 부장회의에서 활동을 기획하고 전교에 안내하고 그대로 진행되는 경우가 많음(모두가 원하지 않더라도 진행되기도 함).	부장회의는 교무회의라는 다모임의 하부 조직으로 교육활동 지원의 역할만 한다. • 부장회의에서 기획을 하더라도 다모임에 안건으로 상정하고, 논의를 통해 진행함(모두가 원하지 않으면 진행을 하지 않음).
대부분의 교사들은 교무회의에서 자신의 의사를 말하지 않으며, 일부 교사들만 발언을 하지만 무시되는 경우가 많아 변해가는 학교의 모습을 느끼지 못하게 된다. 그 결과로 참여에 대하여 소극적이게 된다(어차피 말해도 변하는 것은 없다. 학교 변화에 내가 할 몫은 없다.).	거의 모든 교사들이 자신의 의사를 솔직하게 말하고, 그에 대하여 진지하게 토의·토론함으로써 자신의 생각에 따라 변해 가는 학교의 모습을 직접 경험하게 된다. 그 결과로 참여에 더욱 적극적이게 된다(나의 참여가 학교의 변화를 만들어 낸다. 학교는 우리 모두가 만들어 나간다.).

교무회의에 관리자는 참석하지 않고 보고만 받거나, 참석하더라도 안건에 대하여 자신의 의사대로 결정해 버린다.	교무회의에 관리자도 끝까지 참석하여 함께 회의를 하고, 모든 것을 열어놓고 토의 · 토론을 하며 회의 결과에 따른다.
관리자의 의사에 반하는 일은 절대로 이루어지지 않으며, 교육청에 의한 학교 평가 및 관리자 평가에 영향을 많이 받는다.	교무회의에서 결정된 것에 반하는 일은 절대로 이루어지지 않으며, 학교 평가 및 관리자 평가에 영향을 거의 받지 받는다.
관리자와 평교사 사이의 벽이 너무 높고, 두꺼워 둘 사이가 가깝게 느껴지지 않는다.	관리자와 평교사 사이의 벽이 거의 없어 둘 사이가 매우 가깝게 느껴진다.
승진구조에 영향을 많이 받는다(실적 만들기, 승진 가산점 따기 등).	승진구조에 영향이 거의 없다(실적이 아니라 아이들의 성장과 발달을 중심에 둠).
교장 · 교감의 역할론이 없다. 그냥 다른 학교처럼 권위적이고 군림하려고만 한다.	교장 · 교감의 역할이 분명하고 교육적 지원을 아끼지 않으며 교사들을 받든다.
회의 속에서 경쟁적 · 인간적 갈등을 느끼게 되고, 서로를 신뢰하지 못하여 생산적이지 못하다는 생각을 갖게 된다.	회의가 경쟁적이지 않으며 상호존중 및 신뢰를 바탕으로 하여 협동적으로 진행되기 때문에 매우 생산적이다.
교무회의에서 거론되는 안건에 대하여 남의 일이라 여기거나 관심 없는 태도로 회의에 참여하며, 빨리 끝나기만을 바라거나, 퇴근 시간이 다가오면 집에 가야한다며 논의는 그만 하고 다수결로 빨리 결정하자고 하는 분위기로 몰아간다.	교무회의에서 거론되는 안건에 대해 자신의 일로 인식하고, 솔직한 자신의 생각을 바탕으로 자유롭게 의견을 개진하며 시간의 구애없이 충분한 논의를 통해 신중하게 의사결정을 하고자 하며, 다수결에 의한 섣부른 의사결정을 경계한다.

앞의 표에서 살펴본 바와 같이 답은 이미 나와 있다. 모든 교사들은 교직사회에서 민주화를 원한다. 혁신학교에서는 그것이 더 절실하다. 교사가 민주적인 풍토 속에서 스스로 참여하여 변화되는 학교를 경험할 수 있어야 교실도 민주적으로 바꾸고, 아이들을 민주시민으로 길러낼 수가 있다. 민주적이지 않은 학교에서는 민주적인 교실도 없다.

이즈음에서 반드시 생각해 봐야 할 점이 한 가지 있다. 바로 다양한 회의 속에서 찾아오게 되는 갈등의 문제이다. 혁신학교 및 일반 학교에서도 이 문제에 대하여 깊이 있게 고민하지 않으면 안 된다. 왜냐하면 저자는 갈등이라는 것을 어떤 시각으로 바라보느냐에 따라 아이들도, 교사들도 참 많이 달라질 수 있다는 것을 경험해 보았기 때문이다.

혁신학교로서 나름의 자리를 잡아가고 있는 학교의 문화를 면밀히 분석해 보면서 나름대로 이런 결론을 내렸다.

❶ 그 학교 교사들은 갈등에 대하여 일반 사람들이 갖고 있는 오해나 편견에 대하여 벗어나기

위한 노력을 많이 하고 있다는 점에서 달랐다.

❷ 일반적으로 사람들은 갈등을 '피해야 할 것'이라고 인식하고 있는데 반하여 그 학교의 교사들은 갈등을 '변화를 위해 꼭 넘어야 할 것 – 건설적인 갈등'처럼 인식하고 있었다는 점에서 달랐다.

저자의 협동적 학급운영을 하면서 이 점에 대하여 참 많은 것을 느끼고 깨달아 아이들의 갈등을 학급운영에 교육적으로 많이 활용하고 있다. 그 몇 가지 원칙을 제시해 보면 다음과 같다(출처 : 이상우, 2009, pp. 127~133).

❶ 갈등은 곧 교육의 기회이다.
❷ 갈등 없는 교실은 둘 중의 하나, 최악이거나 최선이거나!
❸ 필요한 경우에는 의도적으로 건설적인 갈등을 만들 필요도 있다.

민주적인 학교문화도 마찬가지라 생각된다. 어떻게 그 학교에서 모든 교사들의 그렇게 똑같을 수가 있느냐고, 참여하는 모든 사람들의 의견이 일치하기를 요구하고 바라느냐고 반문하는 사람들도 있다. 저자가 바라는 것이나 바라보는 관점은 그런 결과적인 것이 아니라 그렇게 되기까지의 과정을 바라보고 기대하면서 의견의 불일치를 해결하기 위해 서로 협동적으로 노력하는 것이 그만큼의 분명한 차이를 만들어 내고 있다는 점을 꼭 말하고 싶다.

갈등이라는 것도 자세히 들여다 보면 그 자체가 해롭거나 나쁘지는 않다. '갈등 없는 교실은 최악이거나 최선이거나!'라고 말한 것처럼 만약 갈등이 없다면 최악일 경우 그것은 아마도 사람들이 권력과 강압, 폭력에 의한 두려움으로 이의를 제기하지 못하고 떨고 있거나 속으로만 분개하고 있다는 뜻으로밖에 해석할 길이 없다(아주 드문 일이지만 특정 종교집단에서 일어나고 있는 사례도 있기는 하지만 여기에서 논할 바는 아니라 여겨진다.).

우리들은 이미 많은 경험을 통해 항상 모든 사람들의 의견이 일치할 수 없다는 사실을 너무나 잘 알고 있다. 이는 이미 아이들도 잘 알고 있는 사실이다. 모든 사람들에게 의견의 일치를 바라면서 강요한다면 그것은 '세상을 제대로 바라보는 일'을 방해하게 되고, 올바른 판단과 사고를 흐리게 하여 좋지 못한 결과를 가져오게 만든다. 그런 학교와 교실에서는 바람직한 교육은 절대로 일어나지 않는다. 혁신학교가 협동적 학교 공동체로 거듭나기 위해서는 다음과 같은 것을 경계하고, 확산시켜 나가야 한다(교실도 마찬가지다. 협동적 학급운영을 위해서도 같은 맥락으로 접근할 필요성이 있다.).

IV

〈민주적 학교문화를 위해 경계해야 할 것들〉

1. 높은 사람 혹은 어떤 주제에 대한 누군가의 의견이나 주장에 무조건 동조하거나 따르도록 강요하거나 그렇게 만들려고 하는 일
2. 논의함에 있어서 엄격한 의견 일치–만장일치를 요구하거나 강요하는 일
3. 자신의 의견이나 주장대로 안 되면 투정을 부리고, 다른 사람이 그런 모습을 보이면 그에 대하여 부정적 시각으로 바라보는 일
4. 그 해결책을 경쟁에서 찾으려 하는 일(내 생각대로 결정 = '승리'라는 인식 또는 '내가 더 똑똑해, 내가 더 많이 알아.'라는 생각 ⋯▶ 적지 않은 경우 경쟁은 갈등을 우월함으로 해결하려는 경향을 보이게 된다. 이 경우 의사소통은 방해를 받고, 문제의 본질은 어느새 사라져 버리게 되며 상대방의 의견에 귀를 기울이지 않게 된다.)
5. 자신의 권력이나 입지를 확대하고 상대방의 입장이나 의견을 무시하거나 사람 자체의 문제로 보아 자존감 등에 상처를 주는 방향으로 해결하는 일
6. 문제의 본질을 보지 못하고 인간관계에 의하여 사리판단을 하는 일 또는 인간관계에 따라 발언 횟수, 수위의 조절을 가리는 일
7. 다수의 횡포를 민주적이라는 이름으로 포장하여 깊은 논의 없이 쉽게 행하는 일(다수결의 횡포)
8. 갈등을 무조건 봉합하려고만 하는 태도

〈민주적 학교문화를 위해 확산시켜야 할 것들〉

1. 갈등은 곧 공동의 문제임을 인식하는 자세
2. 협동적 노력으로 해결해야 된다는 생각
3. 다른 사람들의 생각 역시 정당하다는 생각
4. 다른 사람의 생각이나 욕구 역시 내 생각이나 욕구만큼 중요하다는 생각
5. 우리 모두의 생각이나 욕구를 만족시킬 만한 타협점을 찾으려는 생각
6. 경쟁적이지 않고 상호 존중 및 신뢰를 바탕으로 한 협동적인 관계 만들기
   ⋯▶ 이것이 가능하다면 갈등을 생산적으로 만들 수 있다.

(2) 수동적인 교사풍토 ⋯▶ 분노(용기)와 연대(협동)로

우리의 일반적인 학교문화는 굉장히 수동적이다. 왜냐하면 하고 싶은 일을 할 때 사람들은 능동적

이게 되고 힘든 일도 즐겁게 참여하게 되는데, 그렇지 않은 경우가 많기 때문이다. 교사들은 학급운영을 하면서 자신의 교실에서 아이들과 잘 해보기 위해 계획하고 의도한 일은 정말도 누가 시키지 않은 일인데도 불구하고 열정을 불사르며 혼신의 힘을 다한다. 그러면서 힘든 줄도 모르고 한다. 하지만 학교 일에 대해서는 그런 모습을 보이는 경우가 별로 없다. 이것이 무슨 차이겠는가? 바로 자발성과 민주성의 결여 때문이다.

교사들의 자발성과 민주성을 없애는 대표적인 것이 바로 학교 행사들이다. 그리고 그것들은 교사들을 학급운영에 집중하지 못하도록 만든다. 그래서 교사들은 수동적일 수밖에 없게 되고 그 일들을 억지로 하게 된다.

두 번째는 권위주의에 입각한 비민주성이다. 스스로 참여하고 민주적인 과정과 절차에 의해서 결정된 것이라면 교사들은 자발적으로 참여하며 열정을 보이게 된다. 하지만 앞서 알아본 바와 같이 민주성이 결여되어 있고, 자신들의 의사와 반하여 강제적으로 맡겨지고 지시와 전달에 의하여 일들이 결정되거나 처리되다 보니 수동적이게 될 수밖에 없다.

어느 교사가 이렇게 말했다고 가정하자.

"힘 있는 자들은 국익에 반대되더라도 자기에게 이익이 되면 물불을 가리지 않고 강요하고 행해 버린다는 사실에 비추어 보면, 내가 무얼 가르치느냐 마느냐 또 얼마나 열심히 잘 가르치느냐의 문제는 별로 중요하지 않습니다."

이 말에 대해 여러분들은 반응하겠는가? 저자는 이 말이 자기 합리화를 위해 제멋대로 하는 것이고 자신의 안일만을 꾀하는 것일 뿐이라 생각한다. 나쁘게는 교사가 이런 식으로 적응해 버린 채 변화를 꾀하기 위해 아무런 노력도 하지 않는다면 교사의 이 무기력함과 수동성이 더욱 열악한 상황으로 몰고 가는 원동력이 될 것이다.

적어도 철학이 있는 교사라면 남들이 모두 "예."라고 말할 때 "아니오."라고 말할 수 있는 용기와 권리를 가져야 하고, 그 권리를 실행에 옮길 수 있어야만 한다. 그리고 그 용기는 분노와 두려움(공포) 사이에서 그 본질을 어떻게 느끼고 깨닫느냐에 따라 달라진다. 저자는 이렇게 말하고 싶다. "두려움보다 분노가 먼저다." 이를 TV 속에서 표현했던 것이 바로 드라마 〈선덕여왕〉이다.

몇 회째였는지는 기억하지 못하지만 그 때 당시로는 오늘의 한국사회를 살고 있는 많은 사람들에게 교훈을 던져주는 느낌을 받은 명장면이 있었다.

백성들의 두려움을 이용하여 미실은 월식을 예언하고, 실제로 월식이 일어나면서 가야 유민들이 서라벌 밖으로 쫓겨나자 유신의 아버지 김서현 또한 미실의

출처 : www.imbc.com

Ⅳ

힘 앞에 두려움을 느끼며 정치적 협상을 모색하게 된다.

그런 상황에서 덕만(훗날 선덕여왕)에게 오로지 유신만이 "두려움을 느끼기보다 분노하는 게 먼저"라며 죄 없는 가야 유민들이 생계터전에서 막무가내로 쫓겨나는 현실에 대해 마땅히 분노해야 함을 소리 높여 외쳤다. 그런 유신의 절절한 호소에 무엇인가 깨달은 덕만은 다시 용기를 추스르고 미실에 대적하기로 결심한다. 이 장면을 보며, 짧은 시간이지만 참으로 많은 것을 생각했다. 그리고 지금도 그 느낌을 간직하고 있다.

과연, 나는 그리고 우리는 '분노를 느끼기보다 두려움에 휩싸여 있는 것은 아닌가' 라고.

굳이 정치적인 문제나 많은 서민의 문제, 노동자들의 문제, 철거민들의 문제 등을 보면서 생존의 벼랑 끝에 내몰린 그들을 때려잡으려고 무지막지하게 쇠파이프를 들고 달려드는 공권력을 떠올리지 않아도 얼마든지 이에 대하여 고민해 볼 수 있다. 국민의 절대 다수가 반대하고 있음에도 불구하고 의회에서의 다수 의석을 차지하고 있다는 것 하나만으로 다양한 민생 법안이나 중대 사안들을 날치기 통과하거나 강행처리하고 있는 모습을 떠올리지 않아도 얼마든지 고민해 볼 수 있다. 학교 현장에서의 교무회의나 비민주적인 사안들을 보고도 분노하기보다는 '해봤자 안되겠지'라고 두려워하고 체념하여 적당히 타협하려고 하는 모습을 늘 곁에서 보고 있으니 말이다. 이는 보는 시각에 따라 다를 수 있겠지만 아이들의 교육, 아이들의 성장과 온전한 발달을 담보로 하여 죄를 짓고 있는, 누군가의 승진과 권력의 유지를 위해 아이들의 꿈과 삶과 혼을 짓밟고 있는 큰 범죄에 해당된다고 저자는 생각한다.

미국 대공황 시절, 노동자와 농민의 모습을 가장 사실적으로 표현한 작가이며 프롤레타리아 문학이라고도 할 수 있는 존 스타인벡(John Ernst Steinbeck)의 대표작『분노의 포도』에서 그는 이렇게 말한다.

"아직 파국은 오지 않았다. 두려움이 분노로 변할 수 있는 한 파국은 오지 않을 것이다"

요즘 절망과 무기력 안에 빠져 있는 우리 교직사회의 내면을 들여다 보면 생명을 잃은 듯 보여 자꾸만 위와 같은 글귀에 눈에 밟힌다. 저항은 개인적으로 해야 할 일이고 그마저 관리자의 권위주의와 복종 앞에서 가려진다. 소수의 교사들이 나서 보지만 대부분의 교사들은 반응하지 않는다. 혁신학교라는 곳에서도 이 상황은 바뀌지 않는다. 그러면서도 그들은 속으로 절망한다. 절망하면서도 소리 내지 못하는 것은 무슨 이유일까에 대해 생각해 보았다.

두려움은 절망에서 오는 것 같다. 나 혼자는 어떤 것도 소용없으리라는 생각과 함께 바로 그 절망으로 몸을 숨기게 된다. 바로 그 순간에 대해 존 스타인벡은 분노를 이야기하고 있는 것 같다. 그리고 그는 분노를 어떻게 하면 희망이라는 것으로 바꿀 수 있을 것인가에 대해 말하고 싶었던 것은 아닐까? 아마도 그는 분노를 희망으로 바꾸기 위한 것으로써 '연대'를 말하고 있는 것 같았다.

수동적인 교사풍토를 극복하기 위한 답은 이미 나왔다. 분노 그리고 연대. 그렇다면 어떻게 그렇게 할 수 있을 것인가에 대한 고민이 필요하다. 그에 대한 답은 교사로서의 신념과 철학(교사론)이 찾아줄 것이다. 그리고 그 철학과 신념은 남들이 세워주지 않는다. 오직 스스로만이 세울 수 있다.

그동안 우리 교육현장을 바라보면 교사들이 부당한 노동조건 개선을 위해 많은 노력을 해왔다. 그러나 현실은 그것들을 철저하게 가로막아 왔다. 때로는 공포심으로, 때로는 무력으로, 그것마저도 안 되면 부모들(특히 권력층 부모들)이 나서서 앞을 가로막게 부추기기도 했다. 그리고 그 부당한 노동조건 아래서 가장 큰 피해를 본 것은 교사 자신이 아니라 아이들이었다는 것을 이 땅의 교사들, 적어도 혁신학교 교사들만이라도 알았으면 좋겠다. 부당한 노동조건 아래에서 아이들은 실현 가능한 최소한의 교육을 받을 권리마저도 묵살당할 가능성이 매우 높다. 이 모든 것들은 권력 유지를 위한 계층의 이데올로기가 만들어 낸 힘으로, 이 힘의 범위 안에 끌려 들어갈수록 교사들은 수동적이고 비민주적이며 권위주의적 학교 행정아래서 착실한 꼭두각시로 살아가게 될 것이다.

그러나 이를 극복하고자 한다면 교사가 된다는 것 – 교육자로 산다는 것에 대한 확고한 신념과 철학을 세워야 한다. 교사가 된다는 것은 아이들을 위해 싸워야 할 특권과 권리가 있다는 것을 의미한다고 저자는 생각한다. 그 길에 때로는 고난과 역경도 있을 것이다. 하지만 그것이 무서워 '두려움'을 앞세운다면 더 이상 변화는 없다. 교사가 두려움을 앞세우게 되면 어느새 지배층의 이데올로기와 권위주의의 망령이 자신의 마음 속에 들어와 자리를 잡게 되고, 그로 인해서 교사들의 통제는 훨씬 더 수월해지게 된다. 그게 지금까지 우리 현장의 모습이었다. 적어도 교사라면 두려움과 분노 가운데 무엇이 먼저이고 나중인지를 깨달을 수 있어야 한다. 그리고 마음속에 자라나고 있는 두려움을 이겨낼 수 있어야 한다. 누구나 두려움은 갖고 있다. 다만 용기 있는 교사와 두려움에 떨고 있는 교사와의 차이는 마음속의 두려움을 다스리고 당당히 떨쳐 분노를 표현했느냐 못했느냐의 차이일 뿐이다.

어느 누구도 민주주의를 거저 주어지는 선물로 생각해서는 안 된다. 학교 현장의 민주성을 가로막는 많은 도전과 속박들이 참고 기다린다고 깨지지는 않을 것이다.

> 어떤 학교가, 사회가, 국가가 나쁘다고 여겨진다면 그 이유는
> 나쁜 사람이 많아서 그렇게 된 것이 아니라
> 나쁜 것을 보고도 나쁘다고 말하는 사람들의 수가 적어서
> 그렇게 된 것이라는 것을 잊어서는 안 됩니다.

(3) 취약한 동료성 ⋯⋯ 나눔과 소통과 신뢰로

앞서 비민주적인 학교문화와 수동적인 교사풍토를 이야기했는데, 그 밑바탕에는 바로 취약한 동료성과 개인주의적 사고가 자리하고 있다고 저자는 생각한다. 우리 사회와 학교는 개인적 민주주의를 표방해온 덕분에 '우리' 의식은 매우 취약해져 있다고 해도 과언이 아니다. 그래서인지 대한민국은 현재 매우 아프다. 여기저기에서 탈이 나고 있고, 심하게 도려내야 할 부분도 있고, 치유하고 만져 주어야 할 부분도 많다. 이의 회복을 위해 여기저기에서 '다 함께 – 다 같이'의 가치를 외치고 있지만 표면적으로만 그럴 뿐 진정성이 느껴지지 않는다. 학교 현장도 마찬가지이다. 비민주성과 수동성은 교실의 벽마저 두텁게 쌓도록 만들어 동료성이 매우 취약해져 있다. 옆 반에서 무슨 일이 일어나고 있는지, 옆에서 무엇을 하든지 별로 신경을 쓰지 않아도 된다. 어떤 때에는 쓸 수도 없게 된다. 옆 반 교사가 아파서 결근을 해도 알지 못하는 경우도 있다. 게다가 수년 전부터 교사들을 성과급으로 경쟁시키면서 상황은 더 나빠졌다. 돈 몇 푼에 악악거리면서 싸움이 일어나고 이로 인하여 자그마한 자료 하나 조차도 나누거나 공유하려 하지 않는 모습도 볼 수 있다. 혁신학교라는 곳에서도 이런 모습을 볼 수 있다. 왜냐하면 무늬만 혁신학교인 곳도 있으니까 말이다. 나름대로 혁신학교의 모델로 자리 잡은 남한산초등학교나 조현초등학교 등이 그렇게 되기까지에는 많은 어려움이 많았지만 그 밑바탕에는 교사들끼리의 동료성이 나눔과 소통과 신뢰로 끈끈하게 이어져 있었기 때문이라는 것을 조금만 생각해 보면 잘 알 수 있다.

현장에서 취약한 동료성을 살리기 위한 노력들을 많이 한다고는 하지만 잘 안 된다고 한다. 그 이유는 비민주성과 수동성, 그를 부추기는 많은 잡무와 서로에 대한 무관심과 불신, 경쟁심리 등이 서로 복잡하게 얽히면서 그런 현상을 만들어 내고 있다고 생각한다. 그러나 이에 대한 해결책이 없는 것은 아니다. 나눔과 소통과 신뢰를 바탕으로 동료성을 회복한다면 학교 현장은 분명 교사들이 즐거움을 느끼기에 충분한 곳이 될 것이다.

단순한 예로, 성과급도 많던 적던 함께 나누고, 수업 연구를 통한 자료도 작은 것이라도 서로 나누고 공유하고, 잡무도 서로 관심을 가져 주면서 내가 조금 한가할 때 봐주고 내가 일이 많을 때 도움을 받고, 어려운 일이 있을 때 힘을 모으고, 서로의 다름을 인정하고 소통하려는 마음으로 동료들을 믿고 기다려 주게 되면 동료의식은 다시 살아나게 될 것이다. 그때가 되면 희망을 노래하면서 교사들은 연대를 하게 되고, 능동적으로 민주적인 학교운영에 앞장서게 될 것이다. 협동적인 교사만이 아이들을 협동적으로 성장시키는 데 도움을 줄 수 있다. 동료성을 갖춘 교사만이 아이들 사이의 동료의식을 세워 줄 수 있는 것이다. 자신은 협동적이지 않으면서, 동료성을 갖추지 못하였으면서, 민주적이지 않으면서 아이들에게만 협동적으로 생활해라, 동료의식을 가져라, 민주시민이 되어라 하고 말하고 있는 것은 아닌가 반성해 볼 일이다.

(4) 연구하지 않는 분위기 ⋯ 전문적 연구 협의체로

언제부터인지 알 수는 없지만 학교 현장에는 연구하는 풍토가 사라지고 인터넷 자료(티나라, 아이스크림, 인디스쿨 등에서 남들이 만들어놓은 것들을 손쉽게 다운로드 받아 복사하여 쓰거나 만들어진 것을 클릭만 하면 쉽게 사용할 수 있는 것들), 기법이나 기능 중심의 강의(철학이나 원칙론을 이야기하면 재미없다고 하거나 자신은 철학으로 중무장하고 있어서 그런 것은 들을 필요가 없다고 말한다.), 권위(똑같은 말을 해도 교수같은 사람이 말하면 의심 없이 받아들이고 주변의 동료 교사가 말하면 의심하거나 반대를 한다.) 등에 의존하려고 하는 경향이 매우 강하게 나타나고 있다.

그 이유는 여러 가지가 있겠지만 교사들이 흔히 말하는 대표적인 이유로 '과다한 잡무―연구할 시간의 부족'을 꼽는다. 수업연구도 깊이 있게 하고 싶지만 할 시간적 여유가 거의 없다고 말한다. 교사들에 따라서는 이 이유가 타당(잡무를 특히 여러 개 맡아서 처리하는 교사들도 꽤 있고, 학교 규모가 작을수록 그 정도는 더 심하다.)할 수도 있겠지만 그렇지 않은 교사들(학교 규모가 클수록 잡무가 별로 없는 교사들도 있고 연배가 높을수록 잡무는 줄어드는 것이 교직사회의 관행이다.)도 있다. 하지만 어찌 되었든 혁신학교를 중심으로 이를 해결하기 위한 노력이 이루어졌고, 혁신학교에서는 나름대로 자리를 잡아가고 있는 방법 가운데 하나가 업무 전담팀의 구성이었다. 교사들에게 거의 모든 잡무를 없애주고 부장 몇 사람이 모든 업무를 맡아서 처리하며 이를 보조하기 위해 교무 보조사를 1~2명 정도 더 채용(학교마다 기존의 1명에서 2~3명으로 그 수를 늘려 나감)하는 방향으로 이 문제를 해결해 나갔다. 이에 대한 효과가 나름대로 입증되면서 서울시에서는 예산을 확보하고 이 방법을 다른 학교에까지 일반화를 시키기에 이르렀다. 아직은 업무 전담팀이라는 것에 대한 취지나 그 성격을 정확히 이해하지 못하는 일선학교에서는 혼란을 겪고 있기는 하지만 과도기적인 기간이 지나면 분명히 좋은 결과를 보게 될 것이다.

그러나 업무 전담팀만으로 잡무를 줄이는 것도 한계가 분명히 있다. 왜냐하면 잡무라는 것도 어디까지가 잡무이고 어디서부터가 아닌지 명확히 선을 긋기 애매모호하다는 점(수업과 활동과 관련 있으면 잡무가 아니고 관련 없으면 잡무가 아니라고 흔히 말하기도 하지만 이것 또한 명확한 기준이 될 수 없다.)도 있으며, 잡무나 공문의 수를 줄이겠다고는 하지만 아직도 잡무를 교육청에서 자꾸만 양산하여 일선 학교로 내려 준다는 점, 그리고 교육청에서 내려 주는 잡무에 대하여 때로는 학교 스스로의 판단과 결정(교장, 교감, 담당 부장, 학교 자체적으로 교무회의나 담당자 회의를 통해 하지 않거나 유연하게 대처할 수 있는 일들이 꽤 많다.)을 하지 못하여 생기는 잡무도 많고, 학교 자체적으로 전시성 행사나 학교 평가를 대비한 활동, 승진을 위한 각종 시범사업 등을 만들어내고 있어서 또 다른 벽을 일선에서 느끼고 있는 현실이다. 혁신학교나 서울 지역을 제외한 곳에서는 그나마도 느끼기 어려운 실정이다. 이에 대한 제도나 정책적인 보완(핀란드처럼 학교를 평가하는 것이 아니라 지원하는 방향으로의 선회가 필요하다. 명칭만 지원청으로 바뀌었을 뿐, 통제청이라는 성격을 벗어나지 못하고 있다.)이 시급하다. 일부 혁신학교에서는 승진이나 각종 평가에 연연하지 않고 오로지 아이들의 발달과 성장, 수업에 집중할 수 있도록 지원하는 일에만 전념하여 자체적으로 행사를 만들지 않고 공문에 대해서도 잘 판단하거나 걸러내어 업무를 줄여 나가고 있기는 하지만 이 또한 소수일 뿐, 대부분의 혁신학교에서는 이런 것에 엄두를 내지 못하고 있다. 왜냐하면 승진이 걸려 있는 사람, 학교 평가 및 교장·교감 평가에 대한 걸림돌이 매우 크게 작용하고 있기 때문이다.

두 번째 이유로는 교사들의 연구 의지가 부족하거나 손쉽게 자료를 얻어 쓰는 습관에 길들여져 있는 탓에 책을 읽고, 적용해 보고, 피드백하는 일을 시도해 보지 않기 때문이다. 혁신학교에서조차 아이스크림이라는 유료 사이트를 이용하는 교사의 수가 상당하고, 인디스쿨이나 여러 사이트에서 자료를 그냥 내려 받아 사용하는 것으로 교재 연구를 대신하는 경우도 많다는 것을 생각하면 다른 학교의 상황은 불을 보듯 뻔한 일이다. 일부 교사들은 그게 뭐가 나쁘냐고 변명을 하기도 하고, 그렇게 수업을 한다고 해서 별 문제도 없을 뿐만 아니라 누가 뭐라 할 수도 없는 성격의 문제이지만 소위 말해서 수업 혁신이라는 것이 그런 정도의 것이라고 한다면 이는 심각하게 생각해 볼 일이다. 쉬운 예로 일본의 배움의 공동체나 핀란드, 스웨덴, 덴마크, 발도르프학교, 프레네학교에서 그런 식으로 수업을 하거나 활용한다는 이야기는 들어 본 적이 없다. 그들과 똑같이 해야만 수업혁신이라고 말한다는 것 또한 아니다. 하지만 그런 것들 없이도 교사가 나름대로의 생각을 가지고 연구를 해 나간다면 얼마든지 좋은 수업을 해 낼 수 있다. 결국은 철학과 의지의 문제인 것이다.

세 번째는 교사들이 서로의 교실을 열고 공동 연구 및 실천과 피드백을 하고자 하는 시도와 노력이 부족하기 때문이다. 사실 그렇게 하지 않아도 별 문제가 없을 뿐만 아니라 누가 뭐라고 할 수 없는 일이기도 하다. 하지만 적어도 교사의 잡무를 줄여 주고 교실과 수업에 전념할 수 있는 환경을 만들어 주었다면 교사들에게 남은 것은 기존의 모습을 뛰어 넘지 않으면 안 된다는 책임감과 노력이 필요한 것 아닐까? 그렇지만 이 또한 쉽지 않다. 그렇게 해 본 적이 별로 없어서 어떻게 해야만 하는지 잘 알지 못하는 교사들도 있고, 공동 연구 및 실천을 위해서는 수시로 모여서 협의를 하고 자료도 제작하고, 적용해 보고, 피드백도 해야 하는데 그런 시도를 하지 않고 각자의 교실에서 개인 플레이 하듯이 지내기만 하는 경우도 많으며, 기존의 수업에 대한 고정관념과 틀을 깨고 무엇인가 새롭게 시도한다는 것에 대한 불편한 심기와 불안함을 보이는 교사들도 많기 때문이다.

이런 문제점들을 해결하기 위해서는 학교를 동학년 또는 동일한 교과 담당 교사들로 구성된 Small School 형식의 작은 학교로 재조직하고, 작은 학교마다 독립적인 교육과정 편성 및 운영권을 주어 작은 학교 단위를 전문적인 연구 협의체로 만들어 나가는 것이 필요하다. 그 속에서 교사들은 방학 때 교육과정을 함께 살펴보고 필요한 경우에는 다양한 방식으로 재구성도 하면서 미리 학기를 준비하고, 학기가 시작되면 준비된 것을 하나 둘씩 펼쳐가면서 공동 자료 제작, 공동 연구 및 협의회, 팀티칭, 동료 장학, 피드백 등을 해 나간다면 수업혁신은 훌륭히 이루어질 것이라 확신한다. 그렇게 하다 보면 자연스럽게 동료의식도 형성되고, 나름대로의 선경험이나 전문성을 다른 사람들과 주고 받으면서 믿음과 신뢰를 바탕으로 모든 교사와 학생들이 공동 성장을 하게 될 것이다.

다른 방법으로는 교내 교사들의 연구 동아리를 활성화시키는 것도 생각해 볼 일이다. 교내 교사들의 연구, 공부하는 풍토 조성을 위해 교사들 스스로 공부 모임을 조직하고 주기적으로 모여 연구 활동을 해 보는 것이다. 학교 밖에는 여러 종류의 교사모임이 존재한다. 그런 모임들이 같은 학교 단위 내에서 자발성에 기초하여 조직되고 운영된다면 이 또한 얼마나 바람직한 일이겠는가!

(5) 열리지 않는 교실 ···▸ 수업혁신과 동료장학으로

학교에서 각 반 교실은 담임교사의 의지가 없다면 누구도 함부로 들여다 볼 수 없는 철옹성과 같아서 교실의 문은 지금까지 닫혀 있었다고 해도 과언이 아니다. 열리는 날은 1년에 몇 회. 학부모 공개수업 및 학교 내부의 자율장학이 있을 때뿐이다. 그리고 그마저도 형식적이어서 할 필요성을 못 느끼는 교사들이 거의 대부분이다. 거기다가 연배가 높을수록 자신의 교실을 열고 누군가에게 평가를 받는다는 것에 대한 불편함을 드러내는 경향도 많아서 쉽지만은 않다.

이런 현상이 일어나고 있는 원인에는 앞에서 살펴본 (1), (2), (3), (4)와 같은 것도 있지만 다음과 같은 것도 있다.

첫째, 지금까지와 같은 방식의 공개수업은 별로 도움이 되지 않는다는 것이다. 실제로도 그렇다. 그 한 시간을 위해 지도안을 자세히 쓰고, 자료도 엄청 많이 준비하고, 이것저것도 많이 만들고 평상시에는 잘 보여주지 못하는 모습들이 이런 날에는 나온다. 평상시에는 하지 않았던 수업방법이나 기법들이 소개되고, 화려한 멀티미디어 자료들과 복사물들과 자료들, 평상시에 사용되지 않았던 교사들의 상냥한 말투와 표정. 그래서 아이들도 이 날은 "선생님, 오늘 공개수업 하는 날이지요?" 하면서 무엇인가 다르다는 것을 안다. 어떤 아이들은 수업이 끝나고 와서 이렇게 말하기도 한다. "선생님, 우리 이런 것 한 번도 해 본 적 없었잖아요. 재미있어요. 또 하면 안 돼요?" 게다가 아직도 공개수업을 위해 미리 아이들을 연습시키는 교사들도 있고, 발표를 할 사람을 정해놓고 그 아이들만 발표시키는 교사들도 있다고 한다.

둘째, 공개수업을 평가의 맥락으로 실시하고 이해하기 때문이다. 공개수업을 그런 시각으로 바라보고, 그런 차원에서 실시하는 한 절대로 교실 문은 열리지 않는다. 어떤 식의 수업이든 그 자체는 아이들의 배움과 교사 자신의 수업을 돌아보는 차원에서 실시되고, 교사와 아이들 모두의 성장을 위해 이루어지는 것이어야 한다. 그러나 현실은 당일에 교장, 교감, 동료교사들이 체크리스트와 지도안을 들고 교실 뒤, 옆에 나란히 서서 모두 교사의 모습과 말투, 행동, 자료 등에만 신경을 쓰고 아이들에게는 별로 관심을 보이지 않는다. 그러다 보니 아이의 눈으로 수업을 바라보는 일, 아이의 입장에서 배움이 일어나고 있는 것인가에 대해서는 별로 생각해 본 적이 없다. 화려한 자료를 바탕으로 틀에 짜여진 각본대로 수업이 이루어지면 아이들의 배움과는 상관없이 좋은 수업이었다고 바라보는 현장의 모습, 그런 것들로 잘 포장해 놓으면 명품 수업, 수업의 달인이라고 이름을 붙여주는 지금의 현실 속에서 정말로 좋은 수업은 찾아보기 힘들다.

셋째, 수업의 준비와 협의회도 형식적으로 이루어지고 있어서 전혀 도움이 되지 않는다는 것이다. 수업을 준비하는 과정에 있어서도 동료들과 협의하거나 준비를 함께 할 상황도 있겠지만 그런 모습은 잘 보이지 않는다. 수업 내용이나 아이디어, 다양한 정보의 교류도 별로 일어나지 않는다. 왜, 무엇을, 어떻게 하는지에 대한 협의와 이해도 이루어지지 않는 경우가 다반사이다. 그렇게 혼자 지도안을 쓰고, 결재를 받으러 가면 정말 필요한 부분에 대하여 생각을 나누는 것보다는 지도안의 형식이나 문구가 잘못되었다면서 고치지 않아도 될 부분들에 대해서 지적받아 다시 고치고, 그렇게 수업을 하고 나면 한 자리에 모여 수업자의 짧은 소감 한 마디와 바라본 사람이 칭찬 한 마디씩 돌아가면서 하고는 끝내 버리고 나서 저녁 회식으로 이어지는 식의 공개수업은 회의적일 수밖에 없다.

넷째, 자신의 수업 혹은 동료들의 수업을 바라보면서 왜, 무엇을, 어떻게 바라봐야 하는지에 대한 현장의 이해가 많이 부족한 탓도 있다. 지금까지의 모습은 교사에 집중되어 있었다. 수업의 목적은 교사가 무엇을 하든, 무슨 자료를 사용하든, 어떤 기법을 사용하든 그 자체에 있는 것이 아니지만 현실은 그랬다. 아래를 한 번 살펴보도록 하자.

사례 1

교재 연구는 나름대로 열심히 하여 많은 준비를 하였지만 아이들이 나에게 눈길을 주고 집중을 해주지 않습니다(아이들이 의도대로 잘 따라주지 않아요.). 아이들을 수업활동에 집중시키느라 많은 힘을 소비하게 됩니다.

사례 2

나름대로 아이들을 밀고 당기면서 내가 의도하는 대로 잘 이끌어 갈 수 있는 노하우는 생겼으나 무엇인가 새롭고 활력이 될 만한 자료나 방법면에서 부족함을 많이 느낍니다.

사례 3

어느 정도 노하우도 쌓였고 교육과정이 바뀌어도 많은 교육 경험으로 충분히 교육 활동을 진행해나갈 수 있지만 새로운 무언가를 하라고 하면 자신감이 떨어지는 느낌이 있으며 다른 사람들 앞에서 공개수업을 하기가 꺼려집니다.

> ## 수업에 있어서 교사들이 흔히 말하는 어려운 점이라는 공통분모 :
> 교과 내용 자체가 아니라 그 내용을 어떻게 아이들에게 효과적으로 전달해야 할 것인가의 문제가 바로 그것이다. 수업방법!

자신의 수업활동 시간을 한 번 돌이켜 생각해 보자. 성공적으로 잘 진행된 수업과 실패한 경험, 의도한 바와는 달리 진행된 수업활동의 비교를 통하여 무엇이 문제인지 잘 생각해 볼 필요가 있다. 수업에 실패하는 경우 보통 우리는 그에 대한 책임, 실패의 원인을 아이들에게로(아이들 탓) 돌리는 경우가 많다. 정말 그 원인이 아이들에게만 있는 것일까 ?

실패한 수업 사례 1 아이들이 수업에 집중하지 않고 떠드는 경우

• 무엇이 문제인가?

준비의 부족, 아이들의 흥미를 끌지 못하는 내용과 수업 방식, 아이들을 끌어당기는 수업 능력의 부족, 아이들이 조용히 앉아서 자신의 말에 집중해야만 한다고 생각하는 고정관념, 활발한 상호작용이 일어나는 것을 떠드는 것이라 인식하는 데서 오는 오해, 아이들의 상호작용을 거의 고려하지 않는 데서 오는 문제, 아이들 자체의 문제 등

실패한 수업 사례 2 수업 내용과 학습량에서 오는 경우

• 무엇이 문제인가?

수업 내용을 아이들에게 맞도록 재구성하지 못함, 학습량이 단위 시간을 채워나가기에 너무 많거나 너무 적음, 수업 내용의 부적절성, 교사중심의 수업 등

실패한 수업 사례 3 새로운 수업방법의 적용에서 오는 경우

• 무엇이 문제인가?

평소 준비되지 않은 새로운 수업방식의 도입, 수업에 대한 충분한 훈련이 되어 있지 않음, 수업의 흐름을 충분히 이해하지 못한 경우, 아이들끼리의 상호작용이 배제된 수업, 아이들 입장에서 배움을 생각하지 않고 교사 입장에서 효율성－쉽게 가르치고자 하는 생각으로 진행되는 경우 등

실패한 수업 사례 4 수업 목표의 인식 및 그 설정에서 오는 경우

• 무엇이 문제인가?

수업의 목표가 적절하지 못하거나 명확하지 못함, 교사나 아동이 수업의 목표를 제대로 파악하지 못하고 있는 경우, 수업 목표가 부적절한 경우 등

Ⅳ

실패한 수업을 가만히 분석해 보면 그 원인은 교사에게 더 많다는 사실을 알게 된다(아니, 어쩌면 분석하지 않아도 이미 잘 알고 있을지도 모른다.). 다만 우리 교사들이 너무 자만하고 어리석은 탓에 자신의 부족함을 쉽게 인정하려 들지 않는다는 것이 진실은 아닐까 생각된다.

수업시간에 아이들이 교실에서 무엇인가 열심히 하거나 하지 않고를 떠나, 그 시간에 아무 것도 배운 것이 없다면 이에 대한 가장 큰 책임은 교사에게 있다. 왜냐하면 수업의 목표는 아이들이 수업 활동을 통하여 무엇을 하고, 무엇을 배웠는가 하는 점이기 때문이다. 그런데 가끔은 '아이들의 학습 후 도달점에 대한 고민보다는 교사가 수업시간에 무엇을, 어떤 자료를 사용하여, 어떤 방법으로 지도했는가에 더 큰 관심을 갖는 것은 아닐까?' 하고 고민해 볼 필요가 있다.

> **단위 차시 수업의 목표** 교사가 수업시간에 무엇을, 어떻게 가르쳤느냐에 있는 것이 아니라 아이들이 무엇을 하고, 무엇을 배웠느냐에 달려있다.
>
> **궁극의 수업 목표–수업의 핵심** 교사가 얼마나 자신이 준비한 내용을 쏟아 부었느냐가 아니라 아이들이 수업의 결과로 얼마나 변화되었느냐에 있다. 다시 말해서 수업의 결과로 아이들에게 배움이 일어났느냐에 있다는 것이다.

이 상황을 극복하기 위해서는 우선 수업을 바라보는 시각의 변화가 가장 시급하다. 수업을 바라보는 관점을 '교사 ⋯ 아이들'에게로 이동시킬 필요가 있다. 현장에서는 '아이의 눈으로 수업 바라보기'라는 말을 사용한다. 아이에게서 어떤 시선, 어떤 말, 어떤 행동, 어떤 상호작용이 일어나는가를 주의 깊게 관찰하고, 그 과정과 결과로 아이는 무엇을 느끼고 무엇을 알게 되었고, 어떤 배움이 일어났는가를 생각해 보자는 말이다. 이를 위해서는 교사가 수업을 준비할 때 '내가 어떻게 가르치지?' ⋯ '아이들이 왜, 무엇을 하게 하지?'로 사고의 전환이 일어나야 한다. 그리고 '무엇을 한다'에 '아이들끼리의 상호작용'을 매우 중요하게 여겨야 한다. 이것이 바로 구성주의적 관점이고 협동학습을 통한 수업에 매우 중요한 요소라 할 수 있다(오해는 없어야 한다. 아이만 바라보라는 말이 아니다. 교사와 아이 모두를 바라보아야 한다. 교사의 발문 · 표정 · 행위 등과 아이들의 모습을 연결지어 분석을 해야한다.).

두 번째, 나의 수업, 다른 교사의 수업을 수시로 바라보되 뒤쪽에서 바라보는 것이 아니라 앞에서 또는 관찰하고자 하는 아이 옆에서 참관을 하면서 아이들의 사고 과정에 대한 흐름을 분석적으로 바라보려는 노력이 필요하다. 이런 방식을 소위 말해서 '질적 접근'이라고 말한다. 이런 식으로 수업을 참관하게 되면 어느새 교사는 눈에 들어오지 않게 된다. 오직 아이들의 모습만 눈에 들어오게 된다. 이런 결과를 바탕으로 협의회에서 관찰한 것들을 함께 펼쳐놓고, 아이의 사고 과정이 어떻게 흘러갔는가에 대한 흐름도를 그려보면서 각 단계, 과정마다 교사의 도움이 더 필요한 것은 무엇이고, 어떤 방식으로 도움을 줄 것인지에 대한 협의가 이루어져야 한다. 이런 식으로 수업 공개 및 협의회 진행을 해 본 적도 있고, 본 경험도 있었는데, 굉장히 깊이 있는 논의가 이루어졌고 그 시간도 상당히 오래 걸렸었다. 그러나 그 과정에 참석했던 교사들은 모두 진지하게 협의를 해 주었고, 늦은 시간까지 열정적으로 참여해 주었던 기억이 난다.

세 번째, 이런 식으로 교실 문을 열고 협의회를 하기 위해서는 (1) 교내 근무하는 교사가 수업 공개일정을 각기 달리 정하고 (2) 수업 공개 시간을 모두 와서 바라볼 수 있는 시간(수업이 제일 적은 날 1시간을 더 하고, 다른 날 수업을 1시간 빼는 방식 등)으로 정하여 진행하는 등의 다양한 방안에 대한 논의가 필요하다. 그리고 참관의 대상도 모든 교사로 확대할 수도 있겠지만 동학년 교사, 동일한 교과 담당교사로 한정 지어서 동료 장학의 형태로 진행하는 것도 바람직하다고 볼 수 있다. 저자의 생각으로는 전체 교사로 대상을 확대할 경우 교직원의 수가 많으면 그만큼 협의회 횟수가 늘어나 부담을 가질 수 있다는 점을 감안한다면 그 범위를 축소하고, 교실을 여는 횟수를 늘리는 것이 더 좋다고 판단된다. 여기에도 꼭 필요한 것이 몇 가지 있다. 그것은 바로 교사들의 하고자 하는 의지와 동료에 대한 신뢰이다. 이것이 없다면 이마저도 형식적으로 흘러가고 말 것이다.

예시 1 교사가 30명일 경우 30회의 수업 공개와 30회의 협의회가 진행된다. 그리고 교사 1인당 수업 공개를 2~3번 정도로 해야 한다고 가정한다면 그 횟수는 더 늘어나게 된다. 이럴 경우 모든 교사들에게는 부담으로 다가올 수도 있다.

예시 2 교사가 30명일 경우에도 동학년, 동일한 교과 담당 교사들끼리로 그 범위를 축소시키면 수업 공개와 협의회 횟수가 훨씬 줄어든다. 그리고 동학년, 동일 교과 담당 교사들끼리의 자리라서 더 활발한 협의가 이루어질 수 있다는 장점도 있다. 이럴 경우 교사 1인당 수업 공개 횟수를 2~3번이 아니라 더 많이, 수시로 해도 교사들의 열정과 의지만 있다면 얼마든지 잘 이루어질 수 있다고 볼 수 있다.

예시 3 동학년, 동일한 교과 담당 교사들끼리 일과 시간 내에 수업을 공개하되, 자신의 수업 공개 일정을 알려 주고 그 시각에 수업이 없는 교사들에게 협조를 구하여 수업 참관을 부탁하고, 참관할 때 비디오로 녹화를 한 후 일과 후에 함께 그 장면을 보면서 분석적으로 접근하는 방법도 있다(비디오 분석법).

위의 방법 이외에도 교사들이 머리를 맞대고 방법을 고민한다면 다양한 방식의 수업 공개와 협의회가 이루어질 것이라 확신한다.

(6) 변화를 거부하는 교사풍토 ⋯▸ 설득과 기다림으로

사회 각 분야마다 변화의 바람이 거세게 불고 있다. 하지만 그 변화의 세찬 바람에도 문을 굳게 걸어 잠그고 변화를 거부하는 가장 폐쇄적인 영역이 바로 교육 분야가 아닐까 생각한다. 가장 빨라야 할 곳임에도 불구하고 그 변화 속도나 의지는 제일 떨어지는 것 같다.

현재 혁신학교로 지정된 학교에서도 변화를 거부하는 교사풍토는 여전히 나타나고 있다. 혁신학교로 지정되는 과정부터 살펴보면 정말 안타까운 마음이 많다. 혁신학교로 지정되기 위해서는 해당 학교 교사들의 의지가 필요한데 그 의지는 보통 혁신학교 지정 찬/반 투표율로 결정된다. 그런데 그 뚜껑을 열어 보면 가까스로 절반을 넘겨서 지정되는 학교도 있고, 어떤 경우에는 그 절반도 관리자 또는 일부 교사들이 동료 교사들을 개별적으로 만나 설득하고 다니면서 만들어 낸 결과인 경우도 꽤 있다. 그에 비하여 타의에 의한 것이 아니라 자발적인 의지에 의해 찬성 비율이 80~90%에 육박하거나 상회하는 학교도 있다. 일부 학교의 경우 신설학교이면서 혁신학교로 지정되면서 100% 혁신학교를 만들어 보겠다는 열정과 의지를 가지고 시작된 경우도 있다. 그러다 보니 지정되고 난 이후에 모습을 보면 정말로 다양한 모습, 다양한 수준으로 혁신학교가 진행되고 있어서 여기저기에서 불협화음도 끊이지 않고 있고, 때로는 혁신학교로 지정되었다가 시작도 하기 전에 다시 지정 철회를 하면 안 되는지 묻는 학교도 있었고, 지정되고 운영한지 1~2년이 지난 후에 혁신학교를 포기하겠다고 나오는 학교의 사례도 있으며 처음에는 의지와 열의가 미약했지만 교사 간의 논의와 협의를 통해 마음 속 한 구석에 간직했던 열정을 밖으로 내 놓으면서 굉장히 잘 만들어 가고 있는, 오히려 전화위복이 된 사례도 있다.

가장 심각한 경우는 학교 내부에서 자의(자신 스스로 분류를 함)에 의해서든 타의(학부모에 의해서 분류됨)에 의해서든 혁신파와 비혁신파와 중도파로 나뉘어서 갈등이 끊이지 않는 모습을 보이는 상황이다. 이런 상황이 보고되자 교육청에서는 혁신학교 예비지정이라는 규정을 만들고, 약 6개월 가량 지켜본 뒤 교사들끼리 단합된 모습과 의지를 보이면 확정하고, 반대의 경우에는 지정을 철회한다는 방침을 만들게 되었다. 그리고 실제로 예비지정 기간에 어떤 식으로든 문제가 생겨서 지정을 철회하는 학교도 생겨나게 되었다. 이 모두는 변화를 거부하는 교사풍토와 혁신학교에 대한 이해의 부족에서 오는 문제라 할 수 있겠다. 적지 않은 교사들은 혁신학교에 대하여 자신들의 의지로 만들어가는 학교라기보다는 '이에 대한 연구나 경험이 있는 사람들에 의해서 만들어지는 학교'라는 생각을 갖고 있거나 '관리자를 포함한 몇 사람에 의하여 만들어지는 학교'라는 생각을 갖고 있는 경우가 많다. 그러면서 자신들은 할 수 있는 것이 아무것도 없다는 식으로, 왜 혁신학교를 해야만 하는지 잘 모르겠다는 식으로, 연구시범학교와 뭐가 다르냐는 식으로, 어떻게 해야 하는지 잘 몰라서 누군가 알려주면 자신들은 따라 가겠다는 식으로, 교육감이 바뀌면 폐지될 사업인데 왜 그리 난리

냐는 식으로, 승진 점수도 없는데 뭐 그런 것들을 힘들게 하고 있느냐는 식으로 말하곤 한다. 이 모두는 결국 한 가지다. 시대의 변화와 흐름을 읽지 못하는 데서 비롯된 것이고 의지의 문제이기도 하다. 그래도 어떻게 하겠는가! 설득과 기다림으로 시간을 투자하는 수밖에 없지 않겠는가? 어려운 여건이었지만 비 온 뒤에 땅이 굳는다고 했듯이 어려운 시기를 거치면서 교사들의 사고가 차츰 변화되기를 바라고 기다리면서 좋은 모습도 보여주고, 왜 우리는 변해야 하고 혁신학교가 왜 필요하며 혁신학교를 어떻게 만들어 나가야 할 것인가에 대해 자꾸 이해도 시키고 설득도 하고, 방향도 잡고 천천히 잘 만들어 나가기를 바라는 마음이 간절하다. 여기에도 주의해야 할 점 한 가지가 있다. 바로 조급함이다. 조급함은 다른 사람들을 몰아세우거나 다그치게 되고, 그 순간 부담이 생기면서 이에 대해 가졌던 생각마저 사라지게 만들 수 있다. 어차피 혁신학교 운동은 몇 년 사이에 이루어질 수 있는 일이 아니다. 수십 년을 바라보면서 긴 호흡으로 가야 할 중대한 일이라는 점을 잊지 말았으면 한다.

저자가 현재 근무하는 학교에 처음 모두 모인 자리에서 연배가 매우 높은 한 선배 교사가 한 말이 떠오른다. 그때 정말 가슴 뭉클했었다.

> "지금까지 교사로 살아온 나의 마지막 열정을 이 학교에서 다 불사르고 싶다."

지금 그 선배 교사는 후배들에게 모범을 보이면서 너무나도 열심히 아이들을 사랑하는 모습으로 근무하고 계신다. 혁신은 젊은 사람들만 하는 것이 아니다. 연구를 많이 한 사람들만 하는 것이 아니다. 문제는 열정이고, 변화를 두려워하지 않는 의지의 문제인 것이다.

(7) 비구성주의적인 교사 ⋯→ 구성주의적인 관점 세우기로

앞서 시대의 변화에 따른 지식에 대한 관점의 변화와 구성주의의 필요성을 말한 적이 있다. 마찬가지로 구성주의적 사고가 필요하다면 교사 자신도 구성주의적인 교사로 거듭날 필요성이 있다. 여기에서는 구성주의의 필요성에 바탕을 두고 구성주의적인 관점을 세울 수 있는 방안에 대하여 저자의 경험을 바탕으로 살펴보도록 하겠다.

왜 구성주의인가!
(1) 배움의 과정을 중시한다.
(2) 아이들의 가능성을 존중한다.
(3) 자신의 세계를 만들어 가도록 돕는다.

첫째, 협동적 학급운영을 위해서 학교 및 교실 내 모든 활동에서 아이들의 자율성과 주인 됨을 인정하고 적극 수용해야 한다. 기존의 교실은 아이들의 자율성과 주인의식이 미약했었다고 해도 과언이 아닐 만큼 교사 중심적이었다. 수업, 시간표, 행사, 놀이까지 뭐 하나 아이들 스스로의 의지로 계획하고 직접 만들어 가는 일이 별로 없다. 하다못해 아이들끼리의 갈등도 스스로 해결을 보게끔 해 주지 못하고 교사가 직접 나서서 재단해주고 판결을 내려주니 아이들은 점점 타인(특히 권위)에 의존하게 되고, 수동적으로 자라게 될 수밖에 없다.

이를 극복한다는 것은 하루아침에 이루어질 수 없는 것인 만큼 조금씩, 아래와 같이 아주 작은 것에서부터 주도권을 아이들에게 넘겨주는 교사의 자세가 필요할 것이다.

> 1. 하루 또는 일주일의 시간표를 아이들과 함께 협의해서 짜고 정하는 일
> 2. 학급에서 이루어지는 다양한 행사나 활동들을 아이들에게 직접 맡기는 일
> 3. 교실 내에서 이루어지는 갈등에 대하여 아이들끼리 직접 해결할 수 있는 환경을 만들어 주고 곁에 서 지켜보는 일
> 4. 청소당번 또는 교내 봉사활동 같은 일도 교사가 순서나 일정을 정해 주는 것이 아니라 자발적으로 참여할 수 있도록 안내하고 보장해주는 일
> 5. 프로젝트 수업을 자주 기획하고, 아이들 스스로 과제를 선택하여 계획적으로 해결해 나가도록 하 는 일

둘째, 협동적 학급운영 속에서는 '아이들이 무엇을 하게 하지?'라는 상호작용의 차원에서 아이들이 직접 조작하고 상호작용할 수 있는 도구나 자료를 개발, 활용한다. 이 점에 대해서는 이미 잘 알고 있는 것이라 생각된다. 다른 과목의 수업에 비하여 미술시간이나 과학실에서의 실험 활동을 돌이켜 생각해 보면 아이들은 무척 활동적이고 상호작용이 활발하며 활동 과정에 몰입하게 되는 것을 자주 경험하게 된다. 이 점에 착안을 한다면 교사들끼리의 공동연구나 협의회도 자주 할수록 도움이 된다는 것을 깨닫게 될 것이다. 동학년 또는 동일 교과 담당교사들과 이런 내용을 가지고 자주 모여서 협의해보는 것은 어떨까?

> 1. 개별 학습지보다는 아이들이 함께 고민하고 토의·토론하고 자료를 해석할 수 있도록 자료를 개 발한다.
> ⋯→ 가공된 자료보다는 원자료나 1차 자료를 제시한다. 필요한 경우에는 직접 가서 보고 오도록 한다.
> 2. 과제 또는 활동지를 구성할 때 고등정신기능에 해당되는 용어 활동을 적극 권장하고, 아이들끼리

의 상호작용이 활발하게 일어날 수 있도록 한다.

⋯→ 적용한다, 분류한다, 분석한다, 관계 · 공통점 · 차이점을 비교한다, 평가한다, 종합한다, 예측한다, 해결방안을 제시한다.

3. 교사와 아이들, 아이들 사이의 상호작용이 잘 일어날 수 있는 환경을 만들어 나간다(정답이 없는 상황 및 질문, 틀려도 괜찮은 교실 만들기, 수용적인 분위기 만들기, 서로 돕고 배려하며 존중하는 분위기 만들기, 자주 칭찬해주기 등).

4. 아이들끼리 토의 · 토론을 자주 할 수 있도록 한다.

셋째, 협동적 학급운영은 아이들로부터 시작되고 끝난다. 다시 말해서 아이들의 반응을 중시하고 그를 주된 학습 원천으로 활용한다는 말이다. 교사는 자신이 미리 준비하고 설계해온 계획이 있겠지만 아이들의 반응에 따라 전략을 변화시키고 언제든지 수정할 수 있다는 생각과 마음의 자세를 가져야 한다. 개별 학습이나 강의식, 경쟁식 수업에서는 아이들이 서로 생각을 공유할 기회를 갖지 못해서 다양한 정보와 좋은 아이디어가 묻혀 버릴 가능성이 높은데 비하여 협동학습 수업에서 다양하고 좋은 결과물들이 나오는 이유는 아이들의 말과 행동, 아이디어들을 바탕으로 수업이 이루어지기 때문이다. 또한 이로 인하여 교사의 한계점을 극복할 수 있다는 것 또한 협동학습이 갖고 있는 또 다른 장점이기도 하다. 이를 위해서는 아래와 같은 노력이 필요하다.

1. 아이들의 반응과 말 한 마디에도 귀를 기울여 듣고 수용하려는 자세가 필요하다.

2. 수업 속에서 아이들끼리의 상호작용을 극대화할 수 있는 방안을 생각한다.

3. 자신이 계획한 방향으로만 수업을 끌고 가려는 생각은 버려라(특히 공개수업을 하면서 이런 모습이 자주 목격된다. 자신이 짜놓은 수업 지도안에 아이들을 끼워 맞추려다 보니 아이들에게서 나온 반응 가운데 좋은 것들이 있음에도 불구하고 이를 놓치고 가는 경우가 많다.).

4. 아이들이 말할 수 있는 시간과 기회를 극대화시키고, 아이들이 말하고 행동하는 것에 대하여 '떠든다, 시끄럽다'는 생각은 가능한 버리는 것이 좋다.

5. 자신이 준비해 온 것을 아이들에게 먼저 말하고 설명하고 이해시키기 전에 아이들의 현재 상황(수준, 이해도, 관심도 등 : 출발점 행동)을 먼저 알아보는 것이 좋다.

6. 말과 글보다는 직접적인 상황, 사례, 모델을 제시함으로써 흥미와 호기심을 유발시키고 그 속에서 스스로 답을 찾을 수 있도록 한다.

IV

넷째, 협동적 학급운영은 정답이 없는 상황 속에서 시작된다. 다시 말해서 확산적 사고를 자극하는 개방적 질문을 통해 아이들의 상호작용을 극대화함으로써 배움에 대한 열정과 탐구욕을 불러일으킬 때 시작된다는 것이다. 수업연구란 단순하게 어떻게 가르칠 것인가, 어떤 자료를 쓸 것인가, 어떤 것을 보여 줄 것인가에 대하여 찾는 것이 아니라 아이들의 배움을 위한 핵심 질문을 찾아내는 것, 이 질문에 대한 답을 찾기 위해 아이들이 무엇을 하게 만들 것인가에 대한 고민을 하라는 것이다. 이를 위해 다음과 같은 것들을 해 볼 필요가 있겠다(제2장 〈구성주의에 바탕을 둔 수업 만들기〉 참고).

1. 기존의 사고를 뒤집어 심진(心震)을 일으키는 질문을 찾기
2. '전체' ⋯▸ '부분'으로 문제 제시(문제의 본질을 중시)
3. 아이들의 눈으로 수업 바라보기
4. 아이들을 꼬마 학자로 만들기
5. 판단을 하지 않는 열린 평가
6. 맥락적 사고 자극하기
7. 질문을 한 뒤에 충분히 개인적으로 고민할 수 있는 시간을 주기(여기에 따라 참여와 출석의 의미가 생긴다. 자기 생각을 갖는 아이들은 어떤 활동에든 적극 참여한다. 하지만 자기 사고를 갖지 않는 아이들은 출석 그 이상의 의미를 느끼지 못하게 되면서 수동적으로 활동에 임하게 된다. 반드시 질문 이후에 스스로 사고 할 수 있는 시간을 충분히 주어야 한다.)

(8) 비구성주의적인 학교 ⋯▸ 구성주의적인 학교 만들기로

구성주의적인 관점을 세운 교사들이 있는 곳이 바로 구성주의적인 학교라고 할 수 있다. 그리고 구성주의적인 학교 만들기라는 것은 교사들이 구성주의적인 사고를 가지고 협동적으로 아이들과 함께 생활해 나갈 수 있도록 학교 차원에서 지원하고 돕는 것을 구성주의적인 학교 만들기라 저자는 말하고 싶다. 이를 위해 필요한 몇 가지를 살펴보면 다음과 같다.

1. 학교 교직원을 대상으로 구성주의와 관련한 연수를 지속적으로 실시한다.
2. 학교에서 구성주의 관련 연구 모임 또는 TF팀을 구성하고 꾸준히 지원하여 구성주의적 사고가 학교 내에 널리 퍼질 수 있도록 지원을 아끼지 않는다.

3. 지필평가, 암기중심 평가, 표준화된 각종 평가를 없애고 구성주의적 사고가 반영된 평가 도구, 평가 문항, 평가 통지 방법(가능한 범위 내에서 수치화되지 않은 방향을 지향한다.)을 개발하고, 학부모 및 아이들이 이를 의미 있는 것으로 인식할 수 있도록 적극 홍보한다.

　⋯→ 발달과정이 잘 드러나도록 평가하고 서술한다(발달 지향 평가관).

4. 교과서 없이도 수업할 수 있도록 교사 전문성 신장에 모든 자원을 집중시킨다.

5. 교육과정에 대하여 자율성을 최대한 보장하고(학교 단위에서 학년·학급의 교육과정 운영에 방해가 되는 행사나 제반 활동을 모두 없애거나 최소화한다.), 학년·학급에서는 교육과정을 바탕으로 재구성하여 지도한다.

6. 학년별·발달적 특성에 맞는 교육활동을 제공하기 위해 최선을 다하고 이를 위한 연구 및 자료 수집, 축적에 최선을 다한다.

7. 주기적으로 구성주의적인 수업 관련 워크샵, 세미나, 토론회 등을 실시한다.

(9) 교사의 변화 ⋯→ 자기 성찰이 우선

학교 현장에서 교사들은 보통 '무엇을, 어떻게, 왜'에 대한 고민들을 많이 한다. 그 가운데에서도 '어떻게(방법)'에 대한 고민을 주로 하고, 그 다음은 '무엇을(내용)'에 대한 고민을 하면서 '왜(근본, 근원에 대한 질문, 철학, 원칙 등)'에 대한 고민은 잘 하지 않는다. 오히려 '왜 〉 무엇을 〉 어떻게'의 순서가 되어야 바람직하지 않을까 생각한다. 그러나 이보다 더 중요한 고민 두 가지가 빠져 있다는 것을 우리는 잊고 있다. 그 한 가지는 '누가(가르치는 사람 자신은 누구인가 : 자기 성찰)'이고 또 다른 한 가지는 '누구(배움의 주체 : 아이들)'이다. '누구'에 대한 고민은 뒤에서 따로 다루고, 여기에서는 '누가'에 대한 고민에 대하여 살펴보도록 하겠다.

〈다음 어학사전〉을 살펴보면 '혁신'이라는 낱말에 대하여 이렇게 정의를 내리고 있다.

> **혁신[革新]** : 낡은 것을 바꾸거나 고쳐서 아주 새롭게 함, 바뀌거나 고쳐져 아주 새롭게 되다, 영어로는 reform, innovation, make a reform.

한자로는 가죽을 벗기고 새롭게 한다는 뜻으로 해석할 수 있는데, 개선의 문제냐 완전히 새롭게 바꾸느냐에 따라 그 수위나 정도가 달라질 수 있다.

개혁 = 혁신

re(다시-새롭게) + from(형성하다) = reform

학교혁신 또는 혁신학교

학교와 학생을 새롭게 바꾸는 것은 바로 교사

오늘날 가장 필요한 것

교사론적 차원에서 교사 개혁이 가장 시급
좋은 교사는 학생들에게 배움이 일어나도록 하기 때문

교사 개혁의 시작은 어디에서부터?
자기 성찰에서부터 시작!

훌륭한 교사는 학교와 아이들을 바꾼다고 한다. 이런 차원에서 최근에 교육계 내에서 불고 있는 '혁신학교 운동'의 바람은 매우 신선하다고 볼 수 있다.

학교와 아이들을 새롭게 바꾸는 것은 바로 교사이다. 때문에 교사론적 차원에서 교사 개혁의 필요성은 반드시 요구된다고 할 수 있겠다. 왜냐하면 좋은 교사는 아이들에게 배움이 일어나도록 하기 때문이다. 따라서 교사들은 늘 '자신의 생각과 활동에 따라 아이들의 삶은 큰 차이를 보일 것'이라는 사실을 잊지 말아야 할 것이다. 그리고 같은 맥락 속에서 교사 개혁은 자기 자신을 들여다보는 것(자기 성찰)에서부터 시작된다는 사실을 꼭 기억해야만 한다.

자기 스스로에게 한 번 이런 질문을 던져 본 적이 있는가?

"나는 교사입니까?"

이 질문을 좀 더 구체화시키면 다음과 같다(출처 : Parker J. Palmer, 2005, p. 38).

가르치는 사람인 나는 누구인가? 나의 자아는 어떠한가?
나의 자아의식은 세상과 연결되는 방식에 어떤 영향을 미치는가?

Parker J. Palmer가 우리들에게 던진 이 질문의 의도는 '가르치는 사람이면서 동시에 배우는 사람이기도 한 교사의 과업이 즐거운 일인 동시에 엄중한 일임을 나 스스로는 알고 있고, 그를 열심히 실천하고 있는지를 살펴볼 필요가 있다'는 것을 늘 잊지 말았으면 하는 바람에서 한 것이라고 저자는 해석한다.

교사의 과업은 진지함과 과학적, 육체적, 정서적, 감성적인 준비를 요구한다. 그리고 가르치는 일에 헌신하는 사람들에게 있어서 무엇보다 꼭 필요한 것 두 가지만을 꼽으라고 한다면 저자는 이것을 꼭 이야기하고 싶다.

〈가르치는 사람에게 꼭 필요한 두 가지〉

타인에
대한 사랑

가르치는
일과 과정에
대한 사랑

〈교사로서의 자질이 부족한 사람〉

가르치는 일을
사랑할 용기가 없는 사람

가르치는 일을 포기하기
전에 수천 번 시도해 보는
노력도 하지 않는 사람

그래서인지 나는 늘 내 자신에게 묻곤 한다.

"감히 네가 누군가를 가르치려 하는가?"

그리고 늘 내 자신 스스로 이렇게 다짐하곤 한다.

"기꺼이 가르치려는지 살피고, 또 반성하고 노력하자."

또한 교사의 내면적 자아가 꼭 갖추어야 할 세 가지 인식능력으로 저자는 지성, 감성, 영성(철학)을 꼽고 싶다(출처 : Parker J. Palmer, 2005, p. 39).

지성	감성	영성 = 철학
가르침과 배움에 대한 우리들의 사고방식 • 교육에 대한 개념을 지성으로 축소해버리면 차가운 추상적인 개념이 될 우려가 있다.	가르침과 배움의 과정에서 우리와 학생들이 느끼는 방식 • 교육을 감성으로 다룬다면 감상주의로 빠질 우려가 있다.	삶과 연결되려는 가슴 속 동경이 다양하게 표현되는 방식 • 영성만으로 접근할 경우 세상과의 참된 연결을 잃어버리게 될 우려가 있다.

※ Parker J. Palmer가 말한 영성을 저자는 '철학'으로 재해석하여 받아들였음

위의 세 가지가 잘 조화를 이루면서 자신의 내면을 잘 들여다 볼 줄 아는 교사라면 아이들에게 배움이 잘 일어나도록 도울 수 있을 것이다. 왜냐하면 '배움'이라는 것은 아이들 스스로 자신의 '삶 자

체를 가꾸어 가는 것'이고, 교육이라는 것은 아이들을 내면적인 여행으로 인도하여 이 세상을 진지하게 바라보는 눈을 갖게 하고, 세상을 진지하게 살아갈 수 있도록 도와주는 것이기 때문이다. 교사 자신이 그 길에 대한 경험이 있어야 아이들에게도 안내를 해 줄 수 있는 게 아니겠는가! 그리고 학교는 교사가 내면적 성찰을 할 수 있도록 적극 도와주고 지원을 아끼지 말아야 할 것이다.

(10) 이 시대의 새로운 교사 리더십

누구에게나 배울 점은 있다고 한다. 반면교사(反面教師)라고 하여 무능한 사람에게서도 무엇을 하지 말아야 하는지를 배울 수 있다고 하였다. 하지만 훌륭한 교사가 되고자 한다면 이왕이면 유능한 교사를 곁에서 관찰하고 배우는 것이 훨씬 더 가치가 있을 것이라 생각한다. 분명히 유능한 교장이나 유능한 교사가 있는 학교·교실은 많이 다르다는 것을 우리는 알고 있다. 그리고 그런 유능한 교사들에게는 공통적으로 관찰되는 특징이 있다는 사실 또한 잘 알고 있다. 우리는 그런 특징을 '교사의 리더십'이라고 말한다. 여기에서는 그러한 특징 열네 가지를 소개해 보고자 한다(출처 : 훌륭한 교사는 무엇이 다른가, 토드 휘태커 저, 송형호 외 공역, 2009, 지식의 날개).

- 훌륭한 교사는 학교의 질을 결정하는 것은 프로그램이 아니라 사람이라고 믿는다.
- 훌륭한 교사는 학년 초에 희망찬 목표를 세우고 1년 내내 일관되게 추진한다.
- 훌륭한 교사는 아이가 잘못된 행동을 할 때 처벌이 아닌 예방에 집중한다.
- 훌륭한 교사는 아이에게 높은 기대치를 가지며, 스스로에게는 훨씬 더 높은 기대치를 갖는다.
- 훌륭한 교사는 교실의 변수가 아이가 아니라 바로 교사 자신임을 안다. 외부의 환경보다 자신이 제어할 수 있는 요소에 초점을 맞추고 끊임없이 점검한다.
- 훌륭한 교사는 교실과 학교에서 긍정적인 분위기를 만들려고 애쓴다. 존경심을 갖고 모든 구성원을 대하며 칭찬의 중요성을 이해한다.
- 훌륭한 교사는 주변의 부정적인 요소들을 걸러내고 긍정적인 태도를 공유한다.
- 훌륭한 교사는 관계 개선에 늘 힘쓴다. 상대에게 상처를 주지 않도록 애쓰며 혹 실수가 있더라도 '미안하다'고 먼저 말할 줄 안다.
- 훌륭한 교사는 사소한 소란을 무시하면서, 부적절한 행동에 대응하고 그 상황을 악화시키지 않는 능력이 있다.
- 훌륭한 교사는 매사에 계획과 목적을 갖는다. 일이 잘 수행되지 않을 때는 다르게 했더라면 어떻게 되었을까 생각하고 계획하고 조절한다.

- 훌륭한 교사는 어떤 결정을 내리기 전에 중간층 아이보다 우수한 아이들을 염두에 둔다. 또한 이들에 대한 고려가 편애로 비치지 않도록 신경을 쓴다.
- 훌륭한 교사는 어떤 결정을 내릴 때 누가 가장 편해지고 누가 가장 불편해질지를 먼저 고려한다. 노력하는 사람을 불편하게 만들 결정은 반드시 피한다.
- 훌륭한 교사는 학력평가를 '아이의 학습'이라는 총체적 관점에서 바라보며, 학교 교육 전체가 학력평가에 휘둘리는 것을 경계한다.
- 훌륭한 교사는 아이를 배려한다. 훌륭한 교사는 행동과 믿음이 감정과 연계되어 있으며, 감정에는 변화에 불을 지피는 힘이 있음을 이해한다.

훌륭한 교사	평범한 교사
문제의 해법을 사람에게서 찾는다.	문제의 해법을 프로그램에서 찾는다.
희망에 초점을 맞춘다.	규칙에 초점을 둔다.
문제 발생 시 예방에 집중한다.	문제 발생 시 처벌에 집중한다.
아이에게 높은 기대치를 자신에겐 더 높은 기대치를 갖는다.	아이에겐 높은 기대치를 갖지만 스스로에겐 별반 기대를 갖지 않는다.
교실 안의 최대 변수는 교사임을 알고 있다.	아이, 학부모, 사회 환경을 변수라 생각한다.
모두를 존경으로 대한다.	특정 대상만을 존경으로 대한다.
긍정적인 태도를 공유하려 애쓴다.	불평과 불만을 생각 없이 퍼뜨린다.
관계개선에 힘쓰며 먼저 사과할 줄 안다.	날카로운 지적, 꼼짝 못할 반박을 일삼는다.
사소한 소란은 무시할 줄 안다.	사소한 소란에 말려 전쟁을 선포한다.
매사에 계획과 목적을 갖고 행동한다.	주사위 구르는 대로 하루하루를 보낸다.
우수한 아이를 항상 염두에 둔다.	항상 중간층 아이 위주로 생각한다.
노력하는 사람을 불편하게 만들 결정은 피한다.	노력하는 사람까지 불편하게 만들 결정을 내린다.
학력평가를 총체적인 관점에서 바라본다.	학력평가 자체에 집착한다.
변화를 이루는 감정의 힘을 안다.	말만으로 동기를 유발하려 한다.

IV

(11) 교사의 자기주도적 연구

수년 전부터 자기주도학습(SDL)이라는 말이 학교 현장에서 많이 거론되고 있다. 하지만 이는 비단 학생들에게만 해당되는 말은 아닐 것이다. 우리 교사들에게도 자기주도학습(자기주도적 연구)이 필요하지만 그를 실천하는 교사들은 흔히 보기 어렵다. 그러면서도 아이들에게는 자기주도성을 외치면서 자기주도적인 사람이 되라고 말한다. 무엇인가 문제가 있다.

21세기는 자기주도학습 능력을 가진 창의적인 인간을 요구한다. 급변하고 있는 글로벌 사회를 살아나가기 위해서는 지식, 기술, 정보를 습득해서 자신의 생각을 담아 정확히 표현하고, 어떤 문제가 주어졌을 때 스스로 문제를 해결해 가는 능력을 가져야 한다. 그리고 그 능력은 아이들에게만 필요한 것이 아니라 교사들에게도 똑같이 요구되는 것들이기도 하다.

오늘날과 같은 지식 기반 사회에서는 자신에게 필요한 정보와 지식을 선별하여 스스로 학습할 수 있는 능력이 필요로 하는데, 이에 따라 자기주도학습은 아이들을 대상으로 하는 학교교육에서뿐만이 아니라 평생학습 차원에서 성인교육까지 필수적인 교육 패러다임으로 자리매김하고 있다.

이렇게 자기주도학습의 필요성이 날로 커지고 있지만, 학교 현장은 교사들이 자기주도적 연구를 할 수 있는 여건을 조성해 주지 못함과 동시에 교사 스스로의 노력 부족으로 그 취지를 유명무실하게 만들어 가고 있는 것은 아닌지 걱정이 된다. 게다가 더 안타까운 점은 티나라 또는 아이스크림과 같은 사이트에 자신의 역할을 내맡기는 모습이나 인터넷 상에서 공유되는 자료를 그냥 다운로드-복사하여 사용하는 모습이 눈에 띄게 늘어나고 있다는 점이다.

따라서 이를 극복하기 위한 방안으로, 교사의 입장에서 자기주도적 연구(가르치는 사람임과 동시에 배우는 사람이기도 한 교사에게 자기주도학습 능력은 필수적이다. 하지만 교사에게 학습이라는 말보다는 연구라는 말이 더 잘 어울리는 것 같다는 생각에서 '자기주도적 연구(Self-Directed Research라는 말로 대신해서 쓰고자 한다.)'는 무엇이고, 왜 필요한 것인가, 이를 위한 전제 조건은 무엇인가 등에 대하여 살펴보면서 앞으로의 방향성에 대하여 모색하고자 한다.

(가) 자기주도학습에 대한 정의

여러 학자들이 자기주도학습에 대한 정의를 내렸지만 그들에 대한 공통점을 정리해 보면 다음과 같다.

자기주도학습(SDL : Self-Directed Learning) : 학습자 스스로가 학습의 참여 여부에서부터 목표설정 및 교육 프로그램의 선정과 교육평가에 이르기까지 교육의 전 과정을 자발적 의사에 따라 선택하고 결정하여 행하게 되는 학습형태. 자기주도학습에서 학습자는 단순히 수직적이고 위계적인 학습 풍토 하에서 수동적으로 학습에 임하는 객체가 아니다. 학습자는 학습의 주체로서 학습활동의 전 과정에 좀 더 적극적으로 그리고 자율적으로 참여하게 되며 교수자와 학습자는 상호 대등한 수평적 관계를 형성하게 된다.

출처 : http://cjmc.co.kr/Include/창조 컨설팅

자기주도학습은 학습자가 학습하는 과정에 대한 인지적 이해를 증진시키는 데 매우 중요하다는 관점에서 많은 지지를 받고 있으며, 구성주의에서 말하는 '앎'의 구성에 있어서도 가르침에서 배움으로 그 중심이 옮아가고 있음을 의미한다.

자기주도학습이라는 용어는 '학습자 중심의 학습-자기주도성'과 '자기관리학습-자기관리'라는 두 가지 뜻을 담고 있다고 말할 수 있는데, 여기서 학습자 중심의 학습이란 전통적인 수업에서 학습자가 학습의 주도권 또는 통제권을 갖는 것을 의미한다. 즉, 교사 중심의 학습과 대비되는 개념이라 할 수 있겠다. 반면에 자기관리학습이란, 학습자가 무엇을 배우고 어떻게 배울 것이냐의 문제에서 자신의 학습을 스스로 관리하려는 자발적인 의지와 능력의 개발을 의미한다고 할 수 있다.

(나) 자기주도 연구에 대한 이해

자기주도학습이란 정의를 바탕으로 자기주도 연구에 대한 정의를 내려 보면 다음과 같다.

자기주도 연구란 연구자인 교사가 전문성을 신장시키기 위해 자기 자신의 요구를 진단하고 목표를 설정한 뒤, 나름대로의 계획과 전략에 따라 인적·물적 자원을 확보하여 실행하고, 그 결과를 스스로 평가해 나가는 과정과 활동을 통해 교육 활동의 효율성을 극대화해 나가는 것을 말한다고 할 수 있다.

급변하는 세계화 현장에서 교사 자신 스스로가 도전에 대응하고, 새로운 시대적 요구에 부응하는 교육을 해 나가기 위해서는 무엇보다도 '자기주도 연구능력'을 키워야만 한다. 그 필요성을 몇 가지만 짚어 보면 다음과 같다.

❶ 교육 목적의 변화 : 이미 알려진 내용을 전달하는 것으로 규정하는 것은 이제 더 이상 현실적이지 못하다. 지식 기반 사회가 필요로 하는 것은 문제해결력, 고급사고력, 창의적 사고, 의사결정력 등인데, 이를 위해 교사는 교과서를 중심으로 한 지시, 전달 수준을 넘

어서 학생들의 다양한 능력을 신장시킬 수 있는 방향으로 수업을 이끌어 나가지 않으면 안 될 상황에 놓이게 되었다. 그리고 이런 방향으로의 수업은 교사 스스로 연구해 나가지 않으면 터득할 수 없는 것으로, 단순히 수업방법이나 수업 기법, 수업 기술이라고 하는 기능주의적 차원을 넘어서는 만큼 이를 위한 자기 스스로의 전문적 연구와 노력이 없이는 결코 해 나갈 수 없는 것이라 하겠다.

❷ 학습에 대한 인식의 변화 : 인터넷을 통해 무한정으로 공급되는 정보는 전통적인 학교교육틀을 단시간 내에 무너뜨리고 말 것이라 생각한다. 따라서 가정을 비롯해 우리 주변에 있는 모든 기관과 시설들은 학습자원으로 활용될 수밖에 없는데, 이런 맥락에서 우리가 관심을 가지고 연구, 노력하지 않으면 안 될 부분이 있다. 앞으로의 교육은 다양한 수준과 성향을 가지고 있는 아이들의 다양성을 인정하고 그를 뒷받침할 수 있는 환경을 필요로 한다는 점이 바로 그것이다. 그리고 이는 교사의 외부로부터 주어지는 것이 아니라 교사 자신의 부단한 연구와 노력으로부터 흘러나온다고 본다.

❸ 교육시기의 변화 : 앞으로는 교육의 시기를 유아, 아동, 청소년기로 나누어 학교교육과 동일시하는 생각은 더 이상 설득력이 없고 해도 과언이 아닐 것이다. 지식 기반의 정보화 사회를 평생학습사회라고 일컫는 것처럼 교육은 이제 평생과정으로 규정되어야 하며, 이에 따라 학교교육의 커리큘럼도 탄력적이고 보다 미래지향적인 교육과정으로 마련되어야 한다고 볼 때, 교사 교육도 평생 동안 이루어지지 않으면 안 될 상황에 놓이게 되었다. 따라서 교사 자신 스스로도 과거의 모습에서 벗어나 교사로서의 지속 가능한 성장과 배움을 위해 자기주도적 연구를 게을리 하지 않으면 교단에서 도태될 것이라 본다.

❹ 교사로서의 전문성에 대한 요구 : 세상의 변화와 흐름은 교육계 내에도 자발적 변화와 노력을 요구하게 되었고, 교사로서 적어도 나름대로의 특정 영역에 대한 전문성을 갖고 있지 않으면 안 될 시대가 되었다. 이에 따라 교직 내부에서도 특정 영역에 대한 전문성 신장을 위해 보다 높은 교육을 요구하게 되었고, 그에 따라 대학원 과정에 진학하는 교사의 수가 점차 늘어나는 추세에 접어들었다. 하지만 대학원이 아니라도 얼마든지 자기주도적인 연구와 노력을 하여 전문성을 갖춘 교사들은 매우 많다.

(다) 자기주도 연구의 전제 조건

자기주도 연구란 아래와 같은 과정과 활동을 통해 교육활동의 효율성을 극대화해 나가는 것을 말한다.

자신의 관심 영역 선정 ⋯▶ 그에 따른 연구목표 설정 ⋯▶ 그를 위한 학습자원(인적 · 물적 자원) 확인 ⋯▶ 효과적인 연구전략 선택 ⋯▶ 연구한 바를 현장에 적용 ⋯▶ 결과 확인 ⋯▶ 평가 및 피드백

　이를 통해 자신이 기대하는 효과를 거둘 수 있으려면 다음과 같은 몇 가지 전제조건이 충족되어야 한다.

❶ **교사 스스로의 동기부여** : 자신이 일하고 있는 영역에서의 어떤 목표 의식과 동기가 없다면 자신의 일을 평생 가져가기에 어려움이 많다고 할 수 있다. 학업성취도가 상대적으로 우수한 아이들과 그렇지 않은 아이들 간의 차이가 명백한 부분이 바로 공부하는 이유, 즉 '왜, 공부를 하는가?'에 대한 '인식'과 '신념'의 차이가 극명한 것처럼 교사들에게 있어서도 자신의 지속 가능한 성장과 발전을 위한 목표 의식과 동기는 교사 자신을 꾸준히 연구하고 노력하는 자세로 이끌어 준다. 그리고 교사의 전문성은 바로 여기에서부터 시작되고 발현된다고 할 수 있다(교육대학원, 수석교사제도, 연구를 위한 안식년제도 등은 이와 같은 맥락에서 해석해 볼 필요가 있다.).

❷ **효과적으로 연구하는 방법(연구 전략) 찾기** : 학업성취도가 우수한 아이들의 공통적 요인 중 하나는 공부를 쉽게 한다는 것입니다. 이는 학습자가 알고 있던 모르고 있던 학습자에게 적합한 효과적인 학습전략(공부 방법)이 이미 몸에 배어 있다는 것을 말한다. 이처럼 교사들도 자신의 목표를 정한 뒤, 그를 위한 효과적인 연구 전략을 세워 나가지 않으면 안 된다. 주로 교육 이론이나 문헌을 바탕으로 한 현장 연구가 주류를 이루겠지만 이 또한 나름대로의 상황에 따라 얼마든지 달라질 수 있다고 본다.

❸ **효과적인 시간 관리** : 학업성취도가 우수한 아이들의 특징은 공부를 시작하는 워밍업이 짧고, 그 날 공부해야 할 계획이 있다는 점이다. 즉, 자신을 관리해 나갈 수 있는 학습 툴(Tool), 플래너를 활용하여 시간 관리를 효과적으로 하고 있을 뿐만 아니라, 학습 외적인 다양한 선택의 갈림길(유혹)에서 우선순위를 정할 수 있는 정신적인 프레임이 형성되어 있다는 것이다. 이처럼 교사들의 자기주도적 연구를 위해서도 효과적인 시간 관리와 계획은 필수적이라 할 수 있다. 특히 교사들은 아이들과 달리 교육활동과 함께 자기 나름대로의 가정과 사회에서의 다양한 활동이 함께 이루어지는데, 그 속에서 효과적인 시간 관리 및 연구 계획을 세우지 않는다면 결코 자기주도적 연구 활동을 할 수 없을 것이다.

❹ **자기주도 연구의 필수는 독서** : 풍부한 독서경험은 모든 학습을 풍요롭게 해 준다. 지식 기반을 형성하는 토대는 바로 독서하는 자세에서 출발하며, 학습능력의 성패 역시 독서 역량에 달려 있다 해도 과언이 아니다. 같은 맥락에서 교사의 연구 활동 또한 풍부한 독서량에 달려 있다고 할 수 있다. 여러 연구 결과에서도 나타나 있듯이 성공하는 사람들의 공통적인 특성 가운데 하나가 바로 '풍부한 독서력'이라는 점을 감안한다면 책읽기가 전문성을 갖추어 훌륭한 교사로 성장하는데 있어서 절대적이라는 사실을 짐작할 수 있을

Ⅳ

것이다.

연구 활동에 있어서 경험은 '마중물(펌프질에 필요한 물)'에 해당된다. 마중물이 있어야 펌프에서 물이 나오듯이 무엇인가에 대한 이해를 바탕으로 실천적인 적용을 하려면 이 마중물(경험)이 반드시 필요하다. 그리고 이러한 경험에는 직접경험과 간접경험이 있는데, 우리가 모든 것을 직접 경험하는 것은 불가능하다고 볼 때, 간접경험의 중요성은 매우 커질 수밖에 없는 것이고, 그러한 간접경험의 가장 대표적인 것이 바로 '독서'라 할 수 있다.

주변을 둘러보면 교사로서 특정 영역에서 나름대로 자신만의 역할을 톡톡히 해내고 있는 사람들을 살펴보면 그들의 독서량은 타에 추종을 불허할 만큼 대단하다. 하지만 여러분들도 그들처럼 자신의 관심사를 정하고, 그에 대한 다독(多讀 : 많이 읽기)과 다상량(多想量 : 많이 생각하기)을 한다면 충분히 자신의 전문성을 신장시킬 수 있을 것이라 확신한다.

⑤ 협동적 학교 공동체를 위한 시스템 혁신

기존의 학교 체제로는 협동적 학교 공동체를 적극 지원해 주기에는 무리다. 혁신학교가 학교 시스템을 바꾼 이유도 거기에 있다. 모든 교사가 교실 활동에 집중할 수 있도록 하기 위해 학교는 왜, 무엇을, 어떻게 바꿀 것인가에 대한 심층적인 고민이 필요하다. 하지만 그동안의 관행이 이런 것들을 쉽게 바꾸도록 허락지 않는다는 점에서 상당히 큰 시련이 따를 것으로 생각된다. 그 이유를 몇 가지 살펴보면 다음과 같다.

첫째, 학교 안에 존재하는 권력 구조의 문제이다. 일반적으로 학교의 조직도를 보면 바람직한 방향으로 가고 있는 학교의 조직도와 정 반대이다.

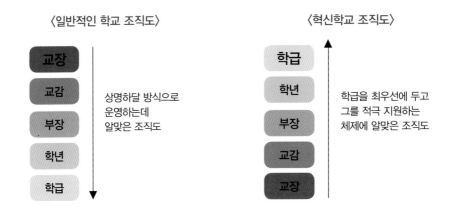

앞의 그림에서 보는 바와 같이 일반적인 학교 조직도를 보면 최상위에 교장이 있다. 그에 반하여 혁신학교의 조직도를 보면 학급이 최상위에 있다. 이는 바로 학급의 교육활동을 최우선으로 놓고 그를 위한 모든 지원을 아끼지 않겠다는 뜻을 담고 있다. 그리고 학교 관리자는 이를 적극 지원하는 행정가로서 교사보다 높은 곳이 아니라 낮은 곳에서 임하겠다는 취지 또한 담고 있는 것이라 봐야 할 것이다. 이런 인식이 잘 되어 있는 혁신학교일수록 변화를 잘 만들어 가고 있다고 보면 된다.

둘째, 학교 평가 및 교원 평가, 승진구조와 맞물려 아이들을 위해 혁신학교라는 교육운동을 펼쳐 가는 것이 아니라 시류에 편승하여 혁신학교라는 사업을 펼쳐가는 경우 시스템 혁신은 그림의 떡 이 된다. 혁신학교 운동을 잘 펼쳐가고 있는 학교를 보면 학부모와 교사와 아이들이 주인이 되고 있 으며 학교 시스템은 이를 적극 지원하는 방향으로 가고 있음을 알 수 있다. 그리고 전시행정이나 실 적, 학교 평가나 승진 점수를 따기 위한 활동, 교실에서의 수업 활동에 방해가 되는 활동이나 행사 들은 거의 만들어 내지 않고 있으며 학교가 목표로 하는 상을 실현하기 위해 모두가 일심동체가 되 어 최선을 다하고 있다는 점에서 일반 학교 그리고 혁신학교 사업으로 하고 있는 학교와 매우 큰 차 이점을 보인다.

혁신학교 운동을 잘 펼쳐 나가고 있는 학교는 다음과 같은 특징을 보이고 있다.

- 교사들은 잡무가 거의 없다.
- 교사들 스스로 자발적으로 움직이고, 지시에 의해서 움직이지 않는다.
- 업무 전담 부장의 경우는 수업은 10시간 내외를 하는 대신에 거의 모든 공문과 기안을 보 조사와 함께 처리하면서 사업이나 행사를 만들어 내는 것이 아니라 학년, 학급에서 필요 로 하거나 요청하는 것을 적극 지원하기 위해서 애를 쓴다.
- 관리자는 혁신학교 운동을 위해 대내외적인 활동(예산 문제, 학교 지원 협의, 지역 인사 만 나기, 학부모 교육 및 면담, 학교 내의 어려운 문제점 해결을 위한 노력 등)을 하고, 부장들 을 도와 교실 활동 지원에 노력을 아끼지 않는다. 어떤 학교에서는 학교장도 교사들이 했 던 일을 스스로 나서서 맡아 하고 있기도 하다(예를 들자면 학교 신문을 만든다거나 학부모 모임을 만들고 끌어 나가는 일, 학생 상담, 필요한 경우에는 교실 수업 지원도 한다.).

이에 반해 혁신학교 사업을 하고 있는 학교는 다음과 같은 모습을 보이고 있다.

- 교사들은 기존학교의 업무 이외에 혁신학교 사업에 따른 업무를 더 맡고 있다.
- 교사들은 자발적이라기보다는 지시와 공문에 의해서 움직인다.
- 업무 전담 부장의 경우 수업은 10시간 내외를 하고 공문 처리도 하지만 기존 학교에서 하

고 있는 승진 관련 사업, 학교 평가 관련 사업, 다양한 행사를 기획하고 처리함과 동시에 혁신학교 사업도 끌어안고 있어서 몇 배로 바쁘게 움직이고 있고, 업무 보조사는 교육 지원 업무를 하는 것이 아니라 부장 지원 업무를 보고 있다고 할 수 있다. 그러다 보니 학년과 학급을 지원하는 것이 아니라 학년 · 학급을 통제하거나 학년 · 학급에 일거리를 만들어주고 있는 격이 되고 있기도 하다.

- 관리자는 혁신학교 사업을 위해 지시, 통제, 명령, 행사나 사업 만들기에 바쁘고, 학년 지원이나 교실 지원은 별로 신경을 쓰지 않는다.

참고하기 학년 · 교실 지원이란?

학년 · 교실 지원이란 교사가 수업 활동에 매진할 수 있도록 물적 · 심적 환경과 여건을 만들어 주는 것을 말한다. 교사들이 수업 활동을 가장 많이 방해하는 요소로 꼽고 있는 것이 바로 잡무와 공문처리 및 학교 행사라 할 수 있다. 학교행사와 공문처리만 없애도 교사는 충분히 교실활동에 집중할 수 있게 된다. 그리고 이는 학교 스스로의 판단에 따라서 얼마든지 없앨 수 있다. 다만 이것을 가장 많이 가로막는 요소가 바로 교육청 평가와 승진구조라는 것이라는 점에서 극복하기 힘든 면이 있다.

위와 같은 현실이다 보니 혁신학교 사업을 하고 있는 학교는 교사들의 잡무 및 일거리들이 일반학교에 비하여 훨씬 더 많아져서 교사들의 불만이 많다. 그래서 인사이동을 할 때 교사들의 '혁신학교만 피하면 된다.'는 식의 이야기들이 여기저기에서 들려온다.

셋째, 교장 및 교감에 대한 역할론이 부재하다는 점에서 또한 시스템 혁신에 어려움이 많다. 현재 혁신학교에 근무하는 교장 및 교감의 역할론이 마땅히 존재하지 않는다. 혁신학교 운동을 펼쳐 나갈 교장과 교감이라고 하면 기존 학교의 교장과 교감의 역할론으로는 부족함이 많다. 혁신학교 교장과 교감은 어떤 일을 해야 하는지에 대한 명확한 이해와 지침도 없고, 실제로 혁신학교에 근무하는 교장이나 교감도 혁신학교에 대한 이해와 철학, 마인드에 부족함이 많아서 때로는 교사와 마찰이 일어나기도 하고 서로의 견해차이가 커서 혁신학교 지정 철회를 신청하는 학교도 있기는 하지만 아주 소수의 혁신학교에서는 교장과 교감의 마인드와 사고가 활짝 열려 있어서 교사들과 함께 혁신학교 운동을 잘 펼쳐 나가고 있기도 하다. 그리고 오히려 그런 소수의 학교에서 교장과 교감은 교사들에게 존경과 찬사를 진심으로 받고 있다고 한다. 권위는 바로 이럴 때 만들어지는 것이다. 교사들 위에 서려 할 때 권위주의는 살아있을지 모르나 권위는 스스로 떨어뜨리는 것이고, 교사들을 신뢰하고 그들을 받들면서 지원을 아끼지 않을 때 권위주의는 사라지고 권위는 교사들에 의해 자연스럽게 세워지게 된다는 사실을 깨달았으면 좋겠다.

넷째, 혁신학교에 근무하는 교사로서 그 학교가 표방하고 있는 목표나 비전, 플랜 등을 함께 공유하고 있느냐의 문제에 있어서 그렇지 않은 경우가 많다는 점 또한 어려움이 있다. 보통 목표나 비전, 플랜 등은 학교 교육과정(혁신학교 계획서)에 잘 나타나 있다. 하지만 현장 교사들에게 있어서 학교 교육과정은 그냥 형식적인 것에 지나지 않은 것으로 인식되고 있다. 그도 그럴 것이 적어도 혁신학교의 비전이나 목표, 플랜을 포함한 교육과정은 모든 교사가 함께 참여하여 토의·토론 과정을 통해 만들어져야 가장 이상적이겠지만 그렇게 만들어지는 경우는 극소수의 혁신학교를 제외하고는 거의 없는 것으로 파악되고 있는 실정이다. 담당 부장이 이런 저런 자료를 끌어다 모으고 여기저기에서 얻은 자료를 바탕으로 좋은 것만 떼어서 편집하여 만들어 내고, 좋은 사업이란 사업은 잔뜩 끌어다가 만들어 놓고 학교 교육과정이라고 내놓기 일쑤다. 그러다 보니 혁신학교에 방문해서 "이 학교의 비전이나 목표는 무엇입니까?" 하고 일반 교사들에게 물으면 대부분은 "잘 몰라요."라고 답변하는 모습을 볼 수 있다. 한 학교의 비전이나 목표는 그렇게 가볍게 볼 일이 아니다. 일단 비전이나 목표가 정해지면 모든 학교의 동력이 그를 이루기 위해 집중되어야 하고, 그것의 실현은 바로 교실에서 이루어지기 때문에 교사는 비전이나 목표를 항상 머리속에 담아 두고, 그를 이루기 위해 모든 노력을 아끼지 않아야 비로소 달성할 수 있는 것이다.

지금까지 협동적 학교 공동체를 만들어 나가는 데 있어서의 문제점을 알아보았다면 이후에는 어떻게 하면 이런 문제점들을 극복하고 바람직한 혁신학교이자 협동적 학교 공동체를 위한 시스템을 만들어 나갈 것인가에 대한 방안을 몇 가지 제시해 보도록 하겠다.

(1) 교육과정 혁신에 대한 이해가 우선이다

우선 교육과정에 정의를 살펴보면 다음과 같다.

- 교육과정(敎育課程) 또는 커리큘럼(curriculum)은 일정한 교육의 목적에 맞추고, 교육 내용과 정해진 수업의 교육 및 학습을 종합적으로 계획한 것을 말한다. 보통 학생의 경우 초등학교부터 대학교에 이르기까지 학년마다 학습 상황을 시간표로 정리해 두는데 이것도 교육과정의 일부라고 할 수 있다(출처 : 위키백과사전).

교육과정은 주로 네 가지 의미로 요약할 수 있다. 첫 번째는 좁은 의미의 교육과정으로 문서화된 교육과정을 의미한다. 즉, 교육과정이라는 이름으로 나오는 교육과정 책자를 의미한다는 것이다. 이는 교육과정을 교과들의 목록이나 교과별, 학년별 교수 내용의 체계라고 보는 것으로 가장 일반적인 수준에서 교육과정을 파악하는 입장이다.

> **표면적 교육과정**
>
> 우리들에게 흔히 드러나 있는 대표적인 세 가지 활동 영역
>
> 교과, 재량활동, 특별활동 영역 : 2009년형 교육과정에서는 활동 영역이 두 가지(교과, 창의적 체험활동)로 됨

> **잠재적 교육과정**
>
> 우리들에게 흔히 드러나 있지 않은 다양한 것들이지만, 아이들에게 실제적으로 많은 영향을 주는 것임에 분명하다.
>
> 학교문화(경쟁, 권위주의 등), 체벌, 통제, 비민주성, 자치 부재 불평등성, 개인주의적, 비협동성 등

두 번째는 학교와 같은 기관에서 교육계획에 따라 일정한 교과목을 가르치는 것을 말한다. 교육과정과 교육내용을 동일시하는 의미로, 학습자의 입장에서는 학습해야 할 내용이고 교수자의 입장에서는 가르쳐야 할 내용이 된다. 즉, 이런 관점에서의 교육과정은 교과의 목록이나 교육과정상의 교수내용의 체계로 보는 입장이다. 용어상의 의미가 명확하나 교육과정에 명시되지 않은 교육내용에 대해 소홀할 수 있다는 단점이 존재한다.

세 번째의 의미로는 교육과정을 학습 경험으로 보는 것을 말한다. 이는 아이들이 학교생활을 하면서 갖게 되는 경험 중에서 주로 의도되고 계획된 경험을 교육과정이라고 보는 것이다.

네 번째의 의미로는 교육과정을 의도된 학습 결과로 보는 것이다. 이 정의에 의하면 교육과정은 수업을 통해 도달해야 할 학습 결과의 의도되고 계획된 측면이다.

교육과정은 단지 교육과정의 분야에 한정하지 않고 좀 더 넓은 의미로 교육의 목적과 교육 내용, 교수 활동 및 자세까지 확장하여 말할 수 있으며 교육에 대한 접근 자세 자체도 커리큘럼으로 파악할 수 있다. 이러한 것이 20세기 중반부터 활발하게 언급되고 있다.

세일러와 알렉산더는 "교육과정은 학교에서 전개되는 모든 학습의 기회를 포괄적으로 말하는 것이다."라고 하였다. 인로는 교육과정을 "예정된 성과를 거둘 수 있도록 학생들의 학습을 이끌어 가는 학교의 모든 노력에 관한 계획이다."라고 하였다. 크레이는 교육과정의 계획에 있어서 인문주의적인 전통을 강조하면서 "교육과정은 학교가 계획한 의도적 학습의 프로그램이다. 심오한 뜻에서 교육과정은 아이들의 마음속에서 일어나는 것이며, 그 성과는 흔히 훗날의 행동으로 나타나는 것이다."라고 하였다. 이상 인용한 교육과정의 정의를 요약하면 교육과정이란 학교가 예정한대로의 성과를 거두기 위한 의도적인 프로그램이며, 교육과정으로서 학교가 이루어 낼 성과는 제한된 것으로 보는 것이다.

〈교육과정이란 무엇인가〉

> 특정한 교육목적을 달성하기 위하여 시행하는 모든 계획과 활동을 포괄하는 개념
>
> 교육 목적을 결정하고 교육 내용을 선정 · 조직하며,
>
> 교육의 방법 · 결과를 평가하는 절차까지를 포함시키고 있다. '왜, 무엇을, 어떻게'에 대한 모든 것!

살펴본 바로 볼 때, 교육과정이 의미하는 공통적인 성질은 교육과정에서 생각하는 내용이 과거 학교교육에서 지식만을 가르치기 위한 교과과정에 비하면 훨씬 다르고 광범위하다는 것을 짐작할 수 있다. 뿐만 아니라 과거의 교육과 같이 지식 편중으로 문화지식의 전달만을 위한 학과조직에 그치는 것이 아니라, 아동·학생들의 생활 전반에 걸쳐서 제반 요소들이 함께 포괄되어 있음을 알 수 있다. 그러므로 현대교육은 단순하게 어떤 학과교육이나 지식습득만을 목적으로 하지 않는다. 현대교육은 인간의 전체적인 성장과 발달을 통해서 교육의 목표를 세우고 있기 때문에, 지적 분야뿐만 아니라 사회면·신체면·정서면 등 전인으로서의 인간교육을 목표로 하고 있다. 따라서 현대교육에서는 학습자들이 필요로 하는 학습내용과 경험내용이 그만큼 광범위하고 다양해야 한다.

그렇다면 혁신학교의 교육과정은 어떠해야 하는가? 저자의 생각으로는 혁신학교의 교육과정은 부장이나 몇 사람이 짜는 것이 아니라 해당 학교의 모든 교직원이 함께 협의하고 결정하여 만들어지는 것이라 생각한다. 그리고 그렇게 수립된 학교 교육 계획은 모두가 힘을 합쳐 실천해 나가야만 한다. 그러기 위해서는 모든 교사가 동의할 수 있는 교육 목표와 비전을 세우고, 이를 위한 세부적인 실천 계획을 만들어 나가야 할 것이다. 한 번 생각해 보도록 하자. 지금 여러분의 학교 교육과정은 누가 어떻게 만들어 나가고 있는가? 학교 교육 계획은 모두의 협의·동의를 거쳐 만들어진 것인가? 아니면 몇 사람의 머리에서 나온 것인가? 그리고 그 목표와 비전을 모두가 공유하고 있는가?

그렇게 만들어진 교육과정이 실현되는 곳은 교실이다. 따라서 학급 담임 교사는 이의 실현을 위해 교실에서 최선을 다해야 하고, 학교는 이를 뒷받침할 수 있는 물질적·재정적 지원을 아끼지 말아야 한다. 다만 교육과정의 실현을 위해 많은 노력을 하되, 그 교육과정이 진정으로 아이들을 위한 것인지 아니면 학교 평가와 승진구조 때문에 실적을 위해서 만들어 놓은 것인지, 그 교육과정이 학급 교육과정을 침범하는지 아니면 최대한 보장해 주는지 등에 대하여 심각하게 고민해 봐야 한다. 이와 같이 말하면 많은 교사들이 불편한 심기를 드러낸다. "그게 뭐가 잘못인가! 아이들을 위해 다양한 행사나 활동을 계획하고 체험하도록 해 주는 것이! 학교에서 행사를 많이 하면 잘못된 것이고 행사를 안 하면 잘하는 것인가?"라고 말한다. 이렇게 말하는 분들은 저자가 말하는 것의 맥락을 잘못 이해한 것이다.

예를 들어보겠다. 4월이면 보통 '과학의 달' 행사를 의례 계획하고 진행한다. 그런데 이에 대하여 깊이 있게 고민하면서 진행해 본 적이 있는가? 한 두 푼도 아닌 그 비싼 글라이더를 꼭 만들어 날려 보고 하루도 못 가서 버려지게 해야만 하는가? 꼭 물로켓을 쏘고, 과학상자 조립을 하고, 로봇을 만들고 해야만 과학의 달 행사가 되는가? 그리고 그 행사를 꼭 해야만 하는가? 행사를 하지 않고 4월만이라도 과학 교육의 내실을 위해 수업 시간에 교육과정 속에 있는 내용들을 더 깊이 있게 탐구해 보고 심화된 체험활동으로 연계해서 수업의 수준을 높이면 과학의 달 행사를 하지 않는 것보다 더 좋지 않겠는가? 그렇게 행사를 잡아 놓고 얼마나 많은 시간을 교과 수업과 관계 없이 보내 왔는가?

이것도 "교육청에서 자꾸만 하라고 하고, 실적을 내라는 데 어떻게 안 할 수가 있느냐?"고 말하기도 하는데, 그에 대한 답변까지 저자가 하고 싶은 마음은 없다. 하지만 혁신학교에서조차도 그렇게 말한다면 저자는 한 번 고민해 보라고 말하고 싶다. 꼭 해야만 한다면 그 근거를 만들어서라도 하라고 권하고 싶다. 창의적 체험활동으로 교육과정상에 시간을 확보해서 말이다.

> 제대로 되려면 표면적 교육과정과 잠재적 교육과정이 일관성 있게, 통합적으로 운영되어야 한다.
> 혁신학교와 연결하기 : 전면적 발달, 교육의 공공성, 협동적 민주주의, 미래 삶의 대비
> = 학교 교육과정을 통해서 구현된다.

앞과 같은 사례들은 매우 많다. 그 하나하나에 대하여 혁신학교라면 정말 많이 고민해 볼 것을 부탁하고 싶다.

한편 교육과정이 제대로 실현되려면 잠재적 교육과정과 표면적 교육과정이 하나의 목표를 향하여 나아가야만 한다. 특히 혁신학교라고 한다면 그 학교의 비전과 목표를 향해 일관성 있게 통합적으로 운영되어야만 비로소 그 목표를 달성하게 될 것이다.

저자가 여러 혁신학교가 제시하고 있는 교육과정의 목표를 종합적으로 분석해 보면 나름대로 다양한 목표를 수립해 두었지만 그 방향성은 아래와 같이 정리해 볼 수 있다.

〈혁신학교 교육과정 목표〉

> (1) 아이들의 전면적 발달을 추구　　(2) 교육의 공공성을 최대한 실현
> (3) 협동적 민주주의를 실현　　(4) 아이들의 미래 삶을 위한 준비

그리고 위의 모든 것들은 학교 교육과정을 통해서 구현된다고 말할 수 있다. 이를 위해서 각 혁신학교·교실에서는 교육과정을 재구성하고 실천해 나가고 있는 것으로 사려된다. 이 지점에 바로 교육과정의 혁신이 있는 것이다.

〈이상우의 제안 : 교육과정의 혁신!〉

> 목적 : 아이들의 전면적 발달에 두자!
> 교육과정을 아이들의 전면적 발달에 맞추어 재구성하는것

여기에서 한 가지 설명하고 넘어가야 할 중요한 용어가 있다. 바로 '전면적 발달'이라는 말의 의미가 바로 그것이다.

❖ 전면적 발달

① 아이들의 삶 자체를 가꾸어 나가는 것을 말한다(인지 · 정의 · 신체의 균형적 발달 과정).

② 제1원칙 : 아이들의 오늘을 살게 한다(살아 있는 지식과 문화의 체험 및 전승).

③ 제2원칙 : 아이들의 미래를 준비한다(일에 대한 인식 ⋯ 개개인의 강점 살리기).

④ 제3원칙 : 교육 = 배움 = 삶 그 자체(평생교육)(아이들이 학교에서 공부하고 친구들과 어울리는 일 모두를 포함)

〈교육과정 재구성의 목적〉

목적 : 교과서나 차시, 내용의 통합이 아니다!
1. 아이들의 전면적 발달을 위함
2. 교육 내용과 아이들 삶의 경험(관심, 흥미 등)을 통합시키기 위함!

(2) 학교 공동체 목표 ⋯ 학년 · 학급 교육과정까지 연결시켜라

지금까지 살펴본 바에 따라 학교 교육과정의 혁신을 이루어내기 위해서는 공동체 목표 및 계획 수립을 할 때 고려해야 할 몇 가지 요소가 있다. 그를 살펴보면 아래와 같다.

1. 새로운 사업을 한다는 생각 버리기
(가장 먼저 할 일은 살 빼는 일 : 없애야 할 것부터 가려내는 작업)

2. 철학에 맞게 학교–학년–학급 교육과정을
일관성 있게 재구성하기

3. 학교–학년–학급 교육과정까지 철학적 맥락이
이어질 수 있도록 최선을 다하기

4. 최종적으로 학급운영 및 단위 수업과도 유기적으로
맞물려 돌아갈 수 있도록 최선을 다하기

IV

교육과정 혁신을 위해 경계해야 할 일	교육과정 혁신을 위해 꼭 해야 할 일
1. 전시행정 버리기	1. 모두의 마음을 모아 꼭 해야 할 일 찾기
2. 관행적인 활동들 버리기	2. 그 일에 집중하기
3. 비교육적인 행위 버리기	3. 새로운 일을 찾을 때 선택과 집중하기
4. 과도한 교육적 행위 버리거나 줄이기	4. 시작은 덜어내기부터!

(3) 앞의 것을 실현하기 위한 시스템을 만들고 정착시켜라

앞의 단계까지 만들고, 이후의 실현 작업까지 해 나가기 위해서는 이를 위한 학교 시스템을 만드는 일이 꼭 필요하다. 그것을 살펴보면 아래와 같다.

❶ 대체로 보면 혁신학교의 조직(시스템)을 보면 교육청 관련 행정업무 중심으로 편재되어 있는 일반 학교와 달리 혁신학교 자체의 교육과정 운영을 위한 체계로 편재되어 있다. 물론 꼭 그래야만 한다는 것은 아니다. 일반 학교의 편재를 그대로 가져가면서도 혁신학교 운영을 잘 해내고 있는 학교도 있다. 바꾸는 것만이 능사는 아니다. 바꾸든 바꾸지 않든 어떤 원칙과 기준과 목표를 세워 실천해 나가느냐의 문제가 제일 핵심일 것이다.

❷ 혁신학교 운영을 위한 수평적 논의 구조 – 교육 주체 간의 민주적 협의체를 만드는 일이 매우 중요하다. 이는 혁신학교의 성공을 좌우할 만큼 매우 중대한 일이라고 저자는 생각한다. 혁신학교는 어느 한 사람만의 생각으로 만들어 나갈 수 있는 것이 아니다. 그 학교 구성원 모두의 생각과 노력에 의해서 만들어지는 만큼 한 사람 한 사람 모두의 생각이 반영되고, 그에 따라 변화되어 가는 학교를 느낄 수 있을 때 교사들은 학교 혁신의 주체가 되어 적극적으로 움직이게 된다. 하지만 많은 학교에서는 이런 협의기구를 만들어 내지 못하고 있다. 나름대로 잘 움직여지고 있는 학교를 보면 교직원 간의 협의회—교무회의—를 의결기구화하여 모든 일에 대하여 토의·토론 과정을 거쳐 결정하고 진행해 하고 있는 모습을 보게 된다. 그 속에서 교장과 교감선생님의 권위나 독단은 절대로 보이지 않는다. 의사 결정에 있어서 교장과 교감 선생님의 권한도 오로지 1표뿐인 것이다. 그 속에서 교사들은 다른 학교에서 느껴보지 못했던 민주성과 참여의식을 깨닫게 되고 더 적극적으로 혁신학교 운동에 뛰어 들게 된다.

❸ 인간적 관계 유지를 위한 소규모 조직을 만드는 일도 필요하다. 무엇을 하든지 적정 규모가 있다. 일반 학교는 단위가 커서 인간적 관계 또는 일처리를 함에 있어서 어려운 점

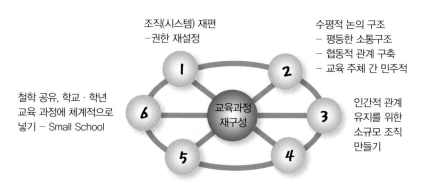

조직(시스템) 재편
－권한 재설정

수평적 논의 구조
－ 평등한 소통구조
－ 협동적 관계 구축
－ 교육 주체 간 민주적

철학 공유, 학교·학년
교육 과정에 체계적으로
넣기 － Small School

교육과정
재구성

인간적 관계
유지를 위한
소규모 조직
만들기

공동연구 및 공동토론을 위한 새로운 교육과정 구출
－ 꼭 반영시켜야 할 중요 가치 반영시키기
－ 단순한 수업의 일부, 일회성 행사 지양하기

교사 연구시간 확보
－ 학년 단위 교육 내용 재구성(선택과 집중)

이 많다. 이런 문제점들을 해결하기 위해서는 소규모 조직을 만들고 그 단위에서 독자적인 권한을 가지고 혁신학교 운동을 펼쳐 나갈 필요가 있다. 그 대표적인 사례가 학년별로 교육과정 편성권과 운영권을 갖는 'Small School' 개념인 것이다. 나름대로 좋은 사례를 낳고 혁신학교의 보고를 보면 'Small School' 의 정착이 긍정적인 효과를 불러오고 있다고 알려지고 있다. 하지만 이것이 가능하기 위해서는 학교의 규모가 적정 규모(학년별로 5~6학급 정도 이상) 이상이어야만 한다. 그 정도가 되지 않는다면 2개 학년씩 학년군으로 묶고 그 단위를 Small School개념으로 가져가거나 각 학년별로 같은 반끼리 6개 학년을 통합해서 공동체 개념을 만들어 나가는 Small School 방식(1학년부터 6학년까지 1반끼리 하나의 Small School, 2반끼리 하나의 Small School…)도 생각해 볼 수 있다. 아주 작은 소규모 학교의 경우에는 무학년제를 운영하면서 한 학급에 여러 연령대의 아이들이 함께 공부해 나가고, 이를 위해 융합형 교육과정으로 재구성하고 그 속에서 협동적 활동이 이루어지게 할 수도 있을 것이다.

❹ 선택과 집중을 통해 만들어진 교육과정을 운영함에 있어서 최대한 학년별·학급별 교사 연구 시간을 확보해 주고, 이를 바탕으로 교사들은 학년별·공부 모임별로 교내에서 활발한 연구 활동을 펼쳐 나가야 한다. 여기에서도 경계해야 할 몇 가지 것들이 있다. 첫째, 잡무를 줄여주고 연구할 시간을 확보해 주었는데 자신의 교실에서 개인플레이를 한다면 이 또한 문제가 아닐 수 없다. 둘째, 함께 교육과정을 재구성하는 데 있어서 너무 무리한 재구성을 한다면 차라리 하지 않는 편이 더 나을 수 있다. 최근 들어서 주제중심 통합 교육과정을 구성한다고 거의 모든 과목의 교육과정을 다 뜯어 고쳐가면서 이리 저리 끼워 맞추는 듯한 모습을 보이고 있는 현상도 나타나고 있다. 저자가 바라볼 때는 너무 무리한 면이 많다. 지금의 단계에서 모든 부분을 꼭 재구성하고 고칠 필요는 없다. 이

것이 필요한 시기는 이런 것들에 대한 충분한 경험과 역량을 갖춘 뒤에 해도 늦지 않는다. 오히려 필요한 것이 있다면 교육과정 속에서 반드시 지도해야 할 것은 무엇이고, 덜어내고 빼야 할 부분은 무엇인지, 선택과 집중을 해야 할 내용은 무엇인지를 살피는 일이라 여겨진다. 그렇게 한 후에 가능한 범위 내에서 통합형·융합형 교육과정으로 재구성해 나간다면 충분히 좋은 수업이 이루어질 수 있지 않을까 생각한다. 분에 넘치는 교육과정의 재구성은 나중에 오히려 부담이 되어 부메랑처럼 돌아오게 되고, 스스로 무덤을 파는 격이 될 수도 있다는 점을 꼭 잊지 말아주길 바란다.

❺ 공동연구 및 전문적 협의체(특히 수업 공개를 통한 수업혁신 만들어 나가기)를 만들어 나가는 일이 꼭 필요하다. 혁신학교의 가장 핵심은 수업혁신이라 말할 수 있는데, 이를 위해서는 학년별·공동 관심사별로 다양한 모임을 조직하고, 교실 문을 활짝 열고서 다양한 방식으로 수업 준비·관찰·연구·토론·협의하는 문화를 만들어 나갈 필요가 있다.

❻ 책임교육 실현을 위한 지원 시스템이 필요하다. 돌봄이 필요한 아이들, 공부가 느린 아이들, 상담이 필요한 아이들을 위한 학교 차원의 예산 및 공간 확보, 전담팀이 필요하다.

우리나라의 경우 학교별로 전문 상담사를 두는 것을 법으로 지정해두지 않고 있는 실정인데, 학교마다 교사들은 이구동성으로 전문 상담사의 배치를 요구하고 있다. 소수이기는 하지만 몇몇 혁신학교에서는 이를 위해 지원된 예산에서 전문 상담사를 채용하고 상담실을 마련하여 아이들 상담과 문제해결을 위한 솔루션 회의를 열어 아이들의 행복한 생활을 위해 도움을 주고 있기도 하다.

그리고 공부가 느린 아이를 위한 적극적인 대책 마련도 꼭 필요하다. 보통 부진아라고 부르는데, 저자는 부진아라는 용어도 쓰지 않았으면 좋겠다고 생각한다. 사회적으로 부진아라는 개념 속에는 무엇인가 문제 있는 아이, 공부 못하는 아이, 힘든 아이, 공부 못해서 창피한 아이 등의 의미가 숨어 있다. 그 범위도 주로 수학, 국어, 영어 교과의 성적 결과에 근거하고 있어서 다른 영역에 소질과 재능이 있어서 별로 인정받거나 주목받지 못함으로 인해 공부에 대한 거부감을 더 키워가고 있는 현실이다. 핀란드에서는 부진아에 대한 개념을 다음과 같이 이해하고 있다는 EBS 방송 〈지식채널 e〉 프로그램을 본 적이 있다.

가정환경, 부모의 능력에 따라 달라지는 출발점, 학교에 입학한 모든 아이들이 같은 출발선에 서지 못한다. 그러니 공정한 경쟁이란 있을 수 없다. 그래서 학교에서 경쟁을 금지하는 나라, 핀란드! 성적표는 있다. 하지만 등수는 없다. 등수 대신 각자의 수준에 맞게 설정한 목표를 얼마나 달성했는지가 표시되는 성적표, 경쟁 대상은 친구가 아니라 내 자신이다.

그렇게 9년 과정을 마치면 실시되는 단 한 번의 일제고사의 목적은 '단 1명의 낙오자도 없어야 한다.' 일제고사를 통해 가려진 더 못하는 아이, 더 못하는 학교가 받게 되는 차별!

그들에게 차별은 차이를 넓히는 것이 아니라 차이를 좁히는 도구이다. 거꾸로 가는 핀란드, 그들이 받게 된 등수 있는 성적표, 세상에서 가장 낮은 학생 간 학업성취도 편차, 그리고 OECD 주관 국제 학업성취도 평가 PISA 연속 1위. 경쟁은 경쟁을 낳아 결국 유치원생까지 경쟁의 소용돌이에 말려들게 될 것이란 사실을 국민들에게 설득시켰다. 학교는 좋은 시민이 되기 위한 교양을 쌓는 과정이다. 그리고 경쟁은 좋은 시민이 된 다음의 일이다.

— 에르끼 아호, 핀란드 전 국가교육청장(출처 : 핀란드의 실험 제2부 더 많은 차별)

핀란드에서 부진아는 '못하는 아이'가 아니라 '그에게 맞는 적절한 교육활동을 지원 받지 못한 아이'라고 정의되고 있다. 핀란드는 초등학교 저학년 때 부진아를 판별하여 지자체의 예산으로 특수지원교사를 투입해서 학습부진요인을 철저히 치료하고 있다고 한다. 이런 점을 우리도 받아들여 최근에 전국 각 지역 교육청에서는 초등학교 저학년부터 기초와 교과부진학생을 진단하고 그 치료를 위해 예산을 투입하기 시작했다. 이는 정말로 잘 하는 일이다. 혁신학교에서도 소모성 비용을 줄이고 이에 대한 예산을 많이 확보하여 다른 어떤 활동에 들어가는 예산보다도 지원이 이루어져야 할 것이다.

(4) 학부모 · 지역사회 인사도 참여시켜라

혁신학교 지정 운영 초기에 학교마다 겪는 어려움 가운데 하나가 학부모 · 지역사회 인사를 학교 교육의 주체로 인식하지 못하는 점에서 발생하는 문제이다. 말로는 학부모도 학교 교육의 주체라고 하지만 언제 주체로 세웠던 적이 있었던가? 필요하면 부르고, 필요하지 않을 때 찾아와 제안을 하면 학교 활동에 대하여 간섭한다고 생각하고 있었던 것은 아닐까? 특히 협동적 학교 공동체를 만들기 위해서는 이 개념을 뛰어 넘지 않으면 안 된다. 더군다나 협동학습이라는 맥락도 수업 차원에서만 이해하는 한 이 부분에 대한 바른 이해는 하기 어렵다. 협동적이라는 말은 아이들끼리만 협동학습 방법을 이용해서 지식을 배우는 것이 아니라 아이들의 전면적 발달을 돕는 모든 과정을 지칭하는 말이라 할 수 있다. 돕는다는 것도 Vygotsky의 말로 설명하면 바로 비계(scaffolding)가 될 것이다.

학부모도 학교 활동에 분명히 주체가 될 수 있는 부분과 영역이 있다. 학부모가 주체가 될 수 있는 부분을 녹색어머니 교통지도, 도서관 자원봉사, 알뜰 바자회 장터 운영, 학부모회나 운영위원회, 자료지원실, 급식 봉사 등에만 국한시키면 이를 제대로 이해할 수 없게 된다. 예를 들면 저자의 학교에서도 학부모의 재능기부를 받아 아이들의 교육활동(문화 · 예술 · 체육 · 생태체험 활동 등)에 참여하고 있는 사례가 있다. 교사보다 특정 분야나 영역에 더 전문성이 있다면 교사와 협동적으로 수업활동에 참여하면서 팀티칭을 얼마든지 할 수 있다. 이 밖에도 책 읽어주는 어머니 모임(실제로 오전에 학급을 돌면서 책 읽어 주기 봉사활동을 자발적으로 조직하여 해 주시고 계시는 사례가 많다. 저자의 학교도 하고 있다.), 학교 발전을 위한 아버지 · 어머니 모임, 녹색 장터 운영(벼룩시장처럼 적정 주기를 가지고 운영되는 학부모 활동), 각종 동아리 활동(스포츠, 독서, 생태환경, 악기 등의 모임) 모임 등이 교내에서 학부모 자발적적으로 이루어지고 있고 학교는 이를 적극 지원하는 형태로 이루어지고 있는 사례가 많이 나타나고 있다. 그리고 그의 조직 및 운영, 감사 등도 교사의 관여가 거의 없이 자발적으로 이루어지고 있다. 이런 식으로 학부모가 학교에서 함께 소통하고 나누고 아이들의 교육활동에 자발적으로 참여한다면 아이들 · 교사 · 학부모가 협동적으로 학교 공동체를 만들어 나가는 것이라 할 수 있고, 이 또한 분명히 협동학습의 개념에 포함되는 것이다. 하지만 이런 현상을 만들어내는 데 여러 가지 걸림돌이 있는데 대표적인 몇 가지만 살펴보면 다음과 같다.

(가) 혁신학교 이해 부족

교사와 학부모 모두 (혁신)학교에 대한 이해나 그 수준이 달라서 학교가 학부모의 주체적 · 자발적 참여에 대하여 거북해 하거나 어떻게 참여시켜야 할 것인가에 대한 수준, 범위가 달라서 발생하는 문제 또는 학교는 활짝 열려 있으나 학부모 스스로 어떻게 참여하는 것이 바람직한 것인지에 대하여 방법을 찾지 못하여 발생하는 문제라 할 수 있다. 특히 혁신학교의 경우에는 학부모의 생각도 차츰 변해가면서 혁신학교를 바라보는 시각이나 이해 수준 · 기대치도 높아지고 있는데, 학교가 오히려 그를 따라가지 못하는 상황도 목격되고 있다. 이는 모두 소통 부족의 문제에서 기인한다. 이를

IV

극복하기 위해서는 학교 교육과정 설명회, 혁신학교에 대한 이해를 위한 연수, 학부모 아카데미, 학년 교육과정 설명회 및 학부모 총회, 학부모와의 간담회 등을 통해 참여를 할 수 있는 방안, 참여의 필요성 등을 수시로 적극 알리고 홍보하여 학부모 자발적인 조직을 자꾸 만들고 격려해 주어야만 한다. 학부모의 봉사적인 도움이 필요할 때만 부르는 방식의 참여

▲ 저자의 학교 학부모 연수(2011)

를 뛰어 넘어야 한다. 실제로 상당히 많은 학부모는 그 수준을 넘어서 자발적으로 참여하기를 원한다. 그것을 간섭이라거나 학교 실정이나 상황을 잘 모른다고 하여(교육적 활동에 대한 전문가가 아니라고 하여) 배제시키거나 하는 느낌을 주게 되면 학부모는 협동적 학교 공동체를 만드는 데 큰 걸림돌이 되어 버리고 만다. 분명히 함께 가야 할 분들이다. 이분들 없이는 절대로 혁신학교의 성공은 이루어질 수 없다.

(나) 지역인사 및 지자체의 도움

지역인사 및 지자체도 큰 도움을 줄 수 있다는 인식이 부족한 데서 오는 문제도 있다. 지역 인사의 경우 학교의 다양한 활동에 참여하여 도움을 줄 수 있는 영역이 참 많다. 상담 활동, 진로 지도, 선도 활동, 체험 활동(예를 들자면 지역에 환경 생태 관련 전문가가 있다면 아이들의 교육활동에 도움을 줄 수 있는 부분이 많다.), 문화 · 예술 · 체험 활동 등에 재능 기부를 통해 아이들의 교육활동을 도울 수 있다.

이와 아울러 지자체도 큰 도움을 줄 수 있는 부분이 많다. 학교 교육활동을 하다 보면 예산 문제가 큰 걸림돌로 작용할 때가 많다. 이럴 경우 지자체는 큰 힘이 되어 줄 수 있다. 최근 들어서 '교육 혁신 지구'사업을 지자체에서 벌이고 있는 것도 같은 맥락이라고 볼 수 있다. 그리고 지자체가 열심히 하는 학교에 물질적 · 재정적 도움을 주는 것 또한 그들의 사업 중에 하나이기 때문에 학교 교육 활동에 어떤 식으로는 참여시킬 수 있는 방법을 찾아야만 한다.

 6 협동학습의 눈으로 바라본 아이들

> 아이들은 어른들(특히 교사)과 다르지 않다.
> 다만 다른 것이 있다면 수준과 정도의 차이만 있을 뿐이다.

저자가 협동학습을 각성하기 시작하면서 가장 많이 느낀 것이 바로 이 부분이었다. 아이들에 대한 이해가 부족하다면 결국 협동학습은 아이들의 전면적 발달(아이들의 삶을 가꾸어 나가는 일)을 위한 것이 아니라 단지 지식을 전달하는 수단이자 교사의 수업 기능적인 면을 돋보이게 해 주는 것에 불과한 것이다. 교육과 관련된 어떤 학문이든 이론이든 아이들에 대한 이해를 빼놓는다면 그것은 반쪽짜리에 불과한 것이다.

협동적 교육철학 속에서 바라본 아이들의 특성을 한 문장으로 정리하면 다음과 같다.

아이들은 사고하고 행동하고 상호작용하는 과정 속에서 배운다!

위와 같은 특성을 가진 아이들의 본성을 좀 더 자세히 살펴보면 다음과 같다.

❶ 아이들은 어른(교사들)과 다르지 않다(아이들도 어른과 같이 욕구에 따라 행동하며 살아가는 존재 ⋯→ 어른과 아이들 사이에 존재하는 차이는 단지 수준과 정도의 차이!).

❷ 모든 아이들은 자기만의 규칙적인 흐름을 가지고 삶(배움)에 임한다.

❸ 아이들은 기본적으로 다른 사람들과 함께 하는 것을 즐기고, 그 속에서 서로 도움을 주고받으며 배움의 기쁨을 누릴 줄 안다.

❹ 아이들은 주변의 모든 사람들과 상호작용을 하면서 성장한다(그 사회의 사회 · 문화적 맥락 속에서 사회적 주체로 살아간다.).

❺ 아이들의 말과 행동은 신체적 리듬에 따라 달라진다(교사들은 자신이 관찰한 아이들의 행동을 보면서 어떤 상황이 발생하였을 때 가장 먼저 그들이 심리상태, 건강, 환경 요소 등이 원인으로 작용했던 것은 아닌지부터 생각해 볼 필요가 있다.).

❻ 아이들은 어른과 마찬가지로 어떤 명령이나 강요에 의한 복종을 싫어한다.

❼ 아이들은 참여를 통해 스스로 선택하고 합의한 것이 아닌, 외부의 규정에 의해 속박되거나 복종하는 것을 싫어한다.

❽ 아이들은 힘든 것이거나 자신에게 불리한 것일지라도 스스로 선택하기를 원하고, 그것에 대하여 책임을 질 줄 안다.

❾ 아이들을 움직이게 하기 위해서는 그들이 만족할 수 있을 만큼의 자극(흥미, 호기심, 욕구 등을 유발시킬 수 있는 무엇)이 필요하다.

❿ 아이들은 자신의 삶을 가꾸는 일과 관련이 없다고 느끼면 아무리 강조를 해도 관심을 두지 않는다.

⓫ 모든 아이들은 성공에 대한 욕구가 있다(실패에 대한 두려움이 있다. 따라서 아이들이 학업이나 자신의 일에 실패를 자주 경험한다면 그것은 그 아이의 학습에 대한 욕구나 열정을 모두 파괴시켜 버리고 만다. ⋯→ 아이들은 성공의 경험을 먹고 자란다. ⋯→ 실패는 절망이 아니라 성공으로 가는 데 있어서 자연스럽게 겪게 되는 하나의 과정이라는 생각을 가질 수 있도록 도와주어야 한다.).

IV

7 협동적으로 학급운영하기

> 협동적 학급운영의 핵심 키워드 = 공동체

많은 학급을 들여다 보면 학급운영에 있어서 아이들의 욕구와 학급운영을 위한 틀 사이에 조화가 잘 이루어지지 않고 있다는 점을 깨닫게 된다. 왜냐하면 아이들은 본래 기본적인 욕구를 감추지 못하여 말하고 움직이고 싶어 하는데, 일반적인 교실에서는 아이들에게 바른 자세로 앉아서 교사만을 바라보라고 요구하기 때문이다. 그러니 교사로서는 옆 사람을 방해하지 않고 얌전히 앉아서 자신만을 바라보고 있게 하는 데는 자연히 많은 에너지가 소모되고, 교사와 아이 사이에 심각한 갈등과 불신이 자리할 수밖에 없다.

한편, 일반적으로 이루어지고 있는 교실에서의 학급운영을 위한 기본 구조를 살펴보면 적지 않은 학급이 공동체를 표방하면서도 보상제도를 이용한 경쟁과 통제 속에 운영되고 있기 때문에 교사는 아이들을 하나의 인격체로 보기보다는 경쟁 속에서 살아남아야 할 집단 속의 한 부속물로 바라보는 시각을 갖게 되는 경우도 발생하게 된다. 그러다 보니 아이들의 지적 성취에만 관심을 갖게 된다거나 교사 중심의 학급운영을 해 나간다거나 혹은 리더십을 외치면서 엘리트 지상주의를 아이들에게 심어줄 수 있는 심각한 상황에 처하게 된다.

그러나 협동적 학급운영이 이루어지는 교실은 아이들의 필요와 잘 연결되어 있다. 협동학습은 '행동과 상호작용을 통해 배운다.'라는 생각을 기초로 하는데, 여기에 서로 반응하고, 움직이고, 만들어내고, 서로 만나서 활동하는 분위기가 조성된다. 아이들은 기본적인 욕구가 충족되면 그들은 더 이상 문제를 일으키지 않게 된다(출처 : Kagan, 1999, p. 122).

학급이라는 것은 아이들이 학교에서의 생활(학습과 삶)을 영위해 나가는 데 필요한 학습 공동체인 동시에 생활 공동체인 것이다. 그리고 아이들은 학급에서의 삶을 통해 자신에 대한 세 가지 깨달음과 삶의 질을 향상시키는 다섯 가지 능력을 배워 나가게 된다(출처 : 이상우, 2009, pp. 70~233에서 '협동적 학급운영'이라는 것에 대하여 더 자세하게 안내해 놓았으니 꼭 참고하기 바란다.).

〈학급운영의 두 영역〉

학급에서 일어나는 전반적인 활동을 통틀어 학급운영이라고 하며, 이는 계획된 것(준비), 전개된 것(과정), 실현된 것(결과), 잠재된 것 모두를 포함한다. 이런 학급운영을 크게 두 영역으로 나누면 아래와 같다.

- **교수–학습활동 영역** : 흔히 말하는 수업활동 영역–교과 수업 시간을 말한다.
- **학급활동 영역** : '교수–학습활동' 영역 이외의 모든 것을 말한다.

〈자신에 대한 세 가지 깨달음〉

- **첫째** : 자기 능력의 인식(나는 능력 있는 사람 … 나도 잘 하는 것이 있다.)
- **둘째** : 기본 관계의 중요성 인식(나는 다른 사람에게 도움을 줄 수도, 도움을 받을 수도 있는 중요한 사람)
- **셋째** : 자기의 삶에 영향을 주는 자신의 인식(자신의 책임을 인식, 주변의 격려를 통한 자신의 장점과 단점을 파악, 주체성·정체성 확립)

그런데 이런 것들은 수업을 중심에 놓지 않고서는 생각할 수 없을 만큼 아이들의 삶이 교수-학습활동과 긴밀한 관계를 유지하고 있다. 하루 일과 중에서 학습활동이 차지하는 시간은 약 70%가 되는데, 30% 밖에 되지 않는 시간들을 통하여 삶의 깨달음과 능력을 익혀 나가기란 무리일 수밖에 없다.

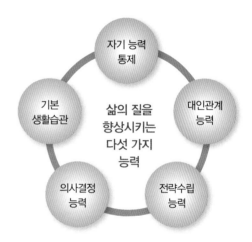

결론적으로 자기 자신에 대한 세 가지 깨달음과 삶의 질을 향상시키는 다섯 가지 능력은 교수-학습활동과 함께 계획되고 시행되어질 때 비로소 달성될 수 있는 것인 만큼(오히려 그 능력들은 교수-학습활동 시간에 더 많이 체득해 나갈 수 있고, 현실적으로 그런 능력들을 키워나가기 위한 활동도 교수-학습활동 시간에 더 많이 제공해 줄 수 있다.) 학급운영이라는 개념 속에는 분명히 교수-학습활동도 포함되어야 마땅하다는 것 그리고 교수-학습활동과 학급활동은 교사의 학급운영에 대한 철학과 교육관, 아동관 등을 중심으로 미리 잘 짜여진 계획에 따라 일관성 있게 펼쳐져야 비로소 가능하다는 것이 저자의 주장이다.

교과 지도 자체만을 보면 교과 내용과 목표에 따라 다양한 학습 구조(일제학습, 경쟁학습, 개별학습, 협동학습 구조)를 적절하게 적용하여 수업을 해야 마땅하겠지만, 학급운영이라는 커다란 틀을 놓고 보면 학생 개개인의 특성과 상황을 고려한 생활지도와 학습지도를 해 나감과 동시에 '학급공동체'라는 큰 틀을 깨뜨리지 않도록 잘 조절해 나가야만 한다는 어려운 상황에 놓이게 되는데, 이를 극복하기 위한 방안으로 저자는 협동학습을 작게는 학급운영론으로 바라보면서 실천해 나갈 것을 적극 권한다.

Ⅳ

(1) 협동적 학급운영의 정의

참고하기 **협동적 학급운영이란?**

'다 함께 잘 살기'라는 학급운영의 목표를 두고, 좀 더 효율적인 학급운영을 위해 기존의 학급운영 전반에 네 가지 협동학습 기본 원리를 적용한 것을 말한다. 그러나 단지 기본 원리의 적용에 그치는 것이 아니라 '협동적 삶=공동체' 그 자체를 추구한다. 다시 말해서 '협동적 학급운영'은 수단이나 방법으로서가 아니라 원리이자 목적 그 자체로서 커다란 존재가치를 지닌다.

사실, 지금까지 많은 교사들이 해 오고 있는 학급운영 방식이나 수많은 학급운영 지침서들을 보면 모두가 협동적(공동체적 삶을 지향한) 학급운영을 표방하고 있음을 쉽게 알 수 있다. 모두가 행복한 학교, 행복한 교실을 꿈꾸고 서로가 서로를 도와가며 열심히 살아가고자 하는 목표를 두고 아래와 같은 활동들을 해 나가고 있다.

사례 1   현재의 교실에서 이루어지고 있는 (공동체적 삶을 지향한) 학급운영

모둠 구성 및 제반 활동, 각종 일지 쓰기(학급 일지, 모둠 일지 등), 생일 파티를 비롯한 각종 학급 행사 등(이들은 협동적 학급운영에서와 비슷하게 운영되고 있다.)

⋯ 그러나 이러한 학급운영 사례를 협동적 학급운영이라 부르기에는 부족한 점이 너무나도 많다. 왜냐하면 그 활동 속에 협동학습의 네 가지 기본 원리가 얼마나 녹아들어가 있는가 하는 점에서 회의적이고, 무엇보다도 그 활동 하나에서 열까지 중심을 타고 흐르는 중요한 철학과 원리가 없으며 학급운영의 관점에서 통합적인 시각이 매우 부족하기 때문이다. 그러다 보니 대부분의 활동이 수단과 방법으로 전락해 버리고, 원리이자 목적 그 자체가 되지 못하고 있다(가장 심각한 점은 협동적 학급운영을 표방하면서도 아이들을 경쟁 속으로 몰아넣고 있는 것이고, 그 다음으로는 공동체를 너무 강조한 나머지 아이들 개개인의 장점과 특성들을 죽이거나 가두는 일이 벌어지고 있다는 것이다. 공동체 속에서도 아이들의 특성을 살려 줄 수 있을 때 비로소 협동적 공동체가 만들어진다.).

위의 사례는 협동적 삶, 공동체적 삶을 이루기 위한 수단으로 활용하고 있을 뿐, 그 이상도 그 이하도 아닌 것이라 할 수 있다. 왜냐하면 그 속에는 작은 하나에서부터 매우 큰 것에 이르기까지 한 줄기로 타고 흐르는 중요한 핵심(원리)이 없이 그냥 공동체적인 삶을 지향하고 있을 뿐이기 때문이다(더 이해를 돕자면 이렇다. 현장에서 도덕 과목의 실패는 도덕이라는 교과를 수단으로서 채택했기 때문인 것과 같은 이치라 할 수 있다. '도덕'이라는 과목은 결코 수단이나 방법일 수 없는 일이고, 그

래서도 안 된다. '도덕'은 원리이자 목적 그 자체이어야 한다. 협동적 학급운영도 마찬가지다.).

공동체적 삶을 지향하는 학급운영, 서로 돕는(협동) 학급 공동체를 이루려는 노력은 왜 필요한 것인가? 그리고 그 길에 왜 협동학습이 필요한 것인가? 이에 대한 답을 저자는 이렇게 말하고 싶다.

> ➜ 학교는 단지 지식과 기술을 배우는 장소가 아니다. 학교는 그 이상의 곳이다. 학교는 아이들에게 미래의 삶을 대비하게 해 주고, 미래사회를 살아갈 사람들을 길러 내는 곳이다. 미래사회는 단순히 지식만을 쌓은 사람을 원하지 않는다. 그보다는 대인관계 기술을 잘 갖추고, 다른 사람들과 협동적으로 상호작용(의사소통 등)할 줄 알며, 타인의 삶을 머리가 아닌 가슴으로 이해하며 함께 아파하고 함께 웃을 수 있는 사람을 원한다. 학교와 교실은 분명히 그 사회의 축소판으로서 학습하며 생활하는 공동체가 미래사회를 살아갈 준비를 해 나가는 장소이다. 협동적 학급운영은 그런 학교와 교실을 단순한 지식을 쌓는 곳 그 이상으로 만들어 줄 수 있다고 확신한다. 그리고 그런 교실을 만들어 나가는 것을 저자는 한국적 협동학습-협동적 학급운영이라고 말하고 있는 것이다. 다시 말해서 협동적 학급운영을 위해 협동학습이 꼭 필요한 것이다.

지금까지 살펴본 것을 토대로 결론을 내려 본다면, 협동적 학급운영이라는 것은 기존의 학급운영 방식에 '협동이라는 철학 + 협동학습'이라는 것을 적극적으로 실현하면서 공동체를 가꾸어가는 '원리이자 목적 그 자체'라고 말할 수 있다.

여기에서 명확히 짚어 넘어가고 싶은 한 가지가 있다. 저자는 협동학습과 협동적 학급운영은 분명히 다르다고

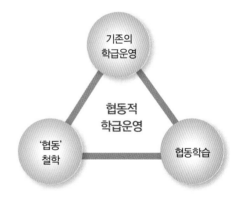

생각한다. 그게 그것이 아니냐고 말하고 싶은 사람도 있을 것이다. 또한 구조중심 협동학습의 창시자 Kagan도 그의 저서 『협동학습(1999)』에서 '협동적 학급운영'이라는 것을 '협동학습'의 일부라고 표현해 놓고, 협동학습은 다음의 여섯 가지 개념 (1) 모둠 (2) 협동적 학급운영 (3) 협동하려는 마음 (4) 협동 기술 익히기 (5) 네 가지 기본 원리 (6) 구조에 의해서 이루어진다고 말하고 있으며, 그 가운데 협동적 학급운영이라는 것은 협동학습에 꼭 필요한 몇 가지 학급운영 기술 정도로 서술해놓고 있다(이를 위한 기술로는 교실 배치, 침묵 신호 만들기, 시범 보이기, 학급 규칙 만들기, 수업 자료의 효과적인 분배 기술 등을 말하고 있다.). 하지만 협동학습과 협동적 학급운영을 같은 것으로 보는 관점이나 Kagan의 시각 속에는 '학급운영'이라는 것의 개념을 일반적인 사전식의 정의 정도로만 생각하며, '교과지도'를 별개의 영역으로 바라보는 시각이 포함되어 있는 것이며, 교육철학이나 철

학이 있는 교과지도에 대한 깊이 있는 고민이 들어 있지 않았기 때문에 그렇게 말할 수 있는 것이라고 저자는 생각한다. 그게 아니라면 Kagan은 '협동적 학급운영'이라는 것을 '운영해 나가는 과정과 기술(기법)로서의 학급운영'을 말하는 것이라고 판단이 된다. 어찌 되었든, 분명히 '협동학습'이라는 개념보다는 '협동적 학급운영'이라는 개념이 더 깊이 있고 폭이 넓은 것이라고 저자는 생각한다. 쉽게 말해서 '협동학습'은 '협동적 학급운영'이란 원리 속의 운영체제인 것이다.

한편, 교육 목표의 달성은 교육 과정(교과지도) 및 학급활동을 통해서 이루어지는데, 여기에는 교사의 철학과 교육관, 교육 목표, 학급운영관 등이 큰 영향을 미친다. 교사의 철학이나 학급운영관, 아이들 사이의 관계 등을 잠재적 교육과정이라고 말하기도 하는데, 잠재적 교육과정은 때로 공식적인 교육과정보다 아이들에게 더 큰 영향을 미치기도 한다. 그래서 다양성 존중하기, 행복한 학급 분위기 만들기, 상호작용의 기회를 최대한 제공하기, 협동적인 학급 분위기 만들기 등은 학급운영에 있어서 필수적인 요소이고, 이런 것들이 잘 실현되도록 교과지도 활동과 학급활동을 통해서 꾸준히 노력해 나가는 데 저자는 이를 '협동적 학급운영'이라고 말한다.

> ➡ 교실 속에는 다양한 요소들이 존재한다. 그런 요소들이 모이고 모여서 하나의 학급을 만들어 나가게 되는데 이를 시스템이라 하며, 학급은 하나의 목표를 향하여 움직여 나간다. 저자는 이를 가리켜 시스템 학급운영이라 말한다. 아울러 교사들 저마다에게는 다양한 학급운영 목표가 존재하는데, 많은 교사들은 '협동적 학급'이라는 것을 목표로 설정하고, '우리는 하나다!'라는 공동체의식 아래 하나의 목표를 향해서 운영해 나간다. 이것이 바로 '협동적 학급운영'인 것이다. 학급이라는 하나의 조직을 운영하고 이끌어나가는 데에는 그에 맞는 하나의 운영체제가 필요한 것이고, 저자는 협동학습을 그런 다양한 운영체제 가운데 하나로 바라보고 나의 교실을 운영해 나가고 있다.

〈협동적인 학급 분위기를 만들기 위한 노력〉

(1) 아이들끼리 사회적 관계를 맺고, 유지해 나가도록 의도적으로 상황 만들기
(2) 교사는 수용적인 자세를 가지며 아이들에게 먼저 모범적인 모습과 태도 보이기
(3) 협동적으로 문제를 해결해 나갈 수 있도록 과제 제시(협동놀이, 협동과제 등)
(4) 협동적 학급운영의 적극적인 실천(학급활동 + 협동학습–수업)
(5) 또래 가르치기를 통한 긍정적인 상호작용의 극대화

〈'협동'이라는 철학의 밑바탕에 흐르는 기본적인 가치 ···→ 상호존중〉

상호존중이란 먼저 자신을 있는 그대로, 긍정적으로 받아들이고, 자신과 마찬가지고 타인을 존중함으로써 '나, 너, 우리' 모두가 긍정적인 관계를 형성해 나가면서 공동체의식을 가지고 사회에 참여해 나가는 것이다(풀어서 보면 '믿음'과 '신뢰'와 '공감'과 '배려'가 된다.).

※ '긍정적인'에 대한 해석 : 자신과 타인을 존중하고 바른 관계를 형성하는 것

(2) 협동적 학급운영의 열 가지 열쇠[11]

❶ 교사의 철학

앞에서 이미 다룬 바와 같이 협동적 학급운영을 위해서는 무엇보다도 철학을 바탕으로 한 교사의 변화가 가장 우선되어야 한다. 철학(교육관, 아동관, 교사론 등)이 뒷받침되지 않는 협동적 학급운영은 아이들을 바람직한 방향으로 변화시키지 못할 뿐만 아니라 그 속에서 아이들의 삶도 가꾸어지지 않는다.

❷ 학급운영의 목표 : 다 함께 잘 살기

협동적 학급운영에 맞는 학급 자체의 목표가 필요하다. 공동체 모두가 공유하고 실천해 나갈 수 있는 목표 설정이 꼭 필요하다. 그래야만 아이들이 늘 그것을 느끼고, 천천히 젖어들면서 변해 가게 될 것이다. 하지만 목표가 없다면 아이들은 자신의 교실에서 무엇을 중요하게 여기며 생활해야 하는지에 대한 중심을 잡지 못해 여기저기에서 갈등과 충돌하는 모습을 자주 보며 생활하게 될 것이다.

❸ 협동적 학급운영의 실천(공동체)

협동적 학급운영은 수업이 아니라 학급 공동체라는 곳의 모든 것을 중심에 두고 실천해 나가야 한다. 다시 말해서 수업을 위해 협동학습을 실천해 나가는 것이 아니라 공동체의 성장과 구성원 모두의 삶 자체가 중심이 된다는 것이다. 이것을 잊는다면 협동학습은 수업을 위한 것으로 전락해 버리고, 공동체 및 아이들이 수업 목표 달성 및 성적, 교사 자신의 욕심과 만족이라는 그늘에 가려 더 이상 그것이 가지고 있는 장점이나 특징을 느끼지 못하게 될 것이다.

11) 출처 : 이상우 저(2009), 살아 있는 협동학습, pp. 102~214에서 더 자세하게, 구체적으로 안내해 놓았으니 꼭 참고하기 바란다.

▲ 저자는 매년 아이들과 처음 만나는 주에 진급식을 갖는다. 한 해 더 잘 성장하기 위한 공동체 의식행사인 셈이다. 지난 해를 돌아보고 새해의 다짐도 해보고, 타임캡슐에 넣을 글도 써 보고, 마지막에는 모든 것을 마무리하면서 생과일 음료로 축배를 든다. 이후에는 버리고 싶은 자신의 습관을 종이에 써서 미리 마련해 둔 통에 함께 모아 버리거나 불로 태워 없애 는 활동으로 이어진다. 아이들은 이 날의 활동에 대하여 매우 큰 의미를 둔다.

❹ (학습)구조에 대한 이해, 협동학습 모형

협동학습이 외형적으로 드러나는 모습을 보면 구조라는 사고의 틀에 따라 활동하고 있 는 아이들을 주로 관찰하게 될 것이다. 바로 이것 때문에 교사들은 쉽게 협동학습의 유 혹에 빠져들게 되고 그것만을 자신의 교실로 가져가 적용하려는 모습을 보인다. 하지만 교실로 돌아가면 처음에는 잘 되는 것처럼 보이지만 그 이후에는 잘 되지 않아 쉽게 포 기하는 모습도 많이 관찰된다. 구조라는 사고의 틀이 협동학습의 전부는 아니지만 그것 이 가지고 있는 힘은 매우 크다. 그래서 협동학습 구조를 잘 활용하게 되면 협동적 학급 운영에 날개를 다는 셈이 된다고 볼 수 있다. 그러나 구조는 협동학습이라는 거대담론을 이야기할 때, 극히 일부라는 점(빙산의 일각처럼), 이것의 적용만으로 협동학습을 하고 있다고 생각한다면 큰 오산이라는 점, 열 가지 열쇠가 모두 복합적으로 시너지를 발휘할 때 비로소 협동학습을 활용한 학급운영이 이루어진다는 점을 깨닫지 않으면 안 된다.

❺ 협동학습의 네 가지 기본 원리

협동적 학급운영에서 이 네 가지 원리를 빼낸다면 더 이상 협동적이라는 말을 쓰면 안 된다고 본다. 그만큼 협동학습을 실천해 나가는 데 있어서 가장 중핵적인 원칙이자 원리라 할 수 있다. 학급에서 어떤 활동을 하더라도 이 네 가지 원리가 잘 녹아들어가는 활동인가? 잘 살아나고 있는가? 이를 위해 나는 아이들에게 어떤 환경을 제공해 주고 있는가? 등에 대하여 늘 생각하고 반성하지 않으면 안 된다.

- 긍정적인 상호의존(Positive Interdependance) : 너의 이익이 곧 나의 이익이고, 나의 이익은 곧 너(우리)의 이익이야!

  일반적으로 한 집단 내에서 긍정적인 상호의존성은 그 집단을 구성하고 있는 개인들 사이에 믿음과 신뢰가 바탕이 되어 끈끈한 정을 나누거나 그 집단의 성과가 집단 구성원들 사이에 긍정적으로 연계되어 있을 때 나타난다. 쉽게 말해서 한 아이의 성취(실패)가 다른 아이의 그것과 밀접한 관계가 있을 때(예 : 한 아이의 실패가 다른 아이의 실패−모둠의 실패와 직결될 때) 그 모둠을 구성하고 있는 개개인은 긍정적으로 상호의존하게 된다.

- 개인적인 책임(Individual Accountability) : 내가 맡은 일은 내가 책임을 진다!

  이 원리는 긍정적인 상호의존과 깊은 관련이 있는 것으로, 각 집단의 구성원들이 개인적인 책임을 모두 완수해 나갈 때 긍정적인 상호의존성은 시너지 효과를 느끼게 해 주며, 누군가가 개인적인 책임을 다 하지 못했을 때 그 상황이 일부러 책임을 다하지 못한 것이 아니라면 긍정적인 상호의존성을 느낄 수 있도록 모둠 내에서 서로 돕고 함께 머리를 맞대어 과제를 해결해 나갈 수 있는 분위기를 만들어 나가야 한다.

- 동시다발적 상호작용(Simultaneous Interaction) : 다 같이, 동시에, 여기저기에서!

  협동학습을 해 나가면서 아이들이 학습활동에 동시다발적으로 참여할 수 있도록 구조화시키는 일은 필수적이다(동시 시작, 동시 발표, 동시 멈춤). 순차적 구조보다는 동시다발적 구조가 아이들의 참여를 적극적으로 유도해 낼 뿐만 아니라 학습의 효율성도 높일 수 있다. 가령 아이 1명에게 1분씩 이야기할 수 있는 시간을 준다고 하자. 4인 1조 모둠에서는 4명이 동시에 순서대로 이야기를 한다면 단지 4~5분 정도면 모든 활동이 끝나게 된다. 더 시간을 단축하고 싶다면 4인 1모둠을 2인 1모둠(다시 말해서 짝끼리 활동하게 함.)으로 만들어서 활동하게 하면 된다(더 효과적이다.). 동시다발적인 상호작용의 원리는 이렇게 많은 시간을 절약하게 해 준다.

- 동등한 참여(Equal Participation) : 우리 모두 다 같이 참여해요!

IV

동등한 참여란 모둠 구성원 모두가 적극적으로 참여할 수 있도록 유도하면서 소수의 아이에 의해 모둠의 의견이나 활동이 독점되는 경우를 막고, 반대로 학급이나 모둠에서 소수의 아이들이 활동에서 소외되는 일이 없도록 하자는 것이다. 이는 '협동'이라는 개념 속에 '평등-누구나 골고루, 다 같이 참여함'이라는 중요한 철학적 원리를 담고 있다는 것을 보여 주고 있는 하나의 증거이며, 참여를 통해 자연스럽게 학습 목표를 달성할 수 있다는 면에서 협동학습의 강점을 자연스럽게 보여 주는 증거라고 할 수 있다.

❻ 모둠

전통적인 교실에서의 '조(소집단)'는 주로 학급활동(특히 자치활동)을 목적으로 조직되었다. 전통적인 교실에서의 소집단은 동질적인 흥미와 호기심, 관심사에 따라 만들어졌지만 소집단의 정체성이나 모둠 내에서의 역할 분담 및 그에 따르는 책임감을 모둠 내에서 공유할 수 있는 기회를 제공받지 못했다. 이와는 달리 협동학습 '모둠'에서는 소속감이 매우 강하게 나타나고, 일정 기간 동안 지속되며, 구성원들 사이에 생겨난 강력한 정체성을 바탕으로 긍정적인 상호작용이 일어난다.

전통적인 교실에서의 '조(소집단)'와 협동학습에서의 '모둠'을 좀 더 자세히 비교해 보면 다음과 같다(출처 : 변영계 외, 1999, p. 39).

전통적인 교실에서의 조(소집단)	항목	협동학습에서의 모둠
조(소집단)	명칭(이름)	모둠, 두레
동질 집단	구성(조직) 원칙	이질 집단
큰 의미가 없음(6명이 보편적임)	인원 수	4명을 선호함
모호함(있으나 명확치 않음), 자신에게만 책임있음	개인적 책임 여부	확실하게 구분하고 책임을 짐, 상호 간에 책임성을 공유함
비구조화 혹은 낮음	구조화 정도	구조화 정도가 매우 높음
과제만 강조	학습과제와 구성원	과제와 구성원 사이의 관계 지속성을 매우 중요하게 생각함
거의 없거나 최소한의 활동	상호 작용	구성원간의 적극적인 상호작용
배우지 않음	사회적 기술	교사가 의도적으로 지도, 직접 배움
비교적 낮음	상호 의존도	상호 의존적임(긍정적임)
독점(능력 있는 모둠장을 중심으로 모둠이 운영됨)	지도력	공유(리더를 따로 두지 않음 -모두가 리더)
없거나 미약함	모둠 정체성	강하고 긍정적임

단기 혹은 장기	지속성	중장기
교사 개입의 최소화(자치), 집단기능을 무시함 (꼭 필요한 경우가 아니면 관여하지 않음)	교사 개입의 정도	상호작용을 통한 개인과 집단의 목표를 최대한 달성하기 위해 교사의 적극적인 관찰과 개입이 필요
생활 모둠 – 학급활동 중심 (학급자치활동에 치중)	활동의 중심 (모둠의 성격)	학급활동 및 교수–학습활동 (모두를 위한 조직)
구성원 간의 '다양한 만남(활동)'을 통한 성장 및 효율적인 학급운영	활동 목표	효율적인 학급운영–'우리는 하나' 함께 공부(생활)하는 법 익히기
활발하지 못하거나 소극적임	소집단 활동	매우 활발함

협동학습에서 많은 전문가들은 성별, 학업능력, 행동특성 등이 각기 다른 아이들이 모여 구성된 이질 모둠을 권한다. 그 이유는 또래 가르치기 및 급우 간의 지원을 잘 이끌어 낼 수 있고, 이성 간의 관계를 향상시킬 수 있으며 높은 학업 성취자의 보조 교사 역할이 학급 경영을 용이하게 하기 때문이다. 4인 1조(남녀 혼합)의 모둠을 선호하는 이유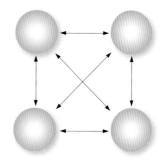는 짝 활동을 할 수 있고, 짝이 없는 학생의 소외를 막을 수 있으며, 짝 활동을 위한 경우의 수가 많아지기 때문이다(위 그림에서 보는 바와 같이 여섯 가지 경우의 짝 활동을 할 수 있게 된다.).

❼ 협동하려는 마음(학급 · 모둠세우기)

협동적 학급운영을 하면서 아이들이 서로 협동하고 싶은 생각이 들도록 만들지 않으면 협동학습은 소용이 없다. 그렇게 되면 협동학습은 겉모습(껍데기)만 흉내 내는 것 밖에는 되지 않는다. 협동학습(협동적 학급운영)이 단순히 수업방법론으로서가 아니라 우리나라 학교 현장에서 자신의 자리를 확고히 자리매김하기 위해서는 협동학습만의 또 다른 차별성이 있어야 한다고 저자는 생각하는데, 그것들 가운데 학급세우기와 모둠세우기가 있다.

'학급 세우기'는 학급 구성원 모두가 함께 경험할 수 있는 다양한 활동을 통해 '우리는 하나'라는 소속감을 증대시키고, 서로에 대해 잘 알아갈 수 있도록 하며 결국에 가서는 학급 구성원 모두의 사이에서 긍정적인 상호작용이 일어날 수 있도록 도와주는 것이라 말할 수 있다.

'모둠세우기'는 모둠 내에서 이루어지는 밀접한 과제활동을 통하여 긍정적인 상호의존의 의미를 깨닫고, 서로 돕고 의지해야 한다는 사실을 깨닫게 하며 한 모둠의 일원으로서 시너지 효과도 체험할 수 있도록 해주는 일련의 활동을 말한다.

학급세우기·모둠세우기 활동들은 교실에서 일어나는 모든 활동에 필요한 분위기도 살려주고, 서로의 장점, 단점을 알고 이해하게 하며 '우리 반-우리 모둠'이라는 소속감이 생겨날 수 있도록 도와 학급 전체가 잘 될 수 있도록 돕는다.

이 두 활동에는 반드시 주의해야 할 점이 있다. 모둠에 너무 중심을 두면 학급이라는 공동체성이 무너지기 쉽고, 공동체에 중심을 너무 두게 되면 모둠 정체성이 취약해져 모둠원들끼리의 상호작용 및 협동적 활동이 잘 일어나지 않는다. 따라서 교사는 이 두 가지 사이에 균형을 잘 유지하려는 노력이 필요하다.

▲ 저자는 늘 여름방학이 끝나면 공동체 정신을 되새겨 보는 선서식을 통해 2학기를 새롭게 열어 본다(학급세우기).

▲ 매번 모둠을 새로 만들 때마다 창문열기 활동을 통해 모둠 이름 및 상징을 함께 만들고 그려 본다. 이를 통해 아이들은 모둠 정체성을 만들어 나가기 시작한다(모둠세우기).

학급세우기·모둠세우기 5대 목표

(1) 친해지기   (2) 정체성 세우기   (3) 서로 도와주기
(4) 개인의 차이 존중하기   (5) 시너지 효과

협동하려는 마음을 심어 준다.

공동체의식을 형성해 준다.

모둠세우기를 통해 깨달아야 할 것들!

⋮

협동적 학급운영의 기본 바탕

서로 알고 친해지기   서로 신뢰하기   서로 도와주기   다 함께 잘살기

모둠세우기 : 협동학습의 참맛과 원리를 느끼도록 해 주는 활동 ⋯ 협동학습의 시작은 모둠세우기로부터!

〈학급과 모둠을 살리는 지혜 = 관리가 최선!〉

(1) 경쟁보다는 협동을 우선으로 하며, 교수−학습활동에 모둠, 학급을 적극 활용한다.

(2) 결과보다 과정을 중시하며, 적극적으로 지원하고 허용적인 분위기를 만들어 간다.

(3) 활동과정에서 빚어지는 실수와 잘못에 대한 너그러움 그리고 그들이 끝까지 할 수 있도록 기다려 주는 것, 그들의 활동에 주도적인 안내자가 되어야 한다는 것이 매우 중요한 일이다.

(4) 그들의 성장과 지향점을 긴 안목으로 키워내는 태도도 매우 중요하다.

(5) 모둠 및 학급 구성원의 자발성, 창의성을 신장시키는 방향으로 활동이 이루어질 수 있도록 과제를 부여하고, 활동을 계획한다.

(6) 의견의 민주적 수렴 통로로 모둠을 적극 활용한다.

(7) 공동체 생활의 기쁨을 느끼는 활동을 의도적으로 계획하도록 한다.

(8) 개개인의 개성과 인격이 최대한 존중되는 활동이어야 한다.

(9) 지속적으로 모둠을 관찰하고, 모니터링하고, 지도하고, 상담하라(잘 안 되는 것, 어려워하는 것들에 대해 지속적으로 안내, 상담하여 문제를 해결할 수 있도록 해야 함)!

(10) 수업시간과 적극 계하라(학습 활동에 적극 활용하여야 한다.)!

(11) 모둠별 활동과 과제, 학급 및 모둠 프로젝트 등을 개발하는 것이 중요하다!

❽ 사회적 기술

사회적 기술 : 집단에서 서로간의 생활을 원활하게 하기 위해 이루어지는 의사소통이나 규칙 혹은 약속에 따르는 행동양식을 말한다. 쉽게 말해서 공동체 생활을 해 나가는 사람들과 잘 지내기 위한 기술(다 함께 잘 살기 위한 기술)을 가리킨다고 할 수 있다. 그리고 이 기술은 나름대로의 방향성을 가지고 꾸준히 지도하는 과정에서 개발되고 습득될 수 있다고 확신하여 그 지도의 필요성을 힘주어 강조하고 있는 것이다.

사회적 기술 = 인간관계를 맺어 나가는 데 필요한 전반적인 기술

출처 : Kagan, 1999, pp. 297−347

IV

협동학습은 타인과의 상호작용을 바탕으로 한 관계를 매우 중요하게 생각한다. 그런 협동학습을 수업방법으로서만 활용하더라도 큰 무리는 없겠지만 수업방법으로의 활용에만 그친다면 협동학습의 진면목을 보기는 참 어렵다. 왜냐하면 수업 시간에 내용을 담는

그릇으로만 쓰다 보면 아이들에게서 보이는 여러 가지 문제점 혹은 곤란한 상황에 이르게 만드는 여러 가지 면들을 발견하게 되는데, 이런 것들의 대부분은 바로 사회적 기술의 부재 혹은 사회적 기술을 지도하지 않거나 사회적 기술을 개발하지 않음으로 인해서 오는 문제들이다. 수업방법론으로 협동학습을 바라보게 되면 사회적 기술을 위한 고민, 훈련, 체득할 시간을 갖지 못하게 되고, 이로 인하여 협동학습 구조나 모형을 활용한 수업이라는 것 자체뿐만이 아니라 학급활동에 있어서도 학생들 사이의 긍정적인 관계 형성에 부정적인 영향을 주어 학급이라는 틀 자체가 깨어질 수도 있는 위험한 상황을 초래하게 된다.

따라서 협동적 학급운영을 해 나가기 위해서는 교사가 사회적 기술에 대한 관심과 이를 아이들이 체득할 수 있도록 하기 위한 다양한 고민을 해야만 한다. 이를 위한 방법으로는 '수업 시간 중에 서로 상호작용을 하는 과정 속에서 자연스럽게 이를 습득한다.'라는 입장을 가지고 있는 자연스러운 접근 방법과 '사회적 기술의 지도를 정규 과정에 포함시키고, 이와 관련된 기술들을 형식적으로 부여하거나 이를 위한 프로그램의 도입을 통해서 아이들이 체득할 수 있도록 해야 한다.'고 하는 형식적인 접근 방법 두 가지가 있다. 현장에서는 형식적인 접근법보다는 자연스러운 접근법이 많이 활용되고 있는데, 그 이유는 사회적 기술도 아이들이 언어(말)를 배워나가는 과정과 유사하여 억지로(형식적으로) 사회적 기술을 암기하도록 하는 것보다는 실제의 상황(교수–학습활동 및 학급활동) 속에서 말과 행동을 직접 해 봄으로써(실천에 옮김으로써) 습득할 수 있도록 해 나가는 것이 좋다고 보기 때문이다(외국어를 배우는 과정을 생각해 보면 잘 알 수 있다. 억지로 외국어를 외우는 것보다는 자연스럽게 외국어를 사용할 수 있는 상황에 접하여 익히고 말을 하면서 배워 나가는 것이 훨씬 더 빠르고 확실하게 배울 수 있다. 자연스러운 접근법을 많이 사용하는 또 따른 이유는 사회적 기술의 많은 경우가 주로 언어의 활용면에 있기 때문이기도 하다.).

협동학습을 단순히 교수–학습활동 측면에서만 바라보지 말고, 협동적 학급운영이라는 측면에서 바라보게 된다면 사회적 기술은 단지 수업 시간에만 필요한 것이 아니라 아이들의 일상생활(학급운영) 속에서 자연스럽게 녹아 들어가게 해야만 한다는 것을 깨달을 수 있을 것이다. 따라서 교사는 학생들이 사회적 기술을 자연스럽게 습득할 수 있도록 모든 활동을 구조화하고, 아이들은 이를 통해 사회적 기술을 자기의 것으로 만들어 실천할 수 있도록 해야 한다.

❾ 교사의 사회적 기술 두 가지

우리 아이들은 직접 눈으로 보고 듣고 배우면서 '그래도 되는구나, 그래서는 안 되겠구나.'하는 판단을 하고 따라 하기 때문에 지금의 우리 현실에 있어서 교사의 말과 행동은 아이들에게 귀감이 되지 않으면 안 된다.

한편, 수업 중이나 쉬는 시간 중에도 어떤 문제 상황이 발생하였을 때 분위기를 험악한(꾸중, 야단, 체벌 등) 상황으로 몰아간다면 아이들에게는 다운-시프팅 현상이 나타나게 된다. 그런 상황 속에서는 우리들이 개발하고자 하는 아이들의 고차원적인 사고력과 창의적 사고력을 기대할 수 없는 일이다.

'말을 한다.'와 '대화를 한다.'는 언뜻 보면 비슷해 보일지 모르겠지만 매우 큰 차이를 보인다. 말은 일방통행이지만 대화는 쌍방통행이고 의사(생각)의 교환인 것이다. 인간관계는 바로 쌍방통행에 의해서 만들어지고 관계가 개선되어 나간다. 하지만 학교에서 교사와 아이들 사이의 관계를 보면 다분히 일방통행인 경우가 많다. 때문에 저자는 학교에서 사회적 기술이 가장 떨어지는 사람은 바로 '교사 자신이다.'라고 강력하게 말하고 싶다.

학습자는 위협이나 공포의 상황에서 고차적인 사고를 하기 어렵고 생존 지향적인 기능으로 돌아간다. Hart(Caine & Caine, 1994)는 이러한 현상을 다운-시프팅(downshifting)이라고 부르면서, 그것을 위협이나 공포에 대한 두뇌의 반응으로 보았다. 여기에서 우리 교사들이 염두에 두어야 할 것은 아동이 다운-시프트 될 경우에 그들이 초기의 프로그램화된 행동으로 돌아가게 되어 교육에서 개발하고자 하는 고차적인 기능과 창의적 사고와 같은 능력을 발휘할 수 없다는 점이다(다운-시프팅 : 고차원적인 기능에서 하위기능으로 전환되는 현상을 의미한다. 두뇌가 지나친 위협, 공포, 스트레스 상황에서 고차적인 기능을 수행하지 못하고 생존 지향적이게 되는 형상을 가리킨다.).

출처 : 두뇌를 알고 가르치자, 김유미 저, 2002, 학지사, pp. 40, 215, 286

여러분 본인의 학창시절로 돌아가서 선생님과의 사이에서 안타깝거나 기분 나쁘거나 아쉬웠던 상황을 떠올려보자. 어떠한가? 그 대부분의 경우 대화라기보다는 선생님의 일방적인 말을 듣기만 하고, 정작 속이 상하여 말하고 싶은 것은 제대로 하지 못하는 상황 속에서 답답함을 느껴 보지는 않았는지? 흔히 교사와 아이들 사이의 관계에서는 교사가 더 권위가 있다고 생각하는 경향이 많다. 그러다 보니 교사는 당연한 듯 아이들 앞에서 훈계와 가르침의 말을 많이 하게 된다. 하지만 대화는 무엇보다도 그 질이 중요하다는 사실을 우리는 잊고 있는 것은 아닐까? 무엇을 말할 것인가도 중요하지만, 어떻게 말하느냐에 따라 상대방과 나, 아이들과 교사 사이에 긍정적인 관계가 형성되느냐 그렇지 못하느냐가 결정된다는 중요한 사실을 우리 교사들은 항상 염두에 두고 학생들 앞에 서야만 한다. 이를 위한 교사의 사회적 기술 두 가지는 적극적 듣기와 '나 메시지'라 할 수 있다.

• '적극적 듣기'를 위한 요령

> 1단계 : 아이의 감정과 얼굴 표정, 행동 등을 주의 깊게 살피면서 말을 듣는다.
>
> 2단계 : 교사는 아이의 말과 행동, 표정 등을 통해 현재 감정 상태를 읽고, 아이가 그런 감정 상태를 갖게 된 원인과 이유를 파악한 대로 말한다. 이 때 아래와 같은 표현을 자주 활용하면 좋다('~구나'체의 표현).
>
> > "아, ~했구나! ~이었다는 것이구나(그랬구나!)!"
>
> 3단계 : 교사가 아이의 현재 감정 상태를 다시 한 번 확인한다.
>
> ※ 여기에서 교사는 오로지 상대방의 감정과 욕구, 신체적 표현과 언어 모두를 있는 그대로 받아들이려는 노력이 요구된다. 이를 위해 다음과 같은 것은 하지 않으려는 노력이 필요하다. ① 명령하기, 지배하기, 지시하기 ② 경고하기, 윽박지르기 ③ 교화하기, 설교하기, 의무와 당위성 강조하기 ④ 충고와 해결방법 제시하기 ⑤ 가르치기, 훈계하기, 논리적 논법 제시하기 ⑥ 판단하기, 평가하기, 비판하기, 의견 달리하기, 꾸짖기 ⑦ 비난하기, 꼬리표 붙이기, 정형화하기 ⑧ 해석하기, 분석하기, 진단하기 ⑨ 칭찬하기, 맞장구치기, 긍정적으로 평가하기 ⑩ 무조건 안심시키기, 공감하기, 위로하기, 지지하기 ⑪ 질문하기, 캐묻기, 심문하기 ⑫ 물러나 있기, 빈정거리기, 비위 맞추기

출처 : 교사역할훈련, Thomas Gordon 저, 김홍옥 역, 2003, 양철북

예시 1

교사 : 채운이가 네게 몸무게가 많이 나간다고 해서 속이 무척 상했구나. 그래서 화가 난 것이지 ?

학생 : 네, 맞아요. 그래서 화가 났어요.

예시 2

교사 : 채운이는 오늘 수업 끝나고 좀 남아서 선생님과 이야기 좀 하자.

채운 : 선생님, 왜 저만 남으라고 하세요?

교사 : (아이의 감정 살피기 : 억울함, 불만 등), 너만 남으라고 해서 억울한가 보구나.

채운 : 네, 맞아요. 왜 저만 남아야 하는지 이유를 말해주세요.

교사 : 선생님이 채운이와 조용히 하고 싶은 말이 있어서 그렇단다. 지금은 다른 아이들도 있고, 수업도 해야 하니까 조용히 이야기를 나누기 어렵단다. 그렇게 해 줄 수 있겠니?

채운 : 네, 알았어요.

• '나 메시지'를 전달하는 방법

효과적으로 '나 메시지'를 전달하는 방법

1단계 : 있는 그대로 관찰하기(관찰)

2단계 : 관찰한 결과로 자신이 갖게 된 느낌, 감정의 상태를 표현하기(느낌)

3단계 : 자신의 욕구를 표현하기(욕구)

4단계 : 부탁하기(부탁)

출처 : 마셜 B. 로젠버그, 2004, p. 22

예시 1

교실 바닥에 휴지가 이리 저리 널려 있고 지저분한 상태이다.

좋지 못한 대화	"교실 바닥이 이게 뭐니? 여기가 쓰레기장이냐? 너희들은 눈이 없니? 손이 없니? 빨리 치워!"
나 메시지	(1단계) 바닥에 휴지들이 여기 저기 떨어져 있는 모습을 보니 (2단계) 선생님 기분이 언짢구나(선생님은 속이 상한다.). (3단계) 선생님은 우리 교실이 깨끗한 곳이었으면 한다. (4단계) 자기가 버린 것이 아니더라도 주위의 휴지들을 주워서 버려 줄 수 있겠니? 선생님이 너희들에게 부탁하는 거야.

예시 2

수업 중 열심히 강의를 하고 있는 데 몇몇의 아이들이(혹은 한 아이가) 듣지 않고, 잡담을 하거나 떠들거나 다른 곳을 쳐다보고 있다.

좋지 못한 대화	철수, 여기 봐라(떠드는 사람들, 일어서. 뒤로 나가. 떠드는 사람, 혼을 내 줄 거야!).
나 메시지	(1단계) 철수야, 선생님이 설명하고 있는 것을 듣고 있지 않는 것 같아서 (2단계) 선생님은 지금 걱정이 된다. 중요한 것을 설명하고 있는데, 듣지 못하면 모르고 넘어가게 되거든. (3단계) 나는 철수가 지금 공부하고 있는 것을 꼭 알고(배우고) 넘어갔으면 좋겠는데. (4단계) 집중해서 들어 줄 수 있지? 부탁한다.

IV

❿ 협동적인 학급운영 기술

협동적 학급운영이 이루어지는 교실은 아이들의 필요와 잘 연결되어 있다. 협동학습은 '행동과 상호작용을 통해 배운다.'라는 생각을 기초로 하는데, 여기에 서로 반응하고, 움직이고, 만들어내고, 서로 만나서 활동하는 분위기가 조성된다. 아이들은 기본적인 욕구가 충족되면 그들은 더 이상 문제를 일으키지 않게 된다(출처 : Kagan, 2002, p. 122).

위와 같은 상황을 만들기 위해서는 교사 나름대로 오랜 실천적 경험 속에서 우러나오는 노하우─협동적 학급운영 기술이 필요하다. 몇 가지 예를 들자면 아래와 같다.

- 협동학습에 필요한 다양한 도구들 갖추기(모둠 사물함, 모둠칠판, 각종 문구류 등)
- 학급 규칙 및 약속 정하기
- 학급 내 모든 일은 '아이들 스스로'라는 원칙에 따라 처리하기
- 효율적인 자리 배치(협동학습이 필요한 때는 모둠식, 전체 토의 및 토론이 필요한 경우에는 'ㄷ'자 모양으로 배치, 교사 집중이 필요한 경우에는 분단식 등)
- 상호작용시에 적당한 크기로 목소리 크기 조절할 수 있도록 하기
- 교사의 효과적인 전달력 : 말과 글 모두 사용, 적당한 크기의 목소리, 적절한만큼씩만 전달하기, 이해도 확인하기, 시범 보이기 및 모델 활용하기 등
- 부정적인 것보다 긍정적인 것에 관심 갖기
- 모둠질문 활용하기
- 동시다발적으로 운영하기

8 평화와 인권을 생각하는 협동학습

요즈음 학교마다 학교폭력 문제 및 일진 문제로 교사·학부모·아이들 모두 머리가 아프다. 최근 연이어 보도되고 있는 아이들의 자살 사건 보도는 우리 사회 및 교육이 어떤 식으로든 책임을 져야 할 문제들이라 생각한다면 이에 대한 깊이 있는 고민을 통해 풀어 나갈 대안을 제시해야 할 것이라 본다. 하지만 현실은 땜질식 극약처방과 가해자에 대한 처벌 위주로 대안을 내놓으면서 근본적인 부분을 다스리지 못하고 있다는 비판이 끊이지 않고 있으며 학교에서도 뚜렷한 움직임을 보이지 못하고 있는 실정이다. 이에 대하여 저자는 긴 호흡으로 평화와 인권을 생각하는 협동학습(협동적 학급운영)을 해 보라고 적극 권하고 싶다.

교사라면 자신의 교실이 어떠한 곳이기를 바라는가? 평화─평등─인권─생태적 가치─협동 등의

가치가 잘 나타나는 교실을 꿈꾸지 않는 교사는 없다. 하지만 자신의 교실이 무관심과 폭력과 왕따와 경쟁으로 얼룩져 있지는 않는가에 대하여 심각하게 고민해 본 적은 있는가? 이런 것들이 가정·사회적 문제와 함께 어우러져 발생하고 있는 것이 학교폭력 문제라고 저자는 생각한다.

그렇다면 그 원인은 무엇인가? 학교? 가정? 사회? 게임? 혹시 그 문제에 대한 책임을 무엇인가에 떠넘기기에 급급하여 근본적인 원인을 찾지 못하고 있는 것은 아닌가? 아니면 이 문제를 해결하기 위한 의지는 과연 있는 것인가? 저자는 이런 고민을 많이 한다. 그러면서 우리 사회가 내리고 있는 결론과 처방에 대하여 이런 생각을 갖게 된다.

> 감기 걸린 사람(학교폭력 문제 및 우리 사회, 우리 아이들)에게 기침하지 말라고(폭력을 쓰지 말라고)만 말한다. 이는 매우 잘못된 처방이다.
>
> 어떻게 감기에 걸린 사람이 기침을 하지 않을 수 있겠는가? 그리고 나서 기침(폭력)을 하면 기침한 사람을 처벌하려고만 한다. 그렇다고 기침을 하지 않겠는가?
>
> 이 문제를 해결하기 위해서는 원인과 그 증상을 명확히 구분하는 지혜가 필요하다고 저자는 생각한다. 다시 말해서 기침(폭력)이 증상이라면 그 원인은 기침을 한 사람이 아니라는 점, 그리고 기침한 사람의 몸에 어떤 이상이 **있는지를** 살펴서 그것을 치유해야 한다는 것을 저자는 꼭 강조하고 싶다.

그렇다면 이를 위해 어떤 처방이 필요하겠는가?

현재 우리 아이들은 아픈 상태다. 어디가? 마음이 아픈 상태다. 사람들은 몸이 아프면 어디에 가는가? 바로 병원에 간다. 병원이 몸을 치료한다. 그렇다면 마음이 아프면 어디서 그를 치유 받겠는가? 그곳은 바로 학교와 가정이다. 가장 좋은 곳은 가정이라고 저자는 말하고 싶은데, 가정이 할 수 없다면 아픈 아이들을 치유할 수 있는 곳은 바로 학교이다. 가정과 학교가 함께 한다면 더할 나위 없겠지만 말이다.

그렇다면 교사와 학교는 무엇을 해야 하는가? 절대로 처벌이나 감시, 통제는 없어야 한다. 오히려 상황을 더 악화시킬 뿐이라는 사실을 우리는 잘 알고 있다. 그보다는 정확한 원인을 파악하고, 치유와 소통이 이루어지는 교실을 만들어 주고, 갈등이 발생하면 아이들끼리 문제

〈우리의 할 일〉

교사 = 원인 파악하기
차별, 감시, 통제 No!
치유와 소통의 교실 만들기, 아이들끼리 갈등과 문제를 서로 해결해 나가도록 하기, 교사는 옆에서 적극 지원하기, 지도보다는 예방에 우선하기

〈협동적 학급운영〉

성적 중심의 교실을
사람 중심의 교실로!
믿음과 소통을 지향하는 교실로!
그 속에 존중과 배려가 녹아들게!

IV

를 스스로 해결해 나갈 수 있도록 곁에서 지켜봐 주고 적극 지원해 주며 지도나 처벌보다는 예방에 우선적인 노력을 기울여야만 한다고 본다. 그리고 저자는 그런 교실을 만들어 나가는 것을 협동적 학급운영이라고 말하고 싶다.

그렇다면 협동적 학급운영을 위해서 교사는 교실을 어떻게 바꾸어 나가야 할 것인가? 누군가 저자에게 이렇게 묻는다면 이렇게 답을 하고 싶다.

❶ 아이들끼리 서로 좋아하게 하라!
❷ 인권과 평화가 살아 숨쉬게 하라!
❸ 생태적 감수성이 살아 숨쉬게 하라!
❹ 서로 도움을 주고 받으며 살게 하라!

이런 협동적 학급운영이 가능하기 위해서는 아래와 같은 대전제가 필요하다고 저자는 강력히 주장한다.

협동적 학급운영을 위한 대전제!

1. 누구나 교실에서 행복할 권리가 있다!
2. 서로를 존중할 의무가 있다!
3. 하나는 모두를, 모두는 하나를 위하여!
4. 차이점 인정하기 : 육체적, 정신적, 마음의 키
5. 위의 것들이 교실 속에 항상 녹아들게!

그 시작은 3월 한 달에 달려 있다!

1. 특히 3월 2주 동안의 모든 것들이 핵심
2. 수업보다 협동적인 교실문화 정착이 우선
3. 업무, 공문, 수업보다 이런 것들이 최우선
4. 이에 대한 교사의 인식이 꼭 필요
5. 교육청, 학교는 이를 위해 적극 지원

위와 같은 일을 해 내기 위해서 우리 교사들이 심각하게 고민해야 할 것들이 있다. 그것은 바로 아래와 같은 일이다. 그리고 이를 위해 학교와 교육청은 적극 지원을 아끼지 말아야 한다.

---

1. 교사와 아이가 함께 만들어 나간다.
2. 문제가 생겼을 때 : 스스로 해결방법 찾기
3. 사회적 기술은 매우 중요한 요소

길동이가 ~ 하면
내 마음이 ~ 해져!
왜냐하면 ~ 하니까!

난 누구를 위해 일하고 있는가?
난 무엇을 위해 일하고 있는 것인가?
교육청을 위해 일하는 것인가?
성과를 위해 일하는 것인가?
승진이나 실적을 위해 일하고 있는 것인가?
그게 아니라면 진정으로
아이들의 성장과 발달을 위해?

진정으로 아이들의 삶을 가꾸어 주고 싶다면 바로 위의 세 가지만이라도 꾸준히 실천해 보도록 하자. 그러면 협동적 학급운영은 어느새 선생님 교실에 와 있을 것이고, 그곳에서 아이들과 선생님 모두는 행복할 것이다.

가르침의 입장에서 바라본 협동학습

언제부터인지 모르지만 '가르친다'는 말이 현장에서 쓰면 안 되는 말처럼 여겨지고 있다. 그리고 그 용어가 '배움'이라는 말로 대치되고 있다. 과연 그것이 옳은 것일까?

저자는 이에 대하여 이의를 제기한다. 교사는 반드시 아이들을 가르쳐야 한다. 가르친다는 말은 없어서는 안 될 말이다. 왜 이런 일이 일어났는가에 대한 이유를 생각해보니 가르친다는 말의 뜻이 지금의 교사들에게는 '지시·전달'이라는 의미로 변질되어 사용되고 있기 때문이라 여겨진다. 분명 가르친다는 말과 '지시·전달'이라는 말의 뜻은 다르다.

저자는 여기에서 '가르침'이라는 말의 분석적 접근을 통해서 협동학습(협동적 학급운영)이 추구하고 있는 중요한 점 세 가지를 여러분들께 말씀드리고자 한다.

❶ 가르침(가르친다) ⋯▶ 모델(모범을 보여라) ⋯▶ 학교(교사)
❷ 가르침의 주체 : 학교만이 아니라 가정도 책임을 진다.
❸ 교육은 가정·학교·아이 세 주체의 상호작용이다.

'가르친다'는 말을 한자로 쓰면 '교육(敎育)'이라고 표현한다. 그리고 '교육'이라는 한자를 풀어서 보면 다음과 같다.

- 글자의 구성 : 아들 자(子) + 본받을 효[爻 (㸚)] + 칠 복[攵 (攴)]
- 글자의 뜻 : 쳐(내)서 아이들이 본받도록 함.
- '쳐낸다'의 뜻 : '때리다'의 의미가 아니라 중요한 이치를 가려낸다는 의미

를 담고 있다. '칠 복(攵)'자는 '점 복(卜)'자와 '또 우(又)'자가 합쳐져서 만들어진 것으로, 오랜 옛날 제정일치 시대에 국가의 중대사를 정하고 행할 때는 하늘의 기운을 읽고 점을 치고 또 치고 또 치면서 심사숙고해서 가려낸 뒤 행하였다는 뜻을 담고 있다고 보고 싶다. 물론 쳐주어야 할 때 정확히 쳐주고 갈라 주어야 할 때 정확히 갈라 준다는 뜻에서 매를 들고 '막대기를 들고 가볍게 쳐준다'는 뜻을 갖고 있다고 볼 수도 있다.

- '쳐낸다'의 주체 : '敎'라는 글자 속에는 나타나 있지 않지만 생각해 보면 금새 알 수 있다. 과연 누가 쳐내서 가리키겠는가? 바로 스승(교사)이다.
- '敎'의 의미 1 : 윗사람은 쳐내고 베풀어 가르치고, 아랫사람은 본받아 배운다.
- '敎'의 의미 2 : 가르침 자체의 측면과 가르치는 행위의 측면
- '敎'의 의미 3 : 주체와 대상의 상호작용을 의미한다.
  - 가르침 자체 : '무엇을 본받아야 하는가?'에 대한 것으로, 저자는 '무엇'을 하늘의 이치라고 생각한다. 여기서 말하는 하늘의 이치란 곧 '사람 된 도리'를 말하는 것으로, 아이들의 바른 성품(인성)을 가리킨다고 본다.
  - 가르치는 행위 : 이런 측면에서 본다면 본받는 아이들에 대한 모델로서 스승(교사)의 몸가짐과 언행을 두고 말하는 것이라 생각한다. 다시 말해서 아이들 앞에 서는 스승(교사)은 아이들에게 모든 면에서 모델이 되어 주어야 한다는 뜻으로 받아들인다.

- 글자의 구성 : 아들 자(子)+고기 육[月(肉)]
- 글자의 뜻 : 아기의 몸을 키운다.
- 본래의 글자 : '기를 육(毓)'에서 비롯된 약자이다.
- '毓'의 풀이 : '매양 매(每) + 뒤집힌 아들 자(子) + 물 수(水)'자가 모여서 만들어진 것으로, '每'자는 '머리에 비녀를 꽂은 성인 여자'를 뜻하고, 거꾸로 뒤집힌 '子'자와 '水'자는 갓 태어난 아이가 어미의 뱃속에서 나올 때 양수가 터져 흘러나오고 자궁에서 머리부터 나오는 모습을 형상화시킨 글자라 할 수 있다['매양 매(每) + 갓난아기 류(㐬)'].
- '每(어미)'는 양육의 주체요 '㐬(갓난아기)'는 양육의 대상이자 산물이라 할 수 있다.
- '育'은 어미와 아이의 상호작용에 의해서 이루어진다. 다시 말해서 '育'의 주체는 '어머니'라 말할 수 있다. 하지만 실질적 의미는 '㐬(갓난아기)'라는 글자로 인해서 '매양 매(每)'라는 글자가 들어간 것 뿐, '育'의 주체는 바로 '가정 = 부모'라고 해야 맞다.
- '育'의 1차 시기 : 어머니의 뱃속에서 10개월간 태교를 통해 이루어진다.
- '育'의 2차 시기 : 어머니의 뱃속에서 나와 평생 부모와 헤어질 때까지 이루어진다.

이렇게 교육(敎育)이라는 한자를 풀이해 보면 교육의 진정한 의미를 깨달을 수가 있다. 교(敎)의 주체는 교사와 아이요, 육(育)의 주체는 가정과 아이라는 점이 바로 그것이다. 교육은 바로 교사와 가정과 아이가 하나가 되어 이루어질 때 제대로 될 수 있다는 뜻을 담고 있다고 풀이하면 될 것이다. 그리고 거기에서 교(敎)는 교사의 모범(모델)을 보이라는 측면을 나타낸 것이고, 육(育)은 가정도 아이의 (정신적)성장과 (육체적)발달에서 책임을 회피하지 말라는 뜻을 담고 있다고 보면 틀림이

없다.

그런데 요즈음의 세태를 보면 교육의 주체로서 가정이 스스로 물러나려고 하고, 모든 교육 문제에 있어서 그 책임을 학교에 넘겨 버리려 한다. 이것은 말도 안 되는 일이다. 아이의 그릇됨은 분명히 부모의 책임도 있다는 사실을 알고 아이의 교육 문제에 대하여 함께 고민하고 해결해 나가야 할 것이라고 저자는 강조하여 말하고 싶다.

결론적으로 협동학습 측면에서 가르침(교육)이라는 면을 바라본다면 교육의 3주체인 부모와 아이와 교사(학교)의 협동적 상호작용, 그 속에서 부모와 교사는 쳐내서 아이에게 모범을 보이고, 아이는 그것을 본받아 자라게 된다는 것으로, 모범을 보일 때는 몸으로 직접 보여주되 특히 언어적인 측면(사회적 기술)과 사람됨의 측면(인성)을 매우 강조하고 있다는 것을 저자는 말하고 싶다. 그래서 혁신학교에서 '학부모'를 교육의 주체로 세우라는 말이 있는 것이고, 지역사회와 함께 해야만 한다는 말이 나온 것이고, 그래서 혁신학교 운동과 협동학습은 서로 통한다는 사실을 깨달을 수 있을 것이다. 결국 아이들을 가르치지 말라는 말은 오히려 잘못된 것이고, 아이들을 가르치지 않는다면 부모와 교사가 아이들에게 가르침을 포기한다면 아이들의 미래는 없다고 봐야 할 것이라 감히 주장한다.

끝으로 저자는 가르친다는 말의 신성한 의미를 퇴색시키지 말고, 암기식—강의식—일방적인 수업을 '지시 · 전달하기'라는 말로 가려 쓸 것을 요청하는 바이다.

⑩ 배움의 입장에서 바라본 협동학습

혁신학교 운동이 시작되면서 '배움'이라는 말을 쓰지 않으면 잘못된 것처럼, 아이들에게 가르치면 안 되는 것처럼 현장의 분위기는 이상하게 흘러가고 있다. 물론 '앎'의 과정은 능동적이고 주체적이어야 하며 끝이 없는 것이라는 점에서 아동 중심 수업, 평생 교육의 개념으로 방향을 돌리는 데 큰 역할을 했다는 점은 인정하지만 '배움과 가르침'은 분명 함께이어야 한다고 저자는 생각한다. 가르침에 대한 의미는 앞에서 살펴보았고, 여기에서는 '배움'의 의미에 대하여 분석적으로 깊이 있게 살펴보고자 한다.

저자는 나눔의 자리에서 이런 질문을 많이 던진다.

> "'가르침과 배움'의 의미에 대하여 각자 나름대로 정의를 내려 보세요."

위의 질문에 대하여 많은 분들이 다음과 같은 답변을 내놓았다.

❶ 가르침 : 교사 주도↔아이들은 수동적, 지시와 전달의 의미, 일방통행

❷ 배움 : 아이들이 주도(능동적), 스스로 찾아가는 과정, 쌍방통행

저자는 이런 생각에 반대한다. '교사 주도↔아이들은 수동적, 지시와 전달의 의미, 일방통행'은 '지시와 전달'을 가리키는 말이지 가르침을 의미하는 말이 아니다. 아울러 배움이라는 말의 의미 속에는 흔히 말하는 '아이들 주도(능동적), 스스로 찾아가는 과정, 쌍방통행'이라는 것보다 훨씬 더 심오한 뜻을 담고 있다.

'배움'이라는 말을 한자로 표현하면 '학습(學習)'이라고 쓴다. 그리고 '학습'이라는 한자를 풀어서 보면 아래와 같다.

- 글자의 구성 : 절구 구(臼) + 점괘 효(爻) + 집 면(宀 ⋯ 冖) + 아들 자(子)
- 글자의 뜻 : 집(冖)에서 아들(子)이 두 손(臼)으로 산가지(爻)를 들고 숫자를 배운다.
- '學'자의 풀이 : 절구 구(臼)자는 두 손을 상징, 점괘 효(爻)자는 본래 점을 치거나 수를 헤아릴 때 쓰는 산가지를 상징, 집 면(宀 ⋯ 冖)자는 건물(집, 학교)을 상징, 아들 자(子)자는 아이들을 상징한다.
- 점괘 효(爻)자의 다른 풀이 : 사귈 교(交 : 교류하다, 소통하다)자와 훈음 면에서 서로 통한다. 또한 주역(周易)의 효(爻)−문자(文字)를 상징하기도 한다.
- 점괘 효(爻) ⋯ 문자(文字)를 통해 서로 사귄다는 뜻(爻 : 교류하다, 소통하다)으로 해석 ⋯ 절구 구(臼)자는 아이들의 두 손이 아니라 어른(臼 ⋯ 교사의 두 손)의 두 손으로 해석하고 싶은 것이 저자의 견해이다.
- 지붕(宀 ⋯ 冖 : 학교) 아래에서 아이들(子)이 서로 교류하고 소통(爻⋯交)하는데, 교사나 부모(臼 ⋯ 교사 또는 부모의 두 손)가 곁에서 함께 하며 안내한다는 뜻(협동학습에서 교사는 Scaffolding−비계 역할을 하는 주도적 안내자를 의미한다.)을 가진 것이 바로 '學'이라는 글자이다.
- 교실 아래에서 일어나는 소통(爻 ⋯ 交)의 형태는 두 가지이다.
  - 아이들(子)끼리의 교류와 소통 : 이것만 있으면 배움의 의미는 사라진다. 그냥 아이들끼리 모여서 논다는 의미를 가진 친목집단일 뿐이다.
  - 지식(文字)을 매개로 한 교류와 소통 : 이것이 함께 하기 때문에 바로 배움의 의미가 살아나는 것이다.

이렇게 '학(學)'이라는 글자를 해석해 보면 다음과 같다.

'學'이란 지식을 매개로 교류와 소통이 지붕 아래에서 아이들과 아이들 사이에 일어나는데(상호작용), 교사나 부모가 이 모든 것을 곁에서 지켜보면서(두 손으로 감싸면서) 도움을 주고 있는 모습을 나타낸 것이라 볼 수 있다. 이렇게 해석을 해 본다면 협동학습이 왜 아이들의 배움과 연결되는지, 아이들의 배움을 위해 왜 협동학습이 필요한지, 배움의 과정에 아이들과 교사·부모와 지식 사이의 강한 상호작용이 존재한다는 것에 대하여 충분히 이해할 수 있을 것이다.

그런데 '학(學)'만으로는 배움이 일어났다고 보기는 어렵다. 왜냐하면 '습(習)'이 없으면 '학(學)'은 금새 사라지기 때문이다. 다시 말해서 '학(學)'은 단기기억을 말하고, '습(習)'은 이를 장기기억으로 만들어 가는 과정이라 할 수 있다. 여기에서 에빙하우스의 망각 곡선에 대하여 잠깐 짚어 보고 넘어가도록 하겠다.

망각곡선의 정의는 무의미철자를 암기하는 것과 같은 기계적 학습이 시일이 경과함에 따라 망각되는 모습을 나타내는 곡선을 말한다. 기억이 처음 몇 시간 동안에는 급속하게 망각되나 5~6일이 지나면 일정한 선에서 안정이 된다. 망각곡선은 모든 학습이 아니라 기계적 학습과 같은 특수한 경우에만 나타나는 뜻을 가지고 있다. 다시 말해서 유의미 학습의 경우에는 이런 이론을 적용시킬 수 없다는 것, 이 이론은 무의미 학습에만 적용시킬 수 있다는 점을 간과해서는 안 된다는 말이다. 하지만 유의미, 무의미 학습이라는 것의 경계선을 어떻게 정할 것이냐에 대한 어려움도 있다. 실제로 유의미 학습의 경우에도 아무리 많은 것을 기억하려고 해도 시간이 지나면 잊혀지는 것들이 많은데, 그럴 즈음 학습했던 것들을 한 번 더 봐주면 그것들이 자신의 것으로 더 확실하게 들어 왔었던 경험들을 누구나 갖고 있을 것이다. 따라서 에빙하우스의 망각곡선이 우리에게 말해주는 시사점은 그것이 유의미 학습이든 무의미 학습이든 '반복학습'을 하지 않으면 안 된다는 정도로 이해해 두면 좋을 것이라 저자는 생각한다.

Ⅳ

에빙하우스의 망각곡선

인간의 기억은 시간에 반비례하는 것에 입각하여 감소하는 기억을 장기기억으로 영구히 보존하기 위해 망각곡선의 주기에 따라서 적절한 시점에 적절한 반복(4회 주기)이 중요하다고 말하는 이론

- 기억의 원리 : 에빙하우스의 4회 주기 복습

  에빙하우스는 여러 실험으로 반복하는 것의 효과, 즉 같은 횟수라면 한 번 종합하여 반복하는 것보다 일정 시간의 범위에 분산 반복하는 것이 훨씬 더 기억에 효과적이라는 것을 발견하였다. 그의 주장에 따르면 10분 후부터 망각이 시작되며, 한시간 뒤에는 50%, 하루 뒤에는 70%, 한 달 뒤

에는 80%를 망각하게 된다. 이러한 망각으로부터 기억을 지켜내기 위한 가장 효과적인 방법은 복습이다. 에빙하우스는 복습에 이어서 그 주기가 매우 중요하다는 사실을 발견하게 된다. 10분 후에 복습하면 하루 동안 기억되고, 다시 하루 뒤에 복습하면 일주일 동안, 일주일 후 복습하면 한 달 동안, 한 달 후 복습하면 6개월 이상 기억된다는 연구결과를 바탕으로 했다.

출처 : http://cafe.daum.net/study-coach

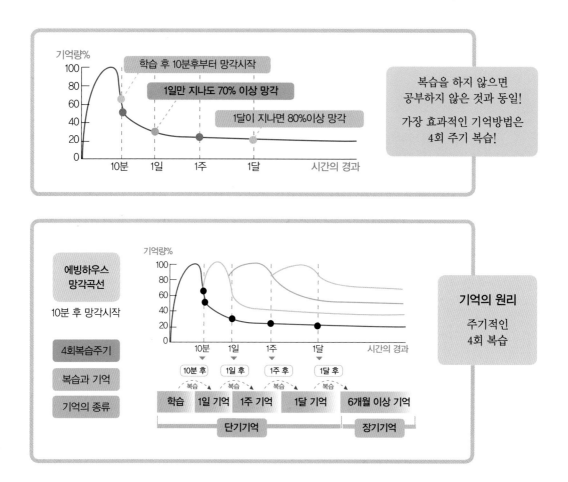

메타 인지 능력이란 자신이 무엇을 알고 모르는지 정확히 파악하는 능력이다. 시험을 잘 쳤다고 큰소리치던 아이의 시험지에 추풍낙엽이 가득하고, 내용을 모두 이해하고 외웠다며 자신하던 아이가 꿀 먹은 벙어리가 되는 경우, 엄마는 아이가 '착각'했거나 '실수'한 거라고 생각하지만 실제로 이것 또한 두뇌 능력의 일부일 수도 있다. 바로 '메타 인지 능력'이다.

재능교육 잡지 『Mom대로 키워라』, 메타 인지 능력 소개

- **지나친 사교육과 선행 학습이 메타 인지 능력을 저해**

똑같은 시간, 비슷한 방법으로 공부하는데도 불구하고 메타 인지 능력에서 차이가 나는 원인 중 하나는 지나친 사교육 때문이다.

사교육 현장에서는 일방적으로 교사가 가르치고 아이들은 받아들이는 구조에다 진도 위주의 학습이 주를 이루기 때문에 아이들이 스스로 얼마만큼 모르는지, 무엇을 정확하게 알고 있는지 확인해 볼 기회가 거의 없다. 때문에 아이들은 계속 자신이 알고 있다고 느끼면서 실제로 정확히 알지 못하는 악순환에 빠지게 된다.

선행 학습 또한 마찬가지다. 아이들은 제 학년보다 높은 수준의 과정을 배우면서 막연히 '안다'고 느낄 뿐 실제로 정확하게 알지 못하며, 그 사이의 괴리를 느낄 기회조차 갖지 못한다. 실제로 아이들은 자신들이 선행을 했고, 한번쯤 본 문제이기 때문에 어느 정도 풀 수 있을 것이라고 생각하지만 막상 풀어 보면 생각만큼 잘 풀리지 않는다. 안다고 착각하고 있을 뿐 실제로 문제를 풀 만큼 실력을 갖추지 못했기 때문이다.

- **메타 인지 능력을 키우는 방법은 스스로 공부하기**

전문가들은 "자신이 아는 것과 모르는 것을 깨닫고, 자신의 능력을 정확히 예측하기 위해서는 나 자신의 상태와 공부해야 할 내용을 명확하게 알고 있어야 한다."고 말한다.

또 "메타 인지 능력은 자신이 실제로 가지고 있는 능력과 자신이 알고 있다고 생각하는 느낌 사이의 격차를 자주 경험해 볼 때 길러진다."고 주장한다. 즉, 한 번 배운 내용을 스스로 복습하거나 다시 정리해 보면서 '내가 이걸 몰랐구나!' '이건 내가 정확히 알고 있어'라는 것을 직접 깨닫는 경험이 많아야 메타 인지 능력이 키워진다는 말이다.

- **보고 또 보는 '반복 학습'이 최고**

메타 인지 능력을 키우는 최고의 공부법은 '복습'이다. 예습, 복습의 중요성에 대해 모르는 사람은 없지만 실제로 그날 배운 내용을 반복해서 공부하고, 다음 날 배울 내용을 미리 훑어보는 공부를 매일 꾸준히 한다는 건 결코 쉬운 일이 아니다.

복습이 최고의 공부 비법으로 꼽히는 이유는 과학적인 근거가 있다. 독일의 심리학자 에빙하우스의 망각곡선 연구에 따르면 학습 후 한 시간 뒤에는 50%, 한 달 뒤에는 80%가 기억에서 사라진다.

기억을 유지하는 가장 효과적인 방법은 빠른 시간 내에 다시 반복하는 것이다. 한 번, 두 번, 세 번 반복하다 보면 단기 기억이 장기기억으로 전환된다. 배운 것이 완전히 내 것이 되는 것이다.

출처 : MK뉴스, 매경닷컴 김윤경 기자, 2012. 04. 16

IV

알아본 바와 같이 '습(習)'의 의미는 매우 크다고 할 수 있는데, '습'이라는 글자도 풀이를 해 보면 참으로 재미있는 뜻이 있다는 것을 알 수 있다.

- 글자의 구성 : 깃 우(羽) + 흰 백(白)
- 글자의 뜻 : 어린 새가 자주 날갯 짓을 하여 날려고 하는 모습을 본뜬 글자로 '익히다, 반복하다'의 의미를 담고 있다.
- '習'자의 풀이 : 습(習)이라는 글자는 본래 깃 우(羽)와 날 일(日)로 이루어졌

었는데 중간에 어떤 과정에서인지는 모르겠지만 '日 … 白'으로 변화가 일어났다. 본래는 새가 날개를 퍼덕이며 날마다 날아오르는 것을 배운다는 의미로 해석했다고 볼 수 있다. 그리고 사람이 일을 배우다 보면 반드시 그것을 마음속으로 좋아하기 마련이라는 의미에서 '사모하다, 생각하다'는 뜻으로 활용되기도 했다.

- '白'의 의미를 살펴보면 여러 가지 해석이 있을 수 있다.
  - 일백 백(百)의 의미로서 해석하는 사람들이 있다. 이때의 일백은 수의 크기 100을 의미하는 것이 아니라 '많다'는 뜻으로 해석하는 것이 옳겠다.
  - 흰 백(白)의 의미로서, 새가 알에서 깨어나 깃털이 생겨나고 자라면서 성장하게 되는 데 깃털의 색이 어떠하든 대부분 새들의 겨드랑이 쪽 솜털을 보면 거의 백색이라고 한다. 그런 새들이 하늘을 날기까지 얼마나 많은 날갯짓을 했겠느냐는 의미로 해석할 수 있다.
  - 흰 백(白)의 의미는 맞는데, 새들이 하늘을 날기 위해 부단히, 끊임없이, 빠른 속도로 날갯짓을 하는 것을 보면 너무 빠른 속도로 많은 반복을 하기 때문에 '그 날개의 빛깔이 하얗게 보일 정도'라는 의미로 해석하기도 한다. 저자는 이 견해에 더 마음이 간다.

이렇게 '습(習)'이라는 글자를 분석해 보면 다음과 같이 풀이할 수 있다.

'習'이란 어린 새가 하늘을 날기까지 수많은 반복적 날갯짓이 있었던 것처럼 學한 것을 완전한 자신의 것으로 만들기 위해서는 부단한 노력과 반복(習)이 있어야 한다는 것을 말해 주는 것이라 할 수 있다. 다시 말해서 '學'의 과정이 단순한 '인식'이라고 한다면 '習'의 과정은 '각인'을 가리키는 것으로 학(學)과 습(習)은 반드시 함께 이루어져야만 한다는 것이라 여겨진다.

그런데 요즘 아이들의 배움에 있어서 가장 문제가 되는 것은 학습에 있어서 학(學)과 습(習)의 불균형에 있다고 저자는 생각한다. 많은 아이들이 학교나 학원에서 다양한 지식들을 학(學)을 통해 얻게 되지만 그것을 진정으로 자기 것으로 만드는 습(習)의 과정은 거치지 않는 것 같아서 하는 말이다. 아이들에게 습(習)의 과정은 알게 된 것을 온전히 자기 것으로 만드는 학습의 완성 단계로 가장 필요한 필수적인 과정이며, 자기주도적인 학습이 이루어지는 단계라 할 수 있다. 하지만 지금

의 우리 아이들에게는 그러한 시간적 여유가 매우 부족하다는 점에서 굉장히 아쉬움이 많이 남는다. 지나치게 많은 교과목과 과목별 학습량, 지나치게 많은 수업 시간, 그것으로도 모자라 방과 후 보충 수업 및 학원 수업은 아이들이 자기만의 시간을 통해 '습(習)'을 하는 시간을 만들어 주지 않는다. 아이들이 '습(習)'의 시간을 어떻게 확보하고 그 시간을 어떻게 보내느냐에 따라 학습은 차이를 나타낼 수밖에 없다. 이렇게 본다면 학교에서는 수업 이전에 교사가 재구성을 통해 내용의 양과 질을 조절하고, 아이들에게서 학(學)이 일어날 수 있도록 도와주고, 그 이후에는 습(習)할 수 있는 충분한 시간을 주지 않으면 안 된다는 결론에 도달하게 된다. 물론 가정에서도 아이들이 학(學)과 습(習)을 할 수 있도록 관리, 지도가 필요하겠다.

이렇게 중요한 '습(習)'도 협동학습과 연관 지어 살펴보면 혼자서 습(習)을 할 때보다 여럿이 협동적으로 상호작용하면서 습(習)할 때 훨씬 더 효과가 높다는 것을 알 수 있다. 그리고 꼭 물리적으로 한 공간에 모여 있거나, 동시간대에 함께 있어야만 협동학습을 한다고 볼 필요도 없다. 서로 다른 공간, 다른 시간대에 있더라도 친구들과 함께 활동하고 경험했던 기억들이 먼 훗날 개별적인 활동에 도움을 주어 문제를 잘 해결해 나갈 수 있었다면 그것 또한 심리적으로 협동적인 활동을 했다고 말할 수 있는 것이다. 학습의 결과는 지금 당장 나타날 수도 있지만 오랜 시간이 흘러서 나타날 수도 있는 일이다. 그래서 Vygotsky는 이를 두고 근접발달영역의 실현이 아이들 삶의 전 과정을 통해 각기 다르게 나타난다고 말한 것 같다. 이렇게 볼 때, 구성주의를 바탕으로 한 협동학습을 실천하는 교사라면 자신의 교육활동에 대한 확신과 아이들에 대한 기다림을 바탕으로 지금 당장은 아이들의 모습이 만족할 만큼의 수준은 아니어도 언젠가는 모든 것들을 잘 해낼 것이라는 믿음을 가지고, 꾸준히 노력하는 모습을 모두에게 보여야만 할 것이다.

〈구성주의적 입장에서 바라 본 배움의 과정 : 지식 형성 과정〉

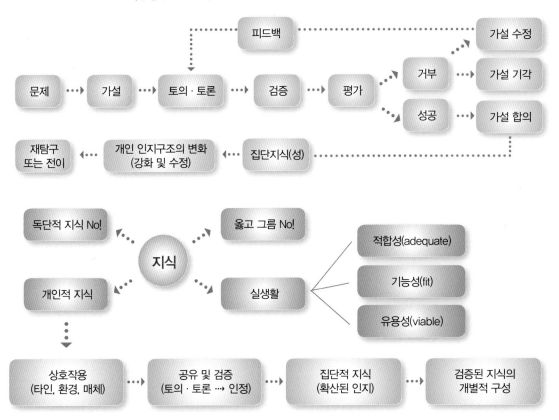

〈지금까지의 내용을 바탕으로 해석한 협동학습〉

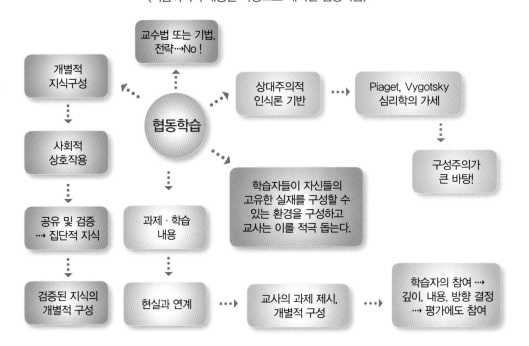

이런 관점으로 바라본다면 협동학습은 패러다임이자 담론이면서 배움에 관한 이론이라 할 수 있다. 결코 교수이론이거나 수업방법론일 수는 없는 일이다. 협동학습이 전략이나 기법(방법론)으로 이해되고 있는 입장은 반드시 경계해야만 한다.

❶ 배움 또한 교사 · 부모 · 아이의 상호작용을 바탕으로 한다.
❷ 배움은 학(學)과 습(習)의 연속이다.
❸ 배움은 삶의 전 과정을 통해 협동적으로 이루어지고 실현된다.

⑪ 소통의 맥락으로 바라본 협동적 학급운영

협동적 학급운영에서 말하는 상호작용이라는 것은 맥락을 달리하면 '소통'이라는 관점에서 바라볼 수 있다. 사람들은 어디서든 무엇인가에 대해 서로 소통하면서 시간을 보낸다. 그러다가 때로는 입장이나 견해가 달라서 갈등이 생기기도 하지만 결국에 가서는 그 갈등도 해소되고 평정심을 되찾게 되어 나름대로의 배움을 얻게 된다. 이처럼 협동적 학급운영은 학급활동과 수업이라는 모든 측면을 '소통'이라는 맥락에서 바라볼 필요가 있다.

(1) 협동학습 수업을 위한 준비

협동학습을 처음 접하고 자신의 교실에 끌어들이는 교사들 대부분은 잘 될 것 같으면서도 잘 되지 않는다는 말을 많이 한다. 그리고 얼마 되지 않아 포기하고 만다. 그 이유 중 하나가 바로 협동학습 수업을 위한 준비에 있다.

현재 우리나라의 교육과정과 교과서로는 협동학습 수업을 제대로 해 내기 매우 어렵다. 왜냐하면 교과목 수나 내용 등의 면에서 너무 해야 할 것이 많아 틀에 짜여진 시간표대로 협동학습 수업을 하다 보면 진도를 맞추기 어렵기도 하고 암기중심의 평가에 대비하기 매우 어렵다는 생각이 지배적이기 때문이다. 이를 극복하지 못한다면 협동학습 수업은 기법의 적용만으로 끝날 수밖에 없고, 그 속에서 소통이나 상호작용을 통한 구성적 배움은 최소화될 수밖에 없다. 이를 극복하기 위한 준비의 가장 핵심은 바로 재구성이다.

- 교육과정의 재구성 : 방향성은 살빼기(필요 없는 부분 빼기), 무엇을 더 가르치려고 할 것인가 보다 무엇을 더 빼야할 것인가에 집중하고, 무엇인가를 넣어 주려는 수업보다 빼내려는 수업에 집중해라.
- 교육과정을 근거로 교과서 내용을 재구성 : 내용선정 및 조직의 최소화, 주체적 학습이 가능하도록 함 ⋯➡ 자신의 삶을 가꾸어 갈 수 있게!
- 목적 : 고등정신기능 향상, 상호작용을 통한 구성적 지식 습득 및 적용, 삶을 가꾸는 것으로서의 교과 교육(자료 수집, 정리, 분류, 분석, 종합, 평가, 독서, 작문, 창의성, 상상력, 비판적 사고력, 문제해결력 등)
- 접근 방법 : 구성적·전략적 접근(동기유발부터 : 심진 일으키기), 상호작용의 극대화, 문제해결 방법을 통합 통합적 접근, 프로젝트 수업 등

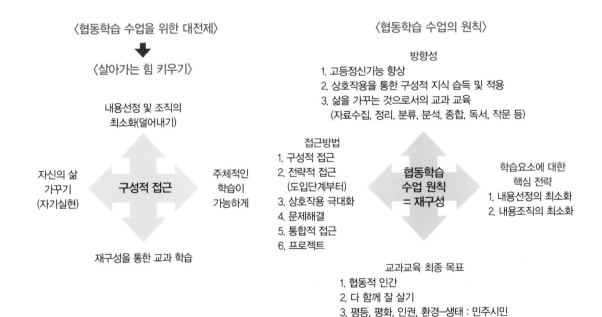

(2) 협동학습 수업 = 자기 삶에 주인이 되어 소통하기

〈교육이란 무엇인가?〉에 대한 고민

❶ '만드는 교육'에 대한 문제점 : 자신이 무엇을 배워야 하는지 모르는 상태에서 그 사회가 요구하는 교육내용만을 수동적으로 배울 우려가 있다(입시, 암기 중심 교육).

❷ '기르는 교육'에 대한 문제점 : 자칫 학습자의 흥미나 취미에 맞추어 교육내용을 선정하는 것이 학습자의 '에고(ego)'만을 강화시키는 쪽으로 전락할 수도 있다(이기주의).

❸ 배움이란 '자기가 무엇인지를 아는 것'에서 시작된다. 교사의 입장에서도, 학습자 입장에서도 가르침과 배움의 출발점은 '자기 인식'에서 출발한다고 저자는 생각한다. '기르는 교육'도 '만드는 교육'도 자기 자신에 대한 깨달음이 없이는 결코 이루어질 수 없는 것이다. 다시 말해서 가르침과 배움의 원천이 자기 자신에게 있다는 것이다. 이런 차원에서 저자는 지눌의 '돈오점수(頓悟漸修)'적 자세가 우리 현실에 절실하다고 여겨진다(문득 깨달음에 이르는 경지에 이르기까지에는 반드시 점진적 수행과정이 필요하다. 그냥 어느 순간에 깨닫게 되는 것이 아니라는 말이다.).

출처 : 교육의 개념, 이홍우 저, 1991, 문음사

요즈음 아이들을 보면 자기 삶에 주인이 되지 못하고 있다. 자기 자신에 대한 이해가 떨어지고 자기 자신의 가치가 무엇인지도 모른다. 그러다 보니 주변의 모든 일에 대하여 스스로 해결하려고 노력하지 않는다. 시키는 대로만 한다. 이는 위에서 말한 '만드는 교육'의 실패요, '기르는 교육'의 실패에서 기인한 것이라고 저자는 생각한다.

저자가 생각하는 교육의 목적이 '자기 삶을 가꾸어 가는 일 = 전면적 발달'인데, 이를 위해 '자기 스스로 생각해서 무엇인가를 할 수 있는 힘을 길러 나갈 수 있도록 안내해 주는 것'은 필수적인 것이라 본다. 이를 위해서는 아이들 개개인이 가진 능력을 찾아 계발할 수 있도록 도와주지 않으면 안 된다. 그 능력을 찾은 아이들은 장차 자신이 할 수 있는 일, 하고자 하는 것을 찾아 점진적으로 나아갈 것이다.

아이 스스로가 자신의 능력을 발견해 나가고, 그것을 본인 스스로 빛나게 하고, 그것을 바탕으로 무엇을 할 것인지 스스로 결정할 수 있는 '자기 삶에 주인이 되는 능력'을 키워나갈 수 있도록 하는 것이 교사인 나의 소임이자 역할이다.

아이 스스로가 자신의 힘과 꿈을 키워 나가고 이루어 나갈 수 있도록, 자신 주변의 모든 일에 대하여 스스로의 힘으로 해냈다고 말할 수 있는 당당함과 할 수 있다는 자신감을 갖도록 하는 것을 저자는 '자기 삶의 주인이 되는 교육'이라고 말한다. 그리고 저자는 그를 위해 협동학습을 선택했고, 협동학습은 충분히 그 역할을 해내고 있다. 다만 부족함이 있다면 저자의 노력과 능력 탓일 뿐이다.

> ➡ 저자가 말하는 자기 삶에 주인이 되는 교육
>
> 아이 스스로가 자신의 참된 삶에 주인이 됨과 동시에 자기 자신의 자유로운 참된 삶과 공동체의 평등한 구조를 조정할 줄 아는 능력을 갖추어 타인을 향한 따뜻한 마음을 바탕으로 공동체를 향해 자기 자신을 내놓을 수 있도록 하는 것

한 사람이 가지고 있는 가치를 찾아내고, 그것을 십분 활용하여 무엇을 만들어 내기까지 모든 것을 자기 스스로의 힘으로 할 수 있도록 도와주는 것, 그 사람 자신을 자기 삶의 주인으로 만들어 나가도록 도와주는 교육, 이것이 바로 '자기 삶에 주인이 되는 교육'인 것이다. 그렇다면 '자기 삶에 주인'이 된다는 것은 무엇을 뜻하는가?

첫째, 사람은 누구에 의해 만들어지거나 누구에 의해 길러지고 길들여지는 것이 아니라 오로지 자신의 힘으로 자신의 참된 삶에 주인이 된다는 것을 말한다.

둘째, 무엇인가를 선택해야만 하는 순간에도 현명하게 판단하여 스스로 선택하고, 결정하고 그에 따른 결과에 스스로 만족할 수 있어야 한다는 것이다(결과가 만족스럽지 못하다고 해도 후회는 없어야 한다. 오로지 후회가 있다면 자신의 선택에 대한 결과가 나오기까지의 과정에 대한 후회만 있을 뿐이다.).

셋째, 자신의 미래에 대해서는 부모와 선생님이 아니라 자기 자신이 더 잘 알고 있어야 하고, 적어도 부모와 선생님이 아니라 자신이 선택하여야 주인이라 할 수 있다면 자신에 관련된 모든 삶은 스스로 리드해 나갈 수 있어야 한다는 것이다.

넷째, 누구 위에 군림하거나 누구를 아래에 두는 그런 권위주의적인 주인이 아니라 모든 사람과의 평등한 관계를 유지해 나갈 줄 알아야 한다. 그렇게 사는 사람을 나는 자기 삶의 주인이라고 말한다.

자신의 것에 대하여 누구에게 묻고 의지하는 사람, 자기 자신의 것에 대하여 제대로 알지 못하는 사람은 결코 자기 삶에 주인일 수 없는 것이다. 이것이 바탕이 된다면 비로소 아이들은 협동적으로 소통하기 시작하게 된다(출처 : 이상우, 2009, pp. 20~22).

이즈음에서 '소통'이라는 것에 대한 분석을 해 볼 필요가 있다. 소통이란 낱말의 사전적 정의를 살펴보면 다음과 같다.

다음 국어사전 : 사물이 막힘이 없이 잘 통함, 서로 잘 통하다.

서로 잘 통한다는 것을 소통이라 한다면 이는 협동적 상호작용을 말하는 것으로, 이에는 상호작용의 주체가 존재한다. 학교와 교실에서 상호작용의 주체라 한다면 교육의 3주체라 할 수 있는 학부모, 교사, 아이들이 될 터인데, 저자는 여기에서 말하는 소통을 수업 속에서의 상호작용이라는 의미로 보다 작게 바라보면서 이야기하고자 한다.

수업 속에서 상호작용의 맥락을 살펴보면 교사와 아이들이 존재한다. 그리고 두 존재 사이에는 상호작용을 하게 만드는 그 무엇이 있다. '무엇'에 해당되는 것이 바로 '내용'으로서의 '지식'을 말하는데, 교사와 아이들은 '지식'을 매개로 하여 '협동적 상호작용 = 소통'을 하게 된다.

💡 **수업 속 소통의 3요소 = 교사, 아이들, 지식(내용)**

협동학습을 하면서 범하기 쉬운 오류 가운데 하나가 아이들 개개인에 대한 인식의 전환을 하지 않는다는 점이다. '협동'이라는 가치 아래에 '집단 · 공동체'를 너무 강조한 나머지 아이들을 집단 속의 한 부속품처럼 인식하고 있는 것은 아닌가에 대하여 늘 고민하지 않으면 안 된다. 자칫하면 전체주의에 빠질 수가 있다. 어떤 어려움이 있더라도 모든 수업은 아이들 개개인에 대한 인식과 그에 따른 대응이 기본이다. 협동학습 속에서도 도움이 필요한 아이, 잘 따라가지 못하는 아이, 더 나아가려는 아이들에 대하여 관심을 가지고 한 사람 한 사람의 '배움에 이르는 과정'에 집중하여 그들이 어떻게 교류하고 소통하고 성장하는지 끝까지 지켜봐야만 한다. 결코 모둠에만 모든 것을 맡겨 두어서는 안 된다.

그런데 이 세 가지 사이의 관계를 어떻게 해석하느냐에 따라 그 소통이 일방적이 될 수도 있고, 쌍방적이 될 수도 있으며 3차원적일 수도 있다. 그 사례를 살펴보면 다음과 같다.

Ⅳ

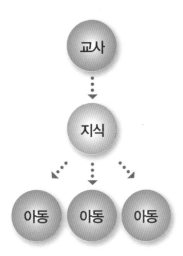

▲ 교사가 최고의 권위를 가지면서 아이들은 일방적으로 지시와 전달을 받기만하는 전통적인 교실의 모습을 나타낸다. 이 속에서 지식은 절대적일 수밖에 없으며 교사는 그것을 있는 그대로 전하고, 아이들은 그것을 암기하고 기억만 하면 된다(지식에 대한 객관적 사고에서 비롯됨).

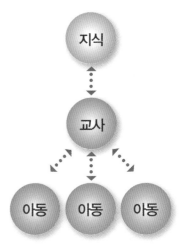

▲ 교사의 권위보다 지식이 더 높은 권위를 보이는 것처럼, 교사와 아이들 사이의 상호작용도 있는 것처럼 보이지만 결국은 아이들 사이의 상호작용은 고려되지 않고 있으며 지식의 절대성을 버리지 못하고 있는 전통적인 교실의 모습을 나타낸다(지식에 대한 객관적 사고에서 비롯됨).

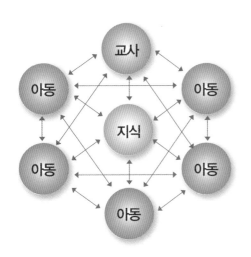

보통은 많은 교사들이 앞의 두 가지 중에 한 가지 방식으로 표현을 많이 하곤 한다. 하지만 저자는 왼쪽의 그림과 같이 표현하고 싶다. 이런 관계가 형성될 때 비로소 구성주의적 사고에 바탕을 둔 협동적 학급 운영과 수업이 가능해진다고 말하고 싶다.

이 구조의 핵심은 바로 지식 그 자체이고 이런 구조에서 말하는 지식은 절대적 · 직선적 · 위계적 · 권위적 · 수동적인 것이 아니라 상대적 · 협동적 · 순환적 · 상호작용적 · 역동적 · 능동적인 것으로, 이를 인식하는 각 주체의 내면속에서 사회적으로 구성되어지고, 변증법적으로 진화해 나가게 된다.

이런 구조 속에서 교사는 절대적인 권위를 가질 수 없다. 교사도 아이들과 함께 배움의 길을 걸어가는 한 주체일 뿐이다. 그래서 아이들과 함께 탐구 · 연구를 하면서, 필요한 경우에는 아이들에게 비계역할을 하면서 앎의 여행을 떠나는 것이다.

여기에서 잊지 말아야 할 중요한 것 한 가지가 있다. 앞의 그림과 같은 상황 속에서 아이들의 한 마디 한 마디는 매우 중요한 것이 된다는 사실이 바로 그것이다. 교사 자신의 생각이나 기준과 다르다고 하여, 이해할 수 없거나 활동에 방해가 되는 요소라 생각하여 그를 무시하거나 배제시키려 한다면 아이들은 자존감에 상처를 입어 더 이상 말을 하려고 하지 않게 된다. 모든 사물, 모든 말, 모든 행동에는 나름대로의 이유가 있다. 아이의 말과 행동에도 그 아이 나름의 경험과 상상과 사고와 세계관과 그 수준만큼의 이치가 있다. 그리고 교사는 그 아이의 모든 것들을 한 걸음 더 성장시킬 수 있도록 돕는 존재이다. 따라서 어떤 순간에서도 아이들의 말과 행동에 이목을 집중하고, 그에 따른 적절한 대응("땡, 틀렸어!"가 아니라 "왜 그렇게 생각하니? 어떻게 해서 그런 생각을 하게 되었는지 말해주렴. 그렇게 생각하는 이유를 한 번 들어보고 싶구나." 등과 같은 질문을 통해 아이와 아이, 교사와 아이, 아이와 사물, 아이와 환경, 아이와 텍스트나 교재 등을 서로 이어 주려는 노력을 해야 한다. 협동학습은 아이들의 생각과 말과 행동이 중요한 수업의 재료로 활용되는 경우가 많기 때문이다.)을 하려는 교사의 자세가 필요하다. 그것이 바로 소통인 것이다. 앞서 구성적 사고에 바탕을 둔 수업 만들기의 다양한 사례를 소개할 때 "수박 1개가 많니, 사과 3개가 많니?"라는 질문에 대한 한 아이의 답변, 그리고 그에 대한 저자의 상호작용 사례를 떠올려 본다면 이해가 될 것이다.

이런 관계 속에서 아이들은 능동적·주체적·협동적일 수밖에 없다. 그리고 소통구조는 자연스럽게 만들어질 수밖에 없으며 상호작용은 매우 활발하게 일어난다. 그 결과 인식·배움·가르침은 각자의 근접발달 영역 내에서 이루어진다.

이런 상황을 두고 저자는 '자기 삶의 주인이 되는 교육, 소통의 교육'이라 말하고 있는 것이고, 협동학습은 그에 딱 들어맞는 활동이라고 자신 있게 말할 수 있다.

이러한 수업을 위해서는 교사가 구성적·협동적 사고에 대한 충분한 경험과 지식을 갖추어야 하고, 학교는 구성적·협동적 학교와 교실을 만들기 위해 최선을 다해야 한다. 그런 바탕에서 교사가 교육과정과 교육 내용의 재구성을 통해 학생들의 심진을 일으키게 되면 아이들은 자연스럽게 배움의 과정에 뛰어 들게 된다.

(3) 협동적 학급에서의 소통 : 듣기와 웃음

앞에서는 소통의 3요소(교사, 아이들, 지식)를 바탕으로 관계적인 측면에서 살펴보았다면, 여기에서는 진정한 소통이 이루어지기 위해서 우리 모두가 노력해야 할 점은 무엇인지를 알아보는 것에 중점을 두어 이야기해 보고자 한다.

우선 소통이라는 것을 가능하게 해 주는 것은 바로 말과 글인데, 사람은 주로 말을 통해 소통을 하게 된다. 그런데 우리가 주목하게 되는 것은 보통 '말하기'라고 한다면, 협동적 학급에서는 진정한 소통을 위해 '듣기'에 주목하지 않으면 안 된다고 저자는 말하고 싶다.

주변에 보면 '소통'이 잘 되지 않은 사람들이 꼭 한두 사람 있다. 학교 현장에도 꼭 있다. 그리고 학교에서는 보통 그 분(?)을 떠올리게 된다. 그런데 무엇이 소통을 가로막는가에 대하여 생각해 보라고 하면 답변은 거의 이런 식으로 내려진다.

내 이야기를 잘 들어주지 않아요. 자신의 말만 옳다고 강요해요.

그렇다. 소통이라는 맥락에서 우리가 바라고 있는 상대방에 대한 상(像)은 '나의 말을 경청해 주는 사람'이었던 것이다. 소통에 있어서 우리가 잊고 있는 것은 듣기(경청하기)가 중심이 되어야만 한다는 사실이다. 말하기 위주의 소통은 갈등과 반목과 경쟁과 주장과 강요와 일방통행만이 난무하여 결국 평행선을 걷거나 권위주의에 입각한 수동적인 상황을 만들고, 그런 식의 소통은 비민주적인 학교와 교실을 만들게 된다고 볼 때, 여러분의 학교와 교실은 과연 어떤 상황인지 생각해 볼 필요가 있다.

그렇다면 듣기(경청하기)란 무엇인가?

이를 이해하기 위해서는 그냥 듣기와 경청하기의 비교를 통해 접근해 볼 필요가 있다.

듣기	경청하기
1. 들을 문(聞)	1. 들을 청(聽)
2. 귀로만 듣는 것	2. 눈과 귀와 마음으로 듣는 것
3. 영어로는 Hear	3. 영어로는 Listen
4. 그냥 이런 저런 소리를 듣는 것	4. 무엇인가에 진심을 다해서 들어주는 것

우리는 타자와의 관계 속에서 누군가가 나의 말을 들어 주기를 바랄 때 경청하지 않는 사람은 내게 조언을 하기 시작한다. 하지만 사실 그것은 내가 원하는 것이 아닐 경우가 많다. 그래서 나는 또 나의 말을 들어 주기를 바라면서 이야기한다. 그러면 그는 또 내게 잘못된 점이 무엇인지를 말하면서 충고를 하기 시작한다. 그래서 나는 또 상처를 받는다. 그러나 나는 또 나의 말을 들어 주기를 바라면서 이야기한다. 그리고 또 그 사람은 내 문제의 해결을 위해 무엇인가를 해야만 한다고 하면서 강요를 하기 시작한다. 그래서 또 내 마음은 무참히 짓밟히고 만다. 그래서 나는 그냥 돌아서게 된다. 그런 사람들은 결국 내게 아무런 도움도 되지 않는다. 내가 진실로 바라고 원했던 것은 그 사람이 나의 세계에 가만히 들어와 내게 귀를 기울여 주는 것이었는데! 내가 느끼는 모든 것을 그저 함께 느껴 줄 그런 사람이었는데!

교실과 학교에서 자신이 겪고 있는, 우리 아이들이 나에게 느끼고 있을 모든 것들을 경청이라는 것에 연결 지어 생각해 보자. 나는 앞과 같은 것들을 얼마나 느끼고 있는가? 나는 아이들에게 그런 느낌을 주고 있었던 것은 아닐까?

'청(聽)'이라는 글자의 풀이를 통해 경청의 의미를 살펴보면 다음과 같다.

- 글자의 구성 : 귀 이(耳) + 임금 왕(王) + 열 십(十) + 눈 목(目) + 한 일 (一) +마음 심(心)
- 글자의 뜻 : 왕의 귀처럼 큰 귀로, 열 개의 눈을 가지고 진지하게, 온 마음 으로 느끼며 들어 주어라.
- '聽'자의 풀이 : 청(聽)이라는 글자는 앞에서 말하고 있는 사람이 왕인 것처럼 들으며 마주하고 있는 사람과 눈을 마주하며 듣고 마음을 열어 한마음으로 들으라는 의미라 할 수 있다.
- 저자는 '王'자를 구슬 옥(玉) 변으로 보고, 이를 이렇게 해석하고자 한다.
  - 구슬이 굴러가는 듯한 작은 소리에도 귀를 활짝 열고 상대방의 말에 귀를 기울여라.
  - 경청을 위한 1단계로 귀로 소리를 듣는다는 것을 의미한다.
- 저자는 '十 + 目'자를 10개의 눈이 아니라 상형문자로 보고 이렇게 해석하고자 한다.
  - 오랜 옛날 궁병이 활을 쏠 때, 쓰고 있는 투구에서 앞으로 길게 뻗어 나온 가지와 화살촉과 목표를 일치시키고 활시위를 당겨 쏘았다고 한다.
  - 궁병이 목표를 향해 활을 쏘듯 진지한 눈빛으로 상대방을 쳐다보며 들으라는 의미를 담고 있다고 저자는 해석한다. 다시 말해서 눈으로 들으라는 뜻이다.
- '聽'에 대한 저자의 견해를 모두 정리하면 다음과 같다.
  - 의식적, 무의식적인 의지를 가지고 잘 들으려고 노력하는 것
  - 그 사람이 말하고자 하는 마음까지 바라보는 것
  - 소리를 본다는 의미 : 소리를 본다는 것은 대단한 노력과 인내를 요구
  - 귀로도 듣고, 눈으로도 듣고, 마음으로도 듣는 것이 바로 '聽'
  - 말하는 것은 씨를 뿌리는 것이고 듣는 것은 수확하는 것과 같다.
  - 말하는 사람보다 오히려 말을 듣는 사람 쪽이 훨씬 더 큰 보답을 받는다.
  - 바람직한 소통은 말을 잘 하는 것이 아니라 말을 잘 듣는 것이다.
  - 협동적 학급운영의 비결은 말을 잘하는 것이 아니라 잘 듣는 데 있다.
  - 경청은 듣는 사람뿐만 아니라 말하는 사람 자신도 긍정적으로 변화시킨다.
  - 경청의 가장 큰 적은 자기 자신을 비우지 못하는 것이다(말하는 사람에게까지 자신의 눈높이를 낮추는 겸손한 태도가 필요하다.).
  - 상대방에 대하여 비판하고 판단하며 듣는 것은 금물이다(판단을 멈추고 말하는 사람과 마음을 함께 하는 일이 매우 중요하다.).

– '聽'의 모든 것을 교사가 먼저 아이들에게 보여주고, 아이들이 본받게 하라.

신은 인간에게 2개의 귀와 하나의 혀를 주셨다.
인간은 말하는 것의 2배만큼 들을 의무가 있다.
(듣기의 소중함을 강조한 말-그리스의 철학자 제논)

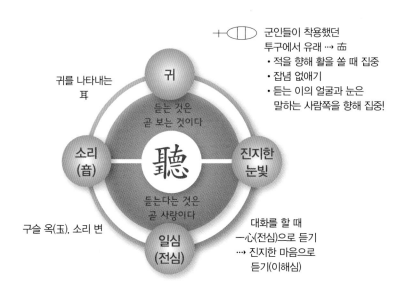

이렇게 소통이라는 것에 담긴 경청의 의미를 분석해 보았다. 교실에서 아이들과 교사 사이, 아이들 사이의 소통에 있어서 경청의 의미를 담은 상호작용이 오고 간다면 협동적 학급운영은 자연스럽게 이루어질 것이고, 그곳에서 아이들과 교사는 모두가 행복한 나날을 보내게 될 것이다. 끝으로 경청을 위한 다섯 가지 요령을 제시해 보면 다음과 같다.

❶ 공감을 위한 준비 : 나의 마음속에 있는 판단과 선입견, 충고하고 싶은 생각들을 모두 다 비워내자. 그냥 들어 주자.

❷ 상대를 인정하기 : 상대방의 말과 행동에 잘 집중하여 상대방이 얼마나 소중한 존재인지를 인정하자. 상대를 완전한 인격체로 인정해야 진정한 마음의 소리가 들린다.

❸ 말하기를 절제하기 : 말을 배우는 데는 2년 걸리지만, 침묵을 배우는 데는 60년이 걸린다고 한다. 내가 이해 받으려면 내가 먼저 상대에게 귀 기울여야 한다. 먼저 이해하고 다음에 이해 받으라.

❹ 겸손하게 이해하기 : 겸손하면 들을 수 있고, 교만하면 들을 수 없다. 상대가 내 생각과 다른 말을 해도 들어 주는 자세가 가장 중요하다.

❺ **온몸으로 답하기** : 경청은 귀로, 눈으로, 입으로, 손으로, 마음으로, 온몸으로 하는 것이다. 상대의 말에 귀 기울이고 있음을 다양한 방식으로 계속 표현하라.

한편, 소통하는 협동적 교실을 만들어 나가는 데에는 경청만큼 중요한 것이 또 한 가지 있다. 그 것은 바로 정서적 공유이다. 그 많은 정서적 공유 중에서도 저자는 특히 '웃음=미소'에 대하여 말해 보고자 한다.

저자는 21세기 리더십에 꼭 필요한 것으로서 어떤 자리에서든 웃음을 반드시 이야기한다. 웃음 이야말로 소통에 없어서는 안 될 중요한 요소이며, 이 시대에 (협동적 학급운영을 해 나가는) 교사 로서 잊어서는 안 될 중요한 능력이라고 감히 말하고 싶다.

저자는 수업이 없는 시간에 일을 보면서 복도를 걸어갈 때 가끔은 교실에서 아이들을 지도하고 계신 선생님의 얼굴 표정을 유심히 관찰하곤 한다. 그러면서 공통적으로 느끼는 것 한 가지는 교사 의 웃는 얼굴이 아쉽다는 점이다. 그리고는 내 자신의 교실과 수업을 가만히 떠올려 보면서 심각한 고민에 빠지기도 한다(사실 이 부분은 저자가 늘 고민하는 부분의 하나이고, 그 어떤 면보다도 어렵 고 부족함을 많이 느끼고 있는 점이다. 왜냐하면 매사에 늘 진지하게 접근하다 보니 그렇게 잘 못하 고 있기 때문이다. 그래서 주변에서 동료들은 내게 이런 별명을 붙여 주었다. '진지맨!'이라고.).

"내 교실에서도 나의 얼굴표정과 모습은 그러한가?"

물론 매 순간, 매사가 즐거울 수만은 없는 일이다. 게다가 수업이라는 것은 매우 진지한 것이기 에 웃음이 없을 수도 있다고 생각하지만 그래도 진지함 속에 웃음이 함께 있을 때 모두는 편안한 마 음으로 '앎의 여행'에 동행하지 않을까?

이야기를 통해 웃음에 대한 이야기를 더 풀어나가 보고자 한다.

Ⅳ

사례 1

모 회사에 실적이 유달리 뛰어난 판매직원이 1명이 있었다. 들어온 지 얼마 되지 않는 신입사원이 었다. 그러니 자회사의 상품에 모든 지식과 판매 노하우를 갖출 리가 만무하였을 것이다. 그런데 이 상한 것은 경험도 거의 없고 상품지식도 부족한데 고객들은 그 사람에게 많은 호감을 보이며 그 사 람만을 찾는다는 점이었다. 특히 그는 상대하기 어려운 고객들과도 아주 친숙하게 대화를 나누곤 했다고 한다. 그러니 당연히 판매실적이 오를 수밖에 없었고, 많은 단골까지 확보하기에 이르렀다. 그래서 그 회사 사장은 그 사람의 무엇이 이런 상황을 만들게 되었을까 하는 점에 관심을 가지고 지 켜보기 시작했다. 그러면서 알게 된 점은 그 사람에게는 다른 사람이 갖고 있지 못한 멋진 웃음이 있다는 것이었다. 그의 멋진 웃음에 반한 고객들은 꾸준히 그를 찾게 되었고, 당연히 높은 판매실적과 매출로 이어질 수밖에 없었던 것이다. 그런데 웃음은 거기에 그치지 않았다. 바로 전염이 된다는 것이다. 그의 밝은 웃음은 주변의 동료들에게도 영향을 주어 그 매장에 근무하는 모든 사람이 행복함을 느끼게 했고, 심지어는 그 매장 모든 곳의 판매실적이 상승하는 효과를 가져오게 만들었다. 즉 웃음이 그곳의 모든 분위기를 바꾼다는 점을 증명해 준 일이다.

그러나 어떤 사람은 이런 말을 한다. 학교에서도 주변의 동료를 통해 이런 말을 가끔 듣곤 한다.

"웃을 일이 있어야 웃죠? 내겐 그럴 일이 별로 없어요. 교실을 보세요. 교실을 운동장처럼 이리저리 날 뛰는 아이들, 수많은 잡무, 수업, 개인적인 일 등. 그래서 별로 웃고 싶은 마음이 없어요."

그럴 때마다 나는 이런 말이 떠오른다. 그러나 쉽게 꺼내서 해 주지는 못한다. 나 또한 그 한계를 느낄 때가 많으니까 말이다. 그래서 늘 내 스스로는 잊지 않으려고, 즐겁게 살아가려고 노력한다.

> "행복해서 웃는 게 아니라 웃으니까 행복해지는 것입니다."
> "복이 와서 웃는 게 아니라 웃으니까 복이 오는 것입니다."

사례 2

웃음학의 아버지라 불리우는 노만 카슨스라는 사람이 있다. 그는 미국의 유명한 '토요 리뷰'의 편집인이었다. 어느 날 러시아에 출장을 다녀 오다가 희귀한 병인 '강직성 척수염'이라는 병에 걸렸다. 이 병은 류머치스 관절염의 일종으로서 뼈와 뼈 사이에 염증이 생기는 병으로 완치율이 낮은 편이었다. 그는 나이 50세에 이 병으로 죽는다고 생각하니 원통하고 분했다. 그때 그는 서재에 있는 몬트리올대학교의 한수 셀 리가 지은 『삶의 스트레스』라는 책을 보게 되었다. 그는 책을 읽는 중에 '마음의 즐거움은 영약이다.'라는 말에 감동을 받았다. 그는 '아하, 가장 좋은 약은 마음의 즐거움에 있구나!'라고 생각하고 '나는 오늘부터 웃어야지. 즐겁게 살아야지.'라고 다짐하고 계속 웃었다. 계속 웃으니 아픈 통증이 사라지기 시작했고, 어느 날부터 손가락 하나가 펴지게 되었다. "여보, 여보, 이게 웬일이예요? 당신 손가락이 펴지다니 이게 웬일이예요?" 부인과 아이들은 감격해 울었다. 그 때부터 같이 웃으면 더 잘 펴진다는 말을 듣고 온 집안 식구들이 웃기 시작했더니 몸이 점점 호전되어 완전히 나아버렸다. 웃음으로 치료된 그는 너무 신기해서 하버드대학교, 스탠포드대학교를 찾아가서 자신의 경험담을 이야기했다. 그의 소리를 들은 의과대학 교수들은 처음에는 비웃었지만 그의 끈질긴 설득으로 결국 의과대학 교수들이 웃음에 대한 연구를 착수했다. 교수들은 연구를 하면 할수록 웃음에 대한 비밀을 알아갔고, 더구나 웃음의 치료효과, 영향력 등 놀랄만한 사실 수백 가지를 발견하게 되었다. 그는 '토요 리뷰'의 편집인을 그만 두고 의과대학 교수 밑에서 보조 일을 시작하며 웃음 치료에 대한 연구를 하여 의과대학을 정식으로 다닌 사람이 아닌데도 의과대학의 교수가 되었다. 그 후 노만 카슨스는 미국 UCLA대학교에서 75세까지 웃음과 건강연구를 위해서 일생을 바쳤다. 노만 카슨스는 베스트셀러가 된 그의 저서『질병의 해부』에서 '웃음은 방탄조끼다.'라고 말한다. 어떤 세균, 병균, 바이러스도 웃은 사람에게는 들어갈 수 없다고 말이다(출처 : 네이버 블로그 http://blog.daum.net/bwchurch/15694671, 웃음의 힘).

웃음은 탁월한 신체 면역효과가 있다고 합니다.

사례 3

미국 캘리포니아 주 로마린다의과대학교의 리 버크와 스탠리 탠 교수는 「웃음과 면역체계」라는 논문에서 성인 60명의 혈액을 정상상태와 1시간 동안 코미디 비디오를 본 후로 나누어 각각 채취, 비교했다. 한바탕 웃고 나면 몸 안에서 감마인터페론이 200배 이상 증가하는데 이것은 면역체계를 작동시키는 T세포를 활성화시켜 종양이나 바이러스 등을 공격하는 백혈구와 면역 글로블린을 생성하는 B세포를 활발하게 만든다고 한다. 외부로부터 침입할 수 있는 세균에 저항할 수 있는 최상의 몸 상태를 만들어 준다는 것이다. 일본의 오사카대학원 신경 강좌팀은 웃음은 몸이 항체인 T세포와 NK(내추럴 킬러)tpvh 등 각종 항체를 분비시켜 암세포를 잡아먹고 더욱 튼튼한 면역체를 갖게 한다고 한다.

웃음은 마음과 정서를 건강하게 하는 힘이 있습니다.

사례 4

한번 크게 웃을 때마다 엔돌핀을 포함해 21개의 쾌감 호르몬이 생성된다. 웃음은 불안, 짜증, 공포와 관련된 교감 신경을 억제하고 안정, 행복, 편안함을 지배하는 부교감신경을 자극해 혈압을 낮추고 혈액순환을 돕는다. 박장대소와 요절복통으로 웃으면 650개 근육, 얼굴근육 80개, 206개의 뼈가 움직이며 에어로빅을 5분 동안 하는 것과 같아 산소공급이 2배로 증가하여 신체는 시원해지고 자신감이 생기고, 활력이 솟구치고 늘 긍정적인 상상을 지속할 수 있다.

웃음은 사람을 끄는 힘이 있습니다.

IV

사례 5

『기업을 살리는 웃음의 기술』을 쓴 가도카와 요시히코는 웃음이 기업을 살린다고 말한다. 예전에는 경쟁에서 성공하기 위해서는 기술의 발전이 중요시되었지만 현대에는 서비스, 즉 고객을 감동시키는 웃음이 성공의 중요한 열쇠라고 했다. 매일매일 뒤집어지게 웃을 거리를 찾으면 마음의 지옥도 천국이 된다. 'Fun' 경영이 유행어가 된 요즈음 유명한 사람들과 성공한 사람들의 공통점은 표정이 밝거나 늘 웃는 인상이다. 웃을 일이 없어도 웃으면 웃는 일이 생긴다. 웃을 일이 있을 때만 웃는 게 아니라 억지로 노력해서라도 웃어야 한다.

내가 웃으면 거울이 웃습니다.

사례 6

일소일소 일노일노(一笑一小 一怒一老)라는 말이 있다. 한 번 웃으면 한 번 젊어지고 한 번 화내면 한 번 늙어진다는 말이다. 소문만복래(笑門萬福來)라는 말도 있다. 웃으면 복이 온다는 말이다. 80 살을 산다고 가정할 때, 하루 5분 정도 웃는다면 평생 웃는 시간은 100일쯤 된다. 잠자는 시간 26 년, 식사시간 6년, 기다리는 시간 6년, 세수하고 양치질하는 시간 2년, 화장실 가는 시간 1년 정도 라고 하니 이에 비하면 턱없이 적은 시간이다. 웃어야 웃을 일이 저절로 생긴다. 웃음은 인생을 행복하게 하는 힘이 있다.

이상에서 살펴본 바와 같이 웃음은 정말 많은 것들을 가능하게 한다. 그것이 우리 교실에서도 가능한 일이라 볼 때, 저자는 소통이라는 맥락에 웃음이 더해진다면 얼마나 좋을까 하는 생각을 자주 한다. 그래서 협동적 학급운영에서의 소통을 위한 중요한 요소 중 하나로 웃음을 이야기했던 것이다. 그렇다면 웃음이 협동적 학급운영에서 어떻게 소통을 도와줄까?

첫째, 웃음은 협동적 교실에서 상대방과 나(교사와 아이들, 아이들 사이) 사이를 연결시켜 주는 파이프(정서적 교감이 서로 연결되도록 이어 주는 관) 역할을 한다. 상호작용에 있어서 웃음이 사라지면 파이프(정서적 교감)가 가늘어지거나 아예 끊어져 버리게 되고 그 결과로 학급과 모둠에서는 공동체성이 사라져 협동적 학급운영의 기반 자체가 흔들리게 된다. 반대로 웃음이 가미된 상호작용은 파이프(정서적 교감)를 점점 굵고 튼튼하게 만들어 주어 학급 또는 모둠이라는 공동체가 매우 건강하게 성장하게 되고, 그 교실에서 아이들과 교사는 모두 행복한 생활을 하게 된다.

둘째, 웃음이 만들어 준 굵고 튼튼한 연결 파이프(관)는 그 속에 흐르는 내용물(협동적 학급운영에서 이루어지는 일상적인 활동 모두 : 학급활동, 수업 모두)을 안전하고도 자연스럽게 흘러갈 수 있도록 도와주어 아이들의 삶은 한층 더 풍요롭게 가꾸어진다.

셋째, 웃음은 배움의 과정에서 윤활유 역할을 하여 앎은 즐거운 것이라는 생각을 갖게 하는 데 도움을 준다. 저자가 볼 때, 세상에는 세 종류의 교사가 있다. 첫 번째 교사는 어려운 내용을 아주 어렵게 안내하는 교사다. 그런 교사는 아이들이 어떻게 이해할 것인가에 대해 별로 안중에 없다. 그래서인지 그런 교사들과는 소통하는 데 매우 애를 먹는다. 두 번째 교사는 제일 고민이 많이 되는 경우로, 정말 쉬운 내용도 아이들이 잘 이해하기 힘들 정도로 안내하는 교사라 할 수 있다. 그리고 현실적으로 이런 교사는 있다. 저자의 어린 시절 경험으로도 충분히 그랬다. 세 번째 교사는 어려운 내용을 쉽게 안내하는 교사다. 이런 교사야말로 최고라 할 수 있다. 그리고 이런 교사의 수업을 받고 나면 그 뒤가 매우 후련하고, 즐겁고, 무엇인가 많은 것을 느끼고 깨달은 것 같아서 참 즐거웠던 경험들을 많이 갖고 있을 것이다. 이런 과정에 바로 웃음이 큰 도움을 준다고 볼 수 있다. 그 속에서 교사와 아이들 사이는 정서적 교감을 잘 이루었기 때문에 웃음이 아이들을 즐겁게 만들어 주고, 그 즐거움에 또 다시 교사는 신이 나서 더 재미있게 수업을 이끌어 나가게 되고, 이런 선순환의 고리는 계속 반복되면서 즐겁고 재미있는 수업이 이루어지게 된다. 그러나 이런 선순환의 고리가 갑자기 악순환의 고리로 바뀌게 되는 순간이 있는데, 그것은 바로 꾸지람, 심각한 경쟁, 훈계, 체벌, 교사의 무표정한 얼굴과 함께 진행되는 지시·전달식 수업에 의해서 만들어진다. 따라서 교사들은 이런 것들에 대하여 항상 세심하게 접근해야 할 것이다.

끝으로 웃음이 가져다 준 행복한 이야기를 전하며 마무리할까 한다.

저자는 학생시절 몇 번의 미팅 경험을 갖고 있다. 그러나 1 : 1 미팅은 자신이 없어서 단체 미팅만 해 보았다(왜냐구요? 얼굴이 무기라서, 큭큭!). 그러다 선생님께 걸려서 한참을 맞은 적도 있었다. 그래도 또 했다. 그 중 특이한 경험이 있었다.

한 번은 단체 미팅을 나갔는데, 미팅을 나가게 되면 모두가 한 가지 생각(소위 킹카, 퀸카)을 갖고 나가는데 그 때 저자의 생각도 마찬가지였다. 자기 주제는 생각도 못하면서 말이다. 역시 나가보니 그 자리에 나온 사람들 가운데 퀸카와 뻥카(일명 '후지카' 라고 할까! 이런 표현을 써서 미안합니다.)가 구분되었다. 그리고 저자를 포함한 모든 참석자들은 서로가 생각한 퀸카·킹카의 관심을 사기 위해 모든 수단과 노력을 동원하여 시간을 보내고 있었다. 늘 그렇듯이 사람들이 가장 많이 사용하는 수단과 노력은 역시 재미있는 이야기였고, 그 자리에서 모두는 각자 준비해 온 온갖 이야기를 다양한 표정과 함께 풀어내고 있었다. 그렇지만 퀸카·킹카는 늘 그렇듯이 잘 웃지 않는다(나중에 알게 된 이야기지만 쉽게 웃으면 쉬운 상대로 여겨질까봐였다고 한다. 속으로는 굉장히 웃기면서도 그 웃음을 참기가 힘든 경우가 많다고 한다. 재미있는 일이다.). 그렇더라도 각자는 그들의 웃음을 사기 위해 최선을 다한다. 저자도 그랬다. 그렇지만 아무리 노력해도 퀸카·킹카는 잘 웃지 않았다. 그런데 신기한 일이 그 옆에서 일어나고 있었다. 그 옆에 있는 사람은 나의 사소한 이야기에도 맞장구를 쳐 주면서 배꼽을 잡고 웃어 주는 것이었다. 심지어는 눈물까지 흘리기도 했다. 그리고 시간이 지날수록 나의 태도에도 변화가 생겼다. 그것은 내가 퀸카·킹카를 바라보면서 이야기하고 있는 것이 아니라 나를 보고 웃어 주는 사람을 바라보면서 신나게 이야기를 하고 있더라는 것이었다.

지금 생각해보면 참으로 재미있던 시절이었다. 그때 그 사람은 아니었지만 지금 저자는 뒤늦게

IV

교대에 들어가 만난, 그리고 항상 나를 보며 웃어 주는 여자와 결혼해 두 아이의 아빠로서 아주 행복하게 산다. 그리고 지금도 곁에서 항상 웃어 주고 있다. 그래서 더 예쁘고 사랑스럽다. 예뻐서 사랑스러운 것이 아니라 나를 보고 웃어 주어서 그렇게 보인다(저자가 지금의 아내를 사랑하게 된 것도 다 그 웃음 덕분이었다. 그리고 그 웃음에 감사한다.).

(4) 소통의 맥락에서 협동학습 평가하기[12]

평가란 자료를 수집하고, 수집한 자료를 바탕으로 목적에 적절하게 판단하는 행위로 정의할 수 있다. 교실에서 진행되는 다양한 평가들의 공통된 출발점은 아이들의 학습이다. 아이들의 학습 결과를 객관적으로 판단하거나 교사의 관찰에 의한 평가 모두 아이들이 좀 더 높은 성취를 이룰 수 있도록 도와주는 방향으로 진행될 때 평가로서의 의미를 지닌다고 할 수 있다.

교육평가의 목적은 교육의 행동 변화를 판단하는 행위이며, 교육의 목적은 인간의 행동을 변화시키는 것으로서 Tyler(1942)는 "교육 목표의 달성여부를 판단하는 행위"라고 하였고, Nevo(1983)는 "교육대상에 대한 체계적 서술"이라 평하였다. 결론적으로 구체적인 교육평가의 목적은 학습을 구체화하고, 학업성취수준 총평, 교육의 질 향상, 교육 프로그램 또는 교육자료 개선, 정책 방향 결정의 기초 제공 등이라 할 수 있다.

교육평가의 기본가정은 첫째, 인간은 무한한 잠재적 능력을 지니고 있고 둘째, 평가는 일회적인 것이 아니라 지속적으로 이루어져야 한다는 것이고 셋째, 교육평가의 자료는 무한하며 넷째, 교육평가는 종합적이어야 한다는 것이다.

(가) 교육평가의 기능

교육평가의 기능은 첫째, 교육과정이나 프로그램, 교구 및 교재의 개선, 발전의 기능, 둘째, 자격부여의 기능, 셋째, 책무성 평가 기능, 넷째, 동기부여의 기능, 다섯째, 상과 벌의 기능 등이 있다. 또한 교육평가의 대상은 아이들, 교사, 학부모, 교육과정, 평가 자체에 대한 평가로 구분된다.

❶ 교육평가에 대한 잘못된 인식
- 시험은 곧 경쟁이다 : 타인지향적인 성취의 기준, '잘했다' = 다른 사람보다 잘했다는 뜻

12) 출처 : 성태재 저(2010), 교육평가의 기초; 김대현 외 저(2005), 교육과정과 교육평가; 김종서 외 저(1987), 교육과정과 교육평가

- 시험은 아이들을 공부하도록 만든다는 인식 : 시험은 동기유발 및 유지의 기능—실패의 예측에서 오는 불안과 그의 해소를 위한 반응에 문제가 있다.
- 숫자는 언제나 정확하다는 오해 : 100점은 99점보다 반드시 잘 한 것인가? 80점은 40점보다 2배로 잘 한 것인가?
- 객관식 검사만이 신뢰가 간다는 인식 : 객관성을 우월하게 인식하고 있다.
- 평가의 책임은 아이들에게 있다는 인식 : 과연 그러한가?

② 학습자에 대한 잘못된 인식

- 우수한 학습자와 열등한 학습자가 있다는 시각 : 특히 부진아에 대한 인식
- 유리하고 적절한 학습 조건을 제공하면 대부분의 학습자가 학습 능력, 학습 속도, 학습을 위한 동기 등에서 거의 비슷하게 된다는 생각—적절한 학교 및 학습 조건의 제공으로 부진아를 없앨 수 있다는 시각과 판단은 과연 옳은 것인가?

③ 교육평가에 대한 시사점

- 인간은 가능성이 크고, 잠재가능성이 무한하다는 명제에 대한 신념
- 교육평가의 자료와 대상 및 시간은 무한하다는 신념
- 교육평가는 계속적이고 종합적인 과정이라는 신념
- 개인차를 인정하고자 하는 신념

(나) 교육평가의 종류

평가의 종류에는 여러 가지가 있으나 아이들의 학습과 행동 및 여러 교육조건을 교육목적에 비추어 평가의 종류를 선택할 수 있다.

❶ 학습시기에 따른 평가

	진단평가	형성평가	종합평가
시기	교수-학습 시작 전	교수-학습 진행 중	교수-학습 완료 후
목적	적절한 교수 투입	교수-학습 진행의 적절성, 교수법 개선	교육목표의 달성, 교육 프로그램 선택 결정
평가 방법	비형식적, 형식적 평가	형식적-비형식적 평가	형식적 평가
평가 주체	교사, 교육내용 전문가	교사	교육내용 및 평가 전문가
평가 기준	준거참조	준거참조	규준 혹은 준거참조
평가 문항	준거에 부합하는 문항	준거에 부합하는 문항	규준참조 : 다양한 난이도 준거참조 : 준거에 부합하는 문항

❷ 평가목적에 따른 평가

- **규준참조 평가(상대평가)**

  개인이 얻은 점수나 측정치를 비교 집단의 규준에 비추어 상대적인 서열에 의하여 판단하는 평가를 말한다. 이는 준거나 목표의 도달 여부에는 관심이 없고 서열이나 상대적 위치를 부여하여 분류하는 작업에 치중하므로 무엇을 얼마만큼 알고 있는가에 관심이 있는 것이 아니라 아이의 상대적 서열에 관심을 두게 된다.

  – 목적 : 상호 비교
  – 규준에 따라 상대적 서열이 결정되므로 규준은 매우 중요, 규준을 설정하기 위해서 표본이 모집단을 얼마나 잘 대표하였느냐가 관건이 된다.
  – 규준 : 원점수의 상대적인 위치를 설명하여 주기 위해 쓰이는 자료로서, 모집단을 대표하는 표본에서 얻은 점수를 기초로 하여 만들어진다.
  – 규준은 비교기준에 따라 국가단위 규준, 지역단위 규준, 학교단위 규준, 학습단위 규준이 있으며 나이 혹은 학년 규준도 있다.
  – 규준점수의 예 : 내신등급, 지능검사, 학업성취도 비교(학년단위 규준)

장점	단점
• 개인의 상대적 위치를 파악할 수 있다. • 우열을 가리기 쉽다. • 경쟁을 통한 학습동기유발이 가능하다.	• 무엇을 가르치고 배워야 하는가에 대한 기준이 모호하다. • 상대적 서열을 중시하기 때문에 교수–학습이론에 부적절하다. • 경쟁심의 조장으로 경쟁을 교육의 당연한 원리로 생각하게 하여 협동심 상실의 가능성이 크다. • 암기 위주의 교육을 조장한다. • 이해력, 분석력, 창조력 등(고급사고)이 결여된다. • 서열주의식 사고가 팽배해진다.

- 준거참조 평가(절대평가)

  학습자 또는 개인이 무엇(학습자가 성취해야 할 과제의 영역)을 얼마만큼 알고 있는지를 준거에 비추어 재는 평가를 말한다.
  - 가장 중요한 요소는 과제의 영역과 준거
    - 영역 : 교육내용으로서 측정 내용
    - 준거 : 교육 목표를 설정할 때 도달해야 하는 최저 기준
  - 무엇을 평가할 것인가에 대한 영역을 구체적으로 명시해야 하고, 이를 근거로 준거를 설정하는 것이 매우 중요하다(루브릭 제시).
  - 교육이란 상호 경쟁이 아닌 상호 협동에 의한 학습이 바람직하다는 자각을 하게 되면서 무엇을 얼마만큼 알고 있는가에 대한 관심에서 출발 : Glaser와 Klaus가 강력히 주장
  - 준거점수 : 성패나 당락을 구분하는 점수

장점	단점
• 무엇을 알고 무엇을 모르는가 하는 직접적인 정보를 제공한다. • 제공된 정보를 기초로 교육 목표와 교육 과정을 개선할 수 있다. • 학습 효과를 증진시킬 수 있다. • 탐구정신과 협동정신을 기를 수 있다. • 지적인 성취를 강하게 자극한다.	• 준거설정에 어려움이 존재한다. • 최소한의 경쟁을 통한 학습 외적 동기유발이 부족하다.

- 능력참조 평가

아이가 지니고 있는 능력에 비추어 얼마나 최선을 다하였느냐에 초점을 두는 평가방법이라 할 수 있다.

- 개인의 능력정도와 수행결과를 비교하는 평가이므로 '이것이 그 아이가 지니고 있는 능력을 최대한 발휘한 것인가?', '충분한 시간이 부여되었을 때 더 잘할 수 있었는가?'라는 두 가지 질문을 제기할 수 있다.
- 각 아이의 능력과 노력에 의해 평가되는 특징을 지닌다.
- 능력을 얼마나 발휘하였느냐에 관심을 두는 것으로, 학업성취도검사에서 적용함이 바람직하며, 표준화 적성검사에서도 사용할 수 있다.
- 특정 기능과 관련된 능력의 정확한 측정치에 의존하게 되므로 해당 능력에 제한되어 학습자의 수행을 해석하게 되는 한계를 지닌다.
- 개인을 위주로 개별적 평가를 실시한다는 장점을 갖고 있어 앞으로 많이 연구, 개발해야 하는 과제를 안고 있다.

- 성장참조 평가(발달 지향 평가)

교육 과정을 통해 얼마나 성장하였는가에 관심을 두는 평가이다. 최종 성취수준에 대한 관심보다는 초기 능력수준에 비중을 두어 얼마만큼 능력의 향상을 보였느냐를 강조한다.

- 사전 능력수준의 관찰 시점에 측정된 능력수준 간의 차이에 관심을 둔다.
- 대학진학이나 자격증 취득을 위한 행정적 기능이 강조되는 고부담검사와 같은 평가 환경에서는 평가결과에 대한 공정성 문제가 제기되며 적용하기 어렵다.
- 평가의 교수적 기능이나 상담적 기능이 강조되는 평가환경이라면 보다 교육적이므로 교육의 선진화에 이바지할 수 있다.
- 초등교육이나 유아교육 등 개별화 학습을 촉진시킬 수 있은 분야에 적극적으로 적용할 필요가 있으며 상대비교에 치중하지 않는 평가라면 성장참조 평가를 실시하는 것이 바람직하다고 볼 수 있다.

	규준참조 평가	준거참조 평가	능력참조 평가	성장참조 평가
강조점	상대적인 서열	특정 영역의 성취	최대 능력 발휘	능력의 변화
교육 신념	개인차 인정	완전학습	개별학습	개별학습
비교 대상	개인과 개인	준거와 수행	수행정도, 소유능력	성장, 변화의 정도
개인차	극대화	극대화하지 않음	고려하지 않음	고려하지 않음
이용도	분류, 선별, 배치, 행정적 기능 강조	자격부여 교수적 기능 강조	최대 능력 발휘 교수적 기능 강조	학습 향상 교수적 기능 강조

(다) 소통의 맥락에서 협동학습 평가하기(참여, 스스로, 주체적 평가)

협동학습에서의 평가는 아이들이 수업시간에 목표 달성을 위해서 모둠 내에서 무엇을 생각했고, 무엇을 했으며 어떻게 상호작용했는가, 그리고 그 결과로 아이들이 어떻게 변화되었는가를 매우 중요하게 생각한다. 이를 위해서 아이들을 평가할 때는 개개인만을 바라볼 것이 아니라 '그 아이가 소속된 모둠 내에서의 개인'도 평가해야만 한다. 다시 말해서 협동학습에서의 평가는 개인과 모둠을 모두 고려하지 않으면 안 된다는 것이다. 그 중요한 원칙 몇 가지만 살펴보면 아래와 같다.

<blockquote>
발달지향(성장참조) 평가관을 가져야 한다.
협동적 능력도 평가해야 한다.
과정중심 · 수행평가를 지향한다.
최소 성취 수준을 목표로 평가해야 한다.
학급별 평가를 지향한다(가르친 교사가 평가).
</blockquote>

❶ 개인과 모둠을 모두 평가의 대상으로 삼는다(모둠의 맥락 속에서 개인을 평가한다. 왜냐하면 다른 모둠원의 도움 없이는 개인적 성취가 불가능하다는 생각이 밑바탕에 깔려 있기 때문이다.).

❷ 아이들을 평가에 참여시킨다(평가도 수업의 중요한 부분이고, 아이들도 평가의 대상이 아니라 주체로 인식될 필요가 있는 만큼 스스로 수업 및 평가 계획을 수립하는 과정에 참여시킴으로써 교수–학습 활동 전 과정에 의미 있게 참여할 수 있도록 해 줄 필요가 있다. 이를 위해 필요에 따라 평가문항의 제작, 평가 기준 선정, 평가 목표 달성 기준 선정, 평가 방식 및 내용 마련 등에 아이들을 참여시키는 것을 생각해 보아야 한다.).

❸ 상대평가가 아닌 절대평가 기준을 사용한다(상대평가는 경쟁을 유발).

❹ 수행평가를 강조한다(과정, 학습 전반에 걸친 배움의 실천, 반성적 사고에 따른 직접적 행위 및 능력, 고등정신기능의 성장, 학습에 임하는 자세 등의 정의적 영역도 매우 중요하게 여기며, 협동적 활동을 통한 상호작용을 매우 강조하기 때문에 기존의 지필평가만으로는 협동학습을 제대로 평가할 수 없다. 이를 위해 교과목이나 활동의 특성에 맞는 실험, 실습, 실기, 체험, 보고서, 글쓰기, 토의 및 토론, 프레젠테이션, 발표, 면접, 포트폴리오 등의 다양한 평가 도구 및 방법을 개발하여 활용하는 것이 좋다.).

❺ 아이의 서열을 매기는 것이 아니라 아이에 대한 정보를 수집하기 위한 목적으로 평가를 활용한다(아이에 대한 이해, 문제점 해결이 목적).

❻ 아이 스스로 자신의 학습에 대한 책임을 진다는 것으로서의 평가를 지향해야 한다. 우리가 추구해야 할 학습에서의 보이지 않는 조건은 자율성이다. 다시 말해서 스스로 자신의 학습을 책임져야 한다는 사실이다. 이런 상황 속에서는 자신이 알게 된 매우 사소한 사실 조차도 가치 있고 소중하게 여긴다. 하지만 타인이 만들어 놓은 결과를 무비판적으로 받아들이거나 수동적으로 학습하게 되면 학문의 자율성이 파괴되어 타인(특히 교사)의 판단과 평가에 의존하는 아이를 만들게 된다.

❼ 학습은 외적 보상보다는 내적 보상이 전제가 되어야 한다.

❽ 사회적 기술의 향상에도 중점을 둔다.

❾ 자기 평가를 매우 강조한다. 학습의 주인은 곧 자신이기 때문에 자신의 학습에 대한 관찰과 평가는 매우 중요한 요소가 된다.

❿ 궁극으로는 수단으로서의 '협동'이 아닌 최선의 삶, 철학, 삶과 학습의 원리로서의 '협동'과 그의 실현을 목표로 한 평가가 이루어져야 한다.

⓫ 평가에서도 '협동'을 중시하여 아이들이 상호작용을 잘 하였는가, 서로 잘 도왔는가, 서로 설명은 잘 했는가, 맡은 일은 잘 해내었는가, 활동에 협동적이었는가, 준비과정에 잘 참여하였는가, 문제해결력은 어느 정도인가, 자발적으로 잘 참여하였는가, 과제에 대한 종합적 이해력은 어느 정도인가 등에 대하여 발달하는 정도를 지속적으로 관찰·평가해야 한다.

⓬ 과정중심 평가를 강조한다(어느 한 시점에서의 평가는 아이들의 발달을 제대로 평가할 수 없다. 따라서 아이들의 전면적 발달을 도울 수 있는 방향으로, 긴 호흡을 통해 아이들을 관찰하고, 아이들이 변화해 가는 과정을 평가할 필요가 있다.).

⓭ 최소 성취 수준을 목표로 평가한다(최소 성취 수준 : 다인수 학급에서도 활동에 잘 참여한 아이들이라면 누구나 도달할 수 있는 목표 수준을 말한다.).

⓮ 학급별 평가를 지향한다. 협동학습을 제대로 하려면 교육과정 및 내용의 재구성은 필수인데, 그렇게 수업을 하고 평가는 일제고사 또는 암기중심 지필평가 방식으로 한다면 이

는 문제가 될 수밖에 없다. 따라서 각 학급별로 실제로 가르친 내용과 방식에 따라 그에 알맞은 방식으로 가르친 교사가 직접 평가 도구 및 문항을 개발·제작하여 평가를 해야 한다고 여겨진다(지도하지 않은 것은 절대로 평가하지 않는다.).

⑮ 평가 계획은 학년·학기 초·과정 및 단원의 시작 전에 미리 구체적(영역, 시기, 방법 및 결과 처리, 통보 등)으로 안내하고 통지한다.

⑯ 자기 평가 및 동료 상호 평가를 잘 활용한다. 이를 통해 아이들은 과정을 반성하고, 자기를 성찰하게 되며 때에 따라서는 교사가 관찰하지 못한 부분까지도 확인해 줄 수 있다는 점에서 매우 유용한 평가 도구라 할 수 있다. 다만 이는 아이들 성찰과 참여, 다음 과정에 도움을 주기 위한 것인 만큼 절대로 수치화 시켜서는 안 된다.

⑰ 가능하면 일제식 평가, 100점 단위 평가 및 수치화 시키는 작업, 평가 결과에 따른 등수, 평균 제시, 평가 결과에 따른 학생 선별이나 능력 판단 등은 지양하는 게 좋다.

예시   모둠별 협동적 프로젝트 수업에서의 수행평가

1. 계획을 수립하는 과정부터 평가가 시작된다(계획 수립 정도, 과정에 참여 정도, 역할 분담, 자발성, 협동성, 태도 등).

2. 과제는 가능한 학교에서 수업 시간에 협동적으로 토의·토론 및 공동 작업을 통해 해결한다(역할분담에 따른 정보 수집도 가능한 컴퓨터실 또는 도서실을 활용하고 부족한 것만 가정으로 가서 보완해올 수 있도록 하는 것이 좋다.).

3. 과제 수행 계획서를 교사가 1부씩 복사하여 받아 두고, 그에 따라 주기적으로(매일 또는 2~3일마다) 점검을 해주면서 진행 과정을 관리해 주어야 한다. 그냥 알아서 하라고 맡겨두고 나중에 발표할 때만 점검을 해서는 안 된다. 그때그때 개인·모둠별로 과제수행이 잘 이루어지고, 목표에 도달할 수 있도록 필요한 도움을 주어야 한다.

4. 과제 수행을 위한 계획 수립 및 수행 과정, 결과 등에 대한 전체적인 공유가 어떤 방식으로든 있어야 한다(발표, 보고서, 전시 등). 이를 통해 아이들은 자신들의 모든 것들을 돌아보면서 수정·보완을 하게 된다.

5. 끝에 가서는 자기 평가 및 동료 평가를 통해 모든 과정을 의미 있게 마무리하도록 한다(성찰일기, 체크리스트 등을 통해 전반적인 과정에 걸친 이해도, 준비성, 협동성, 자발적 참여도, 역할분담에 따른 과제 수행 능력, 문제 해결능력, 발표 및 표현 능력, 프레젠테이션 능력, 사회적 기술 등을 지속적으로 관찰, 확인, 지도하여 아이들의 발달과 성장에 도움이 될 수 있도록 한다.).

6. 끝에 가서는 교사 자신의 수업을 개선하기 위한 자료로 활용한다.

Ⅳ

(라) 협동학습과 향상점수제도에 대하여[13]

① 전통적인 보상체계의 문제점

어떤 아이들은 지속적으로 긍정적인 보상을 받고 있지만, 그렇지 않은 아이들이 많다는 것(아래의 예시)이다.

〈5주 동안의 수학과 평가 결과〉

주	1	2	3	4	5	등급
철수					95	A
아영					75	C
민성					75	C
진아					35	F

위의 사례에서는 노력한 정도에 따른 보상이 없고 결과만 본다는 문제점이 있다.

② 향상점수제도에 따른 보상

〈5주 동안의 수학과 평가 결과〉

주	1	2	3	4	5	향상점수
철수	100	100	100	100	95	2
아영	100	100	100	100	75	0
민성	35	45	55	65	75	3
진아	15	20	25	30	35	2

- 철수 : 늘 열심히 공부를 하여 100점을 맞는다. 4주와 5주를 비교해 보았을 때 향상된 점수가 없지만 높은 성취도를 보이기 때문에 향상점수 2점을 준다.
- 아영 : 원래 성취도는 좋은 편이었지만 4주에 비하여 5주에 떨어진 경우이므로 상담을 통해 성취도를 이전처럼 보일 수 있도록 격려를 해 준다.

---

13) 출처 : Spencer Kagan 저, 기독초등학교 협동학습연구모임 역(1999), pp. 375~383.

- 민성 : 낮은 성취도에서 시작했지만 노력을 많이 해서 많이 향상되었고, 4주에서 5주로 가면서 성취도가 향상되었기에 3점을 준다.
- 진아 : 전통적인 방법에서는 성취도가 낮아 계속 F만 받았을지 모르겠지만, 향상점수 제도로 운영할 때는 4주에 비하여 5주에 성취도가 높아졌기 때문에 2점이라는 높은 보상을 해 준다.

❸ 향상점수와 협동적 학급운영과의 관계

- 전통적인 방법으로 모둠 점수를 계산했을 때 : 총 280점
  - 낮은 성취자의 향상 정도를 알아볼 수 없다.
  - 낮은 성취자에 대해 모둠원들이 바꿔 달라고 요구하는 상황이 벌어진다.
- 문제점 : 낮은 성취자는 학업에 열중하지 않게 된다(무력감, 낙심, 소외, 포기 등).
- 향상점수로 계산했을 때 : 7점
  - 향상된다는 점을 중요하게 평가했을 때 낮은 학업성취자가 가장 쉽게 최상의 점수를 받을 수 있다는 장점이 크게 부각된다.
  - 성취도가 낮은 아이들에게도 기회를 제공된다.
  - 성취도가 높은 아이들에게는 자신의 실력을 높이기 위한 동기를 부여한다.
  - 학습 활동 속에서 경쟁의 대상을 타인이 아닌 자기 자신에게 눈을 돌리게 한다(이전 평가 결과와의 비교를 통해 타인이 아닌 자신과의 경쟁으로 눈을 돌리게 만든다.).

❹ 향상점수 기록 방법

- 1단계 : 적절한 주기를 두고 평가하기(비슷한 문항 수, 난이도를 비슷하게 조절, 실제로는 난이도 조절을 하면서 평가 문항을 꾸준히 출제하기가 어려움, 교사 모임이나 동학년 단위의 꾸준한 실천이 요구된다.)
- 2단계 : 평균점수 내기(지난 평가의 평균점수를 100점 만점으로 계산, 초기에는 교사가 하지만 아이들이 익숙해지면 스스로 할 수 있다.)
- 3단계 : 향상점수 계산하기(이는 사례일 뿐 교사의 생각에 따라 변화가 가능)

퀴즈점수	향상점수	비 고
평균점수 −5점 이하	0	"더 잘할 수 있을 거야 힘내"
평균점수 ±4	1	"평소와 비슷해. 그래도 다음엔 잘 할 거야"
평균점수 +5~9	2	"평소 때보다 잘 했어. 훌륭하다."
10점 이상 또는 만점	3	"완벽해. 네 수준을 훨씬 뛰어넘었어."

- 4단계 : 새로운 평균점수 구하기
  - 평균점수 낸 것으로 2주 동안 평가를 한 뒤 그 평균점수로 향상점수 계산
  - 새 평균 점수 = (평균점수 + 두 번의 시험 점수 합) ÷ 3

〈향상점수 운영에 대한 다양한 연구가 필요하다.〉

이름	평균점수	평가 1	향상점수	평가 2	향상점수	평균점수
홍길동	72	70	1	77	2	73

❺ 향상점수와 성적표와의 관계

향상점수는 모둠 및 학급 보상제도의 하나로 성적표상의 점수에 영향을 주지는 않는다(그래서는 절대로 안 된다.). 또 모둠의 등급을 결정하지도 않는다. 어떤 상황이든지 모둠 점수가 개인의 성적표 점수에 반영되어서는 안 된다.

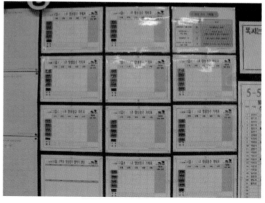

▲ 서울초등협동학습연구회 아해미래의 전문연구위원 서명지 선생님 교실과 저자의 교실에서 운영했었던 향상점수제도 운영 게시판

(5) 협동학습과 고등정신기능(지식의 위계성)

고등정신기능을 흔히 고급사고력이라고도 한다. 고등정신기능과 관련하여 Bloom의 인지적 영역 6단계를 분석하면 다음과 같다.

❶ 지식 단계 : 정보의 기억을 의미한다.

❷ 이해 단계 : 정보 속에 담긴 의미를 파악하고 이해하는 것을 의미한다.

❸ 적용 단계 : 알고 이해한 것을 다른 것에 응용하는 것을 의미한다.

❹ 분석 단계 : 정보의 옳고 그름 혹은 정확성 등을 판단하는 것을 의미한다.

❺ 종합 단계 : 평가를 바탕으로 적절한 대안이나 결론을 제시하는 것을 의미한다.

❻ 평가 단계 : 글이나 말 속에 담긴 의도가 어떤 가치(합리성, 정당성 등)가 있는 것인가를 판단하는 것을 의미한다.

- 지식, 이해 단계까지를 기본사고라고 한다.
- 적용, 분석, 종합, 평가 단계를 고급사고라고 한다.
- 기본사고가 부족하면 고급사고로 옮겨 갈 수가 없다.

지식	교육과정 속에서 경험한 아이디어나 현상으로, 그 전에 배운 내용을 기록한 것이라 정의한다. 특수한 사실로부터 이론까지 광범위한 내용에 대한 기억을 말한다. 이 모든 것은 머리와 관련된 것으로 지적 영역의 가장 낮은 수준(기본)의 산물이다.	이 두 가지 능력이 부족하면 다음 단계로 갈 수 없는 만큼 절대로 무시하거나 소홀히 다루어서는 안 된다.
이해	사물의 의미를 이해하는 능력으로, 어떤 것을 다른 단어나 수로 번역하는 능력에 해당된다. 해석, 설명, 미래 경향을 추정하는 능력이다. 이해는 사실에 대한 단순한 기억(지식수준)의 다음 단계에 오는 능력이다.	
적용	학습한 내용을 새로운 상황이나 구체적 상황에 사용하는 능력으로, 규칙, 방법, 개념, 원리, 법칙, 이론 같은 것들을 적용하는 것에 해당된다.	
분석	어떤 사실을 요소로 분해하는 능력으로, 구성요소의 구조를 이해하는 능력이 이에 해당된다. 이는 구성 부분을 확인하고 그 부분 간의 관계를 분석하여 구성 원리를 인지하는 힘을 말하는데, 분석은 내용과 내용의 구성 형태를 이해해야 하기 때문에 높은 지적 능력 단계 수준을 갖는다.	
종합	새로운 것을 만들기 위하여 부분을 모으는 능력으로서, 연설이나 강연 등을 위한 독창적 의사전달, 실행계획이나 관계의 요약을 말한다. 이는 새로운 양상의 구조를 필요로 하는 창의적 행동을 강조한다.	
평가	주어진 목적을 달성하기 위해 사실을 판단하는 능력으로, 이 판단은 규명된 기준에 근거하며, 기준으로는 내적 기준과 외적 기준이 있다. 이 능력은 앞서 설명한 모든 지식기능을 포함하는 가치판단까지 요구하기 때문에 가장 높은 정신기능이라 할 수 있다.	

Ⅳ

목표분류	학습결과 측정을 위한 지시어
지식	확인하라, 명명하라, 규정하라, 설명하라, 열거하라, 선택하라, 약술하라
이해	분류하라, 설명하라, 변환하라, 예측하라, 구별하라
적용	증명하라, 계산하라, 풀어라, 수정하라, 재배열하라, 조직하라, 관계지어라
분석	차별하라, 도식화하라, 추정하라, 분리하라, 추론하라, 구성하라, 세분하라
종합	종합하라, 창안하라, 고안하라, 설계하라, 합성하라, 구조화하라, 재배열하라, 개정하라
평가	판단하라, 비판하라, 비교하라, 정당화하라, 결론지어라, 판별하라, 지지하라

우리가 보통 말하고 듣고 쓰고 글을 읽을 때 단순히 정보를 기억하거나 이해하는 수준에 머무는 것은 기본사고 단계에 머물러 있는 것에 해당된다. 한 단계 높은 고급사고로 진화하기 위해서는 말이나 글 속의 정보를 다르게 적용해 보고, 정보가 정확한지 분석하며, 저자나 화자의 의도가 정당한지 혹은 가치가 있는 것인지를 평가하여, 새로운 대안을 제시(종합)하는 것까지 할 수 있어야 한다. 이렇게 볼 때 협동학습은 아이들이 고등정신기능을 사용하고 개발할 수 있는 환경을 자연스럽게 만들어 준다는 점에서 많은 도움을 주고 있다.

한편 비판적 사고력도 고등정신기능의 한 가지라 할 수 있다. 비판적 사고력은 읽거나 들은 것을 그대로 받아들이지 않고 비판하여 받아들이는 능력(적용 및 분석을 통한 평가 결과를 바탕으로 대안을 제시하는 능력)을 말하는데, 이는 읽기, 듣기, 쓰기, 말하기의 기본이며 모든 의사소통의 기본 요소라 할 수 있다. 왜냐하면 읽고 쓰고 듣고 말하는 과정에서 저자나 화자가 제시하는 의견에 당연히 비판적 사고가 포함되기 때문이다. 이러한 비판적 사고는 정보화시대를 살아가는 오늘날 넘쳐나는 정보(특히 인터넷, 각종 매체를 통해 전해지는 것들)를 제대로 걸러내기 위해서 꼭 필요한 것이기도 하다(거름장치 역할). 그 외에 문제해결능력, 창의성, 의사결정능력, 논리적 능력 등도 고등정신기능에 속한다고 할 수 있는데, 이 모든 능력들은 협동학습과 깊은 연관성이 있으며 그를 통해 길러질 수 있다(고급사고는 기본사고—정보의 기억과 이해—를 기본 바탕으로 하고 있어서 고급사고력 개발 시 기본사고력도 자연스럽게 확장되고 발전된다.).

(가) 기본사고를 무시하지 마라!

혁신학교 운동의 핵심은 수업혁신에 있다고 할 만큼 수업혁신은 굉장히 중요한 부분인데, 배움 중심 수업을 이야기하고 고등정신기능을 이야기하면서 정보화시대의 특징인 정보에 대한 접근성(어디서나 쉽게 접할 수 있다는 장점)만 강조하고 사고력 중심 수업을 지향·암기중심 수업을 지양하려는 노력이 여기저기서 벌어지고 있지만 이에 대한 명확한 개념이해가 부족하게 되면 굉장히 위험한 현상에 빠질 수 있다. 왜냐하면 정보의 접근성이 손쉬워짐으로 인해 마치 기본사고는 이제 억지로 외우거나 암기하지 않아도 쉽게 찾아 접할 수 있다는 생각에 기본사고 자체를 무시하거나 소홀히 다룰 수도 있기 때문이다.

기본사고에서 말하는 기본이란 '없어서는 안 될 가장 중요한 요소'라는 뜻을 갖고 있다. 말 그대로 기본인 것이다. 기본이 없으면 그 다음 단계로의 진행도 어렵게 된다. 그런 기본사고는 암기(기억)와 이해를 기본으로 하는데, 이를 지양하라고 하면 암기(기억)와 이해를 소홀히 다루어도 된다는 말로 오해하거나 잘못 받아들일 소지가 크다.

암기중심 수업을 지양하라는 말은 아이들이 그것의 기억과 이해를 돕는 일에 지시 · 전달의 방식만 고수하거나 거기서 멈추지 말라는 말임과 동시에 그것의 양을 '최대화'시키기보다는 '최소화'시키고, 그를 바탕으로 기억 · 이해의 수업을 넘어서 고급사고력에까지 도달할 수 있도록 하라는 것을 뜻한다. 그리고 지식의 기억과 이해를 돕는 일도 설명 · 지시 · 전달 이외에 다양한 방법을 통해 충분히 가능하다.

또한 기본사고를 무시하지 말라는 저자의 말뜻은 고등정신기능을 신장시키는 데 필요한 고도의 집중력과 자발성은 기본사고에 해당되는 지식의 기억과 이해단계에서부터 서서히 만들어지는 것이지 그 단계를 뛰어넘어서 갑자기 생겨나는 것이 아니라는 의미 또한 갖고 있다.

> 🔸 기본사고의 밑바닥에는 무엇이 있는가?
> - 4R's가 있다. 3R's에서 관계 맺기 능력을 추가시켜야 한다고 생각한다. 왜냐하면 소통의 시대에 있어서 관계 맺기 능력은 어렸을 때부터 중요하게 다루지 않으면 어른이 되어서 키워 나가기에 매우 어려움이 많기 때문이다.
>   (1) Reading(읽기)　　　　　　(2) Writing(쓰기)
>   (3) Arithmetic(셈하기)　　　　(4) Relationship(듣기-소통을 바탕으로 한 관계 맺기)
> - 최근 들어서는 4C's를 많이 이야기하고 있다.
>   (1) Communication(의사소통능력)　(2) Computation(계산능력)
>   (3) Creative thinking(창의력)　　　(4) Computer(컴퓨터를 조작하는 능력)
> - 위의 4R's와 4C's에 더하여 한 가지만 더 강조한다면 learning 'how'(공부하는 방법)를 들고 싶다. 왜냐하면 아이들에게 4R's와 4C's을 바탕으로 하여 공부하는 방법만 잘 가르쳐 주면 언제든지 평생토록 스스로 필요할 때 공부를 할 수 있기 때문이다.

IV

(나) 고등정신기능의 핵심은 기억력

고등정신기능에 대한 명확한 이해가 부족하면 지식·이해 단계에 해당되는 기본사고를 소홀하게 된다. 소위 기본사고에 속하는 지식이란 어떤 사실이나 원리, 규칙, 개념, 용어, 법칙, 무엇인가에 대한 설명, 정의, 원칙, 진리 등을 잊지 않고 기억한다는 의미를 포함한다. 그리고 우리가 무엇인가를 안다는 것·기억한다는 것은 살아가면서 그것들을 그때그때 잘 꺼내어 쓸 준비가 되어 있다는 것을 뜻하기도 하고, 그렇게 할 수가 없다면 삶을 살아가면서 어떤 배움이나 발달, 생활 속에서 겪게 되는 문제 해결, 정신적인 노동과 그를 바탕으로 한 육체적 노동까지도 해낼 수 없다는 것을 뜻하기도 하다.

한편 무엇인가 기억한다는 것의 의미는 무의미한 기억을 뜻하는 것이 아니라 유의미한 것으로서의 기억을 말한다. 앵무새에게 사람의 말을 아무리 잘 가르쳐서 앵무새가 그것들 따라한다고 한들 앵무새에게 그 말들은 결국 무의미한 것일 수밖에 없다. 그것은 여기서 말하는 기억이 아닌 것이다. 다시 말해서 무엇인가를 기억한다·이해한다(기본사고)는 것은 기억한 것을 자신의 언어로 바꾸어 설명하거나 말할 수 있다는 것을 뜻한다. 앵무새처럼 토시 하나 틀리지 않고 말하는 것을 뜻하는 것이 아니라는 말이다.

위와 같은 이유 때문에 수업을 할 때 1차적으로 반드시 신경 써야 할 부분은 바로 기본사고 부분이고, 이것이 바탕이 되었을 때 2차적으로 고등정신기능(기본사고에 바탕을 둔 활동 : 기본사고의 적용 및 다른 정보 수집, 분류, 분석, 종합, 평가, 문제해결, 정보와 정보의 융합과 분리, 비판적 사고, 창의적 사고 등)을 향상시키기 위한 과정으로 나아갈 수 있는 것이다.

그런 기본사고력과 고등정신기능의 조화가 잘 이루어진 사람을 우리는 창의성이 높다고 말하는데, 그런 사람 가운데 가장 대표적인 사람이 바로 스티브 잡스이다. 가상의 인물로는 맥가이버라 할 수 있다. 맥가이버하면 많은 사람들이 기억하고 있는 가상의 인물 중 가장 창의적인 사람에 해당되지 않을까 싶다. 잘 발달한 기억력을 바탕으로 어떤 상황에 놓여도 그 기억을 잘 끌어내어 자신이 처한 상황의 맥락에 따라 문제를 풀어나가는 힘, 그것이 바로 창의성인 것이다.

(다) 수업이라는 것에 대한 바른 이해와 협동학습

기본사고와 고등정신기능에 대한 바른 이해가 이루어졌다면 이것들의 신장을 돕는 것이 바로 수업이라는 것, 그리고 그것은 단순히 지시·통제·전달에 의해서 이루어질 수 있는 것이 아니라는 것 또한 이해할 수 있을 것이다. 여기에서 수업이란 무엇인지에 대하여 명확히 짚고 넘어가도록 하겠다.

> **교수–학습이란?**
> • 아이들이 교사로부터 어떤 개념을 알게 되는 과정
> • 알게 된 개념을 타인에게 사용하는 과정
> • 자신의 것으로 만든 것을 실생활 속에 적용하는 과정
>
> 이를 통틀어 '교수–학습'이라 말한다.
> –이것이 '수업'이라는 하나의 현상으로 이해됨

> **수업이란?**
> • 수업은 가르침과 배움이 동시에 일어나는 현장이다.
> • 수업 속에서 교사와 아이, 아이들끼리는 서로 협동적 관계를 맺으며 상호작용을 해 나간다.
>
> '교수–학습 : 수업'은 참여, 협동,
> 반성적 배움의 장인 것이다.

- 배움의 과정과 앎 : 지식을 습득하는 것에만 머물게 하지 않는다.
- 그것을 타인에게 사용하는 과정(타인을 돕거나 타인에게 알려주는 것 : 또래 가르치기 등 또한 앎에 포함시켜야 한다.
- 그런 과정을 통해 얻게 되는 지식을 실생활 속에 적용하여 문제를 해결해 나가는 것까지 폭 넓게 해석하고 받아들여야 한다.

결국 지식이란 사회적으로 만들어지는 산물인데, 지식이 사회적으로 만들어지는 것이라면 그것을 자신의 것으로 만들어 가는 과정도 사회적이어야 한다는 결론에 이르게 된다. 그리고 우리는 그 과정에 아이들이 뛰어들도록 하는 것을 '배움 중심 수업'이라고 말하고 있는 것이고, 이런 이유 때문에 우리는 협동학습의 필요성을 이야기하고 있는 것이다.

(라) 우리가 잊지 말아야 할 것들

지금까지의 것들을 잘 이해하였다면 아이들 앞에 서는 교사로서 잊지 말아야 할 몇 가지가 있다. 그를 살펴보면 다음과 같다.

❶ 지식에 대한 체계와 그 개념을 명확히 인지하고 있어야 한다.
❷ 무엇보다도 기본사고력 향상에 1차적인 목적을 두어야 한다(다만 지식과 정보의 양에 대해서는 최대화보다는 최소화에 더 노력을 기울여야 할 것이다. 이를 위해서는 교육과정 중심의 수업, 교과서 내용의 재구성을 통한 덜어내기 작업, 선택과 집중 작업이 선행되어야 할 것이다.).
❸ 기본사고력 향상 과정에서 교사는 어떻게 하면 아이들이 자발성 · 자기주도성에 입각하여 집중력과 기억력을 향상시켜 나갈 것인가에 대한 많은 고민과 노력이 필요하다(수업의 주인이 되게 하기 : 실험 · 실습, 토의 · 토론, 작업, 정보의 공유 · 정리 등 ⋯➤ 코넬식 노트 필기, 마인드 맵, 질문하기, 스스로 배움 공책 등 ⋯➤ 기억하기 좋게 메모하고 정리

IV

하기 ⋯▸ 이를 통해 내용들을 체계적으로 이해하고 기억하게 돕기 ⋯▸ 이 모든 과정이 협동적일 때 가장 효과적이다.).

❹ 수업 속에서 교사는 아이들 스스로 느끼게 하기, 아이들 스스로 생각하게 하기, 아이들 스스로 행동에 옮길 수 있게 하기, 협동적 관계 조성하기, 개방적인 대화의 기회 만들기, 교사와 아이, 아이들 사이에 상호 소통과 참여를 이끌어 내기, 효율적(말과 글, 시각적·신체적 표현 등의 활용)으로 다른 사람들과 의사소통이 가능하도록 이끌어 주기 등에 신경을 써야 한다.

❺ 이러한 수업이 가능하도록 하기 위해서 교사는 '어떻게 가르치지?'라는 관점에서 벗어나 '아이들이 무엇을, 왜 하게 하지?'라는 관점으로 수업 연구를 해야 한다.

❻ 이 모든 것들을 위해서 교사는 교과교육학 지식(Pedagogical Content Knowledge : PCK)을 잘 갖추고 있어야 한다.

❼ 특히 교사는 경쟁적 학급분위기, 서열화를 조장하는 소집단활동, 수용적이지 못한 학급분위기, 배려와 소통이 없는 교실, 생각할 시간을 주지 않는 교실을 만들지 않기 위해서 최선을 다해야 한다.

PCK(Pedagogical Content Knowledge)

교과 내용을 아이들이 잘 이해할 수 있도록 표현하고 공식화하는 방법, 특정 내용을 특정 아이들의 이해를 촉진할 수 있도록 가르치는 방법에 대한 교사의 지식을 의미한다.

• PCK = CK(Content Knowledge) + PK(Pedagogical Knowledge)

• CK란 교사들이 가르치고자 하는 영역(또는 교과)에 대한 전문적 지식으로서 꼭 필요한 것은 무엇이고, 덜어내야 할 것은 무엇인지에 대한 것까지 포함한다.

• PK란 일반적으로 교수법으로 불리고 있는 영역으로 수업설계, 수업실행, 수업평가(수행평가) 세 가지 하위 영역을 포함한다.

• PCK의 특징

– 교사가 PCK를 많이 보유할수록 아이들의 성취도와 수업에 대한 만족도가 높아진다.

– PCK의 개발은 CK에 대한 철저하고 명확한 이해를 전제 조건으로 한다.

– 교수 경험이 PCK형성에 영향을 준다.

• PCK(Pedagogical Content Knowledge) 수업 아이디어의 개념 정의

  아이들이 이해하기 어려워하거나 교사가 지도하기 어려운 내용(개념, 원리, 기능 등)을 아이들의 이해 수준에 맞게 변환하는 방법에 대한 수업 아이디어를 말함.

– PCK 수업 요소 : 표현 지식, 아이들에 관한 지식, 교육과정에 관한 지식, 내용에 관한 지식, 교수
법 지식, 평가 지식, 교사 자신의 전문성 제고를 위한 노력

출처 : 수업 컨설팅 바로 하기, 곽영순 외, 2007, 원미사

(6) 소통을 위한 협동적 학급운영의 키워드

지금까지 소통의 맥락에서 협동적 학급운영을 바라보면서 다양한 이야기를 펼쳐 왔다. 이제 모든 것을 종합적으로 정리하면서 마무리 할 시점이 된 것 같다. 결국 소통에 의한 협동적 학급운영은 아래 세 가지의 키워드로 정리할 수 있다.

(가) 자기주도성과 성취 동기

여기에서 말하는 자기주도성이란 사회 일각에서 말하는 그 자기주도성을 가리키는 것이 아니다. 사회 일각에서는 자기주도성을 개인적인 차원에서 스스로 계획표를 짜고, 그에 따라 움직이면서 혼자서도 공부하는 능력을 말하지만 저자가 말하는 자기주도성이란 스스로의 원칙에 따라 자기의 모든 것을 관리해 나가는 능력을 말하는 것으로서 사회 일각에서 말하는 그것의 개념을 포함하면서도 훨씬 더 포괄적인 의미를 담고 있다고 볼 수 있다.

앞서 구성주의는 아이들 스스로가 자신의 세계를 만들어 나가는 것을 돕는다고 했던 것을 기억해 보기 바란다. 자기 삶에 주인이 되는 일, 그것이 바로 자기주도성인 것이다.

모든 일에 있어서 수동적이고 누군가 시켜서 일하는 아이나 어른들에 비해서 자기주도성을 가지고 능동적으로 일하는 아이나 어른들을 보면 달라도 분명히 다르다. 심지어 그들은 어렵고 힘든 일도 흥미를 가지고 즐기며 한다. 이것이 바로 자기주도성이 보여주는 특별한 힘이다. 그리고 자기주도성이 바탕이 된 활동은 그 어떤 보상도 필요치 않다(보상을 주는 경우를 생각해 보면 본질적 관심이 없는 아이나 어른들에게 그것을 주어서라도 일을 하게 만들려고 하는 경향이 강하다고 볼 수 있다.). 이와 더불어 자기주도성은 협동적 활동을 해 나가면서 자기 자신의 일(배움을 포함)뿐만 아니라 타인들과의 사회적 관계도 스스로 책임을 질 수 있도록 해 준다.

따라서 소통을 바탕으로 한 협동적 학급운영에서 교사는 아이들이 모든 일에 스스로 선택·결정하고, 모든 문제를 스스로 해결해 나가되 개인적 활동과 협동적 활동 사이의 적절한 조화를 통해 자신의 배움과 인간관계에 대한 책임을 질 수 있도록 힘써야 한다.

IV

사실 자기주도성을 바탕으로 협동적인 문제 해결에 모든 힘을 기울이는 수업이 바로 팀 기반 프로젝트 학습이라 할 수 있다. 팀 기반 프로젝트 학습은 협동학습을 기반으로 하며, 아이들의 협동학습 수준이 정도 궤도에 올랐을 때 참 잘 이루어질 수 있는 활동이자 협동적 활동의 꽃이라 할 수 있다. 그 과정을 간단히 살펴보면 아래와 같다.

※ 아이들 스스로 주제 선택 ⋯▸ 아이들 스스로 그룹 선택 ⋯▸ 아이들 스스로 그룹 내에서 역할 분담 ⋯▸ 아이들 각자 자신에 맞는 자료 조사방법 선택 및 과제 해결 ⋯▸ 각자 수집해온 정보를 모둠 내에서 분류 · 분석 · 정리 ⋯▸ 협동적으로 최종 보고 활동하기(프레젠테이션, 작품 제작, 공연 등) ⋯▸ 모든 과정에 대한 개별 · 모둠 평가 실시 ⋯▸ 개별적 · 모둠별 과정에 대한 반성 및 성찰

한편 자기주도성에 매우 큰 영향을 주는 것이 있는데 그것은 바로 성취동기이다.

성취동기에는 내재적 동기와 외재적 동기가 있는데 학습동기가 높은 사람은 외재적 동기보다 내재적 동기에 따라 자기주도적으로 움직이는 경향이 강하고, 모든 일에 적극적으로 임하게 된다.

내재적 동기는 자신의 목표, 신념, 가치관, 자긍심, 자기 조절, 흥미, 탐구욕, 호기심 등처럼 주로 내적 · 자발적 · 능동적이고 결과에 대하여 스스로 책임을 지려는 경향이 강한 반면에 외재적 동기는 자극, 지시, 명령, 처벌, 상장, 보상, 칭찬, 강요 등과 같이 주로 외적 · 비자발적 · 수동적이며 결과에 대한 책임감이 약하고 외적 요인이 사라지면 행동 또한 사라지게 된다. 따라서 교사는 항상 아이들이 내적 동기를 찾을 수 있도록 적극 도와야 한다. 하지만 이 또한 쉬운 일만은 아니다. 말을 물가까지 강제로 끌고 갈 수는 있겠지만 물을 먹일 수는 없는 일과 같은 맥락이다. 그래도 기본적으로 모든 아이들은 내적 동기를 가지고 있다는 믿음과 신념을 가지고 열심히 노력할 필요는 있다.

모든 교육의 출발점은 아이라는 사실을 아는 것이 매우 중요하다.
왜냐하면 내면 깊은 곳에서 우러나오는 동기가 가장 중요하기 때문이다.

(나) 교육과정의 재구성

앞에서도 언급한 적이 있겠지만 협동학습을 하면서 교육과정을 반드시 재구성할 필요성이 있다. 앞에서는 주로 양적인 측면에서 '선택과 집중—덜어내기'라는 측면을 부각시켰었는데, 여기에서는 다른 측면을 더 강조하여 이야기하고자 한다.

흔히 모든 수업에서 동기유발이 잘 이루어지면 이미 그 수업은 50% 이상 성공한 것이나 다름없다고 볼 수 있다. 그런데 우리나라에서 활용되고 있는 교과서를 살펴보면 아이들이 정말 하고 싶다는 생각과 마음이 들 정도의 호기심과 흥미를 자극하는 내용은 별로 없고, 양적인 면이나 질적인 면

에서 아이들 수준에 떨어지거나 넘어서는 경우도 많으며 때에 따라
서는 아이들이 짜증을 낼 정도로 쉽지 않은―무리한 요구를 하는 경
우도 많다. 그러다 보니 이런 상황에서 아이들을 억지로라도 끌고
하기 위해 때로는 보상을 줄 수밖에 없다고 말하고 있는 상황이기
도 하다. 이런 현실을 너무나도 자세하게 · 적나라하게 분석해 놓은
책이 최근에 출판이 되어 학부모와 교사들에게 많이 읽혀지고 있
다. 옆의 책이 바로 그것인데, 교사라면 꼭 읽어야 할 책이다. 이 책
을 집필하신 선생님들은 교과서 및 교육과정을 어떻게 바라봐야 하
고, 현재의 교과서가 어떤 문제점들을 갖고 있으며 교육과정 재구

성의 입장에서 어떤 것들을 덜어내고 선택과 집중을 할 수 있을 것인가에 대한 충분한 방향성과 지
침을 우리들에게 제시해주고 있다고 저자는 생각한다. 교육과정의 재구성을 위해서라도 꼭 읽어두
길 바란다. 결론적으로 교육과정이나 교과서가 아이들의 흥미와 호기심을 자극하고, 아이들 수준
(양과 질적인 면 모두)에 맞는 내용으로 협동적 상호작용이 이루어질 수 있게 제시된다면 아이들은
자연스럽게 수업에 주인이 되어 참여하게 될 것이고, 현실적으로 이를 위해서는 교사가 교육과정
및 교과서를 재구성하여 지도하는 수밖에 없다.

또한 교육과정이나 교과서의 재구성을 통해 아이들이 흥미롭게 다가설 수 있도록 내용(적절한 난
이도로 도전의식을 자극할 수 있는 것)이 제시된다면 더 이상 보상이나 경쟁은 필요 없는 상황이 자
연스럽게 만들어지게 될 것이다. 그 속에서 아이들은 협동적인 활동에 더 집중을 하게 될 것이고,
그 과정과 결과를 통해 아이들은 충분히 내적인 보상과 성취를 이루었다고 자부심을 갖게 될 것이
다. 이를 위해 지역사회를 적극 활용할 것을 권한다. 지역사회는 보물창고와 다름없다. 교과서와 교
실, 학교를 넘어서 사람, 사물 등 모든 환경과의 만남은 아이들과 교사 모두의 배움에 날개를 달아
주고, 그 속에서 아이들의 삶은 더욱 풍요로워질 수 있다.

끝으로 Spencer Kagan은 그의 저서 『협동학습』에서 다양한 학습 구조를 분류(암기숙달, 정보교
환, 의사소통기술 향상, 사고력 신장 등)해 놓고, 모든 거의 내용을 협동학습으로 지도할 수 있는
것으로 설명하고 있지만 저자의 견해는 그와 약간 달리한다. Spencer Kagan의 생각에 따른다면 교
육과정이나 교과서 내용과 상관없이 모든 것에 협동학습이 가능하게 된다는 말이 성립되게 된다.
이론상으로는 얼마든지 가능한 일이겠지만 현실적으로는 그렇게 될 수가 없으며 그렇게 해서도 안
된다고 생각한다. 왜냐하면 그렇게 되기까지의 여러 가지 현실적 제약이 따를 뿐만 아니라 굳이 협
동학습이 아니어도 되는 내용들과 교육과정도 많으며 Spencer Kagan의 생각에 동의하는 수많은 교
사들이 협동학습을 '교과서 내용을 효율적으로 전달하기 위한 방법'으로서의 수준에 머물도록 만들
어 주고 있다고 보기 때문이다. 그렇게 되면 협동학습은 교육운동이라는 관점에서 바라볼 수 없게

되며 협동학습을 통해 변화를 추구할 수 없게 될 것이다. 이것은 앞에서 말한 신물에 대한 각성·진각성 수준에 도달하지 못한 것과 같다. 이를 넘어서야 한다. 혁신학교에서 수업혁신을 말하면서 협동학습을 하고자 하는 측면은 바로 '수업방법의 혁신'을 말하는 것이 아님에도 그렇게 생각하는 경향이 강하고, 그런 차원에서 협동학습을 적용하게 된다면 분명히 협동학습의 본질과 그 밑바탕을 보지 못하게 될 것이다.

(다) 협동적 학교-학급 공동체 세우기

이것은 더 이상 강조하지 않아도 충분히 이해할 것이다. 협동학습을 넘어서 협동적 학급운영으로, 그를 더 넘어서 협동적 학교 공동체 만들기로 나아간다면 협동학습의 가치는 충분히 느끼고도 남을 것이다. 왜냐하면 그것이 잘 이루어지면 자연스럽게 학교 어디에서나 긍정적인 상호의존이 잘 일어나게 될 것이고 그 결과로 협동학습은 어떤 보상이 없이도 자연스럽게 이루어 질 수 있기 때문이다.

이를 위해 협동학습을 실천하는 교사들은 가장 먼저 협동학습을 특정 수업에만 적용하는 것이 아니라 교실에서 일어나는 모든 현상에 적용하려고 애쓰고, 교실 자체를 협동학습에 알맞은 환경으로 개선해 나가려고 노력해야 한다. 일부 시간에만 협동학습을 하고 협동학습을 하지 않는 시간에는 아이들을 경쟁으로 몰아넣는, 심지어는 협동학습을 하면서도 아이들에게 경쟁적 활동을 조장하는 그런 식의 교실에서는 협동적 공동체가 절대로 만들어지지 않는다. 그런 교사는 협동학습의 본질에 대한 각성·진각성 수준에 결코 도달할 수 없을 것이다.

둘째, 교실·학교에서의 모든 일에 상호 책임성을 기본 바탕으로 두어야 한다. 그리고 거기에는 아이들 스스로의 원칙이 자리한다. 이런 시각에서 바라본다면 협동적 교실·학교에서 교사의 주된 역할은 자신의 역할을 포기하지 않으면서 자신의 역할과 책임의 몫을 점차로 줄여 나가되, 그만큼의 것을 아이들이 떠맡도록 하면서 아이들 스스로 적극적이고 능동적인 민주시민으로 살아갈 수 있도록 준비시켜 주는 것이라 할 수 있다. 그런 교사가 있는 학교·교실에서 아이들과 교사는 권위주의에 입각한 상하관계가 아니라 삶이라는 긴 여정에 동행해 줄 든든한 동반자적 관계로 강한 결속력을 보여 주게 될 것이다.

저자의 경우에도 그런 교실을 만들기 위해 늘 최선을 다하고 있으며 교실에서의 모든 일을 결정함에 있어서 독자적인 결정을 절대로 거부한다. 그보다는 모든 문제를 학급 구성원에게 맡기려고 최선을 다한다. 그래서 학급에서는 회의가 자주 열리게 되고, 그런 학급은 조직과 분석, 회의, 찬성과 반대, 비판과 동의, 갈등과 해결을 위한 노력, 의사결정 등이 이루어지는 장소가 되기도 한다. 그 과정 속에서 아이들은 생활규정이나 규칙 등이 없이는 공동체 생활을 할 수가 없다는 사실과 함께 규칙의 필요성을 경험하고, 직접 만드는 일에 적극 참여하며 그것들을 지키기 위해 나름대로 최선을 다하게 된다. 그러다가 그 규칙이 의심스럽게 되면 규칙을 수정하거나 새로운 규칙을 또 만들어 내기도 한다. 때로는 중요한 행사의 계획 및 역할 분담, 과정 점검 및 결과에 따른 반성과 평가, 수업 주제 및 수업 계획, 평가 도구 및 평가 방법, 평가 기준 등이 논의되기도 한다. 그 속에서 저자는 아이들과 똑같은 입장에서 의견을 내고 근거를 제시하고 결정적 상황에서도 1표 밖에 제시하지 못한다. 그러다 보니 오히려 교실에서는 해방적인 분위기가 많이 살아나는 것을 늘 경험한다. 그럼에도 불구하고 아이들은 문제를 더 많이 일으키거나 갈등을 만들기보다는 상호신뢰 및 상호협동에 입각하여 말하고 행동하는 모습을 보여 주어서 참으로 대견하다는 생각을 늘 하게 된다.

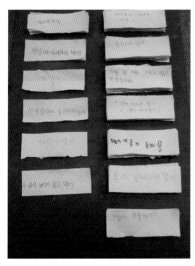

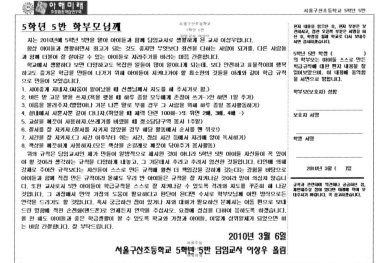

선생님도 신나고 아이들도 신나는 교실을 만들어가는 서울초등협동학습연구회 [웹 비즈]

▲ 활동을 통해 학급 규칙을 만들고, 그렇게 만들어진 규칙을 가정통신으로 만들어 각 가정에 알리는 것도 매우 큰 도움이 된다. 아이들 스스로 만든 규칙에 따라 교실이 운영되는 것, 학부모의 동의를 구한다는 것, 학부모의 의견을 묻는다는 것은 소통을 의미하는 것으로서 모든 일에 있어서 교사, 아이들, 학부모의 목소리에 귀를 기울이겠다는 의지를 담고 있는 것이라 할 수 있다.

협동학습과 교사 개인의 성장

보통 성장한다는 것에 대하여 키, 몸무게, 규모 등을 중심에 두고 말한다. 하지만 눈에 보이지 않는 성장도 있다. 신체적 키가 있다면 마음의 키, 정신의 키도 있다는 말이다.

주변을 둘러보면 교사들 대부분은 흔히 아이의 성장을 이야기하지만 자신의 성장에 대하여 관심을 기울이는 경우는 별로 없는 것 같다. 여러 가지 이유가 있겠지만 그것이 지금의 현실을 만들었다고 본다면 문제는 앞으로의 일이다. 이 상황을 그대로 유지해 나갈 것인가, 아니면 어떤 변화가 필요한 것인가? 결론은 하나다. 변해야 한다. 교사가 변하지 않으면 더 이상 성장을 말할 수 없다. 아이의 성장도, 사회의 성장도, 국가의 성장도, 세계의 성장도! 이제부터라도 우리는 교사 자신 및 모두의 성장을 이야기해야 한다. 그리고 모든 성장의 시작은 교사 자신으로부터 시작된다고 생각한다. 그것이 곧 아래로부터의 변화인 것이고, 능동성·자발성에 기초한 혁신의 시작인 것이다.

(1) 교사, 자기를 성찰하다

- 지피지기 백전불태(知彼知己 百戰不殆) : 적과 아군의 실정을 잘 알면 백번을 싸워도 위태롭지 않다.
- 부지피이지기 일승일부(不知彼而知己 一勝一負) : 적의 실정을 모른 채 아군의 실정만 알고 싸운다면 승패의 확률은 반반이다.
- 부지피부지기 매전필태(不知彼不知己 每戰必殆) : 적의 실정은 물론 아군의 실정마저 모르고 싸운다면 싸울 때마다 반드시 위태롭다.

손자병법에 나오는 말이다. 자신과 상대방의 실정에 대해 정확하게 잘 알고 있으면 백번 싸워도 위태로울 것이 없다는 것이다. 모든 일에 있어서 나를 알고 너를 알면 뜻을 이루는 데 있어서 큰 도움이 된다는 뜻일 것이라 여겨진다.

교육에 있어서 적은 없다. 그러나 나 이외의 또 다른 주체가 있고, 모두는 성장과 발달이라는 원대한 꿈이 있다. 그것을 이루는 데 있어서 서로가 서로를 알면 시너지가 생겨 동반 성장을 이루게 될 것이다. 그러나 어느 하나의 대상이라도 제대로 인식하지 않으면 바람직한 성장과 발달을 이루는 데 있어서 어려움이 있거나 그 뜻을 이루지 못할 가능성이 많다. 그리고 그 시작은 교사 자신의 성찰에서부터 시작된다. 자기 자신의 내면을 잘 들여다보고 끊임없이 자기 자신과 대화하는 교사, 자신의 욕구와 정서의 주인이 되어 자신을 다스릴 줄 아는 교사, 자신의 부족함과 불완전함을 깨달을 줄 아는 교사가 아이들을 온전히 있는 그대로의 모습으로 받아들일 수 있게 된다. 비로소 아이들 삶의 긴 여정에서 동반자 역할을 해 줄 협동적인 교사가 될 준비를 마쳤다는 말이다.

(2) 교사, 아이들을 알아가다

자기 자신의 이해는 곧 타자―아이들의 이해로 이어진다. 교육은 곧 자신과 타인 그리고 사물과의 만남이다. 그리고 그 관계를 이해해 나가는 과정이 곧 배움의 과정인 것이요 그 과정을 통해서 모두는 자신의 삶을 가꾸어 나가게 된다. 그렇게 볼 때 관계의 시작은 자신의 이해를 바탕으로 한 타자의 이해를 통해 이루어진다. 교사가 자신에 대한 성찰을 끊임없이 이루어 내고, 이를 바탕으로 아이들을 알아간다면 그 관계 속에서 소통은 자연스럽게 이루어지게 된다. 그런 상태가 되면 공동의 목표(발달과 성장―배움―삶을 가꾸는 일)를 세우고 그것을 달성하기 위해 협동적으로 노력해 나가기 위한 준비를 하게 된다. 그것이 바로 철학 세우기이다.

(3) 교사, 철학을 세우다

변화의 시작은 원칙과 방향성을 세우는 일에서부터 시작된다. 그리고 그것을 저자는 '철학을 세운다.'라고 표현하고 싶다. 철학이 없으면 배가 망망대해에서 갈 방향을 잃고 표류하는 것과 같은 현상을 보인다. 하지만 철학이 확고하게 서면 목표를 향하여 초지일관하면서 나아갈 수 있다. 가는 길에 많은 도전과 고난이 기다리고 있을 것이고 때로는 길이 없는 것처럼 보일 수도 있을 것이다. 하지만 남들이 가지 않은 길이라 하더라도 철학이 있는 사람들은 스스로 길을 만들어 간다. 아무리 많은 시련이 찾아와도 꿋꿋이 이겨내면서 앞으로 나아가 마침내 뜻한 바를 이루고 말 것이다.

저자가 협동학습을 교육운동으로 바라보면서 시작하게 된 계기도 철학을 말하게 된 이후부터였다. 철학에 바탕을 둔 시각과 사고의 변화가 저자로 하여금 협동학습을 재조명하게 만들었고, 그에 몰입하게 만들어 주었다. 그리고 그 이후부터 모든 것이 바뀌었다.

(4) 교사, 서로의 삶을 협동적으로 가꾸어 나가다

철학과 목표를 세우게 되면 그를 향해 한 걸음 한걸음 나아가려고 노력하게 된다. 그 과정을 일컬어 배움의 과정이라 한다. 배움의 과정은 삶을 가꾸어 나가는 일이요, 평생을 통해 이루어지는 일이다. 그 속에서 교사는 아이들에게 배움을 경험을 제공하고 아이들 스스로가 자신의 삶을 가꾸어 나갈 수 있도록 도움을 준다. 그것은 곧 아이들의 배움에 대한 경험을 재조직하고 새롭게 창조하는 일이요, 그 속에서 일어나는 성찰과 반성을 소중하게 간직할 수 있도록 해 주는 일이며 그 과정의 끊임없는 반복인 것이다. 그리고 아이들은 그 과정을 통해 나날이 전면적 발달을 도모하게 된다.

하지만 그 속에서 교사 또한 많은 것을 배우게 된다. 아이들의 특성을 배우고, 아이들의 삶을 배우고, 아이들의 발달을 배우고, 아이들을 통해 협동적 관계에 대한 모든 것을 배우고, 아이들을 통해 타자의 말과 행동에 귀와 눈과 마음을 기울이는 방법을 배우고, 교사↔아이, 아이들 사이에서 서로의 삶을 창조적으로 가꾸어 가는 경험 등을 배우게 된다. 그 모든 것이 바로 교육과정인 것이고, 그것은 협동적인 관계를 통해 교실, 학교, 지역사회에서 이루어진다.

이렇게 볼 때 교육과정은 연초에 교사가 혼자 종이에 써 놓은 계획서가 아니라 그것을 바탕으로 아이들과 한 가지씩 협동적으로 실천해 가면서 걸어온 길 자체에 대한 모든 기록을 말하는 것이다. 다시 말해서 교육과정은 연초에 세우는 것으로서 끝나는 것이 아니라 계획의 실천을 통해 지속적으로 만들어 가는 것이며 끝이 없는 것이다. 이 모든 것들을 우리는 흔히 교육과정의 재구성, 만들어 가는 교육과정이라고 말한다. 연초에 교사가 혼자 세운 것은 희미한 밑그림일 뿐이다. 그 밑그림에 살을 붙여 구체적인 모양을 만들어 나가는 작업은 아이들과 함께 해 나가야 한다. 가장 좋은 교육과정이자 계획서는 목적이나 방향성만 있고 그 아래 빈 칸은 아이들과 함께 협동적·반성적·창조적으로 채워 나갈 수 있도록 만들어진 틀이다. 교사가 구체적인 방법과 절차까지 제시하게 되면 아이들은 수동적이게 된다. 그 속에서 아이들 삶은 가꾸어지지 않는다.

(5) 교사, 자기주도적·협동적 연구를 시작하다

협동적으로 교육과정을 재구성한다는 것은 사물, 자신, 타자 세 가지를 종합적으로 고려하는 것이다. 세 가지를 고려하다 보면 스스로의 부족함을 많이 느끼게 되는데 이를 해결하기 위해 교사들은 다양한 방법을 사용한다. 그 가운데 가장 좋은 방법은 동료들과 함께 자기주도성에 기초한 협동적 연구를 해 나가는 것이다. 그 과정 속에서 교사들은 서로의 부족함을 채워 주고 받으면서 전문성의 동반성장을 겪게 된다. 더 나아가 전문성 신장에 따른 결과는 고스란히 아이들의 삶을 가꾸어 나가는 길로 옮겨지게 되어 구성적·협동적 사고를 경험하게 된다.

하지만 현장에는 늘 혼란스러움이 자리한다. 그리고 그 원인과 책임을 모두 아이들에게만 미루려한다. 그러다 보니 이런 현상을 보이게 된다.

- 공부는 스스로 하는 것이고, 그 모든 책임은 스스로 지는 것이라는 면만을 강조한다.
- 자발성에 기초하여 모든 활동을 아이들 스스로 계획하고 반성하게 하는 데만 열중한다.

- 아이들의 혼란스러움에 대한 적절한 노하우와 아이디어, 전문지식을 갖고 있지 못하다.
- 아이들이 무엇인가에 대하여 혼란스러워하고 있다는 사실조차 신경을 쓰고 있지 않다.
- 교사 자신의 부족함에 대한 반성과 그에 다른 책임은 회피하려고 하고 모든 것을 아이들에게 전가하려고만 한다.

이런 현상은 결국 '배움'이라는 것에 대하여 아이들 스스로가 자신의 능력과 노력에 따라 달라지는 것이라 생각하게 하고, 온전히 개인적인 차원으로만 생각하게 하며, 모든 결과에 대한 책임을 아이들 스스로가 떠맡도록 하는 무책임한 일이라 생각한다.

학교(수업)는 교사의 도움 없이 아이들의 발전과 성장을 이룰 수 없는 곳이다. 때문에 모든 것을 아이들에게 맡기고 전가하는 것에서 벗어나 어떻게 하면 교사 자신의 도움과 안내에 따라 혼자의 힘으로 할 수 없는 일들을 아이들이 협동적으로 해결할 수 있을 것인가에 대하여 늘 고민하여 연구하고 실천하고 반성해야 한다.

(가) 협의체(연구 모임)를 구성하는 일이다(학년별 · 연구주제별).

이를 위해서는 교내외에서 학년별 · 연구주제별 모임을 결성하고 꾸준히 활동에 참여해 볼 필요가 있다. 가장 바람직한 것은 교내에서 이루어지는 것이지만 그런 현실이 안 될 경우에는 학교 밖에서 그런 모임을 갖고 꾸준히 참석하는 것도 충분히 대안이 될 수 있다.

하지만 여기에도 걸림돌이 있다. 모름지기 연구란 스스로 · 협동적으로 탐구해 나감으로써 이루어질 수 있는 일이다. 특별한 강연이나 연수 자체로 어떤 변화가 이루어질 수 있을 것이라 생각한다면 그것은 큰 오산이다. 저자는 많은 연수와 강의를 다녔고 컨설팅도 해 보았다. 하지만 연수나 강의 자체만으로 바뀐 것은 하나도 없었다. 저자를 비롯한 많은 강사들의 강연이나 연수는 단지 나눔의 자리를 함께 하는 분들에게 마중물 역할 밖에는 되지 않는다. 저자는 늘 그런 생각으로 자리를 임한다. 그리고 오히려 조금씩 변화되어가고 있는 모습을 보여준 것은 저자와의 나눔을 계기로 스스로 모임을 만들어 활동을 지속적으로 해오는 교사들, 그런 학교에서 나타났다. 강의를 하는 모든 사람들의 소임은 그것으로 끝난다.

(나) 서로의 교실을 열고 수업을 들여다 보는 일이 필요하다.

그렇게 협의체나 연구모임이 만들어지면 그 속에서 전문적으로 함께 연구해 나가는 일이 필요한데, 여기에서 나름의 목적을 가지고 서로의 교실을 열고 수업을 들여다 보는 일은 매우 중요한 일이다. 저자는 여기에서 서로의 수업을 들여다 보기의 목적을 다음과 같이 제시해 보고 싶다.

- 서로의 수업 들여다 보기의 소 목적 : 서로의 고민 · 어려움 · 긍정적 · 즐거운 점을 주고 받기
- 서로의 수업 들여다 보기의 대 목적 : 아이들의 배움에 도움을 줄 수 있는 좋은 교사 되기
- 서로의 수업 들여다 보기를 위한 조건 : 준비된 수업은 NO! 일반적인 수업 자체 OK!
- 서로의 수업 들여다 보기를 위한 준비 : 수업 비평에 대한 수용력 및 대화 능력 키우기
- 서로의 수업 들여다 보기의 주요 관점 : 아이들 각 개인의 배움과 그를 돕는 교실 전체의 협동적 구조를 만드는 일(상호 협동 · 배려 · 참여 · 격려 · 수용 · 존중 등), 이 모든 일들을 적절하게 조절하는 교사의 능력(아이들 개개인에 대한 세심한 관찰과 배려 및 대응력, 교실 전체를 협동적 배움의 길로 조화롭게 유지해 나가는 교사의 능력 등), 말하기보다 듣기에 더 집중하도록 하는 일(교사 ↔ 아이, 아이들끼리 : 여기에서 교사가 먼저 아이들에게 '경청하기'의 모델이 되어 주어야 한다. 그래야만 아이들도 듣기의 중요성을 깨닫고, 듣는 관계를 형성하기 위해 노력하게 된다. 듣는 관계 형성이 잘 되지 않는 교실에는 반드시 적극적 듣기에 미숙한 교사가 있다.), 자신만의 연구 목표 설정하기(수업 개선을 위한 자신만의 목표를 설정하고 그를 위해 수년 동안 노력해야 한다. 저자도 협동학습을 시작하면서 그런 목표를 개인적으로 설정해 두고 짧게는 1~2년, 길게는 5년 가까이 지속적으로 연구해온지 10년이 넘었다.)

쉽지 않은 일임에 분명하다. 많은 교사들에게는 이미 고착화된 편견이 자리하고 있어서 힘들고 (평가받는다는 느낌, 준비하지 않으면 안 된다는 느낌, 자신의 수업에 대하여 비판하는 것 자체에 대한 거부감 등) 어려운 일임에 분명하다. 하지만 어렵다고 하여 포기하고 있을 수만은 없는 일이다. 모두가 동시에 서로의 교실을 연다면 더할 나위 없이 좋겠지만 그럴 수 없는 상황이라면 가능한 교사부터 차츰 차츰 그 범위를 넓혀 가는 일이 필요하다. 그런 과정을 거치면서 서로를 배려하지 않고 거침없이 비판하는 일, 비판을 위한 비판, 자신을 방어하기에 급급한 모습, 자신의 방식만 옳다고 주장하면서 다른 교사의 방식에 대하여 수용하려 하지 않는 모습(그런 모습을 보이기 전에 자신의 교실부터 열고 남들에게 그런 것들을 받으면서 수용적인 모습을 보일 필요가 있다.)을 극복하고 발전을 위한 비평, 변화를 위한 제안, 근거나 대안을 가지고 이야기하는 모습, 함께 변화를 위해 연구하고 대안을 마련해 나가는 모습을 보여야 한다.

(다) 자기만의 학급경영록(학급교육과정) 만들어 나가는 일이 필요하다.

저자는 8년 넘게 개인적인 차원에서 학급경영록을 만들어 기록해오고 있다. 처음에는 힘들었지만 이제는 안 쓰면 이상하다고 여겨질 만큼 소중하게 여기고 있다. 주변에서도 개인적으로 자기에게

맞는 양식을 개발하여 활용하고 있는 교사들이 꽤 있다. 그것은 자신의 성장과 변화를 그대로 보여주는 자신만의 기록이자 재산인 것이다.

자기만의 학급경영록은 자신만의 교육관, 교육철학, 학급경영의 목표 및 중점사항, 연구 목표, 자기반성, 수업 설계 및 내용, 기타 각종 기록 양식을 넣어 만든 뒤 여러 해를 거쳐 자신에게 맞게 다듬어 나가면 된다.

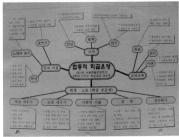
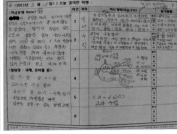

(라) 협동학습에 날개를 달아줄 간학문적 연구를 부수적으로 해 나가야 한다.

협동학습이어야만 한다는 생각을 버릴 필요가 있다고 말한 적이 있다. 그리고 협동학습만으로는 부족한 점도 많다. 그래서 저자는 협동학습에 날개를 달아줄 다른 학문분야도 지속적으로 탐구해 오고 있다. 그것이 정말도 많은 도움이 되었다. 그 가운데 몇 가지만 소개하면 다음과 같다.

❶ 다중지능 : 다중지능은 협동학습과 가장 궁합이 가장 잘 맞는 학문이라 여겨진다. 협동학습은 집단 속에서도 개인을 살릴 수 있어야 하고, 개인의 개성과 강점을 잘 살리되 그것이 개인의 약점을 보완하면서 집단의 다른 구성원들과 시너지를 발휘하여 공동의 목표를 달성해 나갈 때 비로소 완성된다. 그렇게 볼 때 다중지능이 가지고 있는 장점과 효과는 충분히 협동학습에 도움을 줄 수 있다.

❷ 교육연극 : 교육연극은 아이들의 신체 표현능력과 창의성 및 감수성을 자극하는 데 매우 좋은 활동이라 할 수 있다. 그리고 협동학습을 하면서 함께 적용하면 좋은 이유는 개인

적인 표현도 좋지만 모둠원들과 함께 신체표현을 위해 계획하고 실천하고 반성하는 과정에서 자연스럽게 얻어지는 장점과 효과들이 충분히 협동학습과 접목되어 시너지가 발휘될 수 있기 때문이다.

❸ **토의 · 토론** : 협동학습을 어떤 맥락에서 이해하고 바라보느냐에 따라 협동학습 그 자체는 토의 · 토론으로 이해될 수도 있다. 협동학습을 토의 · 토론이라는 입장에서 접근하고 토의 · 토론에 대한 연구를 함께 해 나갈 때 아이들의 배움은 한층 더 성장하게 된다. 왜냐하면 기본적으로 토의 · 토론이 잘 이루어지는 교실은 기본적으로 독서에 의한 탐구, 상호작용, 표현(말과 글, 그림, 신체, 작품 등)을 매우 중시하기 때문이다.

(6) 교사, 협동적인 수업을 디자인하다

연구 활동을 바탕으로 협동학습 수업을 디자인하는 과정에서 나름대로의 패턴이나 흐름을 발견하게 되고, 그것을 일반화시키는 작업을 하게 된다. 협동적인 수업을 디자인한다는 것은 아이들의 발달적 특성을 바탕으로 그들의 흥미와 호기심에 기초한 주제, 경험, 내용, 자료 등을 선정 · 조직하고 아이들이 활발하게 상호작용을 하여 앎의 향상적 변용에 이를 수 있도록 학습 환경을 설계하는 작업을 말한다. 그리고 그렇게 디자인한 것을 실제로 펼쳐 나가는 과정이 바로 협동적으로 삶을 가꾸는 일 = 협동적 배움의 과정인 것이다.

〈협동적인 수업 디자인 : 아래 과정의 끊임없는 순환과 반복을 제공하는 일이다.〉

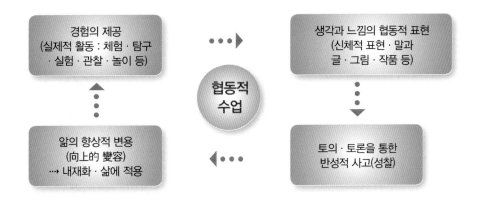

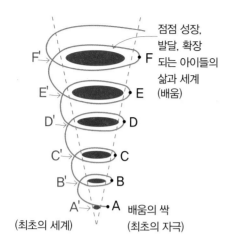

점점 성장,
발달, 확장
되는 아이들의
삶과 세계
(배움)

F' F
E' E
D' D
C' C
B' B
A' A 배움의 싹
(최초의 세계) (최초의 자극)

A라는 최초의 자극(배움의 싹=경험)이 한 아이의 최초 세계 A'(삶=배움=앎)를 형성시키면 아이는 그를 바탕으로 B ⋯ C ⋯ D ⋯ E ⋯ F 라는 경험(자극)을 넓혀가면서(제공받거나 스스로 찾아 나섬) 자신의 세계(삶=배움=앎)를 B' ⋯ C' ⋯ D' ⋯ E' ⋯ F' 로 점점 확장시키게 된다. 그것이 곧 아이들의 성장과 발달이요, 아이들 스스로 자신의 세계를 만들어 나가는 일(삶을 가꾸어 가는 일)인 것이다. 그 과정을 저자는 앎의 향상적 변용이라고 말한다.

이런 과정을 통해 학생들의 배움은 점점 확장된다.

　협동적으로 삶을 가꾸는 일, 곧 협동적 배움이라는 것은 자신과 사물과의 만남과 소통 ⋯ 그 사물을 함께 경험하고 있는 또 다른 타인(교사↔아이, 아이들끼리)과의 수평적 만남과 문화적 도구(말과 글)를 매개로 한 소통 ⋯ 반성적 사고에 의한 성찰 ⋯ 앎의 향상적 변용(발달과 성장) ⋯ 실제 삶에 창조적으로 적용하는 모든 과정 ⋯ 이 모든 과정의 끊임없는 반복을 말한다.

　그 과정에서 교사는 사물과 아이들, 아이들끼리, 교사 자신과 아이들이 왜 만나게 되었는가, 그 과정에서 아이들이 무엇을 어떻게 해야 하는가에 대하여 스스로 탐구해 나갈 수 있도록 도움을 주는 역할을 하게 된다. 여기에서 가장 핵심적인 고민은 바로 이것이다.

아이들이 무엇을 하게 하지? ⋯ 바로 경험의 제공인 것이다.

　경험의 제공을 통해 아이들은 사물과 만나게 되지만 스스로 할 수 있는 과제를 설정·해결하는 데는 어려움이 있다. 왜냐하면 아이들은 현재적 발달 수준 범위 내에서 모방이나 협동적 활동을 할 수 밖에 없기 때문이다. 따라서 한 걸음 더 앞으로 나아가기 위해서는 반드시 협동적 과정(근접 발달 영역 및 비계설정)이 필요하고, 그 과정을 통해 아이들은 앎의 향성적 변용(잠재적 발달 수준)에 이르게 된다.

　이렇게 볼 때 협동적인 수업을 디자인한다는 것은 (1) 아이들이 교사로부터 사물에 대한 특성이나 원리·개념을 알 수 있도록 돕는 일 (2) 아이들끼리 서로 사물에 대한 특성이나 원리·개념을 사용할 수 있도록 돕는 일 (3) 그 과정에서 일어난 앎의 향상적 변용(내재화)을 실제 삶에 창조적으로 활용할 수 있도록 돕는 일 (4) 협동적인 가르침과 배움이 동시에 일어날 수 있는 환경을 제공하는 일 모두를 말한다.

　그리고 그 과정의 실제는 수업 주제, 목표, 내용의 양과 질, 아이들의 특성과 발달 단계 등에 따라 놀이, 탐구, 토의·토론, 체험, 표현, 참여 등의 방식으로 다양하게 나타나게 되며 그 속에서 아이들은 개별·소집단·전체 학습을 다양하게 경험하게 된다.

이 단계에서 잊지 말아야 할 것은 교수-학습(수업)이 발달을 선도한다는 사실이다. 왜냐하면 아이들의 발달에 있어서 교수-학습(수업)이 이미 발달되어 있는 것(알고 있는 것)을 적용하기만 하면 되는 것이라고 한다면 교수-학습 과정은 결국 쓸모없는 것이 되어 버리기 때문이다. 따라서 수업이란 아이들의 현재 발달수준을 바탕으로 잠재적 발달수준까지 한 걸음 더 나아감을 전제로 펼쳐 나가는 과정이라고 말할 때 협동적인 수업을 디자인하면서 교수-학습(수업)은 발달을 선도(앞장서서 이끌거나 안내함)한다는 생각을 바탕으로 '생각과 느낌의 협동적 표현' 단계와 '토의·토론을 통한 반성적 사고 : 성찰' 단계를 매우 중요하게 여기고 이 과정에 많은 관심과 노력을 아끼지 말아야 한다.

어제의 아이들보다 한 걸음 더 나아간 내일의 아이들에 수업의 중심을 맞추고 오늘의 수업을 진행해 나갈 때 앎의 향상적 변용이 일어나고 아이들은 비로소 현재적 발달 수준을 잠재적 발달 수준으로 끌어올릴 수 있게 된다는 사실을 안다는 것은 구성적 사고를 바탕으로 협동학습을 실천하는 교사들에게 있어서 가장 중요한 일이자 과업이다.

(7) 교사, 협동적인 수업의 노하우를 만들어 나가다

> 들은 것은 잊어버리고
> 본 것은 기억되나
> 직접 해본 것은 이해된다.
> – 공자

이 말은 배움의 과정에서 아이들 스스로가 지식을 구성해 나가도록 동기를 부여하고 체험적인 활동의 장을 마련하는 것이 중요하다는 사실을 우리에게 알려주는 말이라 여겨진다. 협동적인 수업으로 디자인을 해 나가면서 나름대로의 일반화 과정을 거치게 되면 좀 더 세부적으로 디테일하게 디자인하고자 하는 욕구를 느끼게 된다. 그러면서 다양한 고민을 하게 되는데, 그 과정 속에서 교사는 협동적 사고 및 활동을 전제로 한 자신만의 노하우를 만들게 된다.

(가) 기록하기(노트 필기하기 : 마인드맵, 코넬식 노트 기록법 등)

기록의 양과 질은 배움의 양과 질에 정비례한다고 저자는 생각한다. 왜냐하면 무엇인가를 기록한다는 것은 사고(기억, 반성, 유추, 창조, 분석, 상상 등)를 유발시키고 조직하는 것들을 돕기 때문이다. 따라서 교사가 각 개인의 생각과 그에 바탕을 둔 모두의 참여를 이끌어 낼 수 있는 노하우를 개발해둔다는 것은 협동적인 수업을 디자인하는 데 있어서 매우 큰 힘이 될 수 있다.

이를 위해 아이들에게 노트 필기하는 요령과 방법, 시기에 대하여 자세하게 안내하고 꾸준히 지도하는 일은 매우 중요한 것이 아닐 수 없다. 우선 기록 방법은 마인드맵, 코넬식 노트 기록법 등이 있고, 기록 시기는 수업 중 수시로, 수업 마무리 단계에 시간을 할애해서, 수업 끝나고 나서 쉬는 시간에, 수업 후 집에서 복습활동을 할 때 등이 있겠다. 저자의 경우에는 아이들의 부담을 최소화시킬 수 있는 방안으로 시기적 차원에서 수업 중 수시로 각자의 생각과 판단에 따라 개별적으로 하는 방법과 수업 마무리 단계에서 시간을 할애하여 각자 기록을 하게 하는 방법을 늘 활용하고 있다. 이를 위해서는 수업 설계를 할 때 40분 단위의 수업이라고 하면 30~35분 안에 모든 것을 마치려는 노력이 필요하고, 80분 단위의 수업이라고 하면 65~70분 안에 모든 것을 마치려는 노력이 필요하다. 기록 방법적 차원에서는 마인드맵과 코넬식 노트 기록법을 섞어서 정리하도록 지도·안내하고 있으며 맨 뒤에는 꼭 '새롭게 알게 된 것, 깨닫게 된 점, 더 알고 싶은 점, 개인적인 생각이나 느낌' 등을 기록할 수 있도록 하고 있다.

(나) 복습하기(스스로 배움 공책)

망각곡선에도 잘 나타나 있듯이 적절한 시간이 지났을 때 다시 한 번 기억을 더듬어 기록·정리를 해 줌으로써 보다 확고하게 내면화시킬 수 있도록 해 줄 필요가 있다. 이것을 복습이라고 말할 때 스스로 배움 공책을 활용하는 것은 저자가 거의 매년 실시하면서 그 효과를 톡톡히 보고 있는 것 중에 하나이다.

스스로 배움 공책은 그날 학교에서 공부했던 내용을 다시 한 번 복습하는 차원에서 스스로 관련된 내용을 정리·심도 깊은 탐구·더 알고 싶은 내용을 찾아 정리·궁금했던 점 찾아서 정리·관련된 문제 풀이 등을 하거나 공부한 내용과 관련이 없더라도 자신의 관심사·취미·흥미와 호기심을 자극하는 내용에 대한 탐구 등의 내용으로 채워 나갈 수 있도록 지도하고 안내한다. 수학 등의 영역에서 기초가 부족한 아동에게는 다른 내용보다도 자신이 부족한 내용에 대하여 스스로 배움 공책에 꾸준히 복습할 수 있도록 안내하고, 다음날 누구보다도 더 자주, 많이 확인·점검해 준다면 학력 향상에 도움이 되기도 한다. 저자의 반에서는 보통 이 공책을 거의 매일 빠짐없이 쓰도록 하되, 교사인 입장에서 확인하고 댓글도 달아 주는 활동은 주 2~3회 정도로 하고 있다. 매일 하면 좋겠지만 그렇게 마음처럼 쉽게 되지는 않았다. 자주 점검해 주고 이를 매개로 아이들과 이야기하는 자리를 마련한다면 정말 좋은 활용이라 생각된다.

(다) 개인 생각 갖기(정리하고 메모할 시간 갖기)

언제부터인가 가끔 내 자신의 수업을 비디오로 촬영하여 보곤 한다. 그런데 그럴 때마다 아쉬움이 남는 점 가운데 하나가 아이들에게 충분히 사고하고 메모·정리할 시간을 주지 않는다는 점이었다. 일제식·강의식 수업의 경우 아이들의 참여를 적극적으로 끌어내기가 참으로 어렵다. 그래서 많은 경우 소수의 사고에 의한 소수의 참여에서 만족하고 넘어갈 때도 많았던 것 같았다. 가장 바람직한 것은 전원의 사고에 따른 전원 참여라고 할 때, 이를 이끌어 내기 위해서는 중요한 질문을 던진 후에 충분히 그에 대하여 생각할 시간을 주고 교사가 기다려주어야 한다는 점을 제대로 깨닫지 못한 탓이라 생각되었다. 그 이후부터 중요한 질문을 제시할 때는 먼저 적당한 시간동안 혼자 생각을 시간을 갖도록 해 주고, 필요한 경우에는 그 내용을 공책이나 쪽지에 기록해 둘 수 있도록 하였다. 그랬더니 참여하는 아이들의 수가 월등히 증가하였다. 특히 협동학습은 거의 대부분의 구조가 참여의 극대화를 꾀하고 있어서 개인 생각을 정리한 후에 자연스럽게 아이들을 참여로 이끌어 주고 있다는 점에서 매우 바람직하다고 할 수 있다.

읽은 것은 10%를 기억하고
들은 것은 20%를 기억하고
본 것은 30%를 기억하고
듣고 본 것은 50%를 기억하고
말한 것은 70%를 기억하고
우리가 말하고 행동한 것은 90%를 기억한다.

출처 : Communication for the Safety Professional, Robert Kornikau and Frank McElroy, National Safety Council : Chicago, 1975, p. 370; Bob Pike, 2004, p. 133

자기 나름의 생각을 바탕으로 메모하거나 기록을 한다는 것은 아이들이 능동적·생산적으로 활동에 참여하도록 이끌어 주고, 자연스럽게 타인의 생각에 관심을 가지고 귀를 기울이며 변화되는 상황에 비판적·능동적으로 대처할 수 있도록 도와준다는 점에서 매우 중요한 요소라 할 수 있다. 자기 사고가 없는 아이들은 참여가 아닌 출석(물리적 공간만 차지하고 있는 상태)의 의미 밖에는 갖지 못하게 되고 관련된 주제나 질문에 대하여 알고자 하는 의욕이나 관심조차 보이지 않는 수동적인 자세일 경우가 많다는 점을 우리는 꼭 알아 두어야 한다.

여기에서도 교사가 아이들에게 꼭 설명해 주어야 할 세 가지가 있다.

첫째, '개인 생각 갖기'라는 것이 곧 '정답'을 찾아야 한다는 것이 아니라는 것을 알게 해 주어야 한다. 정답만을 찾도록 한다면 그것이 또 다른 방해 요소가 되어 아이들은 시간을 주어도 생각을 하지 못하게 된다. 개인 생각은 오답일 수도 있고, 개인적인 상상일 수도 있고, ~이었으면 좋겠다는 바람일 수도 있고, 순수하게 개인적인 사견일 수도 있다. 저자는 그것을 개인적·주관적인 생각이라고 말하고 싶다. 물론 바람직함이라는 것과 비교하여 그에 가까우면 좋겠지만 그렇지 않으면 또 어떠한가! 저자는 개인 생각이 충분히 모험적이고 무모할 필요도 있고, 때로는 그렇게 해야만 창조적 사고가 이루어질 수 있다고 본다.

둘째, '개인 생각 갖기'를 통한 메모하기는 그 자체가 발표의 한 과정이라는 것을 알게 해 주어야 한다. 발표라는 것이 꼭 남들에게 큰 소리로 말해서 듣게 해야만 되는 것은 아니다. 자신의 생각을 머리속에서 꺼내는 일 그 자체가 바로 발표라는 생각을 갖게 할 필요가 있다. 이렇게 생각하게 되면 적어도 남들 앞에서 말하지는 않았지만 전원 참여를 끌어낼 가능성이 높아진다. 그렇게 한 이후에 협동학습 구조를 활용하여 모둠 내에서 먼저 상호작용을 하게 한 뒤 모둠 내 의견을 모두 모아 전체와 나누게 하거나 서로의 의견 가운데 좋은 것을 자신의 것으로 받아들여 생각을 부분 또는 전면적으로 수정할 수 있도록 해 주는 일이 필요하다. 이런 과정을 통해 아이들에게서 배움(향상적 변용)이 자연스럽게 일어나게 된다.

셋째, '개인 생각 갖기'는 때에 따라 반드시 어떤 입장에 서야만 한다는 것을 의미하는데, 이럴 경우 옳고 그름을 말하는 것이 아니라 서로의 입장이 다름을 의미하는 것일 뿐이라는 사실을 알게끔 해 주어야 한다. 여기에 흑백논리가 작용하게 되면 아이들은 자기 생각을 꺼내려 하지 않을 뿐만 아니라 꺼내 놓았다고 하더라도 다른 사람들과 나누려 하지 않게 될 것이다. 적어도 협동학습을 하는 교사는 '이 세상에는 너의 생각과 나의 생각과 우리의 생각이 존재할 뿐이다.'라는 말을 늘 실천에 옮길 수 있어야 한다. 설령 정답이 정해져 있을 때라도 오답의 입장에 섰을 때 자신의 사고와 정답과의 지적 논쟁이 이루어지는 과정을 통해 자신의 사고를 변화시켜 나가는 것 자체가 즐거운 배움의 과정이라는 것, 무엇인가 틀렸다는 것은 곧 또 한 가지를 배우게 되는 기회를 갖게 되었다는 즐거운 순간으로 받아들일 수 있도록 지도하고 안내하고 그런 환경을 조성해야만 한다. 그렇게 되면 아이들은 불완전했던 인식들을 완전한 인식들로 바꾸어 가며 향상적 변용을 이루게 된다.

참고로 메모하고 표현하는 방법으로는 수신호를 정하는 방법(찬성 또는 반대 또는 중간 등), 개인별 화이트보드나 모둠·개인칠판에 ○×로 표현하는 방법 또는 ○×카드나 신호등 카드 등을 활용하는 경우, 개인별 화이트보드나 모둠·개인칠판에 자유롭게 쓰거나 적당한 글자 수의 제한을 두고 쓰게 하는 방법도 있고, 간단한 그림으로 표현하게 하는 방법도 있으며 생각에 따라 훨씬 다양한 방법이 사용될 수 있다.

(라) 협동학습 구조 활용 능력 신장 : 개인 사고의 교류 및 전원 참여

협동학습은 아이들 사이의 수평적 상호작용을 통해 향상적 변용을 이끌어 내는 활동이라 말할 수 있다. 그만큼 개인 사고를 바탕으로 아이들 모두가 참여하여 정보를 교류하고 소통한다는 것은 배움 그 자체만큼이나 중요한 것이며 정보의 교류 및 소통은 또 다른 학습이요, 배움을 선도하는 것이라고 저자는 생각한다. 이렇게 볼 때 협동학습 구조에 대한 활용 능력 신장은 협동학습을 실천해 나가는 교사에게 있어서 매우 중요한 요소라 말할 수 있다. 다만 여기에서 경계해야 할 점은 단순히 교과서 내용을 전달하는 차원을 넘어서야 한다는 것이다. 협동학습 구조는 다양한 활동에서 개인적인 책임에 근거하여 동시다발적으로 동등한 참여를 이끌어 내어 긍정적인 상호작용이 일어날 수 있도록 개발되었다. 따라서 각 구조가 가지고 있는 특성과 장점, 주의해야 할 점 등을 잘 알고 활용할 수 있다는 것은 그만큼 협동학습 수업을 잘 디자인할 수 있다는 점과 통한다고 보면 된다. 지금까지 개발된 협동학습 구조의 수를 보면 100가지가 넘을 것으로 추정된다. 그러나 그 모든 것들 다 알 필요는 없다. 그 중에 몇 가지만 잘 활용해도 참으로 많은 것들을 할 수 있을 뿐만 아니라 꼭 수업이 협동학습이어야만 하는 것은 아니라고 볼 때 자신 있게 잘 활용할 수 있는 구조 몇 가지를 만들어 두는 것은 협동학습을 실천하는 교사들에게 있어서 매우 중요한 일이라 여겨진다. 현장에서 매우 활용도가 높은 구조에 대한 정보는『살아 있는 협동학습(2009)』(이상우 저, 시그마프레스),『협동학습으로 토의 · 토론 달인 되기(2011)』(이상우 저, 시그마프레스)를 참고하기 바란다.

(마) 동기유발하기

교사들은 모든 수업에서 동기유발을 매우 신중하게 고민하고 계획한다. 그것만 잘 해도 이미 성공한 것과 다름이 없기 때문이다. 협동학습을 실천하면서 아이들이 협동적으로 지적 상호작용을 잘 할 수 있는 환경을 만들어 주기 위해서는 수업 초반 동기유발이나 도입 차원에서의 훌륭한 노하우를 갖고 있어야 한다. 그렇지 않으면 협동학습만으로는 좋은 수업을 만들어 나가기 매우 어려울 것이다.

❶ 아이들이 갖고 있었던 기존의 생각이나 신념을 무너뜨리기
  예1 : 단풍이 드는 시기는 북쪽일수록 빠르다.
    ⋯▸ 그런데 한라산에서는 단풍이 일찍 든다. 왜일까?
  예2 : 일반적으로 사람들은 물건의 값이 오르면 소비를 줄이거나 그 물건을 사지 않는다.
    ⋯▸ 그런데 몇 년 전 집값이 계속 오름에도 불구하고 사람들은 너도 나도 집을 구입하기 바빴다. 왜일까?

예 3 : 곤충은 다리가 3쌍, 더듬이가 1쌍, 머리, 가슴, 배로 이루어져 있다.

⋯▸ 거미를 관찰해 보자. 앗, 다리가 4쌍이네? 그럼 거미는 무엇에 속하는가?

예 4 : 아이들은 촌락에 사는 사람들보다 도시에 사는 사람들이, 농사를 짓는 사람들보다 회사에 다니는 사람들이 돈을 더 많이 번다고 생각한다.

⋯▸ 고소득을 올리고 있는 신지식 농업인들의 소득과 관련된 간단한 정보만을 제공한다.

⋯▸ 아이들이 놀란다.

⋯▸ 놀라는 이유는 무엇인가? 무엇이 여러분들을 놀라게 만들었는가?

예 5 : 물 속에 사는 동물들을 어류라고 한다.

⋯▸ 그러면 고래도 어류에 속할까?

❷ 생각 · 경험해 본 적이 없는 애매한 자료를 제시한다.

예 1 : 종이 비행기를 날릴 때 가장 멀리 날리는 방법은 ?

• 정면을 향하여 아주 세게 날린다.

• 정면을 향하여 아주 천천히 날린다.

• 정면을 향하여 중간 정도의 세기로 날린다.

• 하늘 높이 세게 날린다.

• 하늘 높이 약하게 날린다.

• 정면에서 약간 위쪽을 향하여 세게 날린다.

• 정면에서 약간 위쪽을 향하여 중간 정도의 세기로 날린다.

예 2 : 도움닫기 멀리 뛰기를 할 때 얼마 정도의 뒤에서 달려와 뛰어야 하는가?

예 3 : 물 컵의 입구가 이런 모양이라면 어떨까요? 별, 삼각형, 네모 등(왜 물 컵의 입구는 대부분이 둥근 모양일까요?)

❸ 지적인 불완전함을 이용하여 장애물을 설치해 둔다.

예 1 : $2 \div \frac{3}{4} = 2\frac{2}{4}$ ⋯▸ (이유)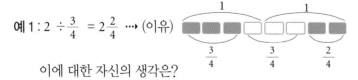

이에 대한 자신의 생각은?

예 2 : 전구와 전지의 연결은 제대로 되어 있는데 불이 들어오지 않는다. 왜일까?

• 전구의 필라멘트가 끊어져 있는 것을 찾아내기

• 전선의 피복이 벗겨져 있지 않은 채 연결되어 있는 점을 찾아내기

• 전지가 다 되었을 경우를 알아내기

• 전선의 끝이 전지의 양 극에 닿지 않고 다른 부위에 닿은 점을 찾아내기

❹ 실험 도구를 활용하여 "우와, 신기하네?"라는 상황이 연출되도록 한다.

　예1 : 자석에 클립을 가까이 하면 붙는다. 그러나 클립에 클립을 가까이 하면 붙지 않는다(이런 실험 활동을 계속 보여 준다.). 그런데 선생님께서 클립 1개를 다른 클립에 가져갔는데 글쎄 그 2개의 클립은 서로 붙어 버리고 말았다. 앗, 이럴 수가! 왜 그럴까?

　예2 : 전지의 직렬연결에서 전지를 같은 극끼리 연결했을 때(+극끼리) 전구에 불은 들어오지 않는다. 그런데 아래와 같은 상황에서는 전구에 불이 들어왔다. 우와, 신기하다. 왜 그럴까?

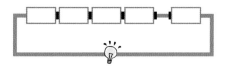

❺ 사진(또는 그의 일부), 도표, 실물, 모형, 동영상, 소리, 낱말 등을 제시한다.

　예1 : 아이들이 보지 못했던 사진이나 실물을 보여 주고 "이것에 무엇에 쓰는 물건일까?"하고 질문을 한다.

　예2 : 사진을 제시하는데, 그 위에는 퍼즐 조각처럼 모두 종이로 덮여 있어 전혀 볼 수가 없다. 그런데 선생님께서 그 조각 1개를 들추면 그 밑에 있는 사진의 일부가 보인다. 선생님은 다시 그 조각을 덮는다. 그리고 다시 다른 조각 1개를 들추면 그 밑에 있는 사진의 또 다른 일부가 보인다. 이런 과정을 반복하여 그 사진 속에 물건이 무엇인지 알아내도록 한다.

　예3 : 두 박스 또는 세 박스 구조를 활용한다.

(예시)어떤 분류기준인가 ? (답 … → 물에 뜨는가?)		정답(…→)	평야지역	해안지역	산간지역
없다(박스 1)	있다(박스 2)	1단계	참새	갈매기	부엉이
강철	나뭇잎	2단계	보리	김	더덕
바둑돌	깃털	3단계	쌀	갈치	밤
타이타닉호	요트	4단계	강	바다	계곡(물)
자전거	기름				

　예4 : 서로 다른 식물의 윗부분만(뿌리 부분은 가리고)을 제시하는데, 그 밑에 감추어진 뿌리들의 모양은 각기 다르다. 어떻게 생겼을까? 그림으로 각자 그려 보자(수염 · 원뿌리).

❻ 익히 잘 알고 있다고 생각하는 것에서 허점이나 불완전함을 찾아내도록 한다.

예 1 : 여러분들은 자전거를 잘 알고 있지요? 얼마나 잘 알고 있는지 한 번 그림으로 그려 봅시다.

⋯• 각자 그림을 그린 뒤 실물을 관찰하게 하여 자신의 그림과 실물 사이에 차이점을 찾아보도록 한다.

예 2 : 이번 단원에서는 어류에 대하여 공부해 볼 것입니다. 여러분들은 붕어를 본 적이 있지요? 여러분이 본 적이 있는 붕어에 대하여 한 번 그림으로 그려 봅시다.

⋯• 그림이 완성되면 실제의 붕어나 실물 사진을 보여 주면서 자신이 그린 그림과 실물의 차이점이 무엇인지 생각해 보게 하고, 실제 어류의 특징과 겉모습을 이해하게 한다.

❼ 도전 의식을 갖게끔 제약 조건을 둔다(시간, 횟수, 도구 등).

예 1 : 왼쪽과 같은 정육면체의 전개도 이외에 가능한 정육면체 전개도를 제한 시간 10분 이내에 최대한 많이 찾아보시오.

예 2 : 눈앞에 보는 학교 건물의 높이를 1.5m짜리 줄자만을 이용해서 구해 보시오.

예 3 : 각 모둠에서 주어진 주제에 대한 이야기를 나눌 때 말하기 카드를 5장씩만 가지고 이야기할 수 있도록 한다.

❽ 직접 체험을 먼저 해 봄으로써 그에 대한 불편함이나 어려움을 해결할 수 있는 방법을 찾도록 한다.

예 1 : 자의 필요성(기준) : 주변의 도구들을 이용하여 주어진 물건의 길이를 각자 재 봅시다. 어떤 생각이 드는지 이야기해 봅시다.

예 2 : 저울의 필요성(기준) : 주변의 도구들을 이용하여 주어진 물건의 무게를 각자 재 봅시다. 어떤 생각이 드는지 이야기해 봅시다.

❾ 도구를 직접 나누어 주고 마음껏 만져 보고 조작할 수 있도록 한다.

예 1 : 쌓기 나무를 이용하여 주어진 모양들을 만들어 보시오.

예 2 : 주어진 낱말 카드를 순서에 맞게 늘어놓고 이야기를 만들어 보시오.

❿ 다양한 조건 가운데 일부를 제시하지 않았을 때 어색한 점, 불편한 점, 부족한 점을 찾아내기

예 : 다음 주어진 편지글에서 어색한 부분을 찾고, 그 이유를 말해 보시오.

안녕하세요.

얼마 전에 엄마에게 베트남에서 오셨다는 말을 들었습니다. 동네 어른들은 베트남 댁이라고 부르던데, 엄마는 서툰 한국말로 어른들에게 인사하는 베트남 댁이 참 예쁘다고 하셨어요.

사실, 저는 베트남에 대해 잘 몰라요. 언제가 맛있게 먹었던 쌀국수가 베트남 음식이라는 거 빼고는요. 그래서 베트남에 대해 궁금한 게 많은데, 다음 주말에 놀러가도 되나요? 베트남 음식도 먹어 보고 싶고, 베트남 학교는 어떤지도 알고 싶어요. 그리고 시간이 되시면 제가 우리 동네 구경시켜 드릴게요.

다음 주말이 빨리 왔으면 좋겠네요. 그럼, 안녕히 계세요.

20○○년 ○월 ○일

(답) 보내는 이에 대한 정보가 없음

(바) 발표하기

일제식, 강의식 수업에서의 일반적인 모습을 보면 발표하는 아이들은 늘 그 사람이 그 사람이다. 대부분의 아이들은 발표하라고 하면 눈을 피하거나 고개를 숙이면서 손을 들지 않는 모습이 많고, 지명하면 그냥 침묵으로 시간을 보낸다. 때로는 발표를 하기도 하지만 억지로 대충 하는 것 같은 느낌이 들 때가 많아 아쉬움이 남는다. 그럴때는 '쉬는 시간, 모둠 토의 시간에는 제발 좀 떠들지 말아달라고 부탁해도 너무 시끄럽게 떠드는 사람들이 발표만 하라고 하면 침묵하는 이유는 무엇일까?' 하고 생각하기도 한다. 하지만 자세히 들여다 보면 아이들은 너무나도 말하는 것을 즐기고 있으며 말하고 싶어 안달이 날 정도라 생각할 만큼 이야기하는 것을 좋아한다는 것을 알 수 있다. 다만 문제가 되는 것은 아이들이 그런 모습을 보일 수 없게 만드는 그 무엇인가의 장해 요소가 있다는 점이다. 예를 들면 경쟁, 비난이나 비웃음, 면박, 평가, 통제, 차별, 부끄럽게 하기, 정답 추구 등이 있다. 따라서 교사가 이런 것들을 잘 다스려 나간다면 굉장히 활발한 분위기 속에서 아이들 의견이 오가는 즐거운 교실이 만들어질 것이라 확신한다.

❶ **틀려도 괜찮은 교실 만들기** : 아이들이 발표를 하지 않는 상황에서의 내면을 들여다 보면 대부분은 자기 자신에 대한 방어기제를 발동시키고 있다는 것을 알 수 있다.

"난 부끄럽기 싫어, 창피함을 당하기 싫어!"

▲ 『틀려도 괜찮아』 (마키타 신지)

적어도 배움이 즐겁다는 것을 알게 해 주려면 틀려도 괜찮은 교실을 만들어야 한다.

예를 들어 아래와 같은 이야기를 해 준다면 아이들의 태도가 조금씩 변해가고 있다는 것을 느낄 수 있다.

- "무엇인가 틀렸다는 것은 그 순간이 곧 배움의 기회입니다."
- "잘 발표하였습니다(다행입니다.). 만일 발표하지 않았더라면 지금 발표한 내용처럼 계속 알고 있을지도 모를 일입니다."
- "이번 발표를 통해 왜 틀렸는지에 대하여 깊이 생각해 볼 수 있는 기회가 생겼으니 얼마나 좋은 일인가요!"
- "비록 틀렸다고는 하지만 이런 생각 하나 하나가 우리 모두의 성장을 가져오는 중요한 힘이 됩니다."
- "선생님은 정답을 원하지 않습니다. 여러분의 다양한 생각을 듣고 싶습니다."
- "정답이 아니라 나의 생각, 너의 생각, 우리의 생각이 있습니다. 발표를 통해 서로의 생각을 살펴 보도록 합시다."

틀린 답이라 생각되는 누군가의 말 한마디가 교실 전체를 깊이 있는 생각의 세계로 빠져들게 만들 수도, 지목을 받아 발표를 하게 될지도 모른다는 불안감 속에 앉아 있게 할수도 있다. 아이들이 "발표하기를 잘 했다, 역시 발표를 하지 않으면 안 돼!"라고 생각하도록 해야 한다. 그리고 늘 손을 들고 발표하는 아이들에게만 기회를 줄 것이 아니라 손을 들지 않는 아이들에게 오히려 눈을 돌리고 그 아이들의 생각을 통해 수업의 흐름을 잡아나가려는 노력 또한 필요하다.

❷ 맥락적 사고에 감탄을 해 주자 : 교사의 사고에서 '정답'이라는 말을 지워 나갈 필요가 있다. 정답을 말한다는 것은 당연한 일이니 칭찬받을 필요가 없는 일이다. 배움이란 곧 변화를 의미한다. 그 배움은 사고의 변화를 만들어 낸다. 그런 변화는 많은 경우 맥락적 사고에 해당된다. 무엇인가를 보고 느끼면서 그 맥락을 바꾸어 변용하는 일, 이것이 바로 배움의 과정이고 앎에 이르는 길이며 창의적 사고를 일으키는 중요한 시작점인 것이다. 이것을 읽어내지 못한다면 아이들은 발표라는 것에 대하여 부담을 갖게 될 수밖에 없다. 하지만 현실은 그런 아이들의 사고를 받아 들이거나 읽어 주려 하지 않아서 어려움이 많다("그게 지금 이 수업과 무슨 상관이니? 그것은 지금 이 내용과 관련 없잖아! 쓸데없는 생각 말고 여기에 집중해라! 선생님이 하는 말은 안 듣고 왜 엉뚱한 질문을 하는 거니?"라는 식의 발언은 아이들의 사고를 경직되게 만들고 발표하려는 의지를 자꾸만 꺾어버리게 된다.).

맥락적 사고를 하는 아이들의 생각과 발표가 중요하게 다루어지는 교실에서는 결과보다는 발달과 성장이 얼마만큼 이루어졌느냐에 초점을 맞추어 모든 일들이 진행되어야 한다. 평가도, 칭찬도(이전과 비교하여 얼마만큼 성장하였는가에 중심을 두는 일이 필요)!

이를 위해서 아래와 같은 이야기를 해 준다면 아이들의 태도가 조금씩 변해가고 있다는 것을 느낄 수 있다.

- "그래? 무엇이 너의 생각을 그렇게 변하게 만들어 주었는지 선생님과 친구들에게 한 번 말해 주면 좋겠구나."
- "그렇게 생각하는 이유나 까닭을 선생님과 친구들에게 설명해 주면 좋겠구나."
- "와, 그렇게 생각할 수도 있겠구나. 선생님은 그런 생각을 해 보지 못했는데. 혹시 이와는 다르지만 또 자신의 생각을 말해 줄 사람은 이야기해 주세요."
- "선생님이 생각했던 것과 다르지만 그런 생각을 했다는 것 자체가 여러분들이 선생님의 말을 듣고 생각에 잠기고 있다는 것을 증명해 주는 것이어서 참 좋습니다."
- "항상 정답만을 말할 수는 없습니다. 좋은 생각도 그보다 못한 생각들이 있기 때문에 좋아 보이는 것입니다."
- "정말 좋은 아이디어나 생각은 이런 저런 생각들을 마구 쏟아 내고 던져 보는 가운데 하나가 걸리거나 사람들의 눈에 띄어서 탄생하는 것들이 거의 대부분입니다. 그러니 마음 놓고 자신의 생각들을 꺼내 놓아 보세요."

정답보다는 아이들의 생각과 사고 하나 하나에 더 큰 관심과 격려를 아끼지 않는 교실 안에서 아이들은 배움의 길로 빠져들게 된다. 정답보다 무엇인가를 생각해보았다거나, 생각해냈다는 그 기쁨을 아이들에게 만끽할 수 있도록 해 주자. 그러면 교사도 아이들도 행복한 수업이 만들어질 것이다.

❸ 아이들의 사고를 끌어낼 수 있는 질문을 하자 : 아이도 어른도 어떤 질문에 대하여 정답이 없다는 생각을 가질 때 자신의 생각을 더 적극적으로 개진할 수 있게 된다. 이를 위해서는 좋은 질문을 개발하려는 교사의 노력이 필요하다. 사실 수업 연구를 한다는 것은 수업에서 쓸 핵심 질문을 뽑아내는 과정이라 해도 과언이 아니다. 이런 과정을 통해 정답이 없는 질문을 개발하거나 아이들의 다양한 생각을 이끌어낼 수 있는 질문을 던진다면 아이들은 자연스럽게 생각하고, 그것을 밖으로 꺼내 놓을 수 있게 된다. 단순하지만 아래의 예를 살펴보자.

Ⅳ

예 1 : 철수는 빨간 신호등인데도 길을 건너고 있어요. 이렇게 하면 돼요, 안돼요?

예 2 : 철수는 빨간 신호등인데도 길을 건너고 있어요. 이럴 때 어떤 일이 일어날 수 있을까요?

'염소 두 마리'를 읽고 다음 물음에 답을 하시오.

▲ 초등학교 3학년 1학기 국어 읽기 '좋은 생각이 있어요'

예 3 : 흰 염소와 검은 염소는 무엇을 하고 있었나요? 흰 염소와 검은 염소에게 무슨 일이 있었나요?

예 4 : 흰 염소(검은 염소)는 검은 염소(흰 염소)에게 뭐라고 말을 했을지 흰 염소(검은 염소) 입장에 되어서 말해 봅시다.

앞의 예 3은 국어책에 나온 대로의 발문이다. 예 4는 저자가 생각해 본 것이다. 예 3은 이미 답이 정해져 있어서 1명이 답을 말하면 그냥 끝나버릴 수밖에 없다. 하지만 예 4는 여러 아이들의 답을 들어볼 수 있을 뿐만 아니라 아이들이 어떻게 답을 하더라도 교사는 그 생각에 대하여 꼬리에 꼬리를 무는 질문을 계속 이어갈 수록 아이들의 다양한 생각과 사고를 읽을 수 있는 열린 질문이라 할 수 있다.

저학년 아이들을 대상으로 하는 발문이지만 두 질문은 굉장히 큰 차이를 만든다. 아이들에게 다양한 생각과 이야기를 꺼내 놓을 수 있도록 하여 사고력 · 상상력 · 창의성 · 감수성 등을 길러주려고 한다면 교사의 발문 자체를 바꾸지 않으면 안 된다. 이에 대한 다양한 방법을 제시해 보면 다음과 같다.

• 무조건 '왜?'라고 묻지 말고 '어떤 조건이 있기(없기) 때문인가?'라고 묻기

예 1 : 왜 조선은 한양을 수도로 정했을까?

예 2 : 조선이 한양을 수도로 정했던 것은 수도가 갖추어야 할 다양한 조건을 갖고 있었기 때문이다. 과연 그 조건은 어떤 것들이 있을까?

• 무조건 '왜?'라고 묻지 말고 '무엇(누가)이 그렇게 만들었는가?'라고 묻기

예 1 : 왜 인천이나 부산이 큰 도시로 발전할 수 있었는가?

예 2 : 무엇이 인천이나 부산이 큰 도시로 발전할 수 있게 해 주었는가?

　⋯▶ 바다가 있어서

　⋯▶ (추가 질문을 할 수 있다.) 바다가 있다는 것은 무엇에 도움을 줄 수 있다는 말인가요?

- 무조건 '왜?'라고 묻지 말고 어떤 공통점이나 특성, 관련성을 찾을 수 있도록 묻기

  예 1 : 사포에는 물건의 모습이 비치지 않지만 거울에는 비친다. 왜일까?

  예 2 : 사포, 나무, 종이, 돌 등에는 물건의 모습이 비치지 않지만 거울이나 유리, 숟가락, 구겨
  지지 않은 쿠킹 호일 등에는 물건의 모습이 비친다. 어떤 점에서 차이가 있는 것일까?

- 무조건 '왜?'라고 묻지 말고 '무엇이 다르고 무엇이 같은가?'라고 묻기

  예 1 : 위의 그림에서 왜 두 막대의 크기는 같다고 할 수 있는가?

  예 2 : 위의 그림에서 공통점(바뀌지 않은 것)과 차이점(바뀐 것)은 무엇인가?

  예 3 : 햇빛을 보지 못한 강낭콩은 왜 가지가 가늘고 크기가 작을까요?

  예 4 : 햇빛과 강낭콩의 자람(크기, 굵기)은 어떤 관계가 있을까요?

- 무조건 '왜?'라고 묻지 말고 구체적인 사례를 들어서 묻기

  예 1 : 어떤 때에 물건 값이 오르게 될까?

  예 1 : 요즈음 배추 값이 폭등하고 있다. 무엇이 배추 값을 이렇게 오르게 하고 있나?

- 무조건 '왜?'라고 묻지 말고 가상의 상황을 만들어서 묻기

  예 1 : 법(규칙)은 왜 지켜야 할까?

  예 2 : 법(규칙)을 지키지 않는다면 우리 사회(교실)는 어떤 현상이 벌어지게 될까?

- 아이들의 생각에 대하여 일부러 '부정적·상대적'으로 반문하거나 대립되는 상황을 만드
  는 질문하기(심적 불균형 상태에 이르게 만들기 : 심진을 일으키는 일)

  예 1 : 철수가 아버지의 목숨을 살리기 위해 'ㅇㅇ'을 잡아 약재로 쓴 것 잘 한 일인가요?

  예 2 : 철수가 아버지의 목숨을 살리기 위해 멸종 위기에 놓인 'ㅇㅇ'을 잡아 약재로 쓴 것
  은 또 다른 생명을 아끼지 않는 나쁜 태도가 아닌가요?

- 무조건 '왜?'라고 묻지 말고 오감을 활용할 수 있도록 묻기

  예 1 : 우리는 왜 산에 갈까요?

  예 2 : 우리가 산에 가면 어떤 것들을 볼(할) 수 있을까요(세 가지 이상 써 봅시다.)?

- 선택하지 않으면 안 될 상황에 놓이도록 묻기(구체적인 상황을 생각하게 만든다.)

  예 1 : 댐은 건설해야 하나요, 말아야 하나요?

  예 2 : 댐 건설에 대한 자신의 입장 및 그렇게 함으로써 얻게 되는 이익(장점 등)을 두 가지
  만 써 봅시다.

- 실제 현상이나 자료를 제시하여 스스로 궁금함과 그에 따른 질문을 하고 탐구해 나갈 수
  있도록 유도하기

IV

예 1 : 무거운 물건을 옮길 때 그냥 바닥에서 끌고 당기면서 옮길 때와 바닥에 둥근 통나무를 여러 개 깔고 옮길 때 차이점 알아보기(직접 체험)

예 2 : 무거운 물건을 높은 곳으로 끌어 올릴 때, 직접 끈에 묶어 올릴 때와 도르레를 사용하여 올릴 때 차이점 알아보기(직접 체험)

예 3 : 휴대용 가스렌지를 켜고 검은 색 큰 봉지의 입구를 불보다 높은 곳에 두어 뜨거운 열이 봉지 속으로 전해지게 되면 어떤 현상이 일어나게 된다. 이를 아이들이 관찰하게 한다.

❹ **다양한 방식으로 아이들을 발표의 장에 끌어 들이자** : 일반적으로 교실에서는 거수-지명의 방식으로 발표의 시간을 갖는다. 그래서인지 발표하는 아이들은 늘 그 아이가 그 아이다. 손을 들지 않는 아이들은 자기 생각을 갖고 있어도 지명되지 않는 한 발표의 기회가 주어지지 않는다. 하지만 손을 들지 않은 아이들의 생각을 더 많이 들어 보고 읽어 줄 필요가 있다. 왜냐하면 아이들은 대부분 발표하고 싶어 하는 마음을 갖고 있으나 두려움이 앞서기 때문에 발표를 머뭇거리고 있을 뿐이기 때문이다. 손을 들지는 않았지만 대부분의 아이들은 지명을 받으면 자신의 생각을 이야기한다. 바로 그것이다. 그때를 놓치지 말고 어떤 식으로든 그 아이들의 생각과 사고를 충분히 수용하고 격려를 해 주어야 한다. 이를 위해서는 교사가 임의 지명을 하는 방법도 있지만 그 외에 아래와 같은 방법으로 해 볼 필요도 있다.

• 먼저 '돌아가며 말하기' 구조를 활용하여 모둠 내에서 서로의 생각을 주고 받은 이후에 모둠 내에서 나온 여러 의견을 어느 한 사람이 종합적으로 발표할 수 있도록 한다.

• 먼저 '돌아가며 말하기' 구조를 활용하여 모둠 내에서 서로의 생각을 주고 받도록 하되, 그 중에서 가장 좋은 의견이라 할 수 있는 것을 정하여 발표하도록 한다.

• 자신의 생각을 노트나 메모지에 먼저 기록하도록 하고(메모한 것 자체가 발표의 한 방법이며 참여를 한 것과 같다는 생각의 전환이 필요) 충분한 시간을 준 이후에 어느 1명을 지목하여 발표할 수 있도록 한다. 그 이후에는 발표한 아이가 "저는 ○○의 생각을 듣고 싶습니다."라고 다음 발표자를 지목할 수 있도록 하면 지목 받은 아이는 자신의 생각을 발표한 뒤에 같은 방법으로 다음 발표자를 정할 수 있도록 한다.

• 전원 사고, 전원 발표의 방법이라 할 수 있는 '모두 일어서서 나누기' 구조를 활용한다. 질문에 대하여 모두가 자기 사고를 갖게 되면 일단 모두 일어서게 한 뒤 어느 1명을 지목하면 그 아이가 답을 말하게 된다. 이 때 그 아이와 자신의 생각이 비슷하거나 동일한 아이들은 자리에 앉을 수 있도록 하고, 그렇지 않은 아이들은 그대로 서 있게 한다. 그런 다음 발표를 했던 아이가 일어서 있는 아이 중 1명을 지명하면 그 아이가 또 발표

를 하게 된다. 그 이후의 과정은 앞의 과정을 반복한다.

- 협동학습에서 자주 사용하는 도구인 '개인 칠판–모둠칠판'을 활용하여 자기 생각을 쓴 뒤에 '도전 골든 벨' 게임처럼 들어 보게 하는 방법도 있다.

▲ '개인칠판' 활용   ▲ '모두 일어서서 나누기' 활용   ▲ '모둠칠판' 활용

- 기본적으로 협동학습 구조는 아이들 각자가 자신의 생각을 모둠 내에서 나눌 수 있도록 되어 있다. 따라서 발표를 한다는 것이 꼭 모두 앞에서 모두가 들을 수 있도록 해야 하는 것이라는 생각에서 벗어나야 한다. 협동학습 구조를 잘만 활용하면 아이들은 발표에 대하여 부담을 줄이고 언제든지 발표의 장으로 뛰어 들 수 있다.

❺ 개인적인 차원에서 접근하는 질문도 필요하다 : 수업이란 공적인 것만은 아니다. 다양한 생각에 대하여 모두가 나누어야 한다는 생각은 버릴 필요가 있다. 왜냐하면 배움은 결국 개개인의 내면에서 일어나기 때문이다. 따라서 수업 시간에 교사는 모두에 관심을 기울이면서 전체적으로 질문에 따라 답변을 주고 받도록 할 필요도 있지만 아이들 한 사람 한 사람에게 개별적으로 다가가 그들의 생각과 이야기에 귀를 기울일 필요도 있다. 이를 위해 교사는 수업 시간에 아이들 개개인에게 세심한 관심과 주의를 기울이면서 작은 표정의 변화 하나에도 깊이 있게 접근하며 먼저 아이에게 다가서려는 노력을 보여야 한다.

- "조금 전에 선생님이 설명을 할 때 잘 이해가 가지 않는 표정인 것 같았어. 그래서 지금 선생님이 와 본 거야. 선생님이 한 말에 대하여 어떻게 생각하니?"
- "아까 보니 한숨을 쉬고 있는 듯해서 지금 와 보았다. 무슨 어려운 점이라도 있니?"
- "선생님이 다른 아이들과 질문을 주고 받는 과정에서 ○○를 보고 있었는데, ○○는 계속 연필을 만지거나 두드리거나 그림을 그리고 있는 모습이 보이더구나. 그래, 선생님이 뭐 도울 일은 없니?"

⑬ 참스승을 꿈꾸며

교사라면 누구나 참스승을 꿈꾼다. 그게 정상이다. 처음 교단에 설 때 여러분은 어떠했는가? 그리고 지금은 어떤 마음을 가지고 아이들 앞에 서고 있는가? 우리 아이들과 학부모와 주변의 동료 교사들은 나를 어떤 선생님으로 생각하고 있을까? 이런 것들에 대한 고민과 반성이 없으면 우리 교육의 변화와 발전은 참 어렵지 않을까 생각한다.

최근 들어 혁신학교 운동이 펼쳐지면서 교단 내부 스스로의 반성과 자성의 목소리가 터져 나오고 있고, 학부모의 인식과 눈높이도 높아지고 있어 앞으로의 변화에 교사 스스로 부응하지 않으면 더 이상 설 자리를 잃어가게 될 것이라 생각한다.

교육계의 변화 속에서 모두에게 그냥 선생님, 교사가 아니라 바람직한 스승으로서 자리매김을 하기 위해서는 나름대로의 노력이 필요한데, 저자는 이를 위해 자기만의 스승상과 모델을 설정해 두고 노력하는 것이 참으로 좋다고 생각한다.

여러분의 가슴 속에는 자신만의 스승이 자리하고 있는가?

지금부터 저자의 이야기를 해 볼까 한다.

여러분은 이 사람을 기억하는가? 이 사람은 저자의 가슴 속에 자리하고 있는 스승이자 저자가 닮고 싶은 모델의 상이다.

벨기에 영화배우로 1929년에 태어나 1993년에 사망한 오드리 햅번이다.

여러분은 이 배우의 가장 아름다웠던 모습이 언제였다고 기억하는지? 〈로마의 휴일〉? 〈티파니에서 아침을〉? 아니면 〈전쟁과 평화〉? 사람들은 그의 가장 화려했던 시절의 모습을 떠올리곤 한다. 하지만 저자는 아니다. 저자가 만난 오드리 햅번의 가장 아름다운 모습은 아프리카에서였다.

〈로마의 휴일〉이라는 영화로 일약 스타덤에 오른 그녀! 그러나 또 하나의 삶을 살았던 그녀! 살아생전에 많은 봉사와 희생을 베풀며 살았던 그녀! 아프리카의 불쌍한 어린이들을 돌보는 그녀를 보며 저자는 그녀의 진정한 아름다움을 보았다. 이런 느낌은 비단, 저자뿐만은 아닐 것이다. 때문에 사람들은 그녀의 아름다운 외모뿐 아니라 그녀의 마음씨까지 사랑했는지도 모른다. 그래서 사람들은 그녀를 '세상에서 가장 아름다운 여성'으로 기억하고 있는 것 같다.

늘 자신만의 방식으로 자신을 기억하게 했던 오드리 햅번. 아동 복지를 위해 끝없는 노력을 아끼지 않았고 기아에 허덕이는 오지의 아이들 구호에 앞장섰던 그녀는 특히 암투병중이던 1992년에 기아와 질병에 허덕이던 소말리아에 방문, 관심을 가져달라며 전 세계에 호소하여 그녀를 기억하고 있던 많은 사람들에게 또 한 번의 감동을 주었다. 손 안에 들어온 것만을 사랑하는 것이 아니라 사랑을 필요로 하는 사람들까지 진정 사랑으로 끌어안은 삶, 그것이 그녀가 온 몸으로 실천한 아가페의 사랑이었다. 그래서 우리는 그녀를 진정한 배우로, 진정 아름다운 사람으로 영원히 기억하고 있는 것이 아닐까? 그리고 저자에게는 교사로서 그녀를 아름답게 기억하도록 만드는 또 하나의 것이 있다. 그것은 그녀가 숨을 거두기 1년 전 크리스마스 이브에 그의 아들에게 들려 준 이야기이다.

아들아!
아름다운 입술을 가지고 싶으면
친절한 말을 하라!
사랑스런 눈을 갖고 싶으면
사람들에게서 좋은 점을 보아라!
날씬한 몸매를 갖고 싶으면
너의 음식을 배고픈 사람과 나누어라!

아름다운 머리카락을 갖고 싶으면 하루에 세 번
어린이가 손가락으로 너의 머리를 쓰다듬게 하라!
아름다운 자세를 갖고 싶으면
결코 너 혼자 걷고 있지 않음을 명심하라!
사람들은 상처로부터 복구되어야 하며
낡은 것으로부터 새로워져야 하고
병으로부터 회복되어야 하고
고통으로부터 또 구원받아야 한다.
결코 누구도 버려서는 안 된다.
기억하라!
만약 네가 도움을 주는 손이 필요하다면
너의 팔 끝에 있는 손을 이용하면 된다.
네가 더 나이가 들면
손이 2개라는 걸 발견하게 될 것이다.
한 손은 너 자신을 돕는 손이고
다른 한 손은 다른 사람을 돕는 손이다!

〈오드리 햅번의 글〉

저자는 오드리 햅번을 나만의 스승상으로 정해 두고, 열 가지 'ㄲ'을 실천하기 위해 오늘도 열심히 노력하고 반성하며 아이들을 만나고 있다. 그리고 여러분에게도 열 가지 'ㄲ'을 적극 권하고 싶다.

꿈

교사라면 누구나 '꿈'을 갖고
살아가야 합니다.
'꿈'은 우리 교사들에게
희망과 소망을, 이상과 미래를,
자신과 아이들에 대한 기대를
일깨워 줍니다.

끼

'끼'는 곧 재능입니다.
교사에게 있어서 끼는
세상을 바르게 볼 수 있는
시각을 가지고
아이들을 바른 길로 이끌어 줄 수 있는
재능을 말합니다.

꾀

교사에게 있어서 '꾀'는
항상 슬기롭고 지혜롭게
아이들을 가르치도록 이끌어 주며
문제를 잘 해결해 나가도록 이끌어 주는
정신적 능력을 의미합니다.
꾀는 지적 자산이며 지혜입니다.

끈

'끈'은 교사와 아이들을 연결하고
이어 주는 역할을 합니다.
즉, 올바른 교육적 행위를 위한
교사와 아이들 사이의
'관계 구조의 핵심'이
바로 끈입니다(교육적 행위의 시작).

깡

교사에게 있어서 '깡'은 열정입니다.
민주와 자유와 평등과 협동에 대한
꿈은 강력한 엔진과도 같이
어떠한 폭압에도 굴하지 않는
'깡'이 없이는 결코
이루어질 수 없습니다.

꼴

교사의 '태도(꼴)'가
아이들에게 모델이 되지 못하면
아이들에게 믿음을 줄 수가 없습니다.
태도(꼴)는 아이들이 교사를
신뢰하고 따르도록 만드는
중요한 다리가 됩니다.

꾼

'꾼'은 곧 전문가를 의미합니다.
다시 말해서 아마추어가 아니고
교사로서 철저한 프로페셔널리스트,
전문가가 되어야 한다는 뜻입니다.
이를 위해서는 부단한 노력과
연구의 자세가 필요합니다.

깔

'깔'은 자기 자신만의 빛깔을 의미합니다.
누구나 자신만의 빛깔을 가지고 살듯
교사로서 자신만의 빛깔—철학은
꼭 필요합니다.
그것이 바로 오늘과 내일을
살게 해주니까요.

IV

꼭

'꼭' 교사로서의 책무성과 의무를
다하라는 말입니다.
진실을 규명할 특권과 의무, 용기,
스스로 자유로움, 자신에 대한 성찰,
아동의 본성에 대한 신뢰와 인내심,
분별력과 엄격함, 그리고 민주성

끝

'끝'은 모든 욕심과 사심을
내려놓음을 뜻합니다.
꿈과 이상과 목표는 높게 두되
끝에 가서는 모든 것을 내려놓고
있는 그대로를 바라보는 자세가
필요합니다. 그것이 아이들을
사랑하는 지혜입니다.

참고문헌

곽영순 외 저(2007), 수업 컨설팅 바로 하기, 원미사

김대현 외 저(2005), 교육과정과 교육평가, 학지사

김영식 저(2010), 교육의 틀 바꿔야 대한민국이 산다, 매일경제신문사

김유미 저(2002), 두뇌를 알고 가르치자, 학지사

김종서 외 저(1987), 교육과정과 교육평가, 교육과학사

박영숙 저(2010), 2020 미래교육보고서, 경향미디어

변영계 · 김광휘 공저(1999), 협동학습의 이론과 실제, 학지사

성태재 저(2010), 교육평가의 기초, 학지사

안승문 저, 학교 혁신과 교육패러다임 전환의 방향과 과제, 혁신학교 연수 자료

유네스코 21세기 교육위원회 저, 김용주 외 역(1997), 21세기 교육을 위한 새로운 관점과 전망, 도서출판 오름

이상우 저(2009), 살아 있는 협동학습, 시그마프레스

이홍우 저(1991), 교육의 개념, 문음사

초등교육과정 연구모임 저(2011), 행복한 혁신학교 만들기, 살림터

한형식 저(2008), 수업기술의 정석 모색, 교육과학사

후쿠다 세이지 저, 나성은 · 공영태 공역(2008), 핀란드 교육의 성공, 북스힐

Bob Pike 저, 김경섭 · 유제필 공역(2004), 밥 파이크의 창의적 교수법, 김영사

Don Tapscott · Anthony D. Williams 공저, 윤미나 역(2007), 위키노믹스, 21세기북스

Marshall B. Rosenberg 저, Katherine Hahn 역(2004), 비폭력 대화, 바오출판사

Parker J. Palmer 저, 이종인 · 이은정 공역(2005), 가르칠 수 있는 용기, 한문화

Spencer Kagan 저, 기독초등학교 협동학습연구모임 역(1999), 협동학습, 디모데

Thomas Gordon 저, 김홍옥 역(2003), 교사역할 훈련, 양철북

이상우

서울교육대학교 윤리교육과 졸업
협동학습을 주제로 수업개선연구교사 및 수업방법 혁신 연구팀 활동(2회)

2002년 ~ 현재까지	전국 각 지역별·학교별 자율연수, 맞춤식 직무연수에서 협동학습을 주제로 다수 강의
2005년 ~ 현재까지	서울초등협동학습 연구회 '아해미래' 주관 '협동학습 직무연수(30시간)'에서 주 강사로 활동(서울을 비롯한 전국 각지 : 2011년 2월 현재 28기 진행)
2006년 ~ 현재까지	서울시 지역 교육청별로 신규교사 추수연수, 수업개선연구교사를 대상으로 한 직무연수에서 협동학습을 주제로 강의
2007년 ~ 현재까지	서울, 대전, 충청, 탐라, 인천, 경기, 전북 교원연수원 등에서의 초등 복직임용예정교사 직무연수, 신규임용예정교사 직무연수, 초등 1, 2급 정교사 자격연수, 초등 보건교사 직무연수 등에서 협동학습을 주제로 다수 강의
2008년 ~ 현재까지	'온라인 원격연수원－티처원 및 아이스크림'에서 온라인 직무연수 '협동학습의 이해와 실천 1, 2' 강의 중
2009년 ~ 현재까지	서울과 경기도 각 교육청 및 교육연수원 주관 혁신학교 관련연수에서 협동학습을 주제로 다수 강의
2009년 ~ 현재까지	혁신학교로 지정된 경기도 지역의 초등학교에서 협동학습을 주제로 다수 강의(한빛, 도창, 월문, 구름산 등)
2010년 ~ 2011년	서울시 교육청 혁신학교 자문단 자문위원으로 위촉받아 활동 중
2011년	전북 교육연수원 E-러닝 컨텐츠 개발—협동학습의 이해와 실천

현재 서울은빛초등학교 재직 중(2011년부터 혁신학교로 지정되어 운영됨)
현재 서울초등협동학습연구회 '아해미래' 전문연구위원으로 활동 중